희망의 인문학

희망의 인문학

클레멘트 코스, 기적을 만들다

얼 쇼리스 지음 | 고병헌 이병곤 임정아 옮김

이매진

희망의 인문학
클레멘트 코스, 기적을 만들다

지은이 얼 쇼리스

옮긴이 고병헌 이병곤 임정아

펴낸곳 이매진

펴낸이 정철수

편집 기인선 최대연 **디자인** 오혜진 **마케팅** 김둘미

처음 찍은 날 2006년 11월 27일

여섯 번째 찍은 날 2008년 5월 13일

개정판 처음 찍은 날 2009년 6월 10일

개정판 두 번째 찍은 날 2010년 1월 15일

등록 2003년 5월 14일 제313-2003-0183호

주소 서울시 마포구 서교동 396-47 1층

전화 02-3141-1917 **팩스** 02-3141-0917 **이메일** imaginepub@naver.com

ISBN 89-90816-37-8 (03100)

값 16,500원

· 이 책을 만들어준 인쇄 노동자 여러분께 감사드립니다.

일러두기

1. 한국어 전용을 원칙으로 하고 이해를 돕기 위해 한글 다음에 한자나 외국어를 병기했다.
2. 단행본과 정기간행물에는 겹낫쇠(『 』)를, 논문, 기사, 영화, 연극, 방송 프로그램 등에는 홑낫쇠(「 」)를 사용했다.
3. 본문 주 중 옮긴이가 단 것은 따로 표시했다.

이 책을 나의 대담한 '박물관 함께 가기 동료'인 타일러 새손 쇼리스 Tyler Sasson Shorris와 내 한국인 손녀 고재영에게 바친다.

이 책은 클레멘트 코스 교수진들과 사회복지 서비스 담당자들의 도움과 노력에 힘입어 출간된 것이다. 특히 마틴 켐프너Martin Kempner, 리온 보트스테인Leon Botstein, 로버트 마틴Robert Martin의 도움에 깊이 감사를 드린다.

실비아 쇼리스Sylvia Shorris는 클레멘트 코스 프로젝트를 처음 기획할 때부터 지금까지 줄곧 함께 해왔다. 아메리카 원주민(인디언)들과 알래스카 원주민들에게도 인문학 코스를 개설해야 한다고 처음 제안했던 사람도 바로 실비아였다.

부자富者 나리, 부자 나리,
부디 당신의 마음을 열어주세요.

부자 나리, 부자 나리,
부디 당신의 가슴을 열어주세요.

가난한 이들에게
이놈의 지긋지긋한 시련을 극복할 수 있게
기회를 주세요.

— 베시 스미스Bessie Smith

　가난에 빠져 있던 한 무리의 청년들이 플라톤에 대해 토론하기 위해 뉴욕의 한 교실로 걸어들어 온 뒤 10년의 세월이 흘렀습니다. 그 강좌는 과연 인문학이라는 것이 빈곤층들에게 성찰적 사고 능력을 길러줄 것인지, 그리고 인문학 강좌를 통해서 가난한 사람들도 민주주의 사회에 온전하게 참여할 수 있게 될 것인지에 대한 하나의 실험이었습니다. 그렇게 시작된 클레멘트 코스는 이제 4개 대륙에 걸쳐 여러 도시에서 50여 개의 강좌가 개설되고 있고, 최근에는 아프리카 대륙 가나에서 인문학 코스 개설을 위한 강연 요청을 받았습니다. 저는 이 책이 한국에서도 이미 시작된 '가난한 이들을 위한 인문학 수업'이 아름답게 꽃피는 데 도움이 되기를 바랍니다. 캐나다, 멕시코, 오스트레일리아, 아르헨티나, 미국 등의 경험을 통해서 확신하게 된, 인문학이 분명 가난한 이들에게 도움이 되리라는 이 희망이 한국에서도 똑같이 꽃피울 수 있다고 저는 믿습니다. 물론 먼저 시작한 나라들의 경험에서 볼 때, '가난한 이들을 위한 인문학'이 성공하기 위해서는 공평함에 대한 남다른 의지를 가지고 민주주의에 헌신할 수 있는, 선의善意를 가진 사람들이 많아야 합니다.

　유네스코와 국제철학회가 공동으로 주최한 한 영상학술대회를 계기로 한국과 인연을 맺은 이래로 클레멘트 코스에 대해서 한국 사람들의 관심이 생겨났고, 그만큼 한국에서의 클레멘트 코스 개설에 대한 제 바람 또한 함께 커갔습니다. 그러던 중, 영상학술대회가 끝난 지 1년이 지날 무렵에 경기문화재단에서 이메일을 보내 클레멘트 코스를 주제로 한국의 텔레비전 방송에 쓰일 다큐멘터리를 제작하려는데 도와줄 수 있는지를 물어왔습니다. 당연히 저는 무척 기쁜 마음으로 수락했고, 다큐 제작진들이 뉴욕과 시카고, 그리고 중서부 지역에 자리한 위스콘신대학교에서 진행되는 강좌를 촬영할 수 있도록 주선했습니다. 모든 일들이 아주 순조롭게 진행되었습니다. 다큐 제작진들은 코스 수강 학생들과 교수들을 만났고, 출판사 W.W. 노턴Norton의 수석 편집자(소설가이기도 한데, 빈곤 문제에 대한 그 사람의 생각이 이 책의 탄생에 큰 영향을 끼쳤습니다)도 만났습니다.

다큐멘터리 프로그램이 한국에서 방영된 뒤로 클레멘트 코스에 대해 한국 사람들의 관심이 커지고 있다는 소식을 전해들은 얼마 뒤, 성공회대학교 평생학습사회연구소가 한국을 방문해 강연과 워크숍을 맡아 달라는 초청을 해왔습니다. 사실 처음 초청을 받았을 때만 해도 제 건강 문제로 장거리 여행이 불가능한 상태였지만, 한국에서 클레멘트 코스를 시작한다는 것이 얼마나 중요한 일인지 분명하게 알고 있었기에 참으로 기쁜 마음으로 초청을 수락했습니다. 행사는 한 차례의 대중 강연과 두 차례의 워크숍으로 진행되었는데, 아주 성공적이어서 행사 전에는 광명시평생학습원 광명시민대학과 노숙인다시서기지원센터 등 두 곳에만 개설되었던 것이 현재는 '클레멘트 코스'라는 이름으로 모두 다섯 곳에서 인문학 강좌가 개설되었다는 소식을 전해 들었습니다. 그리고 지금은 성공회대학교 측과 '가난한 이들을 위한 인문학'을 발전시키기 위한 세계 조직을 만들어서 서로 경험을 나누고 각자에게 힘이 되는 협력 체제를 구축하자는 데 합의 했으며, 가나에서 클레멘트 코스를 개설하는 것을 지원하는 방안도 함께 모색하고 있습니다. 처음 클레멘트 코스를 시작했을 때를 생각하면 참으로 격세지감을 느낍니다.

　사실 저는 경기문화재단과 성공회대학교 평생학습사회연구소가 공동으로 주최하는 국제 세미나에서 기조 발제를 맡아 달라는 요청을 수락하기에 앞서 과연 한국의 사회, 문화, 정치 풍토에서도 클레멘트 코스가 적합할 것인지를 곰곰이 생각해보았습니다. 우선 한국의 문화 풍토에서도 클레멘트 코스가 적합할 것인가 하는 문제는 쉽게 풀렸습니다. 저는 여러 한국사람들을 만났고, 한국에 관한 번역서들을 읽었습니다. 그리고 다큐멘터리 제작팀들이 클레멘트 코스의 문화적 요소에 대해 어떻게 반응하는지도 유심히 지켜보았습니다. 제 오랜 관심사가 신화와 철학인지라, 한국의 고대 문화 형성에 관한 신화에 대해서도 읽었고, 이내 깊이 매료되었습니다. 저는 평생학습사회연구소 측에 한국을 방문하기 전에 더 읽을 필요가 있는 것들을 알려 달라고 부탁드렸고, 그 와중에 '끊임없는 변화'의 뜻을 담고 있는 '한Han'의 개념에 대해서도 깊은 관심을 두게 되었습니다.

　이러한 과정을 통해서, 저는 한국의 클레멘트 코스 수강생들이 플라톤과 아리스토텔레스의 저작을 읽는 것도 필요하겠지만, 한국의 전통 철학도 반드시 읽어야 한다는 사실을 알게 되었습니다. 한국의 전통 철학을 전공한 학자는 아니지만, 제 상상력을 최대로 동원해 생각해보건대, 어쩌면 문화적으로 적합하게 되면 그것이 정치 풍토에서도 적합할 수 있는 근거가 되지 않을까 하는 생각을 하게 되었기 때문입니다. 토마스 제퍼슨을 필두로 미국 헌법을 초안했던 사람들은 뭐든지 하나하나 점검하면서 균형을 만들어가자는 점진주의 정신과 끊임없는 변화의 정신을 모두 헌법에 담으려고 했습니다. 물론 역사가들은 이런 제 주장에 대해서 미국의 정치체제와 사회체제가 민주화된 것은 미국이 영국에게서 독립을 선언한 뒤 100년이 지나서야 가능하지 않았냐고 즉각 문제를 제기할는지도 모르겠습니다.

현실 민주주의의 탄생은 경제가 발전할 때만이, 그리고 평등의 정신이 정치철학뿐만 아니라 경제의 기본 이념으로 자리잡을 때만이 가능한 것입니다. 민주주의는 결코 경직된 체제가 아닙니다. 민주주의 체제에는 왕이나 공주라는 말이 없습니다. 그리고 어떤 작위爵位가 유산으로 물려지는 경우도 없습니다. 민주주의라는 것은 정치나 경제적 의미에서뿐만 아니라 사회적 의미에서도 '늘 변화하는 체제'를 뜻합니다. 그런데 '한'의 천天, 지地, 인人 3요소 중에서 '인간'이라는 요소는 어쩌면 우리 서양에서 말하는 민주주의와 동의어일 수 있겠다는 생각을 했습니다.

일단 이런 결론에 도달한 저는 다시, 그렇다면 클레멘트 코스가 한국 고유의 전통 사상과 어떻게 조화를 이룰 수 있을지를 생각해봤습니다. 그리고는 '클레멘트 코스를 추동推動하는 궁극적인 힘이 바로 '마음mind'인데, 한국 고유의 전통 사상도 모든 것의 근원은 '마음'이라고 가르치고 있지 않은가!', 그리고 '모든 것이 마음에서 비롯한 것이라면, 분명 민주주의도 바로 그 마음에서 생겨난 것이 아닌가!' 하는 깨달음을 얻게 되었습니다. 또한 이 책에서 저는 인문학이라는 것이 성찰적 사고reflective thinking를 가능하게 할 것이라고, 그리고 고대 아테네에서 그랬던 것처럼 '자유liberty'와 '질서order'라고 하는 양 극단에 대한 성찰을 통해서 '제3의 사고방식', 즉 민주주의의 핵심이요 '자기 지배self-government'를 뜻하는 '자율autonomy'이라는 중용中庸적 사고방식이 가능할 수 있다고 말하고 있는데, '자유'와 '질서'와 '자율'의 관계가 '한' 사상의 천, 지, 인의 관계 구조와 참으로 유사하다는 사실도 발견했습니다.

그래서 한국과 서양 문화가 처음 발생했을 때부터 오늘에 이르기까지의 발전 과정을 고려해볼 때, 클레멘트 코스가 한국의 문화 풍토에 매우 잘 어울리며, 따라서 한국 사람들에게도 결코 낯선 개념이 아닐 것이라는 확신을 갖게 됐습니다. 그리고 비록 언어는 서로 다르지만, 한국과 미국 모두 각자의 건국 신화를 가지고 있고, 동시에 양쪽 모두 도덕정치를 지향하고 있다는 유사점을 고려한다면, 여러분과 제가 함께 협력하는 데에는 아무런 지장이 없을 것이라는 믿음도 생겨났습니다. 물론 문화적 다원주의(도덕적 다원주의가 아닌)와 '끊임없는 변화'와 관련해서는 좀더 심도 있는 검토가 필요하다는 문제가 여전히 남아 있습니다. 과연 클레멘트 코스가 한국 말고도 좀더 다양한 언어, 다양한 문화권에서도 잘 적응할 수 있을 정도로 변화가 가능할 것인가 같은 문제들 말입니다.

제 마음 속에서는 이 문제에 대해서도 "물론 가능하다"라는 대답이

낭랑하게 울려 퍼지고 있습니다. 예를 들어, 서양문화와 마야문화, 또는 에스키모의 유픽Yup'ik문화 사이의 차이는 미국문화와 한국문화의 그것보다 훨씬 큽니다. 서로 다른 문화 사이의 유사점을 찾아내면서 두 문화를 연결하려는 작업은 그 두 문화의 간극이 아무리 클지라도 하고자 하는 의지만 있으면 결코 불가능한 일이 아닙니다. 성공회대학교 평생학습사회 연구소 측에 제안한 가나 지원 프로젝트나 '가난한 이들을 위한 인문학' 세계 연대조직 구축 등을 통해서 하려는 것도 바로 이 일입니다. 세계 곳곳에서 이미 진행되고 있는 클레멘트 코스 책임자들도 아프리카 국가나 북한 등 인문학이 필요한 곳에서 새롭게 개설될 코스와 협력할 가능성에 관련해 매우 고무될 것으로 믿어 의심치 않습니다.

마지막으로, 여전히 사회적·윤리적 질문이 남아 있습니다. 한국과 미국 두 사회가 사회적으로, 그리고 윤리적으로 충분히 유사한가, 그리고 한국 사람들은 가난한 사람들도 민주주의에 대해 이해할 필요가 있고 우아한 삶을 살 자격이 있다고 생각하고 있는가 하는 질문 말입니다. 불행히도 미국 사람들 중에서 이런 생각을 가지고 있는 사람들은 아직 소수입니다.

존경하는 한국의 독자 여러분, 저는 감히 이렇게 말씀드리고 싶습니다. 지금 우리는 민주주의를 강화하기 위해 이미 협력하기 시작했고, 또한 심도 있는 현장 경험과 질 높은 교양 수준을 바탕으로 교육을 통해 가난한 이들의 삶의 질을 높이기 위해서 연대에 바탕을 둔 노력을 시작했다고 말입니다. 지금 여러분의 손에 이 책이 쥐어져 있다는 사실이 바로 제 이런 주장이 결코 잘못되지 않았다는 증거입니다. 언젠가 한 철학자가 인간에 대해 이렇게 말한 적이 있습니다. "우리는 상대편에게 무엇인가 말해주고 싶어할 만큼 충분히 다르지만, 서로 이야기할 수 있을 정도로 충분히 비슷하다." 우리는 일란성 쌍둥이는 아닐지라도 분명 한 가족임이 틀림없습니다.

우리는 분명 좀더 아름다운 세상을 꿈꾸고 실천하는 영혼의 가족입니다. 그러나 아직 우리의 관심과 애정이 닿지 않기에 고통받고 있는 또 다른 가족들이 세계 곳곳에서 우리의 손길을 갈구하고 있음을 잊지 않기를 바랍니다. 앞에서 말씀드린 아프리카 가나의 가난한 민중이 우리의 손길을 기다리고 있고, 어쩌면 북한에도 우리의 이 '위험한 실험'이 절실할는지도 모르겠습니다. 저는 '클레멘트의 기적'이 한국뿐만 아니라 세계 곳곳에서 불길처럼 일어날 것으로 확신하고 있으며, 이 책이 바로 그 들불의 '불씨'가 될 것으로 믿습니다.

이 '불씨'를 지피느라 그동안 애쓴 많은 분들에게 진심으로 경의를 표합니다. 2006년 1월 행사를 주관하신 성공회대학교 김성수 총장주교님과 경기문화재단 송태호 전 대표이사님, 그리고 기전문화대학 김보성 학장님께 감사를 드립니다. 또한 행사에 오셔서 축사를 해주신 손학규 경기도 전 지사님과 대통령자문 빈부격차·차별시정위원회 이혜경 위원장님께도 이 자리를 빌려 한 번 더 깊이 감사드립니다. 아울러 한국의 사회적 약자들을 위해서 한국적 클레멘트 코스를 처음 시작한 광명시평생학습원 김홍규 원장과 노숙인다시서기지원센터의 임영인 신부님, 그리고 양 기관 직원 선생님들의 끊임없는 건투를 진심으로 빌며, 미국과 한국의 클레멘트 코스를 다큐멘터리로 제작해 소개해주신 박동덕 피디님과 한국의 노숙

14

인을 위한 인문학 수업을 지원해주신 삼성코닝 관계자 여러분, 그리고 이렇게 훌륭하게 책을 만들어주신 출판사 이매진의 편집진께도 감사드립니다. 그리고 마지막으로, 제 동료인 성공회대학교 고병헌 교수와 이병곤 교수, 임정아 교수에게도 감사의 말을 전합니다.

저는 이제 나이도 들고 건강도 좋지 않아서 한국과 미국에서 활동하고 있는 이 젊고 건강한 동료들에게 큰 희망을 걸고 있습니다. 그들이 '불씨'가 되어 한국, 미국, 캐나다, 아르헨티나, 브라질, 오스트레일리아뿐만 아니라 가나에서도, 북한에서도, 그리고 세계 곳곳에서 '가난한 이들을 위한 인문학'이 들불처럼 타오르기를 꿈꾸고 있습니다. 그날을 위해, '클레멘트의 기적'을 만들어 가는 모든 분들의 건투를 빌며 인사를 마칩니다.

2006년 11월
미국에서,
얼 쇼리스

| 차례

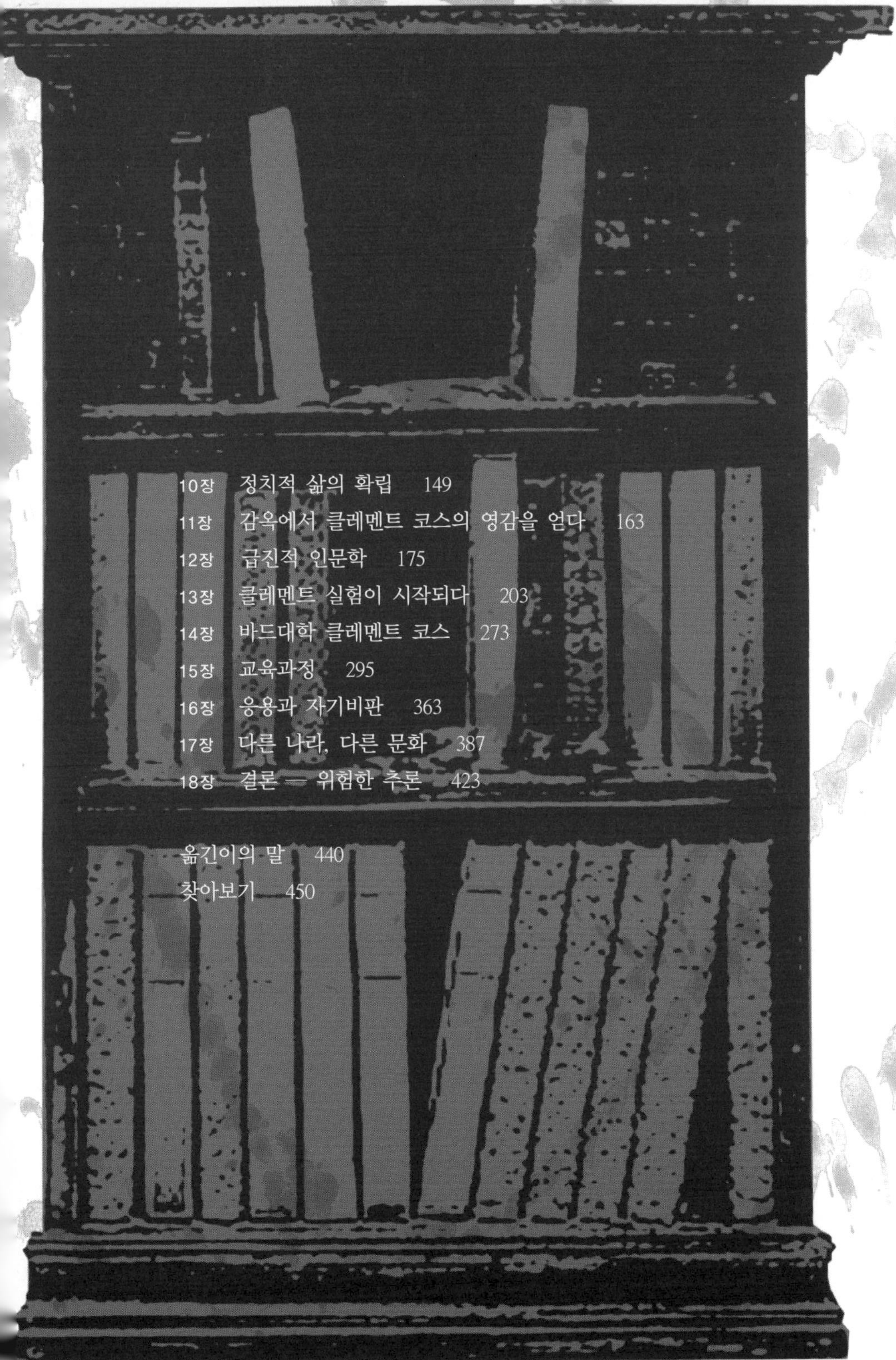

이사야 벌린[1]의 평가에 따르면, 알렉산드르 게르첸[2]은 삶의 어두운 면을 드러내고 고발하는 데 천부적인 능력을 가진 사람이다. 벌린은 게르첸에 대해서 다음과 같은 설명을 덧붙인다. "자연은 마치 게르첸의 도덕체계의 균형을 회복시키기라도 하려는 듯이 그의 영혼에 한 가지 흔들리지 않는 믿음, 한 가지 정복되지 않는 기질을 조심스레 새겨 놓았다. 게르첸은 인간의 마음 속에 고상한 본능이 있음을 굳게 믿은 사람이었다."

이 책은 '인간 삶의 어두운 면'인 무력force[3]의 속성인 차별성unfairness을

---

1 이사야 벌린(Isaiah Berlin, 1909~1997)은 매우 드물게도 사상사가(思想史家)이면서 동시에 사상가의 반열에 올라 있다. 철학적 자유주의의 적극적 옹호자이자 전체주의에 대한 '전투적 반대자'로 알려져 있다. 이사야 벌린의 저작 중에서 『칼 마르크스 — 그의 생애, 그의 시대』는 1930년대에 집필한 책인데, 마르크스 관련 논저들 중에서 단연 일급 수준으로 평가받고 있다 — 옮긴이.

2 알렉산드르 게르첸(Alexander Herzen, 1812~1870)은 영국에 머물면서 '러시아 자유언론(Russian Free Press)'을 조직하고 그 유명한 『종The Bell』이라는 잡지를 발간한다. 이 잡지는 차르 정권이 쇠락하기 시작할 때쯤부터는 거의 모든 러시아인이 읽을 정도로 정치적으로 영향력 있는 잡지가 되었다. 게르첸은 기본적으로 농노제도와 사형제도, 검열제도의 폐지를 주장했다. 그러나 그가 가장 중요하게 생각하는 '원칙'은 "삶의 목적은 삶 그 자체"이어야 하며, 추상화된 '이상'을 위해서 살아 있는 인간의 육신을 희생해서는 안 된다는 것이다. "도달해야 할 목적지만 쳐다보고 그 목적지에 도달하는 과정에 대해서 생각하지 않는 것이야말로 가장 심각한 오류"라고 그는 말한다 — 옮긴이.

'인간의 마음 속에 있는 고상한 본능들' 가운데 하나인 정당한 힘power이 지닌 포용성과 대비하는 방식으로 만성적인 가난의 문제를 다룰 것이다. 즉, 이 책은 인간 본능의 어두운 면을 고발하고 고상한 면의 승리를 널리 알리기 위해 썼다.

---

3 이 책에서는 두 가지 종류의 '힘'이 나온다. 영어로 'force'와 'power'다. 둘 다 우리말로 '힘'이라고 번역하는 것들인데, 저자는 이 둘을 구별해 사용하고 있다. 'force'는 사회적인 무력, 지배력, 강제력 등을 의미하는 '무력(武力)적인 힘'으로서, 이 책에서는 '부정적인 힘'으로 사용되고 있다. 반면 'power'는 인간의 능력을 의미하는 '긍정적인 힘'을 의미한다. 이 두 가지 힘은 본문에서 자세히 비교해 설명하고 있다 — 옮긴이.

1장

록펠러보다 **더 부유**하게

1999년 가을, 말 그대로 엄격한 대학 수준의 인문학강좌인 '클레멘트 코스Clemente Course'에 400명이 넘는 수강생이 몰려들었다. 수강생 자신들은 물론, 그 어느 누구도 상상할 수 없는 일이 벌어진 것이다. 수강생들은 모두 가난했다. 직장이 있는 사람들도 있었지만 대부분 낮은 임금을 받았다. 그들 중엔 국가에서 제공하는 사회복지제도 수급권자도 있었고 노숙자나 전과자도 있었다. 또한, 많은 이들이 한부모 가정 출신이었으며, 고등학교를 마치지 못한 사람도 많았다.

지역적으로는 수강생들 중 다수가 뉴욕, 시애틀, 앵커리지, 필라델피아, 탬파Tampa, 밴쿠버, 로스앤젤레스, 퍼킵시Poughkeepsie, 뉴브런즈윅New Brunswick, 홀리오크Holyoke 같은 도시 사람들이었지만, 유카탄Yucatán이나 유콘/쿠스코큄 델타Yukon/Kuskokwim Delta와 같은 오지 출신들도 있었다. 나이는 대부분 20대로 젊었고, 그래서인지 비록 가난하고 제대로 교육을 받지도 못했고 특별한 기술도 없었지만, 자기 인생이 아직은 완전히 끝장난 것이 아니라는 희망을 품고 있었다.

교수진은 일류 대학에서 가르쳐도 전혀 손색이 없을 정도의 실력가들로 구성되었는데, 실제로 그들 중 많은 사람이 대학에서 교편을 잡고 있었다. 교수들의 나이는 다양했고, 경력 역시 대학의 학장에서 소장학자에 이르기까지 각양각색이었다. 실제 대학교수 말고도 시인, 향토사가, 예술가, 이름난 비평가, 유픽 에스키모Yup'ik Eskimo 촌락의 추장 등도 교수진에 포함되어 있었으며, 자원봉사자는 단 한 명도 없었다. 모름지기 대학 수준의 강의는 자원봉사자가 할 수 있는 성질의 일이 아니기 때문이다. 클레멘트 코스 교수들은 일류 대학의 조교수들이 받는 수준의 대우를 받는다. 그러나 그런 만큼 보수에 상응하는 실력과 노력이 요구된다.

미국에서 클레멘트 코스가 처음 시작된 것이 5년 전이고, 캐나다는 3년, 유카탄은 2년이 되었다. 이 밖에 중미에서는 멕시코의 이베로아메리카나대학교, 멕시코국립자치대학교, 몬테레이과학기술대학교 등에서 클레멘트 코스의 개설을 준비하고 있다. 클레멘트 코스는 대상에 따라 영어, 스페인어, 유카테칸 마야어Yucatecan Maya, 추픽 에스키모어Cup'ik Eskimo로 진행되고 있으며, 오클라호마인문과학대학교와 협력해 키오와어Kiowa와 체로키어Cherokee 강좌도 곧 열릴 예정이다.

뉴욕에서는 클레멘트 코스를 끝낸 23명의 학생이 다음 단계인 연계코스Bridge Course(클레멘트 코스를 끝내고 본격적인 대학 수업을 받기 전에 계속교육을 돕는 코스)에 등록했다. 연계코스는 바드대학Bard College의 스튜어트 레바인Stuart Levine 학장이 주도하고 있다. 유카탄 반도의 샌 안토니오 시호San Antonio Sihó에서는 미구엘 앙헬 마이 마이Miguel Angel May May가 마야의 고전문학을 마야어로 강독하고 있다. 미구엘은 꽤 유명한 소설가이자 비평가이다. 시애틀에서는 클레멘트 코스에 참여하기 위해 워싱턴인문학협회Washington Humanities Council에서 온 라이올 부시Lyall Bush가 책임을 지고 있다. 그는 코스의 교육과정 가운데 하나인 논리학을 자신이 선호하는 대로 '비판적 사고'로 이름을 바꿔 달고 좀더 넓은 관점을 지닌 과목으로 대체했다. 바드대학 클레멘트 인문학 코스Bard College Clemente Course in Humanities의 전국 책임자인 마틴 켐프너Martin Kempner는 다른 12개 지역의 책임자들과 협력해 교육의 질을 높이고 학생들의 중도탈락률을 낮추기 위해 끊임없이 노력하고 있다.

클레멘트 코스는 뉴욕의 남동부 지역에서 처음 시작해 17개 지역으로 퍼져나갔지만, 여전히 처음의 그 뜻을 잃지 않고 있다. 인문학을 통해서 가난한 사람들을 가족에서 이웃과 지역사회로, 그리고 한 걸음 더 나아가 국가로 이어지는 '공적 세계public world'(페리클레스[1]의 용어로는 '정치적 삶')로 이끌어내는 것이 이 교육과정이 지향하는 가장 중요한 목표이다. 그런데 이 일을 성공적으로 수행하기 위해서는 '가난'과 '가난한 사람'에 대한 기존 관점을 완전히 바꾸는 작업이 선행돼야 한다. 가난한 사람들을 이해하는 기존 관점이 매우 잘못되었다는 것이 증명되고 있기 때문이다. 설사 가난에 대한 기존 관점이 틀린 것은 아니라고 치더라도, 그런 관점이 대물림되는 가난 속에서 사람들을 구해내는 일에 아무런 도움이 되지 않는다는 사실만은 분명하다. 간혹 가난에서 벗어난 사람들이 있긴 하지만, 가난에 대한 기존의 관점은 이민이나 공정한 법 적용의 보장과 같은 매우 '뻔한' 것들 말고는 그들이 어떻게 가난을 극복했는지에 대해서 말해주는 것이 거의 없다.

클레멘트 코스는 한 가지 분명한 생각에서 출발했다. 민주주의 사회에서는 무력force[2]과 '힘power'이 결코 동의어가 될 수 없다는 생각이 바로

---

1 페리클레스(Pericles, 기원전 495~기원전 429)는 고대 아테네의 황금시대를 열었던 매우 양심적인 정치가이자 웅변가로서, 예술과 교육을 적극적으로 장려한 인물이다. 파르테논 신전 건립의 전체적인 계획을 수립, 지도한 것으로도 유명하다 — 옮긴이.

2 '이 책을 쓴 이유' 부분에서 설명했듯이, 포스(force)를 '무력(武力)'으로, 파워(power)를 '힘'

그것이다. 이런 생각을 하게 된 계기는 몇 년에 걸쳐 미국 횡단여행을 하던 때까지 거슬러 올라간다. 여행을 하면서 우리는 가난한 이들에게 귀를 기울였고, 이론에서처럼 현실에서도 '무력force'과 '힘power'이 정말로 의미 있을 정도로 구별되고 있는지 알아보려고 애썼다. 가난이 무엇인지를 가난한 사람들로부터 직접 배운다고 할 때, 그들의 현실에서 이 두 개념이 뚜렷하게 구별되고 있다는 사실만큼 중요한 것은 없다고 생각한다. 가난한 사람들을 그저 관리대상으로만 바라보지 않고 그들의 발아래에 앉아서 그들의 말에 귀기울였다면, 그리고 또 가난한 사람들의 일상생활을 '학교'삼아 '학생'의 자세로 현실 세계에서 실제로 그들에게 어떤 일이 벌어지고 있는지에 대해서 알려고 했다면 우리는 분명 가난에 대해서 지금보다 훨씬 더 많은, 중요한 것들을 알아낼 수 있었을 것이다. 처음에 무력과 힘의 문제를 함께 탐구했던 스탈링 로렌스Starling Lawrence는 두 개념의 차이를 구별하는 것에서 한걸음 더 나아가 '그러면 우리는 가난에 대해서 무엇을 해야 하는가?'라는 질문을 또다시 던졌다.

　　여기서 분명히 해두고 싶은 점은 클레멘트 코스 그 자체가 답은 아니라는 사실이다. 클레멘트 코스는 단지 답을 이끌어낼 수 있는 실마리에 불과할 뿐이다. 클레멘트 코스는 서구/유럽 문화권뿐만 아니라 마야나 추픽 문화권에서도 진행되고 있기는 하지만, 실은 그리스의 인문학에서 대안을 모색한 것으로, 깊고 오랜 아테네 문화에 뿌리를 두고 있다. 클레멘트 코스

으로 번역하는 것이 문맥상 적절하다고 판단했다. 물론 포스(force)를 '완력' 또는 '힘'으로 번역하는 것이, 그리고 파워(power)는 권력으로 번역하는 것이 문맥상 더 매끄러운 곳도 있다. 그러나 파워(power)도 '힘'으로 번역하기 때문에 개념적 혼란을 피하기 위해서 이후 포스(force)나 파워(power)는 각각 '무력(武力)'과 '힘'으로 구별하여 쓰고자 한다. 단, 내용상 꼭 필요한 경우에 파워(power)를 '권력'으로 번역했다 ― 옮긴이.

의 '창시자'로 한 명을 꼽으라고 한다면 단연 소크라테스다. 클레멘트 코스에 가장 적절한 방법론을 찾는 데 있어서 누구보다도 깊게 영감을 준 사람도, 그리고 정치적인 삶과 인문학 사이의 연관성을 가장 먼저 예증한 사람도 바로 소크라테스이기 때문이다.

'위대한 시비꾼ironist'이라는 겉모습에 가려져 있어서 그렇지, 소크라테스는 한가롭지 않은 삶을 살았던 사람이다. 젊은 시절에는 보병의 신분으로 갑옷을 입고 아테네 수호 전쟁에 나서기도 했고, 나중에는 교사로서, 사람이 마땅히 해야 할 일이 무엇인지를 탐구하기도 했다. 소크라테스가 탐구했던 '인간의 의무'는 종교에서처럼 교리적 차원의 것은 아니었다. 그는 신神, 또는 신들의 생존방식 같은 것에는 별 관심이 없었다. 그는 정치인이자 인문주의자였으며, 인간의 생각과 행동에 책임을 져야 하는 존재는 인간 자신이라는 생각을 가지고 있었다. 소크라테스의 이런 태도와 생각을 고려할 때, 그가 사형선고를 자초한 측면이 어느 정도 있었다고 말할 수도 있다.

소크라테스의 삶은 사실 자신이 그토록 심혈을 기울여 증명하려고 했던, 인문학과 정치의 밀접한 관계 그 자체였다. 소크라테스는 '철학을 연구하는 사람'이 아니라 '철학하는 사람philosopher'이었다. 이제 곧 닥쳐올 죽음 앞에서도 사후에 위대한 시인 호메로스 같은 사람들과 함께 잠도 자고 시간도 보낼 수 있다는 생각을 하며 자신을 위안했던 사람이 바로 소크라테스다. 이렇게 소크라테스에게는 정치와 인문학이 한 덩어리였던 것이다.

지금까지 인문학과 정치의 깊은 연관성을 처음 주목한 사람이 소크라테스라고 설명했지만, 사실 소크라테스 자신은 이 둘의 연관성에 대해 직접 거론한 적이 없다. 하지만, 그렇다 해도 소크라테스의 삶과 사상에 대해 조금이라도 생각해본 사람이라면 누구라도 그의 삶과 사상에서 정치와 인문학을 서로 관련지어 생각하는 것이 얼마나 중요한 문제인지 쉽게 생각해낼 수 있을 것이다. 물론 정치와 인문학의 관련성 자체만을 두고 본다면 소크라테스가 그런 생각의 '시작'은 아니다. 그 두 가지가 서로 연계되어 있다는 생각은 고대 그리스 도시국가의 발달, 그리고 도시국가의 민주적인 운영과 밀접히 관련된다. 플라톤의 '철학자-왕philosopher-king' 이라는 개념이 실현되지는 않았지만, 국내외의 문제들을 해결하는 데 있어 성찰적으로 사고할 수 있는 사람들, 즉 '철학자-시민philosopher-citizens' 이라는 놀라운 존재가 고대 아테네에서 탄생했던 것이다.

　여기서 논쟁의 여지없이 분명한 사실은 '철학자-시민'은 그리스의 시, 드라마, 미술, 철학, 수학, 역사 등이 발달하면서 비로소 나타날 수 있었다는 것이다. 요즘 인문학과 공적 삶public life이 아무런 관련이 없다고 고집하는 사람들이 꽤 많은데, 그 주장이 옳다면 '철학자-시민'의 탄생과 아테네의 인문학 부흥이 같은 시기에 발생한 것에 대해서는 그저 '우연의 논리'로밖에 설명할 길이 없게 된다. 그들은 아마도 이렇게 말할 것이다. "민주주의가 지속된 것은 분명하다. 그런데 그게 플라톤이나 아리스토텔레스와 무슨 관계가 있는가?"라고. 그러면 우리는 그들에게 이렇게 되물어보자. 아테네 이전의 국가들 중에서 개인의 자유가 보장되어 민주주의를 만들어낸 나라가 있었냐고. 인문학이라는 지적 동력 없이 민주주의가 발전한다는 것은 실로 상상할 수 없는 일이다.

　물론 비민주적인 사회에서도 인문학은 존재할 수 있다. 아흐마토바[3]가

---

3 아흐마토바(Anna Andreevna Akhmatova, 1889~1966)는 구(舊) 소련의 오데사 출생으로, 죽은 뒤에야 비로소 러시아 문학에서 가장 위대한 여성 시인으로 인정받았다 ― 옮긴이.

전체주의 독재체제 아래서 살았는데도 아름다운 시들을 많이 지었다는 것은 그의 시를 좋아한 이사야 벌린 같은 자유주의 사상가들에게는 참으로 혼란스런 사실이 아닐 수 없었을 것이다. 그래서 우리가 가장 이상적인 형태의 통치제도로 여기는 민주주의가 인문학 없이도 충분히 꽃피울 수 있는가 하는 것이야말로 참으로 중요한 질문이 된다. 나는 이것이 정말 중요한 문제임을 가난한 사람들에게 귀기울였던 경험을 통해 깨닫게 됐다.

개념의 정의가 목적이 아니라는 전제 아래서, 자유의 문제에 대해서 생각해보자. 자유에 대해 이미 알려진 일반적인 개념만 가지고 볼 때, '생각 없는 자유'라는 것이 과연 가능한가? 아니면 그런 자유는 단지 혼란에 불과한 것일까?

자유의 형태가 처음으로 확연하게 드러났던 고대 아테네에서는 '공적 세계'에서 인문학을 따로 떼어내는 일이 불가능했다. 인문학과 도시국가는 자신의 존립을 위해 서로를 필요로 했다. 삶에서 인문학을 떼어내는 일이 가능할 수 있었던 것은 한참 뒤에 성 바울이 자유의 개념을 관념의 성城 안에 가둬버린 뒤부터이다. 철학이 수도원으로 들어가고, 그림이 교회의 실내장식으로 파묻혀버리고 나서야 그 둘의 분리가 가능했던 것이다.

소크라테스와 계몽시대의 위대한 철학자였던 임마누엘 칸트를 비교해보자. 국가의 비이성적인 판결에 직면했을 때, 소크라테스는 자신의 원칙을 포기하느니 차라리 죽음을 택한다. 이미 잘 알려진 것처럼, 아테네에서 탈출하라는 크리톤Crito의 제안을 그는 받아들이지 않았다. 칸트의 경우, 그가 1793년에 『이성의 한계 안에서의 종교Religion within the Boundaries of Mere Reason』를 출판해 일대 파란을 일으키자 프로이센 당국은 칸트에게 다시는 종교에 관한 글을 쓰지 말도록 명령했고, 칸트는 왕의 명령에 굴복해 평생 그 약속을 지켰다. 여기서 두 사람의 차이는 확연히 드러난다.

"평탄한 삶은 인간에게 적합한 삶이 아니다"라고 말했던 철학자는 죽음의 고통 앞에서도 자신의 신념을 굽히지 않았다. 반면, 삶에서 가장 본질적인 질문을 "나는 무엇을 알 수 있는가? 나는 어떻게 살아야 하는가? 우리는 무엇을 바랄 수 있는가?"라는 세 가지 간결한 질문으로 정리한 뒤 우리에게 정언명령을 제시했던 철학자는 세력가의 명령대로 행동했다.

한 사람은 군주제 아래서 살았고, 다른 사람은 비록 혼란한 시기에 죽기는 했지만 민주주의 제도 아래서 살았다. 칸트의 글이 중요하지만 그 글을 소크라테스의 그것과 비교하는 일은 바보 같은 짓이다. 두 철학자 모두 진리와 도덕, 아름다움 등의 문제에 관심을 뒀지만, 칸트는 세상과 떨어져서 살 수 있었고, 소크라테스는 누구보다 세속적인, 즉 '세상 속'에서 살았던 사람이었다.

현대 세계에서도 인문학 없이 살려면 얼마든지 그렇게 할 수 있을 것이다. 프랑스의 문학평론가 상트 뵈브Sante-Beuve가 '상아탑'이라고 이름 지었던 세계 안에 정말로 편안하게 안주하면서 인문학이란 모름지기 상아탑 안에 있는 사람들만을 위한 것이라고 생각하는 것이 가능해진 것이다. 어떤 사람들은 한술 더 떠서, 인문학이라는 것 자체가 원래는 그들을 위한 상아탑이었다고 말하기도 한다. 19세기 프랑스의 철학자 빅토르 쿠쟁[4]이 말했고 MGM영화사[5]도 자기 회사의 신조로 삼았던 '예술을 위한 예술'이

---

4 빅토르 쿠쟁(Victor Cousin, 1792~1867)은 프랑스 교육 지도자이자 철학자이며, 절충학파 (eclectic school)의 창시자. 1840년 프랑스 공교육부장관(Minister of Public Instruction)이 된 뒤 교육과 철학에 관련된 국가 정책을 주도하게 된다 ─ 옮긴이.

5 MGM은 Metro Pictures Corporation(1916년 설립), Goldwyn Pictures Corporation (1917년 설립), Louis B. Mayer Pictures(1918년 설립) 등 세 영화사가 1924년 4월에 합치면서 이 셋의 머리글자를 따서 만든 이름이다 ─ 옮긴이.

라는 혼령이 되살아난 느낌이다.

인문학이 공적인 삶과 서로 소통하지 않고 분리돼 있는 상태일지라도, 인문학은 비록 쓸모없거나 낭비적인 것으로 보일 수는 있을지언정 결코 그것이 가지는 사회적 의미가 사라지는 것은 아니다. 단지 그런 상황에서는 인문학의 영향력이 충분히 발휘될 수 없을 뿐이다. 윌리엄 개스[6]의 "예술이 꼭 도덕적일 필요는 없다"는 주장을 인문학에도 적용해보려고 할 수도 있을 것이다. 그런데 만일 어떤 민주주의 사회에서 인문학의 모든 영역이 완전히 도덕의 범주 밖에 있다고 한다면, 그 사회는 어디에서 자신의 도덕적인 자아를 찾을 수 있을 것인가? 아무리 민주주의 사회라고 하더라도 그런 사회에서는 도덕적인 자아를 찾기 위한 목적으로 '모범의 표본'으로서 중세시대 '왕자'나 '교회'를 또다시 필요로 하게 될지도 모를 일이다. 그러나 개방적이고 민주적인 사회에서는 이미 정교政敎가 분리돼 있으니 또다시 '종교'에 기댈 수는 없는 노릇이고 보면 결국 우리에게는 인문학 말고는 다른 대안이 없지 않은가! 바로 이것이 고대 그리스에서 적용됐던 인문학의 의미가 우리에게 가르쳐주는 교훈이며, 이런 이유에서 클레멘트 코스가 고대 그리스의 인문학적 전통에 기초하고 있다고 말하는 것이다.

조금 전까지 클레멘트 코스가 그리스 인문학의 전통에 따르고 있다고 말했지만 정치사상적으로는 클레멘트 코스는 어느 계보에도 속하지 않는 '고아孤兒'다. 나와 내 동료들을 포함해 클레멘트 코스의 실천에 깊이 관련돼 있는 사람들의 향후 행적을 끝까지 추적한다고 하더라도 클레멘트 코스

---

6 윌리엄 개스(William Gass, 1924~)는 철학자로서 훈련을 받기도 한, 미국 문학계의 거장으로 평가받는 작가이다. 활발한 작품 활동을 통해 미국도서비평회 비평상 등 많은 상을 받았으며, 국제작가센터의 소장으로 추대되기도 했다 — 옮긴이.

의 정치사상적 독보성은 결코 손상되지 않을 것이라고 확신한다. 클레멘트 코스는 기존의 어떠한 정치사상 분파에도 속하지 않고 그 자체로 하나의 독자적인 정치사상이다. 개인적 차원에서 평가하자면, 나는 나 자신을 좌파라고 생각한다. 그런데 여기서 중요한 점은 클레멘트 코스는 나의 정치사상이 아니라 페트라르카[7]가 정의한 '인문학의 르네상스 사상'에 기초하고 있다는 사실이다. 문화비평가들의 관점에서 보자면, '인문학의 르네상스 사상'은 보수적이라고 평가할 수 있다. 클레멘트 코스에 내재한 정치사상적 '편견'이 있다고 한다면, 그것은 아마도 동원하는 방식을 지양하고 '자율自律[autonomy]'을 선호하고 있다는 사실 정도일 것이다.

클레멘트 코스는 3개국 17개 지역[8]에서 클레멘트 코스만을 위한 독립된 교육기관이 생겨날 정도까지 발전했지만 실제로는 아무것도 '소유'한

---

7 프란체스코 페트라르카(Francesco Petrarch, 1304~1374)는 이탈리아의 시인이자 인문학의 아버지로 일컬어진다. 그가 태어난 1300년대 직후는 글을 읽거나 쓸 수 있는 사람이 거의 없었다. 사실 페트라르카는 글을 읽고 쓰는 것이 하나의 축복이라고 생각했지만, 당시 사람들은 쓸 데 없는 짓이라고 여겼다. 그래서 자신의 생각과 감정을 글로 표현하고픈 욕구가 매우 컸음에도 유럽에서는 그런 욕구를 충족시켜줄 '글 상대'를 찾을 수가 없었다. 그래서 자신보다 1200년 전 사람인, 로마의 정치가이자 시인인 키케로(Cicero)를 글 상대로 삼아 자신의 욕구를 해소하게 된다. 이때 페트라르카가 쓴 작품들이 보카치오(Boccaccio)를 비롯한 후세의 대문호들에게 커다란 영향을 주는데, 심지어 셰익스피어도 그의 작품들을 연구해 그의 14행시 소네트[sonnet: 16세기 초에 이탈리아에서 영국으로 수입된 시형(詩形)으로 보통 각행 강약 오보격(五步格)]를 모방하기도 했다. 페트라르카가 분류한 다섯 가지 학문 분야는 도덕철학, 문학, 예술사, 역사, 논리학이다 ― 옮긴이.

8 클레멘트 코스는 2006년 10월 현재 4개 대륙, 6개 나라(미국, 캐나다, 멕시코, 아르헨티나, 오스트레일리아, 한국 등), 57개 지역에서 운영되고 있다. 한국의 경우, 2005년 3월 광명시 평생학습원의 광명시민대학(창업경영학과)을 시작으로 2005년 9월 노숙인다시서기지원센터의 성프란시스대학이 개설됐으며, 2006년에 새롭게 두 곳이 더 생겨났다. 최근에는 아프리카 대륙의 가나에서 클레멘트 코스를 개설하기 위한 논의를 진행 중이다 ― 옮긴이.

것이 없다. 책상 하나, 의자 하나, 종이 한 장까지도. 바드대학에 책임자 한 명을 두고 클레멘트 코스의 한 부분(사실 코스의 가장 핵심적인 부분이기는 하다)을 맡기고 있는데, 그는 매사에 일들을 매우 신중하게 처리함으로써 클레멘트 코스를 특정한 정치사상적 계파나 학계의 영향권에서 벗어나 있을 수 있게 했다. 그 결과, 클레멘트 코스는 사적 영역에서는 '고아'(어떠한 계파에도 속하지 않는다는 의미에서)이지만 공적 영역에서는 '한 명의 시민'(인문학이 공적인 삶과 연계될 때 사회적으로 중요한 역할을 한다는 의미에서)으로서 제 역할을 다 하고 있는 것이다.

클레멘트 코스는 그 과정을 밟는 수강생들이 앞으로 그렇게 되었으면 하고 바라는 '모습'이 교육과정 자체에도 녹아날 수 있게 하려고 노력하고 있다. 간단히 말하면, '자치'(나는 이것이 인류의 위대한 발견 중 하나임을 믿어 의심치 않는다)를 교육과정 운영의 기본 원칙으로 채택한 것이다. 자치 능력이 있는 모든 시민들이 그러하듯, 클레멘트 코스도 스스로 운영 체제를 확립해나갔다. 교육과정 구성의 기본 원칙이나 교수방법, 교육과정 운영을 위한 기본 원칙과 표준, 학업성취에 대한 보상 방법 등에 관한 문제들은 다음 장에서 논의될 것이다.

클레멘트 코스는 제대로만 접근하면 중상류층 사람들에게도 충분히 유용한 것이지만 안타깝게도 이제 인문학 과정은 몇몇 고등교육 기관에서, 그것도 부분적으로만 가르칠 뿐 대부분의 대학에서 인문학에 대한 관심이 줄어들고 있다. 대신 그 자리에 부자들의 담론인 '노동연계복지welfare-to-work'를 위한 직업훈련 프로그램 형태의 교육과정들이 들어서고 있다. 많은 대학에서 인문학 교육과정이 직업훈련으로 대체돼가는 이런 현상은 클레멘트 코스가 가난에서 벗어나려는 사람들을 지원하기 위한 기존의 사회복지정책들과는 본질적으로 다른 접근을 하고 있다는 사실을 역설적으로 증명하는 것이다. 그러면 인문학이 이렇게 부자들에게서도 홀대받는 마당에 왜 우리는 굳이 가난한 이들에게 인문학을 가르치려고 하는가?

고등학교와 대학교에서 인문학을 가르치지 않기 때문에 학생들, 더 나아가 사회가 입게 되는 손실에 대해 제대로 진단하고 대처 방안을 세우려면 아마도 책 한 권으로는 모자랄 것이다. 성찰적 사고의 윤리적이고도 지적인 힘을 망각한 국가가 앞으로 얼마나 더 번성할 수 있을지는 두고 볼 일이다. 특히 그런 나라가 세계적으로 지도적인 위치를 유지할 수 있을지는 심히 의심스럽다.

고등교육기관이 '교육하는 곳'에서 '준비시키는 곳'으로 전락해서 인문학 교육을 완전히 포기하기 이전에도 교육이라는 것, 조금 더 구체적으로 말해 인문학을 공부한다는 것은 그저 잘 사는 사람들의 일일 뿐이었다. 록펠러 가문(지금으로 치면 빌 게이츠 가문이라고 할 수도 있겠다)의 자손들은 당연히 역사와 예술, 문학과 철학에 관해 잘 알고 있어야 했다. 오늘날에도 그들이 받는 학교교육은 더 복잡하고, 덜 반복적인 일을 하는 데 적합한 교육과정으로 구성돼 있다. 반면, 가난한 사람들은 대개 머리를 덜 써도 되는 단순한 작업을 위한 훈련을 받게 된다. 그래서 그들이 받는 보수는 가령 거리 한 모퉁이에서 구멍가게를 하는 사람들의 벌이보다도 늘 적을 수밖에 없었다.

국가가 어떤 이유에서든 가난한 사람들의 고통을 덜어주는 일에 관심을 두게 될 때마다 쓰는 방법은 항상 똑같았다. '훈련'이 바로 그것이다. 어떤 프로그램은 가난한 이들에게 옷을 제대로 입는 법을 가르쳐주기도 하고, 또 어떤 프로그램은 일찍 일어나는 습관 같은 것을 길러주기도 한다. 1996년의 개혁복지법이 제안한 프로그램들을 포함해 가난한 사람들을 위한 복지정책의 대부분이 당근과 채찍을 사용해 그들을 '훈련'시키는 방식에 크게 의존하고 있다. 복지정책이 이런 식으로 흐르는 것은 가난한 사람들이란 일반인들과는 뭔가 다른 존재, 즉 능력이 부족하거나 별 가치가 없는 사람들, 또는 이 두 가지 문제를 모두 가진 존재라는 편견을 갖고 있기 때문이다.

이런 편견을 갖고 있는 사람들은 가난한 사람들을 대상으로 '훈련'이 아닌 '교육'을 하겠다는 발상 자체를 가당찮게 여길 것이다. '가난한 사람들은 훈련시켜야 한다. 훈련이라도 제대로 감당할 능력이 있는지는 모르겠지만.' 이것이 바로 그들의 생각이다. 이런 편견에 기초한 복지정책은 그 사회에 매우 분명한 이득을 가져다준다. 그것은 가난한 사람들을 쥐꼬리만 한 임금으로 부려 먹을 수 있다는 것이다. 가난하지 않은 사람들이 하기 싫어하는 일들을 가난한 사람들에게 시키면서 말이다.

이것보다는 조금 덜 분명하지만 '힘power'의 배분과 관련해 가난하지 않은 사람들이 누릴 수 있는 또 다른 사회적 이득이 있다. 교육받지 못한, 가난한 사람들은 민주주의 사회에서조차도 다른 사람들과 공평하게 힘을 나누어 가질 만한 경제력도, 지적 능력도 없다. 그래서 인문학을 부자와 중산층이 독점하고 가난한 사람들에게는 그림의 떡으로 만들어 놓은 채, 그저 훈련만 시킴으로써 가난한 사람들을 계속해서 순종적인 사람들로 묶어놓는 것이 가능해진다. 가난한 사람들이 때때로 물건을 훔치거나 심지어 다른 사람을 해치는 사건(이것도 대개는 그네들 사이에서 발생한다)이 발생하기는 하지만 그렇다고 해도 교육받지 않은 가난한 사람들이 세력가들에게 경제적이거나 정치적인 위협이 되는 경우는 거의 없다.

인문학이 가난한 사람들에게 어떤 식으로 영향을 끼치는지, 왜 가난한 사람들도 인문학이라는 '부富'를 누릴 권리가 있는 것인지, 그리고 가난한 사람들에게 인문학을 가르치는 일이 왜 전체 사회에도 좋은 일이 되는지 등과 같은 질문에 답할 수 있으려면 무엇보다도 가난을 바라보는 기존의 관점을 바꿀 필요가 있다. 이 책의 전편이라고 할 수 있는『뉴 아메리칸 블루스: 가난에서 민주주의로 가는 여정New American Blues: A Journey Through Poverty to Democracy』에는 내가 만난 8백 명이 넘는 가난한 사람들의 이야기가 담겨 있다. 그들과의 만남을 통해서 나는 가난한 사람들이 처한 상황을 어떤 관점에서 이해해야 하는지 깨닫게 됐다. 그런데 이 책에는 그들의 이야기를 담지 않았다. 이 책은 클레멘트 코스에 관한 것이기 때문이다. 그렇지만, 지난 5년 동안 미국, 멕시코, 캐나다, 오스트레일리아, 그리스, 프랑스 등을 돌아다니며 클레멘트 코스에 대해 설명하다 보니, 이 교육과정을 있게 한 '가난'에 대한 이론을 충분히 논의하지 않으면 가난한 이들에게 인문학을 가르쳐야 한다는 발상이 가난에 대해 기존의 상식적 견해를 갖고 있는 사람들에게는 아무 근거도 없는 생뚱맞은 소리로 들릴 수 있다는 사실을 깨닫게 됐다.

클레멘트 코스의 예비수강생들에게 강연할 때면, 나는 이렇게 말하곤 한다. "나는 여러분을 록펠러처럼 부자로 만들어드리겠습니다. 아니 어쩌면 여러분은 록펠러보다 더 큰 부자가 될 수도 있습니다. 왜냐하면 록펠러 집안 사람들이라 해서 모두 다 인문학을 공부하는 것은 아닐 테니까요. 앞으로 인문학을 공부하면, 여러분은 '부'를 누릴 수 있게 될 것이며, 여러분은 충분히 그럴 만한 자격이 있습니다." 나를 포함해 수업을 담당하는 교수나 코스 책임자들 그 어느 누구도 수강생들에게 인문학이 그들을 정치적 주체로 설 수 있게 해준다는 말을 하지는 않는다. 여기서 '정치적 주체로 선다'는 것은 진정한 의미에서 시민이 된다는 뜻이다. 우리가 예비수강생들에게 인문학의 정치적 영향력에 대해서 미리 말해주지 않는 것은 고대 그리스의 아이스킬로스[9]나 소포클레스,[10] 또는 에우리피데스[11]가 (결국은 드러나게 될) 자기 작품들의 정치적 영향력에 대해서 굳이 처음부터 미리 설명할 필요를 느끼지 못했던 것과 같은 이유에서라고 말하고 싶다. 페리클레스 역시 추모를 위해 모인 아테네의 시민들[12]에게 그들 나라의 인문학이나 문학, 철학 등에 대해 설명할 필요를 느끼지 않았다. 청중들은 이미 그런 것들이 '무엇인지'를 이해하고 있었다. 페리클레스의 연설을 듣는 청중은 노예도, 교육받지 못한 여성도 아닌, 이미 어느 정도 인문학적 소양을 갖춘 '시민'이었기 때문이다.

다음 장부터는 '가난에 관한 이론'에서 시작해서 클레멘트 코스라는 발상이 나오기까지 거쳐온 과정을 차근차근 되짚어 나갈 것이다. 클레멘트 코스는 상아탑의 연구실에서 머리로 짜낸 것이 아니라 중범죄자 교도소[13]의 어느 재소자와 나눈 대화에서 영감을 얻어 시작된 것이다. 주관적

---

9 아이스킬로스(Aeschylus, 기원전 525~기원전 456년)는 '비극의 아버지'로 일컬어지는 고대 그리스 극작가. 귀족의 아들로 태어나 아테네의 참주정치 붕괴에 이어 새로운 민주정치가 형성되는 격동기에 청년시절을 보냈고, 페르시아 전쟁에 참가한 경력도 있다. 대표작으로는 『오레스테이아Oresteia』 3부작인 『아가멤논』, 『제주를 바치는 여자들』, 『자비로운 여신들』이 있다 ― 옮긴이.

10 소포클레스(Sophocles, 기원전 496~기원전 406년)는 아이스킬로스와 에우리피데스와 함께 고대 그리스의 3대 비극작가 가운데 한 사람이다. 123편의 작품을 썼지만 지금까지 남아 있는 것은 7편뿐이며, 가장 널리 알려진 작품은 『오이디푸스 왕Oedipus Tyrannus』이다. 소포클레스는 아테네와 그 도시의 정치 · 종교 · 사회 형태에 대해서 분명하고 확고하며 진지한 애착을 가진 작가로 알려져 있다 ― 옮긴이.

11 에우리피데스(Euripides, 기원전 484~기원전 406년)는 아테네의 3대 비극 작가 중 아이스킬로스와 소포클레스에 뒤이은 마지막 인물이다. 윤리적 · 사회적인 논평으로 가득 차 있는 작품이 특징이다 ― 옮긴이.

12 스파르타와의 펠로폰네소스 전쟁 당시 희생된 전사자를 추모하기 위해서 모인 아테네 시민들을 말한다. 그때 시민은 여성이나 노예가 아닌, 어느 정도 인문학적 소양이 있는 '남성'을 의미했다 ― 옮긴이.

인 판단일 수도 있겠지만, 이 책에 소개한 '가난에 관한 이론'도 제법 그럴듯해 보이고, 클레멘트 코스도 설득력 있는 모습을 갖춰가는 것 같은 느낌이다. 하지만 아직 우리에게는 함께 협력해 답을 찾아야 할 질문들이 많이 남아있다. 다양한 과목을 통합하는 가장 좋은 방법은 무엇일까? 코스의 각 영역에서 필수과목을 정하는 것의 장단점은 무엇인가? 우리 수강생들에게 불행이 닥쳐 수업을 지속할 수 없을 때는 어떻게 해야 하나? 가장 성공적인 모델이 유카탄에서 나왔는데, 유카탄 지역의 모델을 도시화된 멕시코에 적용하는 것이 가능할까? 라즐노 베르세니가 '소크라테스적 인문주의'14라고 명명했던 그리스의 사상이 비유럽 문화에도 적용될 수 있을까? 오히려 고대 그리스라는 렌즈를 통해 들여다봄으로써 인본주의 사상 그 자체나 미국 문화에 어떤 해악을 끼친 건 아닐까?

클레멘트 코스에 대해 여러 방면에서 알아야 할 것들이 아직 많이 남아 있다. 바드대학 로버트마틴대학원Graduate Studies Robert Martin of Bard의 학장인 마틴 켐프너 박사를 비롯해서, 이 코스와 인연을 맺고 있는 모든 사람들이 교수방법에 대해 지속적으로 연구, 실험하고 있다. 오리건 주의 포틀랜드 지역에서 코스 개설을 계획하고 있는, 리드Reed대학의 피터 스타인버거Peter Steinberger 학생처장은 그 해결이 결코 쉽지 않은, 그러나 반드

---

13 미국의 교도소는 우리와 다르게 경범죄를 범한 사람들을 수감하는 교도소(minimum-security prison)와 중범죄자나 흉악범을 수감하는 교도소(maximum-security prison)가 구별되어 있다. '중범죄자 교도소'는 전자의 교도소와는 다르게 공동생활은 거의 없이 하루 중 거의 23시간 정도를 조그만 독방에서 홀로 지낼 정도로 수감생활이 매우 엄격하게 통제받는 교도소를 말한다 — 옮긴이.

14 라즐노 베르세니(Laszlo Versényi)가 쓴 『소크라테스식 인문주의Socratic Humanism』는 1963년에 예일대학교 출판부에서 출간됐다 — 옮긴이.

시 생각해볼 필요가 있는 문제들을 제기했다. 멕시코에서는 몬테레이과학기술대학교와 이베로아메리카나대학교, 멕시코국립자치대학교 등의 교수들이 클레멘트 코스의 기본 개념을 사회적 맥락이 다른 지역에도 과연 적용할 수 있는 것인지에 관해 문제를 제기했다. 암 조할Am Johal은 브리티시컬럼비아British Columbia대학교에서 약간 변형된 형태의 인문학 코스를 운영하고 있다. 소크라테스가 직접 운영했더라도 똑같이 그랬겠지만, 클레멘트 코스를 운영함에 있어 어떤 일이 있어도 변하지 말아야 할 것은 아무것도 없다. 그것은 대화 가운데 존재하며, 대화는 '가난한 이들도 인간이며, 그들의 인간성을 가장 적절하게 존중하는 방식은 공적인 삶의 영역에서 시민으로 대우하는 것이다'라는 생각에서부터 시작한다.

이제 다음 장부터 클레멘트 코스가 필요한 이유를 설명할 것이다. 그것이 끝나면 클레멘트 코스의 역사와 운영과정에 대해 써나갈 것이다. 이론보다는 실제를 먼저 알고 싶은 독자는 인문학과 가난의 문제가 관련이 있다는 사실을 증명하는 첫 사례가 나오는 11장을 보면 될 것이다. 13장에서는 코스의 전체적인 전개과정과 미국, 캐나다, 멕시코 등에서의 발전, 그리고 인문학 코스를 확장해 북미 원주민의 토착어로 진행할 때 겪게 되는 문제 등을 다루고 있다. 그런데 이런 식으로 책을 읽는 경우 약간 위험이 뒤따른다. 클레멘트 코스의 탄생 배경에 관한 지식이 없으면 정치적 삶의 원동력인 성찰적 사고의 필요성이나 정치적 삶의 가치 그 자체마저도 명확하게 인식하지 못할 수 있기 때문이다. 그런데 이런 인식이 전제되지 않으면 클레멘트 코스는 그저 불우한 사람들을 위한 대학 준비과정 정도로 의미가 폄하될 수 있고, 그렇게 되면 인문학과 인간 영혼의 가능성을 기린다는 이 작업의 의의(이자 기쁨)를 깎아내리는 결과를 낳을 수도 있다.

2장

빈곤의 게임 — 정의

* 2006년 12월 26일, '노원 성프란시스대학'에서 가르치는 교수들과 운영자들, 그리고 학생 대표 등이 참여하는 워크숍에 참석했을 때의 일이다. 그날 워크숍의 주제는 그동안 진행되었던 강좌들에 대한 평가와 이 책의 내용에 대한 번역자와의 토론이었다. 참석자들 대부분의 반응은 대체로 이해가 쉽지 않다는 것이었는데, 사실 이것은 일반 독자들 대부분의 반응이기도 하였다. 그날 그곳에 모인 사람들도 그랬고, 우리 번역자들이 보기에도 특히 2장부터 10장까지가 잘 읽히지 않았다. 저자인 얼 쇼리스도 같은 생각이었는지, 서문에서 이 책의 전체적인 윤곽을 먼저 보고 싶은 독자에게는 1장과 11장, 13장 등을 먼저 읽어보라고 조언하였다. 아무튼 번역자로서의 책임감이 무겁게 느껴졌던 자리인지라, 무엇보다도 번역자들의 능력에 일차적 원인이 있다는 고백과 함께, 얼 쇼리스의 글이 은유와 비약, 풍자와 반어적 표현들로 넘쳐나고, 특히 그가 기본으로 깔고 있는 상식의 깊이와 폭이 참으로 놀라운 수준이기 때문에 번역하기가 참으로 어려웠다는 등 궁색한 변명을 하던 차에, 학생 대표로 참석했던 서말숙이라는 여성이 뜻밖의 말을 꺼냈다. "저는 교수님들이 이 책이 매우 어렵다고 해서 읽기 전에 많이 긴장했어요. 하지만 오늘 워크숍에 읽지도 않고 참석할 수는 없는 노릇이어서 할 수 없이 책을 잡았지요. 그런데 저는 책이 매우 쉽게 읽혔어요. 그리고 이해하는 것도 어렵지 않았고요. 그래서 곰곰이 생각해봤습니다. 왜 그런 것인지 말이죠. 제 생각에는, 2장부터 10장까지의 내용은 사실 교수님들의 삶의 이야기가 아니잖아요. 그러니 이 책에서 제시한, 빈곤이나 가난, 무력, 폭력 등을 바라보는 관점이나 개념들이 교수님들에게는 낯설 뿐만 아니라, 그런 내용들이 반복되면서 지루함을 느끼셨을 수도 있겠다는 생각을 하게 되었어요. 하지만 그 내용들은 빈곤 '안'에 사는 우리들에게 결코 낯선 개념일 수 없으며, 그래서 흥미롭기조차 했어요. 우리들의 삶이 진정 무엇인지를 모르는 '우리 밖의 사람들'은 그래서 어쨌다는 것인지 빨리 결론만을 보고 싶은 마음에 지루해 했을 수도 있었겠지만, 저는 '우리 중 한 사람'이 우리 이야기를 하는 것 같았어요." 덤덤하게 쏟아내는 서말숙 씨의 이 이야기를 들으면서, 이 책을 번역하면서 겪었던 어려움의 실체가 서서히 뚜렷해지고 있음을 느꼈다. 번역자들도 역시 '우리 밖의 사람들'이 아니던가! 그래서 지금 이 순간 이 글을 읽고 계신 독자들에게 드리고 싶은 조언은 얼 쇼리스가 알려준 방식대로 11장, 13장, 15장 등을 먼저 읽고 여기로 다시 돌아오시든지, 아니면 독자 여러분들이 지금까지 익숙해 있던, 가난과 빈곤, 무력과 힘에 대한 기존 개념을 버리고 정말로 가난한 사람들 '안'으로 들어가겠다는 마음으로 이 이후 부분을 읽어보시라는 것이다. 그러면 서말숙 씨가 느꼈던 흥미와 몰입을 여러분도 경험할 수 있으리라 — 옮긴이.

반드시 가져야 할 그것들.

결코 잃어서는 안 될 그것들.

— 빌리 홀리데이

미국에서 경험되는 빈곤이라는 것은 근대 사회의 산물이다. 루소J. J. Rousseau가 말한 '세계 역사의 청년기'인 신석기 시대의 공동체에서 일반적으로 부富는 전체 사회의 것이었다. 물론 부족장은 부인들을 더 많이 거느리거나 성가신 일을 조금 덜 했을지 모른다. 하지만 의식儀式이 지배하는 이 공동체들에서는 불평등보다는 평등이 원칙이었다. 따라서 사냥감의 부족이나 가뭄은 전체 사회의 모든 구성원에게 어느 정도 비슷한 영향을 주었다.

신석기 공동체들의 규모가 커지고, 사냥과 채집 대신 농업과 축산이 정착됨에 따라 사적 소유의 개념이 발달했고, 불평등은 더욱 두드러졌다. 소유권은 기억의 한계나 상식을 넘어 확장됐고, 소유권자들은 자기 가축과 토지의 경계를 표시할 방법을 찾아야 했다. 이 새로운 불평등은 4~5천년 전 메소포타미아 지역에서 쓰기의 발명과 발전된 사회의 출현이라는 모습으로 나타났다.

불평등은 사회에 갖가지 변화를 불러왔다. 무엇보다 의식儀式이 무너졌다. 공유되어 평준화된 경험이라는 기억을 통해 한 사회의 구성원을 불러모으고 결속시켰던 의식이 무너지자 경쟁이 그 자리를 차지했다. 경쟁이라고 하면 올림픽 게임이 머릿속에 일단 떠오르겠지만, 운동 경기가 경쟁의 형식을 갖춘 것은 나중 일이다. 호메로스가 기술한 대로 트로이 전쟁 시절에 이미 경쟁은 제도화됐다.[1] 이 시기보다 적어도 1천 년 전부터 이집트에는 간단한 보드게임board game들이 있었다. 게임이 등장한 정확한 시기는 그다지 중요하지 않다. 게임에 본래 내재된 '평등의 손실'에 주목해야 한다. 게임 참가자들은 동등하게 시작해 동등하지 않은 상태로 끝이 난다. 다시 말해 게임은 참가자들 사이의 차이를 분명히 드러낸다는 것이다.

미국 같은 부유한 나라에서 빈곤의 발생은 게임과 똑같은 구조를 가지고 있다. 게임 참가자들은 자연 안에서는 동등한 존재로 출발했는데도 사회 안에서는 결코 동등하지 않은 존재로 결말이 나기 때문이다. 이런 상황은 대부분 아마도 자본주의의 탓일 것이다. 하지만, 그 규칙은 조금씩 다를지라도, 게임은 모든 현대 사회에 존재한다.[2]

고대 그리스에서 그랬던 것처럼 현대 사회의 게임은 플레오넥시아 pleonexia[3]라는 개념에서 드러난다. 옥스퍼드 영어 사전은 플레오넥시아를

---

1 고대 그리스에서 최초로 올림픽 게임을 열었던 때는 분명 기원전 776년이다. 호메로스의 시대가 기원전 700년경이라는 가설이 가장 폭넓게 받아들여지고 있지만 우리는 정확한 연대를 알 수 없다. 하지만 『일리아드*Iliad*』에서 묘사된 장례식 게임은 이미 기원전 1220년 대에 발생했던 것으로 추정된다. 그래서 레슬링 경기에 대한 호메로스의 언급이 자신이 살던 시대에 일어난 것을 말하는 것인지, 아니면 트로이에서 벌어진 역사적 사건을 반영한 것인지는 여전히 의문이다. 하여간 두 가지 경우 모두 게임이 근대 문명의 초기 구성 요소였음을 여실히 보여준다. 음악 경연은 일찍이 기원전 1500년대에 델포이(Delphoi)에서 열렸고, 하운즈(Hounds)와 자칼스(Jackals) 같은 이집트의 보드게임은 이것보다 300여 년 전에 유행했다. 하지만 게임 참여자들의 지위 변화를 가장 분명하게 묘사한 것은 앞서 말한 육상 경기였다.

2 클로드 레비스트로스의 『야생의 사고*Savage Mind*』(시카고: 시카고대학교 출판부, 1996) 참조. 이 책에서 레비스트로스는 자신의 사회사상 대부분에서 그랬던 것처럼, 루소의 『인간불평등기원론』에 담긴 논쟁을 떠올리고 있다.

'갈망, 금전욕, 탐욕'으로 정의한다. 그레고리 블라토스Gregory Vlastos는 『플라톤 철학 연구*Platonic studies*』(Princeton, NJ: Princeton University Press, 1981)에서 플레오넥시아를 다음과 같이 좀더 확장된 개념으로 해석하고 있다. "다른 사람에게 속한 부동산, 부인, 사무실 따위를 빼앗아 자신의 이익을 얻는 것, 또는 도덕적으로나 법률적으로 다른 사람에게 당연히 갚아야 할 것, 지키기로 한 약속이나 갚아야 할 돈, 좋은 평판이나 명성에 대한 존경 등을 거부하는 것"(116쪽). 더 나아가 브라토스는 이렇게 주석을 덧붙이고 있다. "나는 이 개념을 적절하게 영어로 번역할 수 없다는 사실에 절망한다. 아리스토텔레스의 『니코마코스 윤리학*Nicomachean Ethics*』[4]에 등장하는 플레오넥시아를 쇼리Shorey는 '자기 이득self-advantage'으로 번역했다. ……한편 콘포드Cornford가 이기심self-interest이라고 번역한 것은 참으로 허술하기까지 하다. 오직 다른 사람의 희생을 통해서……평등함이나 공정함을 침해하면서까지 이기심을 충족시킬 때라야 바로 그리스 사람들이 말하는 플레오넥시아에 가까운 개념이라 할 수 있다"(같은 책).분명히 옛 소련은 그런 곳이었다. 구조주의 언어학자인 레비스트로스Lévi-Strauss를 반세기

------

3 '탐욕'의 그리스어 — 옮긴이.

4 아리스토텔레스의 윤리학. "무엇이 선한 삶인가?"라는 문제를 다룬다. 아리스토텔레스(기원전 384~기원전 322)는 이성을 통해 우리의 행동과 감정을 통제해야만 최상의 인간이 될 수 있다고 주장했다. 최상의 인간은 어떤 상황에서도 올바르게 행동할 수 있는 미덕과 선한 성품을 갖는다. 모든 미덕은 각각 두 가지 극단의 중간에 해당하는 중용의 덕을 이룰 때 달성된다. 예를 들어, 용기는 성급함과 소심함이라는 양자의 중간에 해당한다. 미덕은 덕이 있는 행동을 요구하는 상황에서 거듭되는 연습을 통해 달성될 수 있다. 아리스토텔레스는 덕이 있는 행동을 연습하다 보면, 나중에는 노력하지 않아도 자연스럽게 습관으로 정착된다고 주장했다. 아울러 그는 동료들끼리 덕이 있는 삶을 종용해 서로를 더 나은 사람으로 만드는 관계를 가장 고귀한 형태의 우정으로 생각했다 — 옮긴이.

나 앞서나갔던 소스타인 베블런Thorstein Veblen은 미국 경제 집단society의 규칙은 대학 캠퍼스에서 형성된다고 주장했다. 베블런의 논쟁은 현재 가장 부유한 미국인들이 사용하는 '플레이어player'라는 용어에 그대로 배어 있다. 플레이어란 집단의 나머지 사람들 가운데서 자기 동료를 포함해 누가 이기거나 질 것인지를 결정할 수 있을 만큼 커다란 영향력을 발휘하는 사람을 가리킨다.

만약 가장 영향력 있는 미국인들이 선택한 이 단어가 적절하고 사회과학자들의 이론이 정확하다면 — 표면적으로 확실히 그렇게 보이는 — 현대 사회의 목표는 부유함이 아니라 불평등이다.

편집자이자 수필가인 루이스 랩햄Lewis H. Lapham은 그답지 않게 극단적인 예를 들어 이런 글을 쓴 적이 있다. "캐비어를 먹는 한 사람이 있으려면 누군가는 반드시 개밥을 먹어야 한다." 단어 선택에 상당한 주의를 기울이는 랩햄은 연속체의 한쪽 끝에 소고기나 닭고기를 놓고 다른 한쪽에는 쌀이나 콩을 놓는 온건한 사례를 선택하지 않았다. 대신 그는 승자와 패자, 현대 세계의 게임, 그리고 미국적인 방식과 같은 극단의 사례를 선택했다.

경제협력개발기구OECD의 자료를 보면 랩햄이 무엇을 말하려는지 너무나 잘 드러난다.[5] 미국은 연구 대상국인 15개 선진국 가운데 부자와

---

5 『뉴욕타임스New York Times』 1995년 10월 27일자에서 인용. 연구된 나라들 중에서 소득 격차가 가장 적은 나라부터 큰 나라는 핀란드, 스위스, 뉴질랜드, 프랑스, 호주, 캐나다, 이탈리아, 아일랜드, 그리고 미국 순이었다. 하지만, 핀란드에서조차 10백분위수에 있는 사람들이 중앙값(median)의 절반을 살짝 넘는 만큼만 벌고 있는 반면, 90백분위수에 있는 사람들은 중앙값의 1.5배보다도 더 많이 벌고 있었다. 미국과 핀란드 사이의 격차는 더욱 확연하다. 핀란드에서는 부자가 빈민보다 2.59배를, 미국에서는 5.9배를 더 벌고 있었다. 그런데 이 비교 연구는 최고 부자들과 최하 빈민들 10퍼센트를 제외했다는 사실에 반드시 유의해야 한다.

빈민 사이의 수입 격차가 어떤 나라보다도 컸다. 국내총생산GDP으로만 본다면 세계에서 가장 부유한 나라인 미국에서 경쟁 때문에 최대의 불평등이 양산된 것이다.

현대 문명에서 이뤄지고 있는 게임은 패자에게 궁핍을 경험하라고 하지는 않는다. 절망적인 가난 따위엔 아예 관심이 없기 때문이다. 앞의 각주에서 밝힌 것처럼 경제협력개발기구는 99백분위수百分位數[percentile]가 아니라 10백분위수를 대상으로 빈곤에 관한 연구를 했다. 저울의 맨 끝쪽, 99백분위수나 심지어 98백분위수에 속하는 곳에는 경쟁이 없다. 승자들은 그쪽에 속한 사람들이 선천적으로 자신들과 평등하지 않다고 여겨야 한다. 승자들은 패자들이 날 때부터 정상적인 정신이나 감성, 혹은 신체적 능력이 부족했거나 충분한 음식 없이 태어났거나 가장 열악한 교육적 기회조차 갖지 못하는, 자신들도 어쩔 수 없는 처지로 태어났다고 생각한다. 게임의 규칙에 따르자면 참가자들은 서로를 평등한 존재라고 추정한 상태에서 시작해야만 한다.[6]

그러나 이런 상황으로부터 공평의 의미가 추론되어서는 안 된다. 평등이 논리적으로 엄밀한 평등을 의미하기란 불가능하다. 만약 그렇다면 모든 경쟁은 무승부로 끝나게 된다. 하지만 현대 사회에서 게임은 결코 무승

---

6 경제적 이유로 미국에 온 이민자들은 게임을 다르게 이해하고 있다. 그들은 무일푼인 처지이거나 적은 돈을 가지고 왔을 뿐인데도 미국에 오지 못한 사람들과 비교해 자신들을 승자라고 생각한다. 부(富)에 대한 이런 상대적 관념을 갖고 새로운 조국에서 새로운 사회적 계약을 만들 수 있는 능력을 통해 중산층이 된다면 그런 환상은 지속되고 그들과 자손들은 번영할 것이다. 하지만, 만약 그들이 한 세대 안에 중산층으로 이동하지 못한다면 그들의 아이들은 자신들이 상대적으로 부유하기보다는 상대적으로 빈곤하다는 사실을 깨닫게 될 것이며, '아메리칸 게임'의 실패자로서 쓰라림을 겪게 될 것이다.

부로 끝나지 않는다. 가장 엄격한 사회주의 사회에서조차 그런 결과는 나타나지 않는다.

내가 의미하는 평등의 개념이 정확히 무엇일까? 그 질문을 깊이 있게 살펴볼 자리는 아니지만 현대 미국에서 평등의 개념이 모호하다는 사실, 그리고 평등의 주요한 쓰임새가 승자와 패자의 게임을 정당화하고, 결과가 미리 정해져 있다는 사실을 감춤으로써 승자에게는 자부심을, 패자에게는 수치심을 안겨줄 가능성이 있다는 사실은 인정해야겠다.

지난 25년 동안 미국에서 게임은 무척이나 난폭하게 이뤄졌다. 부자와 빈민의 소득 차이는 그 격차를 좁혔던 앞선 20년 동안의 추세를 뒤엎으며, 레이건, 부시 그리고 클린턴 정부 기간 동안 현대사의 그 어느 시기보다 빠르게 벌어졌다.[7] 게임을 규정하는 건 절대적인 소득이 아니라 10백분위

7 미국인구조사국의 자료를 보도한 1996년 6월 20일자 『뉴욕타임스』. 소득 관련 자료를 취합하고 분석하는 방법의 변화는 클린턴 행정부 동안 몇몇 증가율에 영향을 끼쳤을 것이지만 그 경향은 지속되고 있다. 한 분석에서 최고 5분위수(quintile)에 속한 세대 소득은 1968년에서 1994년 사이 조정된 인플레이션 기준으로 73,754달러에서 105,945달러로 증가했다. 같은 기간 동안 최저 5분위수의 소득은 7,202달러에서 7,762달러로 증가했다. 『뉴욕타임스』 발표 다음날, 미시간대학교(University of Michigan)가 7천 가정을 대상으로 종단적 연구를 수행해 집계한 수치가 발표됐다. 1996년 기준 달러로 조정된 수치는 다음과 같다.

	1984년 평균 순가치	부의 분배	평균 순자산	1994년 부의 분배
극빈곤층 20%	$-3,282	-0.44%	-7,075	-0.64%
극빈곤층 10%	-7,777	-0.52	-15,467	-0.70
빈곤층 20%	12,151	1.64	17,503	1.58
중류층 20%	47,760	6.44	61,777	6.56
부유층 20%	114,881	15.49	141,778	12.77
최고부유층 20%	570,050	76.84	871,463	78.47
최고부유층 10%	918,633	61.32	1,482,698	66.76

수와 90백분위수 사이의 격차, 혹은 15백분위수와 85백분위수 사이의 격차다. 중산층이란 패자와 승자를 구별해내기 위해 고안된 것으로서 게임의 비능률성만을 의미할 뿐이다.[8]

민주주의 사회에서 중산층은 부자나 빈민들과 연계를 맺음으로써 이른바 능률의 환영幻影을 창조해낸다. 중산층이 자신들을 부자와 결합시킨다면 얼마 전까지도 그랬던 것처럼 자신들을 승자라고 선언할 것이다. 1등은 아니지만 2등이나 3등쯤 되는 승자 말이다. 그러나 대공황 기간에 그나마 잔존했던 중산층들은 자신들을 빈민과 연계시키면서 1등을 제외한 나머지는 모두 패배자로 규정했다. 빈곤에 관한 그때와 지금의 정의가 다른 것은 바로 이런 이유 때문이다.

게임을 위해선 불평등이라는 요소가 반드시 필요하기 때문에 승자와 패자의 정의는 무엇보다 중요하게 되었다. 전쟁에서처럼, 이 관계를 규정하는 권한은 승자의 몫이다. 중산층에서 승자로 넘어가는 정확한 지점이 어딘지에 대해서는, 그 경계선 — 언제나 환영으로 희미해져 있는 — 근처에 존재하는 사람들 외에는 아무도 관심이 없다.

빈곤을 정의하는 문제에 있어 좀더 진지한 사색이 진행돼왔다. 한편으로는 패자를 지명하는 것은 부자들에게 즐거움까지는 아니라 할지라도 언제나 위안이 되는 일 가운데 하나였다. 다른 한편으로 빈곤은 현대 세계의 사회적, 정치적, 도덕적 그리고 경제적인 실패의 정도를 측정하게 해준다. 빈곤을 어떻게 정의하는지는 게임을 보는 관점에 달렸다. 미국에서

---

8 『야생의 사고』에서 레비스트로스는 게임에서 승자와 패자란 고대 사회에서 죽이는 자와 죽임을 당하는 자를 의미하는 것과 같다고 말했다. 복지국가를 통해 패자들의 고통을 어느 정도 완화시켜온 산업사회에서는 베블런이 언급한 '게임장(playing field)'이라는 용어를 사용하는 것이 더욱 정확해 보인다.

불평등의 기원을 이해하는 데는 적어도 다섯 가지의 방법이 있다.

1. 만약 정의내리는 사람이 게임이 평등한 사람들 사이에서 이뤄져 온 것처럼 주장한다면, 그는 게임의 중요한 변수를 '도덕'으로 본다는 말이 될 것이고, 그것은 결국 패자들은 승자들과 도덕적으로 동등하지 않다는 것을 의미하게 된다. 칼뱅John Calvin이 탄생하기 오래 전부터도 게임은 이런 방식으로 이뤄지고 있었고, 빌 클린턴Bill Clinton, 뉴트 깅리치Newt Gingrich, 윌리엄 베넷William Bennett 사망 이후에도 계속 똑같은 방식으로 진행될 것이다. 하지만 게임의 규칙을 정한 이는 칼뱅이고, 클린턴, 깅리치, 에드워드 C. 밴필드,9 윌리엄 베넷, 켄 오레타Ken Auletta, 팻 로버트슨Pat Robertson 등은 그 전가의 보도를 지키기 위해 힘들게 싸웠다. 이런 규칙에 따라 이뤄진 게임에서 오레타의 (자신이 지은 책 제목과 같은) '하위계층underclass'이라는 생각이나 사회학자 오스카 루이스Oscar Lewis의 '빈곤의 문화culture of poverty' 같은 개념이 나오게 된다.

2. 만약 정의내리는 사람이 평등한 게임이 평등한 결과를 가져온다고 짐짓 이야기한다면, 그는 패배자들이 선천적으로 불평등하다고 주장해야만 한다. 게임을 지키기 위한 이런 논쟁은 다양한 형태의 노예제도에서 고비노,10 나치 철학자들, 그리고 좀더 근래에는 찰스 머레이Charles Murray와

---

9 에드워드 C. 밴필드(Edward C. Banfield)는 하버드대학교의 사회학자다. 1965년에 『세속의 도시Unheavenly City』라는 저서에서 계층 상승의 원인을 인종이나 계층이 아닌 '시간관 (time perspectives)'이라고 주장했다 ― 옮긴이.

10 조제프-아르튀르 고비노(Joseph-Arthur Govineau, 1816~1882)는 프랑스의 민족학자이자 외교관이다. 1853년에 악명 높은 저서 『인종불평등론』을 출판했는데, 이 책은 아리안계의 덕목은 칭송하면서도 유대인을 포함한 셈족의 열등함과 비굴함, 퇴폐성을 주장하고 있어

윌리엄 쇼클리[11]의 저작에 이르기까지 지루하고도 불쾌한 역사를 가지고 있다.

3. 게임 그 자체에 결함이 있다. 그러나 이 견해를 증명하기 위해선 결과에 결함이 있다는 사실을 증명해야 한다. 패자는 게임의 결과를 제외한 모든 분야에서 승자와 대등하거나 더 뛰어나야 할 것이다. 사회주의, 공산주의, 그리고 최근에는 자유주의로 널리 알려진 경향 같은 것들은 모두 이런 견해에서 생겨났다. 프랭클린 델러노 루스벨트Franklin Delano Roosevelt 대통령이나 린든 베인스 존슨Lyndon Baines Johnson 대통령처럼 자본주의를 보호하려던 사람들은 자신들이 필요하다고 믿을 때에만 이 견해에 동의했다.

4. 1950년대 후반과 1960대에 민주당의 자유주의 분파들은 혼합주의적 견해를 널리 받아들였다. 그 결과 '빈곤과의 전쟁'이 시작됐는데, 그것은 빈곤한 사람과 게임 모두에게 잘못이 있다는 인식에 기초하고 있긴 하지만 빈곤 개선이 더 필요하다는 점을 강조했다.

5. 승자에게 잘못이 있다는 믿음은 대부분 성자, 구원자, 몇몇 승려들의 것이다. 공산주의자들, 사회주의자들 그리고 심지어는 자유민주주의자들도 이런 견해를 갖고 있다는 비난을 받는다. 하지만 그 사람들 가운데에도 안락함을 누릴 수 있는 승자들이 존재한다는 사실을 염두에 둔다

반유대주의자들의 필독서가 되었다 — 옮긴이.

11 윌리엄 쇼클리(William Shockley, 1910~1989)는 접합형 트랜지스터를 발명해 노벨 물리학상을 받은 미국의 물리학자다. 우생학을 믿은 지독한 인종차별주의자로도 유명하다. 쇼클리는 "IQ가 100 이하인 사람들은 자발적으로 불임수술을 해야 한다. 반면, 천재들의 유전자를 보존하고 증식시키기 위해서는 노벨상 수상자의 정자은행이 필요하다"는 극언까지 서슴지 않았다 — 옮긴이.

면 그런 비난이 얼마나 경솔한 것인지 이해할 것이다.

　대개의 경우, 미국 내의 빈곤은 전체 인구의 백분율로 묘사된다. 1989년에는 11.7퍼센트였지만, 1960년에는 이것보다 훨씬 높았다. 20세기 말 빈곤율은 1997년 13.3퍼센트에서 1998년 12.7퍼센트로 낮아졌다. "밀물이 들어오면 모든 배들이 물 위에 뜬다"고 주장하는 이들은 이렇게 빈곤율이 명백하게 감소한 것을 위안으로 삼는다. 이런 백분율의 신기루가 자신들의 견해와 일치한다며 즐거워할지 모르겠다. 하지만 그것은 덧없는 망상일 뿐이다.
　가난하다는 것은 한 가구 또는 한 가족이 모두 가난하다는 것을 의미한다. 진정한 계량치는 빈곤에 처한 사람들 모두를 포함한 수여야 한다. 11.7퍼센트라는 낮은 빈곤율을 기록했을 당시, 미국의 인구는 2억 4천8백5십만 명이었고, 빈곤층은 약 2천9백만 명이었다. 만약 2000년도에 빈곤율이 11.7퍼센트로 떨어졌다면, 빈곤층은 3천2백만 명으로 계산되었을 것이다. 복지 개혁과 레이거노믹스Reaganomics를 지지하는 이들은 단지 통계수치가 아니라 실질적으로 빈곤이 개선된다면 인구성장율보다 빈곤율이 빠르게 낮아질 것이라는 사실을 외면하려 한다.

　모든 관점은 대개 빈곤을 어떻게 정의하느냐에 따라 좌우되고, 각각의 관점은 서로 다른 정의를 내리고 있다. 빈곤은 찰스 부스Charles Booth가 런던의 빈곤층에 대한 방대한 연구를 완성한 20세기 초에 와서야 성문화되었다. 찰스는 런던 사람의 3분의 1이 빈곤에 허덕이고 있으며, 그들은 생존에 필요한 최소 수준 이하의 임금을 받고 있다고 결론지었다. 미국에선 사회보장국Social Security Administration의 몰리 올센스키Mollie Orshansky가 생존을 위해 필요한 기본적인 식료품비의 세 배를 빈곤의 기준으로 정한 1960대 전까지 공식적인 빈곤 기준치도 없었다. 그녀가 작성한 공식은 일반적으로 한 가족이 소득의 3분의 1을 음식비로 소비한다는 미국 농무부의 연구에 기초를 두고 있다.

마이클 캐츠Michael Katz는 『빈곤의 몰이해The Undeserving Poor』에서 "올센스키는 자신이 사회보장국을 위해 만든 빈곤 기준치를 실제적인 빈곤 측정에 적용해선 안 되는 것이었다고 주장했다"고 했다. 올센스키는 1975년의 빈곤층 수는 일반적으로 인용되는 수치보다 1천만 명이 더 많은 3천6백만 명에서 3천7백만 명 정도에 이르렀다고 말했다. 이 비율을 적용한다면, 1992년에 3천8백만 명이라고 공식 집계된 빈곤층 수가 사실은 5천3백만에 가까웠을 것으로 추정된다.

정평이 나있는 학자들과 인구통계학자들은 1990년대 중반에 빈곤 상태에 놓인 사람들의 수가 14.5퍼센트에서 18퍼센트 혹은 19퍼센트 정도일 것으로 추정했다. 1996년 복지개혁법Welfare Reform Bill은 엄청난 수의 아이들과 노인들을 빈곤 상황으로 내몰기 시작했고, 앞으로 그 수는 의심할 여지없이 늘어날 것이다. 몇몇 급진적인 집단들은 전체 인구의 3분의 1이 빈곤 속에 살고 있다고 주장하는데, 이것은 부스가 19세기 말 런던에서 연구했던 결과와 일치한다. 만약 이 주장이 터무니없어 보인다면, 뉴욕지역사회협회Community Service Society of New York가 미국 인구조사국U.S. Census Bureau의 보고서를 분석해 어렵게 얻어낸 뉴욕 시의 통계 수치들과 비교해 보라. 협회는 1993년 당시 27퍼센트의 뉴욕 시민이 연방정부의 빈곤 기준치에 못 미치는 생활을 하고 있음을 발견했다.[12] 1998년을 기점으로 이

---

12 『뉴욕타임스』 1995년 7월 14일. 주로 극빈자들, 신분증이 없는 사람들, 노숙자들, 신체 ·

수치는 24.3퍼센트로 감소한다. 하지만 4인 가족당 최저 빈곤선 수준이 1만6천6백 달러라는 수치는 다른 어느 때보다 어처구니없는 것이었다.

사람들이 얘기하는 가난의 의미는 여전히 명확하지 않다. 부스와 올셴스키는 절대적인 빈곤과 상대적인 빈곤 중 어떤 것을 설명하고자 했던 것일까? 누가 19세기 말 런던, 또는 20세기 중반 미국의 빈곤 기준을 정하는가?

만약 빈곤이 생존의 문제일 뿐이라면, 빈곤을 정의하는 데 객관적인 방법들을 쓸 수 있을 것이다. 예를 들어 겨울철 실내 온도, 벌레나 쥐의 존재, 냉·온수 시설의 유무 등 주거 조건을 조사하는 것이다. 적정 영양 상태의 최소치를 기준으로 건강 관리체계의 유용성과 질적 수준을 평가할 수도 있다. 의복, 특히 어린이들의 옷은 문제점을 잘 드러내준다. 어떤 아이들은 다른 아이들보다 더 빠르게 자라서 옷을 입을 수가 없을 지경이 되고, 어떤 기후에선 더 비싼 겨울철 옷들이 필요하다. 하지만 음식, 집, 옷이 고려할 가치가 있는 요소의 전부가 아닐지도 모른다. 우리는 암소가 무엇을 필요로 하는지 정확히 안다. 하지만 여섯 살배기 여자 아이와 스물두 살 된 아이 엄마는 암소보다 훨씬 더 복잡한 감성을 가지고 있다.

20세기 말 빈곤 수준의 정의에 대한 논쟁이 다시 일어나고 있다. 인구조사국은 인간의 필요조건들이 암소의 그것과는 근본적으로 다르다는 개

정신 장애자들을 비롯한 사람들은 인구조사에 포함되지 않기 때문에 실제 비율은 약간 높을 것이라고 추정해도 무리가 없을 것이다. 현재 뉴욕 시에서 발생하고 있는 빈곤의 광범위한 확산은 19세기 말 런던의 모습과 흡사하다.

1996년 복지개혁법 때문에 수많은 사람들이 빈곤으로 내몰릴 것이라는 추정에는 과장이 있을 수도 있다. 특히 뉴욕처럼 지방정부와 주정부가 이 법의 영향력을 개선하려고 노력하는 지역에서는 더욱 그럴지 모른다. 하지만 빈곤층이 증가할 것이라는 데는 의심의 여지가 없다. 추측컨대, 빈곤층의 비율은 백 년 전 런던의 그것을 능가할 것이다.

념에 기초해 빈곤선을 1만6천6백 달러에서 1만9천5백 달러로 올리는 실험을 했다. 이 빈곤선 정의대로라면, 미국 인구의 12.3퍼센트가 아닌 17퍼센트가 빈곤 속에 살고 있는 셈이다. 그런데 백분율 수치가 아니라 빈민 인구의 실제 수에 주목하면 그 수가 놀랄 정도로 늘어났음을 바로 알 수 있다. 무려 4천6백만 명이 넘는 미국인이 빈곤층에 속한 것이다. 이 수를 폭넓은 시야로 확장해보자. 멕시코에는 4천만 명 정도가 빈곤 속에, 그 중 1천5백만 명 정도가 멕시코 사람들이 말하는 '극도의 빈곤' 속에 살고 있는 것으로 추정된다. 만약 우리가 극도의 빈곤을 기아飢餓라고 규정한다면, 미국에서는 어림잡아 9백5십만 명이 극도의 빈곤에 놓여 있는 것이다. 극도의 빈곤에 몰린 멕시코인의 수가 같은 상황에 놓여 있는 미국 내의 빈민 수보다 1.5배 이상 많다는 사실에는 의심의 여지가 없다. 비록 살인적인 빈곤의 양상은 멕시코 북쪽 국경 지역이 다른 곳보다 덜하지만 말이다.

물론 두 나라 모두 언제든지 빈곤 기준을 낮춤으로써 자신의 도덕적 우위를 추켜세울 수 있다. 클레멘트 코스에서는 연방정부의 빈곤 표준보다 더 높은 150퍼센트를 기준으로 적용했다. 하지만 우리가 클레멘트 코스에서 악수하며 인사를 나눈 바로 그 사람들에게 이런 수치를 적용한다는 사실이 얼마나 부질없는 것인지는 이내 명백해졌다.

빈곤을 정확하게 정의할 때 겪게 되는 가장 큰 어려움은 그러한 정의를 실제로 적용할 때 생기는데, 어떤 경우에는 우리의 직관과 어긋날 때도 있기 때문이다. 예를 들어, 중산층의 규모를 줄여 게임을 더욱 효율적으로 만들기 위해 권력자들은 복지 혜택의 삭감과 패자들의 증가를 감수하고서라도 공식적인 빈곤 기준선을 낮출지도 모른다.[13] 또는, 권력자들이 도덕

---

13 언뜻 보면 빈곤선 수치를 낮추면 그만큼 중산층 숫자가 불어날 것으로 생각할 수 있다.

적 가치에 대한 문제를 제기함으로써 마치 그들이 빈곤한 사람들의 삶을 향상시키기 위해 노력하는 것처럼 보이기도 한다. 그러나 혼인 외 출산 같은 행위에 낙인을 찍어 비난하는 행위는 모든 미혼모들을 패자로 만들어 결국 게임의 효율성만을 개선시킬 뿐이다.

아마도 빈곤을 정의하는 가장 좋은 방법은 자신이 빈곤하다고 생각하는 사람들의 이야기를 듣는 것일 것이다.[14] 나는 나의 책 『뉴 아메리칸

그러나 실제는 그렇지 않다. 최저 빈곤층의 경우, 무상으로 받는 식량 배급표라든지, 의료 혜택, 주택 보조금, 생활 보조금 등은 이들을 비참한 가난 상태에서 끄집어내 중산층의 맨 끝자락 수준으로라도 올리려는 목적으로 제공되는 것들이다. 그런데 공식적인 빈곤선을 낮추는 경우, 예를 들어 빈곤선이 연 1만6천 달러이던 것이 1만4천 달러로 낮춰질 경우, 연 수입이 1만4천에서 1만6천 달러 사이의 사람들은 이전 기준에서는 앞에서 언급한 혜택들을 받음으로써 실제 소득 효과가 1만6천 달러 이상으로 나타나고, 그 결과 실질 소득이 중산층의 최저 수준 정도가 되었던 반면, 낮아진 빈곤선을 적용받게 되면 기존의 사회보장 혜택들을 더는 받지 못하게 됨으로써, 통계적으로는 빈곤선 밖에 있지만 실질적인 생활수준은 다시 빈곤층으로 전락하게 되고, 그 결과 전체적으로 중산층의 숫자는 줄어드는 효과가 나타나는 것이다 — 옮긴이.

14 이 책의 목적에 비춰 빈민이란 스스로 빈곤하다고 밝힌 사람들을 일컫는다. 그들은 다양한 방식으로 자신이 빈민임을 밝힌다. 가장 일반적인 방식은 빈민들을 돌보는 기관을 통해 스스로 나름의 형태로 연합하는 것이다. 교회 프로그램, 정부의 복지부서, 메디케이드 (Medicaid. 65세 미만의 저소득자, 신체 장애인 의료보조 제도 — 옮긴이)나 무급 응급 치료실 서비스, 저소득층 주택공급, 저소득층 지역사회활동 프로그램, 청소년 지원 서비스 기관, 영세민 구제를 위한 사회복지기관, 빈민을 위한 법률 서비스, 노숙자 쉼터, 학대당한 여성들을 위한 쉼터, 공공 또는 민간 식품배급기관, 중독자 치료를 위한 전일제 프로그램, 교도소, 최저임금 또는 유사 최저임금 직업 등이 그 예다.

연합을 통해 스스로 빈곤하다고 밝힌 어떤 사람들은 자신들을 빈곤하지 않다고 말하고 싶어하는데, 빈곤을 미덕으로 간주하지 않는 미국에선 이해할 만한 일이다. 빈민과 관련된 기관이나 단체와 연관이 없는 일반인들이야 아무렇지도 않게 "나는 가난하다"고 이야기할 수 있을지 모르지만 말이다.

블루스』의 집필을 돕기로 한 사우스 브롱크스의 '젊은 엄마 프로그램Young Mothers Program'에 참여했던 여성들에게 물었다. 당시 우리들의 첫 번째 임무는 빈곤을 정의하는 것이었다.

시간이 지나자 젊은엄마프로그램에 참여한 여성들이 묘사한 빈곤의 양상은 두 가지 형태로 분류됐다. 그러나 아직 완전한 개념 정의를 내리지는 못했다. 이것은 공동의 문제를 가지고 있는 동종同種 집단이었기 때문이기도 하고, 그들이 생애 대부분 동안 자신들의 처지를 생각할 때마다 당하게 되는 고통스러움을 애써 피하려 해왔기 때문이기도 했다. 그들은 대화를 나누는 동안 빈곤에서 파생되는 문제들을 거론하는 방식으로 빈곤을 정의내리려고 하지는 않았지만, 그럼에도 양이 질로 변한다는 마르크스주의의 개념을 무의식적으로 따르고 있었다.

그들이 만든 범주들에는 겹치는 부분도 있다. 빈곤은 수를 세는 것처럼 분명한 것이 아니기 때문이다.

만약 빈곤이 분화할 수 없는 성질의 것이었고, 그것에서 많은 것들이 파생되었다면, 단순하고 정확한 정의가 가능했을 것이다. 하지만 현대 사회의 빈곤은 물질적 결핍과 숱한 도덕적 좌절이 겹쳐져서 만들어진 복합성 그 자체다. 사우스 브롱크스의 여성들과 마르크스가 옳았다. 양은 질로 전화한다. 전적으로 소득에만 기초한 빈곤선은 중산층의 삶을 발견한 사람들로부터 빈민을 가려내는 데 적합하지 않다.

1936년 당시 내가 어린 시절을 보낸 시카고 24번 구역에 살았던 사람들과 지금 그곳에 살고 있는 사람들 사이에는 많은 점에서 비슷하다. 하지만 다른 모든 것을 바꾸어 놓을 만큼 한 가지 측면에서만은 다르다. 지금은 흑인들이 갈색 피부의 히스패닉계 사람들과 대립하고 있지만, 예전에는

결여

1. 현재 필요한 것을 사기 위한 돈의 결핍
2. 실질적, 정신적 자본의 결핍
3. 적절치 못한 주거 공간
4. 음식과 신선한 물의 부족
5. 적절치 못한 의복
6. 난방, 온수, 위생시설 부족 등 건강에 좋지 않은 생활 조건들
7. 의료혜택 접근 불능
8. 교육의 결핍
9. 안전하지 못한 환경
10. 소통의 결핍
11. 만족스럽지 않은 사회생활
12. 문화적 대상의 결여

억압

1. 일생 동안, 그리고 다음 세대에까지 이어지는 영속적인 패배
2. 시민권의 의무와 보상으로부터의 소외
3. 위압에 대한 복종
4. 의지할 곳 없음
5. 힘 있는 사람들에게서 받는 (증오가 아닌) 멸시
6. 지역사회에서 애도받지 못하는 죽음
7. 음식, 의복, 주택, 직업, 거주지, 여가 등에 있어서의 한정된 선택
8. 육체적 즐거움의 축소
9. 복종이나 폭력에 대해 제한된 반응
10. 결혼과 가족생활을 통해 누릴 수 있는 향유를 방해받음
11. 교육으로부터의 소외, 훈련으로 한정되는 학교교육
12. 대체 가능물fungible, 즉 경제적 측면에서 사람보다는 상품에 가까움

유대인들이 폴란드 사람들과 적대적 관계를 유지하고 있었다. 폭력배들이 루스벨트 거리에 있는 당구장, 사탕가게, 이발소 등에서 쏟아져 나왔고, 지금도 마찬가지다. 인종적 불관용racial intolerance이 불러오는 상처가 더 깊지만, 종교적 · 민족적ethnic 불관용 또한 고통을 주긴 마찬가지다. 당시에는 악당들이 서로 죽였다면, 이제는 그들의 상징적 후계자들이 서로 죽이고 있다. 오늘날의 24번 구역과 내 아버지가 정치활동을 하던 당시의 24번 구역 사이에 드러나는 결정적인 차이는 그들이 어떤 종류의 빈곤으로 고통받느냐 하는 것이다.

대공황 시기 24번 구역 사람들은 자신들이 절대빈곤 속에 살고 있다고 생각했다. 프랭클린 델러노 루스벨트 대통령은 그것을 국가의 문제라고 말했고, 공산당은 체제의 문제라고 주장했다. 폴 로브슨[15]은 그것은 모든 사람들의 문제라고 노래했다. 모든 사람이 다른 사람들이 모두 빈곤하다고 생각할 때, 슬픔은 사람들의 삶 속으로 스며든다. 슬픔이 모든 행동의 밑바닥에 깔려 있다. 잠이 오지 않거나 비 탓에 하루를 망쳐서 달리 할 일이 없는 조용한 시간과 마주치면 밀려오는 슬픔이 의식을 삼켜버린다. 하지만 소프트볼 경기에서나 이발소에서, 또는 유모차가 거리를 지날 때나 웃는 아이들을 바라보는 다른 시간, 다른 날이면 슬픔은 잠시 밀려나게 된다. 절대적 빈곤은 마치 종교의식처럼 작용해 심지어 슬픔이 잠시 사라졌을 때도 그 슬픔 안에서 사람들을 결합시킨다. 자신들이 절대빈곤 상황

---

15 폴 로브슨(Paul Robeson, 1898~1976)은 미국의 운동선수이자 배우, 가수, 인권운동가다. 법학 학위를 받았지만 흑인이라는 이유로 법조계 진출이 좌절되자 런던에서 연예계로 진출했다. 인종차별과 파시즘에 대항했으며 특히 1940년대에 흑인 인권운동에 헌신했다. 흑인의 영혼을 주로 노래했으며, 흑백 분리를 주장하는 청중들 앞에서는 연기를 하지 않은 것으로도 잘 알려져 있다. 1952년에 스탈린 평화상을 받았다 — 옮긴이.

에 놓여 있음을 이해하고 있는 동안에도 사람들은 정치활동을 지속했다.

이제 24번 구역의 어느 누구도 절대빈곤이 존재한다는 것을 인정하지 않는다. 심지어는 굶주리는 사람들과 무단 입주자들조차도 자신들이 절대빈곤 상황에 직면해 있다고 믿지 않는다. 사우스 브롱크스의 여성들처럼 그들은 절대빈곤이란 외국에서나 존재한다고 생각한다. 어디를 보고 있든, 어떻게 생각하든, 누구를 위해 기도하든 상관없이 쉼터의 거주자들이 바라보는 건 타인의 두툼한 지갑에서 넘쳐나는 부富일 뿐이다. 그리고 이곳의 사람들은 집세를 내거나 약값을 치르기 위해, 식탁 위에 올려놓을 음식을 장만하기 위해 아등바등 살아간다.

이제 24번 구역에서는 어떠한 정치활동도 일어날 수 없다. 모든 사람은 자신만을 위해 존재한다. 경제가 지배 규칙이 된 것이다. 세계는 경주race만큼이나 상대적이며, 상대적인 빈곤은 견디기가 어렵다. 이것은 인류 공동체에 참여하기 위해 필요한 최소한의 자기존중自己尊重에 대한 모욕이다. 게임의 끄트머리에서 중산층이 승자와 맺는 동맹을 선택하고 다른 모든 이들을 빈민으로 규정해버리면, 24번 구역에 시기심이 등장한다. 그 시기심에서 소외, 증오, 그리고 분노가 피어오른다.

3장

서로를 위해 태어나다

국가든 혹은 어떤 것이든 간에 그 출발과 기원을 고려하는 자는 그것에 대한 가장 명확한 견해를 가질 수 있다.
— 아리스토텔레스, 『정치학』 제1권

1

사우스 브롱크스 지역에 테니스 코트가 하나 있다. 어느 날 수업이 끝난 후에 지역 청소년 가족 서비스Neighborhood Youth and Family Service 프로그램에서 나온 사회복지사가 한 무리의 아이들을 테니스 코트로 데리고 갔다. 라켓 두 개와 테니스 코트 하나를 나눠 써야 했기 때문에 아이들은 각자의 순서를 기다려야 했다. 사회복지사는 두 아이에게 라켓을 쥐여 주면서 다른 아이들에게는 줄을 서서 차례를 기다리라고 부탁했다.

아이들은 줄을 섰다. 하지만 사회복지사가 테니스 치던 아이들에게 교대시간이 됐다고 말하자마자 기다리던 나머지 아이들은 줄을 벗어나 그 두 아이 주변으로 몰려들었다. 애원하고, 손을 내밀고, 다그치고, 아첨하면서 자신이 다음 순서에 테니스를 치게 되길 간절히 바랐다.

매번 교대시간이 될 때마다 줄은 흐트러졌고 선생님은 몰려드는 아이들을 정리하고, 라켓을 건네주고, 경기가 진행될 수 있도록 줄을 다시 세워야 했다. 오후 시간 대부분이 한 아이에게서 다음 아이에게로 라켓을 건네주는 데 허비됐다.

몇 마일 북쪽에 있는 교외 학교에서도 역시 아이들을 테니스 코트로 데리고 나왔다. 그 아이들도 줄을 서서 네트를 가로질러 공을 치고받을 순서를 기다려야 했다. 이 교외 학교의 아이들도 자리를 놓고 경쟁을 했다. 하지만 일단 정열을 마치자 자기 순서를 지켰다. 라켓은 재빨리 넘겨졌고, 경기는 코트에서 거의 쉴 새 없이 진행되었다.

교외 학교의 아이들은 가장 기본적인 수준에서 정치적 삶의 규칙을 알고 있다. 그들은 자유와 질서 사이의 중도中道를 찾았다. 경기를 시작할 무렵엔 수선을 떨면서 자신들의 자리를 찾으려 했다. 하지만 일단 자리를 잡은 뒤에는 질서를 지켰다. 줄을 설 때 집단이 정한 규칙에 따라 경기가 진행됐고, 그에 따라 일은 효율적으로 이뤄졌다.

사우스 브롱크스에서 아이들은 자신을 스스로 제어하지 않았다. 이 아이들은 중도를 넘어 자유를 택했다. 자유의 혼돈 속에서는 무력force이 지배를 한다. 더 크고, 힘이 세거나 더 공격적인 학생들이 매번 라켓을 차지한다. 그럴 때 사회복지사는 질서를 유지하기 위해 반드시 아이들 사이에 끼어들어야만 했다.

이 두 테니스 코트의 사례가 국가의 완벽한 축소판이라고 볼 수는 없지만, 미국 사회에 존재하는 부자와 빈민 사이의 중요한 차이를 보여주고 있다. 가난한 아이들은 정치적이지 않다. 그들은 질서와 자유 사이의 중도를 발견할 수 없다. 대신 그들은 끄집어낼 수만 있다면, 아무리 보잘 것 없는 무력이라도 행사하려고 했다. 테니스 배우기에 쏟을 수 있는 시간의 대부분을 무력의 무질서 속에서 잃어버렸다. 가난한 아이들은 테니스 코트에 자신들의 상황을 비추어보지 않는다. 그래서 정치에 무관심한 자신들의 행동이 어리석다는 것을 인식할 수 없다. 그들은 정치적 규칙보다는 무력의 법칙에 따라 반응한다. 무력이야말로 그들이 알고 있는 모든 것이기 때문이다. 이것이 바로 세상이 빈민들에게 가르치고 있는 '세계'다.

타고난 능력에선 부자 아이들과 동등하거나 때론 더 뛰어날 수도 있는 가난한 아이들이지만 테니스 배우기에선 뒤떨어진다. 현대 사회의 게임에서 이제 그들은 패배하기 시작하고 있는 것이다.

빈민들, 특히 아이들의 '패배하는 행동losing behavior'에 대해선 많은 해석들이 있다. 빈민들의 삶이 상처를 입는 데는 심리적, 사회적, 경제적, 인종적 이유들이 있다. 물론 부자들 역시 경제적인 문제로 상처를 입을 수 있다. 이를테면 잘못된 투자에 따른 급작스런 몰락이나 혹은 사회적, 심리적, 인종적 문제들에 의한 결과로 삶을 꾸려나가는 능력이 모자랄 수도 있을 것이다. 아리스토텔레스가 말했듯이 이 모든 것들은 다른 모든 것을 지배하는 최고의 예술, 즉 정치 문제로 수렴된다. 그러나 아리스토텔레스가 말하는 정치란 일간 신문이나 모퉁이 선술집에서 논의되는 것들을 뜻하지 않는다.

정치는 빈민들의 삶에서는 결여되어 있는 것으로, 그 동안 미국에서 이 말은 선거 정치, 혹은 영리한 속임수라는 의미로 이해됐다. 이러한 정의는 권력에 대한 '건전한' 불신을 나타낸다. 하지만 그것이 고대의 '행동하는 삶 vita activa', 또는 '정치적 삶bíos politikos'이라고 하는, 정치가 지닌 본래적 의미까지 설명하지는 않는다.[1]

---

1 시대와 장소를 초월해 언어는 가볍게 논의할 수 없는 참으로 중요한 대상이다. "언어는 존재의 집"이라는 하이데거의 주장은 옳았다. 이 말은 의식의 무거운 짐이 우리가 사용하는 말에 담겨있다는 뜻이다. 하이데거는 원문을 통해서만 그리스 사람들의 마음을 이해할 수 있다고 주장했다. 이것은 좋은 논점이다. 하지만 하이데거의 비평가들은 그의 그리스어 구사에서 나타났던 오류들을 계속해서 지적하고 있다.

또 다른 모델들이 있다. 페트라르카는 번역에 만족하지 못했으면서도 그리스어를 라틴어로 읽었다. 나는 감각과 재능이 있는 사람들의 표준 영어 번역에 전적으로 의지하고 있다(나는 학생 시절에 콘포트, 페이글, 피츠제럴드, 조웨트 등이 영어로 번역한 그리스 원전을 읽었으

부유한 아이들과 가난한 아이들이 각각의 테니스 코트에서 보인 행동의 차이점을 이해하기 위해서는 '명확한 관점을 얻으려면 사물의 출발과 기원을 고려해야 한다'는 고대인들의 충고에 주의를 기울여야 한다.[2]

며, 최근에는 스털링과 스콧이 번역한 플라톤의 『국가』 등 숱한 번역본들을 읽었다). 중요한 의견 차이가 번역자들 사이에 존재할 때, 나는 일반적으로 하나 이상의 번역문을 독자들에게 제시한다. 하나의 단어나 구절에 주석을 달기 위해 나는 전문가들이 일궈놓은 작업에 의지한다. 낱낱의 단어나 구절에 대한 번역은 리델과 스콧(Liddell & Scott)이 펴낸 『그리스어-영어 사전Greek-English Lexicon』(New York: Oxford University Press, 1968) 9번째 개정판을 참조했다.

이 책은 그리스어에 관한 것이 아니다. 이 책에서 그리스어의 이해에 대한 논쟁은 번역 그 자체보다는 아이디어와 관계된 것이어야 한다. 예를 들어, 플라톤뿐만 아니라 프로타고라스와 소피스트들에 관심이 있는 '자유주의자들'과 철저하게 플라톤만을 따르고 있는 '근본주의자들' 사이에는 깊은 간극이 존재한다. 근본주의자들은 이 책이 택한 견해에 만족하지 않을 것이다. 하지만 그들의 불쾌함이 블룸, 콘포드, 쇼리, 조웨트 등이 수행한 번역에 대한 의문들 때문에 일어나서는 안 된다. 이 문제들은 민주주의, 엘리트주의, 그리고 정의(正義)라는, 규정하기 어려운 개념들과 좀더 관련되어야 한다.

2 이 충고는 아리스토텔레스의 것이다(『정치학』, 제1권 제2장). 아테네인들이 노예를 부렸고, 여자와 이민자들에게 시민권을 제공하지 않았다는 이유로, 아테네의 정치가 현대와 아무런 연관성이 없다는 견해를 가진 사람들이 있다. 그런 독자들을 위해 나는 핀리(M. I. Finley)가 전개한 두 가지 사색을 소개하고자 한다. 첫째, 고대 그리스인들에게 현대의 도덕성을 받아들이라고 요구하는 시대착오적 과실을 범하지 말아야 한다는 것이다. 두 번째는 좀더 미묘한 것으로, 『고대와 현대의 민주주의Democracy Ancient and Modern』(New Brunswick, NJ: Rutgers University Press, 1973)를 인용해보자. "인민(demos)의 엘리트주의가 우리와는 관련 없는 그들의 경험을 표현한다는 것을 인정하기 전에 우리는 반드시 소수의 엘리트, 인민, 시민의 구성에 대해 좀더 면밀하게 점검해야 한다." 핀리는 "교육받은 상류 계급과 함께 인민을 이루는 구성원 가운데 상당수는……농부, 상점 주인, 장인 등이 포함된 시민들이었다. 이렇게 다양한 계층 출신들이 정치적 공동체를 이루어 협력했던 당대의 놀랄 만큼 신기한 현상은 그 이후 시기에는 좀처럼 나타나지 않았다. 이른바 고대민주주의가 우리 시대와 일정 부분 연관성이 있다는 사실을 여기에서 찾을 수 있다."(16쪽)

2

현대 사회를 살아가는 우리는 모두 소크라테스의 지적 계승자이다. 하지만 우리는 그가 했던 말 중에서 상당 부분을 잃어버렸거나, 오해한 채 살아가고 있다. 플라톤과 크세노폰Xenophon은 대화와 기억 속에 스승의 생각을 기록해두었다고 주장하고, 아리스토파네스Aristophanes는 우리에게 풍자가 담고 있는 모순된 측면을 전해준다. 그러나 소크라테스는 글을 남기지 않았다. 문자언어는 죽은 것이라고 생각했기 때문에 아무 글도 남기지 않았던 것이다. 문자언어를 가지고는 논쟁할 수도, 변화를 줄 수도, 선언할 수도, 개선하거나 부정할 수도 없다. 변증을 전문으로 하는 이 철학자는 사람들 사이의 생명력 있는 관계를 믿었고 그 스스로 '산파술 대화maieutic dialogue'라고 불렀던 정신의 산파술을 애용했으며, 논증의 미로迷路를 통해 진리로부터 도망칠 수 없는 지점, 찬란한 아포리아aporia[3]의 세계로 토론 상대를 이끌어 들였다.

클레멘트 코스를 설립하기 위해 소크라테스의 방법론을 선택할 때 우리는 학생들의 정치적 삶을 출발점으로 삼았다. 이것은 교수의 강의를 듣기

핀리는 민주주의는 귀족정치의 구성원이 아닌 사람들도 포함한다는 페리클레스의 핵심적 주장을 되풀이하고 있다. 페리클레스는 그들이 귀족 정치가들만큼 사색의 능력이 있다고 생각했다. 이런 개념이 1995~1996학년도 뉴욕에서 시작된 클레멘트 인문학 코스에서 실험적으로 시도됐다(이 책 제13장을 참조할 것).

3 아포리아는 대화법을 통하여 문제를 탐구하는 도중에 맞닥뜨리게 되는, 해결 방안을 찾을 길 없는 난관을 의미하는 철학적 개념이다. 소크라테스가 대화 상대를 아포리아에 빠뜨려 자신의 무지(無知)를 깨닫게 한 것으로 유명한데, 아포리아에 빠져 해결하지 못하는 문제는 그렇기 때문에 버려지는 것이 아니라 다른 관점에서 새로운 방식으로 그 문제를 탐구하는 출발점이 된다.

위해 학생들이 앉아 있기만 하면 되는 프랑스식 모델과는 다른 것이었다. 소크라테스는 글로 기록하지 않겠다는 자신의 결정을 위해 '정치적 삶'을 예로 들었다. 그는 생각과 행동을 융합해 정치를 탄생시킨 것이다. 정치적 삶과 정신적 삶은 비슷한 과정을 거쳤고, 유사한 방법을 사용했다. 정치는 언제나 대화였다. 상대 없이 혼자서 하는 정치는 불가능하다. 대화처럼, 정치는 한 사람만으로는 이뤄질 수 없으며, 사람과 사람 사이에 펼쳐진 자유 공간, 즉 정치적 공간에서 일어난다. 정치에 있어 개인적인 삶이란 있을 수 없다. 정치는 사람들 사이에서 공적인public 방식으로 행해지기 때문이다. 여기서 말하는 '공적'이란 방송이나 군중을 고려한 의미가 아니라 사적private이란 말의 반대를 뜻한다.

'사적'이란 뜻을 담은 그리스어 이디오스idios의 반대말은 일반적으로 '공공'과 '국가'를 의미하는 코이노스koinos다. 코이놀로지아koinologia는 상담, 토론 또는 철학적 대화를 의미하는데, 그리스인들은 이러한 코이놀로지아에 기초하여 지적 활동을 하고 대인관계도 형성했는데 바로 이 생각(지적 활동)과 행동(대인관계)의 결합이 정치와 자유를 탄생시킨 그리스 사회의 핵심적 성격인 것이다.

다른 전통에서도 소크라테스는 출현할 수 있었을까? 그렇지는 않았을 것 같다. 그가 갑옷과 투구를 벗어 던져 보병의 지위를 버리고 '날마다 미덕에 대해 논의하기 위해' 정착했을 무렵, 공적 삶에 있어 사고와 실천의 결합은 일반적 행동양식으로 굳어져 있었다. 아테네에서 정치는 이미 오래 전부터 뿌리를 내리고 있었다. 기원전 440년경, 소크라테스가 서른 살밖에 되지 않았을 그때 아테네 사람들은 극작가 소포클레스의 『안티고네Antigone』라는 정치 희곡에 열광하고 있었으며, 이 인기에 힘입어 소포클레스는 이 도시 국가를 이끄는 핵심 인물 가운데 한 사람이 됐다. 희곡 속에서 주인공 안티고네는 아테네에 대항하는 외국 군대를 지휘하다가 전사한 오빠의 장례식을 치름으로써 크레온 왕이 제정한 국법을 어긴다.[4] 가족에 대한 의무와 국가에 대한 의무 사이에서 빚어진 이 갈등은 결국 비극적인 결말을 초래한다(특히 국가에 대한 의무는 크레온 왕이 연극의 초반부에 설득력 있게 설명하고 있다[5]).

이런 갈등은 클레이스테네스[6]의 개혁 과정에서 정치적 삶의 기원에 대해 다시 귀를 기울이도록 한다. 클레이스테네스는 전통적인 씨족 구조에 바탕을 두고 있던 폴리스*polis*를 해체하는 대신 지리적으로 규정된 정치적 독립체들인 데메스*demes*[區]에 기반해 도시국가를 재조직했다. 데메*deme* 안에서 형성된 사람들 사이의 친밀함은 정치적 삶에 관한 대화가 일어날 수 있는 공적 공간의 역할을 했다.

가족 조직에서 정치 조직으로, 씨족의 사적인 삶에서 데메라는 공적 삶으로의 변화는 기원전 6세기 초 솔론Solon의 개혁을 뒤이어 온 것이다. 시인인 동시에 최고 행정관이 된 솔론은 법을 체계화했을 뿐만 아니라 가장 가난한 시민들도 국가 운영에 참여할 수 있는 가능성을 열어 놓았다. 그는 참주僭主 자리를 제의받기도 했지만, 그 대신 전제정치가 혹독하게 규정해 놓은

---

4 조지 스타이너(George Steiner)가 쓴 매혹적 수필 『안티고네스』(New York: Oxford University Press, 1984)를 참조할 것.

5 크레온은 안티고네를 지하 감옥에 가두었고, 안티고네는 거기서 목을 매어 죽었다. 약혼자인 크레온의 아들 하이몬(Haemon)도 안티고네의 죽음을 슬퍼하며 자신의 칼로 목숨을 끊었으며, 크레온의 아내 에우리디케(Eurydice)도 아들의 죽음을 전해 듣고 자살한다.

6 클레이스테네스(Cleisthenes, 기원전 570~기원전 508경)는 아테네의 정치가. 아테네 민주정의 창시자로 아테네의 최고 행정관을 지냈다. 귀족세력을 견제해 일반 시민들로 이루어진 민회와 연합했으며, 민주적 개혁을 시행했다. 혁신안 중 가장 중요한 것으로는 개개인이 씨족의 성원이 아니라 지역 시민으로서 정치적 책임을 맡게 된 것을 들 수 있다 ― 옮긴이.

국법과 질서, 그리고 정부가 없는 탓에 사람들이 겪고 있는 혼란스러운 자유 사이에서 시민들이 중용을 발견하도록 돕는 역할을 선택했다. 그는 실제 생활에서 자율自治[auto nomos]을 완벽하게 구현시키지는 못했지만 적어도 법률 체계 안에서만큼은 현실화시켰다. 자율은 사람들 사이의 공적 공간에서 실현됐다.

아테네의 법률에 따르면 모든 시민들은 정치라는 공적 영역에 참여할 수 있었다. 가장 중요한 입법 기구였던 불레boulē의 구성원은 추첨으로 선발했다. 추첨은 민주주의의 실재를 시민들에게 지속적이고 생생하게 증거해 주는 방법이었으며, 언어라는 매개체를 통한 사고와 실천의 결합을 보여주는 증거이기도 했다. 가장 규모가 큰 입법 기구인 에클레시아ekkēsia는 전체 시민의 약 5분의 1을 포함했다. 추첨을 통한 불레 구성원의 선발과 에클레시아의 규모를 보면 아테네 시민들이 갖고 있었던 합법적인 권력에 대한 의식을 짐작할 수 있다.

일단 입법 기구들이 구성되면 시민들은 힘 있는 집단circle of power이 된다. 힘이 작동하면 모든 사람은 다른 모든 사람에게 속한다. 힘은 곡물이나 전쟁 물자처럼 훗날을 위해 남겨두거나 비축할 수 없다. 힘은 오로지 실행하기 위해 존재한다. 힘은 한 도시가 어떤 행동을 취할 것인가를 논의하기 위해 아테네의 핑크스Pynx에 운집한 수천 명의 대화 속에 존재한다. 그리고 힘은 불레 구성원들의 고요한 숙고 속에 존재하며, 에클레시아에서 의제를 정하기 위해 모인 5백 명이나 되는 구성원들 속에 존재한다.

아테네에서 힘은 무력force으로 대체될 수 있었다. 30명의 참주들은 폴리스의 통치권을 넘겨받을 수도 있었다. 하지만 힘과 무력이 동등하게 공존할 수 없었다. 무력은 힘의 도구가 될 수는 있지만, 결코 힘의 짝이 될 수는 없다. 무력은 공격 명령을 기다리는 군대처럼 증강되고 비축될 수 있지만 힘은 그렇지 않다. 힘은 소크라테스가 언어를 이해하는 방식과 같은 것이었다. 언어는 멈추는 그 순간, 다시 말해 침묵을 지키거나 글로 남김으로써 불변성을 가지는 순간 죽는다.

정치적 삶을 행동하는 삶이라고 부르는 것은 매우 적절하다. 왜냐하면 정치적 삶은 질서와 자유 사이의 공간을 지속적으로 찾아가는 행동으로만 존재하기 때문인데, 이것이 바로 정치, 또는 중용中庸이기 때문이다.[7]

그리스 단어 소프로신sophrosyne[8]은 보통 중용으로 번역되지만, 온건한 형태의 정부를 말하거나, 한 개인의 자기 제어, 행동의 자유, 정신의 온전함을 뜻하기도 한다. 소프로신은 정치적 삶의 정신 상태에 대한 기술記述로서,

---

7 행동하는 삶(*vita activa*)에 대한 논의는 한나 아렌트(Hannah Arendt)의 『인간의 조건*The Human Condition*』을 참조할 것[한국어판(이진우 · 태정호 옮김, 『인간의 조건』, 한길사, 1996)에서는 *vita activa*를 '활동적 삶'으로 번역했다 — 옮긴이].

8 이것은 이제 영어 단어이기도 하다. 많은 다른 사전들 중에서 나는 옥스퍼드 영어 사전의 새 부록에 '소프로신'이 영어의 '휴브리스hubris[오만, 자기 과시]'와 동등한 위치에 포함되어야 한다고 주장했다. 1973년 4월 16일, 버치필드(R. W. Burchfield)는 친절하게도 나에게 편지를 보내서 "우리들이 확보한 인쇄물들이 증거로서 제시되기엔 매우 부족함에도 불구하고 소프로신/소프로수네(sophrosyne/sophrosune)가 옥스퍼드 영어 사전에 포함될 것"이라는 내용의 편지를 보내왔다.

신시아 파라(Cynthia Farar)는 걸출한 책『민주주의적 사고의 기원*The Origins of Democratic Thinking*』(New York and London: Cambridge University Press, 1988) 182쪽에서 소프로신은 자제(自制)를 용기와 연결시킨 스파르타 사람들에게는 조금 다르게 이해됐다고 주장했다. 투키디데스(Thucydides)는 중용에 대한 다른 연장선상에서 레서디모니안(Lecedaemonians)의 왕 아르키다무스(Archidamus)의 말을 인용했다. "우리는 호전적이면서 현명하다. 우리의 질서 의식이 우리를 그렇게 만든다. 우리는 호전적이다. 왜냐하면 자제(自制)의 개념에는 명예를 가장 중요한 요소로 포함하고 있으며, 용기를 명예스럽게 여기기 때문이다. 우리는 현명하다. 우리는 법을 경멸할 수 있다고 교육받지 않았고, 너무도 엄격한 자제를 배웠기 때문에 법에 불복종할 수 없다. [……]"

사적 삶에는 적용될 여지가 없다. 소프로신을 성취하기 위해서는 '정신을 차리는 것'과 같은 의미의 행위가 필요한데, 이러한 행위는 다양한 방식으로 실천될 수 있다. 그러나 사적 삶에서는 아리스토텔레스가 발견했던 그런 중용(소프로신)을 찾을 수가 없다. 사적 삶에서는 자신이 미몽에서 깨어나고 말고 할 것이 없기 때문이다.[9]

어떤 집단에 속한 회원들의 행위에 대한 협상이나 정치적 삶에서 일어나는 활동은 사생활의 영역에서 발생할 수 없다. 현대 사회에서는 무기력이나 폭력 형태의 반응이 정치적 삶을 대신한다. 원시 사회에서 의식儀式은 정치적 삶을 허용하지 않았다.

그리스인들은 정치 활동을 실천하는 데 여가 생활이 필수적이라고 했다. 하지만 사라 브로디Sarah Broadie는 『아리스토텔레스의 윤리Ethics with Aristotle』에서 '여가'는 '필요necessity'라는 압박감에서 탈출하는 것을 의미한다고 했다.[10] 그리스인들에게 이 '필요'의 개념은 오늘날 우리가 일반적으로 사용하는 용어와는 사뭇 다른 의미를 가졌다. 아리스토텔레스는 '필요'라는 단어를 두 종류로 차별화해 사용했는데, 그 중 하나만이 폭력을 포함하지 않는 것이었다. 현재처럼 '필요의 법칙'에 따라 산다는 것은 무력의 법칙에 따라 살아간다는 것을 의미한다. 아리스토텔레스에 따르면 이런 상황에서 정치적 삶이란 불가능하다.

---

9 신시아 파라는 정치의 역할에 대해 이렇게 언급했다. "정치적 타당성은 신성(神性)으로 결정된 진리 또는 질서 대신에 의사 결정 과정에 근거를 두고 있다. 정치에 대한 이러한 부분적 논점은 [······] 신이 모순되는 것들을 요구하기 때문이다. 정치적 고려 그 자체만 가지고서는 정당한 요구들 사이에 존재하는 그 깊고 비극적인 충돌을 해소할 수가 없다. [······] 정치적 공동체는 충돌을 완화시키고 받아들여야 한다. [······]" (『민주주의적 사고의 기원』, 36쪽)

10 New York: Oxford University Press, 1991, 421쪽.

그렇다고 아리스토텔레스가 정치를 안락한 삶이나, 여가의 한 유형이라고 생각한 건 아니다. 더욱이 정치 그 자체가 정치의 존재 이유라고 생각하지도 않았다. 하지만 '필요'라는 중압감은 개인을 '행동하는 삶'에서 팍팍한 생존의 현장으로 밀어내버린다. 그런 상황에서는 각 개인이 지니고 있는, 행복으로 이끄는 습관들이 발현될 수 없다. 아리스토텔레스는 '필요'에 지배당하는 삶을 노예제도와 비교했다.

아마도 '필요가 지배하는 삶'이라는 표현보다 현대 미국 사회의 빈곤 상황을 더 잘 정의하는 말은 없을 것이다. 이미 그리스인들은 그 '필요'라는 단어에 내재해 있는 폭력성을 간파했는데도 말이다. 그리고 이런 정의에 따르면, 빈곤 속에 살아간다는 것은 결국 무력의 법칙에 따라 살아간다는 것을 의미하게 된다. 무력의 법칙은 사람들로 하여금 공적 삶이 이뤄지는 자유로운 공간에서 단순히 생존에만 급급해야 하는 사적 생활 세계로 내몬다.

'필요'의 지배를 받게 되면 정치적 삶을 살 수 있는 시간도, 열정도 사라지게 되며, 그 결과 '힘 있는 집단'의 일원이 될 수 있는 가능성도 없어진다. 왜냐하면 소크라테스가 설파한 철학이 그렇듯이 힘은 참다운 실천 속에서만 존재하며, 그런 실천은 정치를 수행함으로써 가능한 것인데, 실천을 멈춘다는 것은 곧 힘이 사라짐을 의미하기 때문이다.

아테네가 몰락하고 한참 뒤에, 고대 세계, 아니 인류 역사에서 가장 정치적인 도시가 로마에서 꽃을 피웠다. 당시 로마는 스토아 철학자들의 사상에 깊은 영향을 받고 있었는데, 이 철학자들은 정치가 로마라는 하나의 도시를 넘어 인류의 위대한 형제애로 꽃피리라는 희망을 가졌다. 키케로의 정치적 삶에 대한 요약이라 할 '인류는 서로를 위하여 태어났다'는 사상은 바로 당대의 그러한 배경 아래서 잉태된 것이었다.

이 꾸밈없는 문장을 통해 정치는 인간의 본성이라고 키케로는 말한다.

그는 주장한다. 우리는 혼자가 아니라 여럿이며, 사적 삶이 아니라 공적 삶을 살고 있다, 우리는 말과 행동의 일치 속에 존재한다, 우리는 함께 살기 위해 적절하게 중용을 지킬 수 있으며, 정치를 통해 갈등을 완화시킬 수 있다고. 이렇게 해서 키케로는 인간은 정치적 동물이라는 아리스토텔레스의 신념을 자신의 방식으로 확장시킨다. 그러나 이러한 그의 신념은 우리 인류 서로를 위해서가 아니라 '필요'라는 무력에 대항해 생존을 위해 투쟁하도록 운명지어진 사람에게는 아무것도 보장해주지 않는다.

키케로 이후 2천 년, 세계 역사상 가장 부유한 나라에서 '필요'는 컬러 TV라든가 100달러짜리 운동화 등을 의미하는 것으로 다시 정의되었다. 하지만 국가적 부富의 견지에서 빈곤은 현대 사회 초기의 그것에 비해 훨씬 상대적인 것이 되었다. 미국에서 게임이 진행된 결과로 불평등이 만연하게 된 데에는 숱한 원인들이 있으며, 부의 상대성에 대해서도 다양한 설명이 있을 것이다. 하지만 빈민들에게 귀기울일 때라야 정치와 빈곤이 한 지붕 아래 있지 않았다는 사실이 분명해질 것이다.

4장

빈곤의 황금시대

기원전 8세기 말, 부유한 귀족 헤시오도스Hesiod는 보에티아Boetia에서 일어난 혁명의 결과로 돈과 지위를 잃고 추방당한다. 그러나 이것은 그저 전해져 온 이야기일 뿐 실상 그에 대해 알려진 사실은 거의 없다. 어쩌면 그는 귀족이 아니었을지도 모른다. 하지만, 무슨 일인가가 그에게 일어났고, 몇 번의 몰락은 그로 하여금 황금시대에 관한 놀랄 만한 관점을 만들어내도록 이끈다. 빈곤이 "가슴을 찢고, 파괴시켜버린다"며 격분을 토로하는 그의 글이 바로 그 증거라고 할 수 있다.

　헤시오도스는 서사시 『노동과 세월 *Works and Days*』에서 신과 인류가 평등하게 시작했다고 말하면서 현대 세계의 양상이 일종의 게임과 같다는 사실을 확인시켜 준다. 그리고 더 나아가 그의 시대와 우리 시대가 갖고 있는 빈민에 관한 중심적 신화에 대해 최초로 명확하게 설명하고 있다.

　　그리고 지금 나는 예술과 기술로 요약하려네.

　　당신이 마음에 새겨야 할, 또 하나의 이야기를,

　　어떻게 신과 인류가 평등하게 시작했는지를.

　　최초로, 올림포스 산에 사는 신들은

죽어야 할 운명인 황금빛 종족의 인간을 만들었다네

신처럼 그들은 행복한 마음으로 살았다네

노동이나 슬픔과 상관없이. 비참한 노년은

결코 그 모습을 드러내지 않았고, 언제나 활기에 차 있었고,

모든 질병에서 자유로워서, 그들은 행복하게 축제를 즐겼다네.

죽음은 그들에게 잠처럼 왔고, 모든 좋은 것들은

그들의 것이었다네. 비옥한 땅은 아낌없이

부탁받지도 않았음에도 자신의 과일을 양보했다네. 평화 가운데

행복에 겨워, 인간들은 모든 욕구를 충족하며 살았다네.

그런 다음 그는 황금 종족보다 '더 못한, 은빛 종족 인간'을, 그리고 '은빛 종족보다 더 못한' 청동 종족의 이야기를 끄집어냈다. 연이어 '우리들보다 앞서 출현한 종족, 비열한 전쟁과 무시무시한 전투로 파괴된' 영웅 종족을 소개한다.

영웅 종족 아래는 다섯 번째 종족이 있다며 이렇게 말했다. "다섯 번째는 지금 비옥한 대지 위에 살고 있는 종족이라네. / 나는 내가 이 종족에 속하지 아니었기를 바랐다네 / 내가 이미 죽었거나, 아직 태어나지 않았기를." 인류는 지금 철의 종족이다. 그들은 낮에는 노동과 지독한 슬픔으로 보내며, 밤이면 "쇠약해지다가 죽는다."[1]

황금시대란 문학이나 영화에 적용될 때 축제의 의미를 가진다. 하지만 인류의 중심 신화로서 그 역할을 할 때는 다른 의미를 지닌다. 한나 아렌트는

---

1 헤시오도스, 『노동과 세월』, 도로시 웬더(Dorothea Wender) 옮김(Harmondsworth, UK: Penguin Books, 1973), 62~64쪽.

황금시대가 "그리 유쾌하지는 않지만 그 시대가 지속적으로 쇠퇴하고 있다는 확실성을 내포하고 있다"고 해석했다. 헤시오도스는 더욱 통렬한 관점을 가졌다. 그는 당시의 시대들이 어떻게 변했는지 명확하게 설명하지 않았다. 하지만 그는 한 세대로부터 다음 열등한 세대로 향하는 인류의 쇠퇴가 인간이 스스로 만든 작품이 아님을 분명히 했다. 외부의 무력force, 즉 다름 아닌 신들 자신이 스스로 이런 몰락을 주도했다는 것이다.

거의 3천 년이 지난 뒤에 미국의 빈민들은 세상에 대한 똑같은 해석을 받아들인다. 만약 헤시오도스와 샌프란시스코의 실직한 남성 또는 사우스 브롱크스의 여성이 서로 닮았다고 생각하는 것이 터무니없는 상상력의 확대 해석이라고 생각한다면, 한때 노숙자였던 히아신스Hyacinth라는 여성이 실제로 들려준 이야기를 그대로 들어보자. "우리 할아버지는 쓸모없는 땅을 판다고 생각한 어느 백인한테서 땅을 샀어요. 하지만 그 땅이 사실은 매우 훌륭했던 거예요. 그래서 할아버지는 그 땅을 부쳐서 먹고 살았죠. 심지어 백인 소작인들도 있었어요. 우리 할아버지가 가진 땅이 너무 넓어서, 보안관조차도 이 땅에 들어오려면 허락을 받아야 했어요. 할아버지 때는 땅 위에 있는 건 모두 다 갖고 있었어요. 도축한 돼지를 가공하는 훈제장도 있었고요. 그래서 엄마는 뉴욕으로 오기 전까지 슈퍼마켓 같은 큰 식품점에 한 번도 간 적이 없어요. 그럴 필요가 없었죠. 땅 위에 있는 모든 걸 가지고 있었으니까요."

"엄마 형제자매는 다 해서 열세 명인데, 모두 이곳으로 왔어요."

"할머니는 뭐든지 만들 수 있었어요. 웨딩드레스 사진만 보고도, 정말 아무런 도안이나 다른 무엇도 없이 똑같은 옷을 만들었다니까요."

히아신스는 그 농장이 모바일Mobile 근처의 앨라배마Alabama에 있었다며 이야기를 이어갔다. 그녀는 할아버지의 농장에서 자랐던 모든 채소의 이름을 댔으며, 목화에 대해서도 이야기했다. 소작인들이 무엇을 키우고 재배했는지에 대해서도 말했고, 백인 보안관이 자신들을 얼마나 존중했는지에 대해선 몇 번이고 되풀이해서 이야기했다.

하지만 히아신스는 왜 어머니와 열두 명의 외삼촌, 이모들이 모두 농장 생활을 저버리고 뉴욕으로 왔는지, 왜 어머니가 술꾼이 되었는지 설명할 수가 없었다. 왜 할아버지 농장으로 돌아가지 않았는가라는, 지금 다시 생각해보니 잔인한 물음을 내가 그녀에게 던졌을 때, 그녀는 어머니에 대해, 그리고 그녀를 방탕한 삶으로 유혹한 뉴욕의 클럽에 대해 이야기했다.

히아신스는 거짓말쟁이도 아니었고, 약물 중독자의 몽상 속에 살고 있지도 않았다. 약물에서 회복 중인 중독자들이 보여주는 솔직한 자세로 그녀는 자신이 안고 있는 문제들을 털어놓았다. 하이신스는 어떻게 자신이 1천 달러어치의 마약을 지닌 낯선 남자와 모텔에서 일주일 동안 파티를 즐기며 지냈는지 이야기했다. 그녀는 말했다. "그러고 나서 그 사람은 자기 본래의 생활로 돌아갔어요. 나한테 이런 중독 증세를 남겨주고서 말이죠."

그녀의 앨라배마 농장 이야기는 황금시대의 쇠퇴를 노래하는 헤시오도스의 이야기 구조를 따른다. 히아신스의 잔혹한 신들은 술과 싸구려 코카인이었다. 그것들은 그녀가 하루하루 슬픔에 잠겨, 때론 차라리 태어나지 말았으면 하고 바라던 그때, 그녀를 철의 시대로 끌어내렸다.

헤시오도스 이야기의 줄거리와 히아신스의 꿈결 같은 편력은 빈민들 사이에서 반복해서 일어난다. 신화의 구조는 늘 동일하다. 충만함 → 무력의 작동 → 빈곤. 그것은 향수鄕愁를 포함하고 있지만, 단순한 향수는 아니다. 사람들은 황금시대를 간절히 그리워한다.

헤시오도스의 이야기처럼 황금시대의 이야기들은 사실이 곧 진실이라는 의미에서의 진실일 필요는 없다. 이야기꾼들의 삶이 그런 것처럼 그 이야기들은 세계 역사에 대한 은유적 해석이다. 그 이야기들이 위험한 것은 모든 상상 속의 진실이 그렇듯이 다시 되돌릴 수 없다는 것이다. 누가 은유를 부정할 것인가? 일단 빈민들이 자신들의 상황에 대한 신화적 해석을 받아들이면, 그것은 빈민들 삶의 중심적 신화로 자리잡게 되고, 그것을 극복한다는 것은 거의 불가능하게 된다.

이러한 신화를 품게 되면 그것은 세계를 설명하는 데 그치지 않고 빈민들에게서 삶에 대한 규율과 책임감을 박탈하는 잔혹한 방식으로 위안을 가져다준다. 누가 신들의 의지를 극복할 수 있겠는가? 누가 역사를 극복할 수 있겠는가? 그것은 필연적으로 비극의 전통적 개념인 패배 또는 파괴로 끝을 맺는 자기과시 행위를 요구한다.

아프리카인 선조를 둔 미국인들 사이에서 신화는 완벽하게 해악害惡으로 작용한다. 아프리카는 낙원이었다. 노예 상인들이 들이닥쳐 낙원 밖으로 사람들을 낚아채서는, 헤시오도스의 철의 인류처럼 그들을 최악의 환경으로 몰아넣었다. 만약 아프리카에 황금시대가 없었다면, 만약 흑인들이 노예 신분에서 벗어나 성공했다면, 신화는 같은 구조를 가지면서도 다른 방향으로 영향력을 행사했을 것이다. 우리가 예상할 수 있듯이, 시카고 서부 케이타운 지역의 프라이드데이피크닉Pride Day Picnic에서 더러운 베레모를 쓰고 있는 마르셀 월튼Marcel Walton 같은 어느 빈민이 황금시대의 몰락을 설파하고 있는 동안, 미국에서 성공한 흑인들은 노예 신분에서 벗어나 출세하게 된 이야기를 하고 있을 것이다.

이민자들 가운데 가난하지 않은 사람들에게도 위와 비슷한 이야기 구조가 적용되긴 하지만, 그 흐름은 반대 방향으로 작동하고 있다. 그들은 어려운 삶에서 출발해 자신들의 '도덕적 의지'라는 무력을 통해 더 나은 삶을 실현해 나간다.[2] 자수성가한 이들의 이야기를 들어보지 못한 사람이 있을까?

경제적 신분 상승 이야기를 빼면 미국의 이야기가 뭐가 있을까? 신화에 따르면 수중에 가진 것이 거의 없었던 미국 최초의 이주민들Pilgrims조차 첫 번째 추수감사절을 즐기기 위해서는 야만인들의 부조扶助에 의지해야 했다고 한다.

부와 빈곤의 신화는 일치한다. 서로가 어떻게 닮았는지 보여주기 위해서는 어느 한쪽을 거꾸로 뒤집어 놓기만 하면 된다. 비록 미국이 정치적 혁명을 통해 수립됐을지는 모르지만, 이 나라의 핵심적인 신화는 경제다. 부자나 빈민이나 할 것 없이 모든 미국인들이 그것에 동의한다. 그러나 이 신화는 부자들에겐 도덕적 안락감을 느낄 수 있도록 해줬지만, 빈민들에겐 너무나 가혹하게 작용했다.

모든 역사를 통해 부자들은 신화를 자신들의 입지를 강화시키고 빈민들을 통제하는 수단으로 이용했다. '하느님의 선민選民'이라는 칼뱅주의자들

2 동화(同化)와 다문화주의가 부나 빈곤을 예견하는 것처럼 보이지는 않는다. 일반적으로 자신이 떠나온 고국의 문화와 언어를 유지하기보다는 미국 사회에 동화되는 편이 더 많은 기회를 잡을 수 있다. 하지만 최근에 쿠바인들, 하시드(Hasid) 유대인들, 서인도제도의 인디언들, 파키스탄인들, 그리고 러시아인들이 증명해왔듯이 동화하지 않고도 성공하는 길이 열려 있기도 하다. 이 집단의 구성원들은 작은 공동체 안에서 사업을 하거나 전문직에 종사하거나, 자신들 공동체 밖의 다른 미국인들과 사업을 벌이면서도 자신들의 사적인 삶을 고국의 문화적 특성을 보존하고 있는 동질감 강한 작은 공동체에 한정시켰다. 다문화주의가 안고 있는 경제적 위험성은 대체로 그것이 게토(ghetto)가 되었을 때 불거지게 되는데 특히 외부인들이 문화적 게토 안으로 들어와 돈을 다 빼내갈 때 시작된다. 은행, 저축대부 조합, 패스트푸드 프랜차이즈, 의류 소매상, 보석상, 가사용품 취급점 등이 게토 공동체 안에서 투기꾼들이 가장 빈번하게 관여하는 것들이다. 특히 은행은 한편으로는 게토의 돈을 공동체 밖으로 가지고 나가고, 다른 한편으로는 게토 주민들이 주택이나 사업 목적으로 대출을 하려고 할 때 융자를 거부함으로써 두 가지 종류의 경제적 손실을 가져다준다.

의 개념을 생각해보라. 그것은 헤시오도스의 이야기와 같은 구조를 갖고 있다. 칼뱅은 단지 그것을 거꾸로 뒤집어 놓았을 뿐이다. 헤시오도스가 이야기한 신들은 끊임없이 더 낮은 형태의 삶으로 인간을 몰아넣는 대신, 유일자인 하느님은 천국으로 데리고 갈 사람들을 선택한다. 살아있는 동안의 그들이 왜 그렇게 운이 좋은지는 바로 이렇게 설명된다. 어떤 사람은 하느님의 선택을 통해 부자가 되는 것이다. 이런 일들이 신의 손에 달려 있기 때문에, 빈민은 자신들의 운명을 체념해버렸는지도 모른다.

황금시대 신화가 주는 위안을 근거로 한 이러한 체념은 단순한 억측이 아니다. 젊은 성인 여러 명과 미국 경제의 본질에 대해 논의한 적이 있다. 토론 참석자 대부분은 빈곤선에 있거나 빈곤선에 가까운 처지에 놓인 이들이었다. 하지만 극도의 빈곤, 심지어 노예 신분에 대해서까지 이들이 보여준 보편적인 반응은 그런 조건 아래서라도 어떤 사람들은 행복할 수 있다는 것이었다. 적어도 그런 어려운 조건을 자신들의 운명으로 받아들이기만 한다면, 즉 자신들의 처지를 설명해주는 황금시대의 신화를 가지고 있다면 말이다.

이런 오도된 신화를 극복하기 위해서는, 다시 말해 아리스토텔레스가 묘사했던 것처럼 삶을 비극이 아닌 멜로드라마로 만들기 위해서는 다른 세계관이 필요하다. 그 사회의 주류主流 신화에 대한 새로운 이해가 있어야 하는 것이다.

과거에는, 사회 혁명이 신화를 뒤엎는 데 기여했다(적어도 이론적으로는 그랬다). 혁명은 무력의 법칙을 취했고, 영원히 잊지 못할, 평등 실현을 위한 실천으로서의 혁명을 통해서 현대 세계의 게임을 하나의 의식儀式으로 전락시켜버리는 것을 목표로 삼았다. 그런데 혁명을 통해서 수립된 멕시코나 구舊 소련, 쿠바 등과 같은 국가들에서는 오히려 혁명을 기리는 것 그 자체가 의식儀式이 되어버렸다.

만약 불가능한 것이 아니라면, 혁명이 일어날 것 같지 않은 나라에 사는 빈민들에게 닥친 문제는 어떻게 주류 신화를 뒤엎느냐 하는 데 달려 있다. 황금시대를 버리면 그들은 그 신화를 통해 받던 위안을 잃게 될 것이고, 그 신화를 계속 붙들고 있으면 그들은 가난 속에, 자신들의 처지를 위로해주는 설명이 필요한 채로 남겨질 것이다. 세대에서 세대로 이어지는 빈곤을 뿌리 치고, 주류 신화가 옥죄고 있는 이중의 속박을 깨뜨리기 위한 노력은 영웅적 인 모험을 요구한다. 이 모험은 종종 비극으로 끝나기도 한다. 영웅적인 빈 민들의 용기가 대단하다 할지라도 끈질기게 살아남는 것이 신화의 본질이 기 때문이다.

5장

무력의 포위

빈곤의 황금시대……. 미국에서 세대를 거듭해 이어지는 빈곤의 주류 신화는 다른 모든 신화들처럼 세속적인 기원을 가지고 있고, 신화 속에서 결정적인 역할을 하는 무력은 빈민들의 일상 속에서 똑같은 핵심적 지위를 가진다. 하지만 신화를 명확히 밝혀내지 않고선, 무력의 역할을 인식하기가 쉽지 않다.

첫째, 무력은 하나만 존재하는 것이 아니다. 수많은 종류의 무력들이 있다. 이 장 뒷부분에서 스무 개 남짓의 서로 다른 무력들의 목록이 나열되고 맥락적으로 해석될 것이다. 물론 이 목록은 서른 개 또는 마흔 개로 쉽게 늘어날 수도 있다.

둘째, 빈민들과 관찰자 사이의 거리는 빈민들의 삶을 변형시킨다. 빈민들에게 영향을 미치는 무력들이 배경 속으로 희미하게 사라지는 동안 무력 그 자체의 작용은 더욱 두드러진다. 그것은 밤 비행기에서 저 멀리 내다보이는 뉴욕이나 시카고 거리가 아름답게 여겨지는 것과 정반대의 효과인 것이다.

셋째, 관찰자들은 잘못된 방향에서 빈민들을 바라본다. 빈민들에게 영향을 미치는 무력들은 곧잘 관찰자 쪽에서 비롯된다. 우리가 생각하기에 객관적 태도로 빈민들을 바라보려는 시도를 한다고는 하지만 이것은 잘못된 방향에서 관찰하는 것으로, 그렇게 하다 보면 어느 정도 오만함을 드러내거나 필연적으로 거짓에 이르게 된다. 세대를 거듭해 이어지는 빈곤의 경우에 그것은 빈민들 스스로 문제를 초래한 모습으로 여겨지기도 한다.

넷째, 무력들은 추상적으로 존재하지 않는다. 그것은 마치 타동사처럼 의미를 파악하기 위해 어떤 대상을 필요로 한다. 여기서 말하는 대상이란 무력에 대한 이해를 높여주는 인간 환경이다.

다섯째, 빈민에게 영향을 주는 무력들을 인식하기 위해서는 종종 반反직관적으로 사고할 필요가 있다. 예를 들어, 후원자, 사회복지사업, 결혼, 그리고 법은 대체로 부정적인 무력으로 보이지 않기 때문이다.

여섯째, 빈민의 삶에서 무력의 역할을 이해하는 것은 관찰자에게 도움이 되지 않을 수도 있다. 불평등의 게임이 수행되는 방법에 대한 관찰자의 이해를 변화시킬 수 있기 때문이다.

마지막으로, 무력force의 정의는 자연과학 분야에서 군대나 경찰에 이르기까지 다양한 의미를 가지기 때문에, 관찰자는 무력이 완전히 다른 어떤 것이라고 혼동할 수 있다. 무력은 때론 힘power이나 폭력violence의 동의어로 사용되기도 하지만, 이것은 20세기 초 마르크스주의자 조르주 소렐Georges Sorel의 글에서 그런 것처럼 혼동을 불러일으킨다.[1] 대물림되는 빈곤과 관련해, 무력은 폭력과 크게 구별되며, 진정한 힘의 반대편에 자리하는 분명하고 특정한 의미를 가진다. 더 나아가, 무력은 미셸 푸코가 『감시와 처벌』[2]에서

---

1 이사야 벌린은 소렐에 대해 이렇게 말했다. "어떻게 무력의 사용과 실제적인 폭력의 사용이 구별될 수 있는지는 결코 명확하게 밝혀지지 않았다." 『역류Against the Current』(New York: Viking Press, 1980), 322쪽.

2 Paris: Gallimard, 1975; 미국판 1쇄, New York: Pantheon, 1978.

재소자들에 대해 묘사했던 것처럼 예측 가능하고 순환적인 형태의 반응을 불러일으킨다.

무력은 협상이 가능하지도 않을 뿐더러 무력 행사의 대상과 합의할 수도 없다. 무력의 대상은 오로지 굴복하거나 대항할 수 있을 뿐이다. 무력이 반드시 물리적인 힘일 필요는 없지만, 그럼에도 무력 행사의 대상 입장에서 볼 때 물리적 위협이나 행동을 보인 것과 같은 상태를 만든다. 또한 대상이 반응할 수 있는 선택의 여지를 제한한다. 한나 아렌트가 '무명인의 지배'라고 지칭했던 관료주의는 현대 사회가 보여주고 있는 무력의 좋은 사례이다. 관료주의는 지배력을 행사하기 위해 폭력을 사용하지는 않지만, 그렇다고 협상을 허용하지도 않는다. 어떤 관료주의는 협상을 가장한 정교한 항의 체계를 가지고 있다. 하지만 관료주의를 경험한 모든 사람들은 관료들이 행사하는 무력과는 협상이 불가능하다는 사실을 곧 깨닫게 된다.

시위를 떠난 화살이 돌아올 수 없듯이, 한번 내뱉은 말을 다시 주워 담을 수 없듯이, 무력은 일단 행해지고 나면 철회될 수 없다. 쏘아버린 화살처럼, 뱉어놓은 말처럼, 무력이 일단 행사되면, 그 이후에 어떤 일들이 일어질 것인지 모든 것들을 예측하기란 매우 어렵다.

대체로 논쟁은 명제와 반명제를 수반하는 변증법적 형태를 가지고 있으며 사회 모든 계층의 정치적 삶에 핵심적으로 자리하고 있다. 하지만 무력은 논쟁과는 달라서 모든 대화를 중지시켜버린다. 그것은 사회적 담론의 끝없는 연계가 아니며, 무력은 자신을 하나의 장벽으로 드러낸다.[3]

이렇게 무력은 절충될 수도, 철회될 수도 없기 때문에 중용을 도모할

---

3 8장에서는 때론 은유적이지만 어떤 경우엔 매우 현실적으로 나타나는, 빈민들을 시민적 삶에서 소외시키는 장벽의 기능을 보여줄 것이다.

수 없다. 폭력으로 얼룩진 결혼생활을 예로 들어보자. 남자가 여자에게 소리친다. "너는 못생긴 창녀야." 이렇게 말하고 난 이상 그는 하원의원이나 기업체의 임원처럼 잘못 발음했다고 둘러댈 수도 없을 뿐더러, "너는 못생겼어. 하지만 정숙하지"라며 중용을 찾을 수도 없다. 이 경우와 비슷하게, 일단 발생한 '쫓겨남'의 경험은 되돌릴 수가 없다. '쫓겨남'과 '차지함' 사이의 중용은 없다. 마치 문은 열려 있거나 닫혀 있듯이.

소외, 인종차별, 절도, 모욕, 질병, 배고픔, 공포는 모두 무력의 유형들이다. 그리고 이것들 중 어느 하나라도 일단 작동하기 시작하면 다시 돌이킬 수가 없다. 협상도 불가능하다. 질병은 치료될 수도 있다. 하지만 사람은 에이즈나 천식, 고혈압 증상을 갖고 있거나, 아니면 가지고 있지 않다. 정의에 따르면 인종차별주의는 중재할 수 없는 상태인 것이다. 텔레비전을 일부분만 도둑맞을 순 없다. 모욕과 저주에는 절충의 여지가 없다(어떤 사람이 약간만 저주받는 게 가능할까?). 그리고 침묵은 해독제가 아니다. 인간의 책략을 수행함에 있어 그 어떠한 중재의 여지도 남기지 않는, 고립으로 인한 침묵은 인간이 상대방에게 행사하는 숱한 무력들 가운데 가장 끔찍한 것일 수 있다.

이런 무력 행사가 너무 자주 일어나기 때문에 그것이 우리를 인간으로 정의하게 만드는 한 요소인 것처럼 여겨질 수도 있다. 하지만 절대로 그럴 수 없다. 다양한 생물 종들은 자기 존재를 지키려고 폭력은 물론 무력도 사용한다. 자존심을 지키거나 동종의 무리들을 지키기 위해 창피를 주거나 무리에서 따돌리기, 폭력을 수반한 위협, 또는 먹잇감 점유 같은 형태로 무력을 사용하는 사자나 늑대에 관한 영상물을 본 적 있을 것이다. 그러나 다른 생물 종들과 우리 인간이 구분되는 것은 우리가 죽임killing 대신 무력을 사용하기 때문이 아니라 무력에 대한 대안을 가지고 있기 때문이다.

1. 무력과 폭력

무력force은 압제자들이, 폭력violence은 억압당한 사람들이 사용한다고 주장한 조르주 소렐의 글에서처럼 무력과 폭력이 혼동되면 이러한 개념들이 지닌 도덕적 가치는 사라지게 된다. 소렐은 한때 폭력은 모든 곳에 존재한다면서 경찰 조직을 예로 들기도 했다. 하지만 이런 주장은 소렐의 광의의 정의를 적용할 때 설득력이 떨어진다. 왜냐하면 경찰은 압제자가 고용한 사람들이지만 무력을 사용하는 반면, 억압받는 사람들은 저항의 한 형태로 폭력을 사용하기 때문이다.[4] 수단과 동기에 대한 소렐의 혼동, 즉 누가 수행했느냐에 따라 동일한 행위에 각기 다른 명칭과 도덕적 가치를 부여하는 실수는 아마도 그가 저지른 유일한 오류는 아닐 것이다. 결국 그는 노동, 창조성, 폭력에 대한 생각을 펼쳐내는 데 있어서 중심을 잃게 되었으며, 종국에는 파시즘과 반유대주의로 기울게 된다.

윤리적 처방에 따라 폭력과 무력을 구별하려는 시도는 조르주 소렐 사후에도 계속되었다. 영화, 텔레비전, 신문 등에서 폭력은 계속해서 빈민과 관련되었고, 반면 무력의 활용은 부자들 차지가 되었다. 좌파가 보느냐 우파가 보느냐에 따라 소렐이 악당으로 비치거나 영웅처럼 보일 수 있는 것처럼, 정치적 스펙트럼의 양쪽 끝에 서서 보자면 『내이션The Nation』과 『내셔널 리뷰The National Review』에서 빈민은 폭력적인 것처럼 묘사되고 무력은 기존

---

4 소렐은 폭력이 생산자들(억압받는 사람들)을 플라톤과 아리스토텔레스, 그리고 모든 '타락한 지식인들'이 창조의 세계를 파괴하기 이전에 존재했던 것과 같은 황금시대로 다시 이끌수 있을 것이라고 믿었다. 비록 나는 이 황금시대 이론의 기원에 대해 판단을 내릴 수 있을만큼 소렐에 대해 정통하지는 않지만, 소렐의 관점은 세대를 이어오는 빈민들-억압된 생산자들 사이에서 공통적인 구조를 채택한 것처럼 보인다.

권력 조직에 속한 것으로 간주된다.

동기와 수단을 혼동한 최근의 예가 바로 '이슬람 국가Nation of Islam'의 지도자 루이스 파라칸Louis Farrakhan의 발표이다. 파라칸은 흑인들에 대한 인종차별을 개탄하면서도, 유대인을 언급할 때는 그 스스로 인종차별적 언어와 책략들을 서슴없이 사용했다. 소렐과 마찬가지로 그는 똑같은 행동이라도 어느 한 상황에서는 도덕적이지만 다른 상황에서는 비도덕적이라는 사실을 믿고 싶어 했다. 흥미롭게도 파라칸은 파시즘에 대한 관심에서도 소렐을 따르는 듯한데, 이것 역시 동일한 혼동에서 비롯한 듯하다. 1996년 루이스 파라칸은 아프리카와 중동 지방을 여행하는 동안 나이지리아, 리비아, 이라크, 이란의 파시즘 정치가들을 방문해 그들을 포용하며 재정적 지원과 도덕적 지원을 공고히 해줄 것을 요청했다.

혼동만을 일으킬 뿐인 도덕적 기원들 대신, 무력과 폭력은 그것들이 세상에 드러나는 모습으로 정의되어야 한다. 달리 말하면, 만약 파업 중인 노동자가 자본가를 총으로 쏘거나 자본가들이 고용한 경찰이 노동자를 쏜다면 그것은 모두 폭력을 행사하는 것이다. 다른 한편, 만약 자본가가 노동자들을 공장 밖으로 쫓아내거나 노동자들이 시위 대열을 만들어 공장을 점거한다면 그것은 무력의 행사다. 이렇듯 동기는 행위를 규정하지 않으며, 행위는 동기를 의미하지 않는다.

무력이란 한 사람 또는 사람들의 집단이 타인을 강제하는 상황을 가리킨다. 대부분의 경우, 무력은 무력을 행사하는 사람이 원하는 대로 상대방이 행동하도록 강제하거나 강요하는 형태가 지속되는 관계이다.

폭력은 일종의 무력이자, 논리적 의미에서 그 일부분이다. 그것은 빠르고, 물리적이고, 잔혹하며, 무서우리만치 격렬하다. 폭력 또는 폭력의 위협은 사실상 무력이 품고 있는 모든 행위를 수반한다. 폭력은 무력이 권위를 갖도록 하는 물리력physical strength이다.

무력은 무력 행사 대상들의 삶의 조건을 규정함으로써 대상자들을 강제한다. 무력은 대상자에게 무리한 요구를 하고, 그의 인격을 깎아 내리고 창피를 줌으로써 괴로움과 고통을 만들어낸다. 폭력은 폭력 행사의 대상자들을 강제하거나 모욕을 주진 않는다. 그것은 계속 진행되는 것이 아니라 갑작스레 일어나는 것이다. 폭력은 일시적인 영향을 끼치기는 하지만, 지속되지는 않는다. 살인은 폭력 가운데 하나의 행위이고, 구금은 무력 가운데 하나의 행위이다.

어떤 행위들은 규정하기가 더 어려운데, 굶주림이 그 예이다. 굶주림은 폭력의 특징들을 많이 가지고 있다. 그러나 지속적인 상태가 아니고서는 폭력적인 것이 되지 않는다. 저녁 한 끼 거른 것을 폭력이라고 하지는 않는다. 하지만 매일 밤마다 굶주린 채 자야 하는 건 가혹한 폭력이다.

폭력은 무력의 일부분이기 때문에 무력과 폭력은 형식적으로 별개의 것이라 해도, 근본적으로 동일하다. 일단 우리가 이 본질을 알고 있다면, 두 행위는 동일한 것이 된다는 말이다. 무력이나 폭력을 행사하는 쪽이 주체이고, 다른 한쪽이 객체이다. 주체는 창조하고 규정하고 조정하며, 객체는 반항하거나 순응하거나 복종한다.

여기에 또다시 불가능하지는 않지만 결코 구별이 쉽지 않은 또 다른 경우들이 있다. 우리의 건강이 악화되는 것은 누구의 책임인가? 건강 악화의 원인이 영양실조나 유독성 폐기물, 또는 비위생적 환경일 경우의 책임소재는 명백하다. 하지만 미시시피 주의 그린빌Greenville 시에 공급되는 식수에서 검출된 소금의 양이 국가 평균보다 다섯 배나 많고, 고혈압으로 생긴 질환의 발병률이 국가 평균보다 높을 경우에는 그 어디에도 건강 악화의 책임 주체는 없다. 여기서 주체/객체의 관계는 건강관리 체계라는 본질 속에서 드러난다.

의료보험의 결함은 하나의 무력이다. 이 무력의 주체는 잘 알려져 있을 뿐만 아니라, 자신의 역할에 대해 자부심을 가지고 있는 듯하다.[5]

무력은 주로 기관이나 정부의 기능에서 비롯되고, 폭력은 개인들의 행위에서 비롯되는 것처럼 여겨진다. 하지만 이런 구분이 모든 경우에 적합한 것은 아니다. 거리에서 경찰을 총으로 쏜 폭도가 그렇듯이 죄 없는 아이를 살해한 무도한 경찰은 자신들이 속한 집단을 대표한다. 우리는 한 집단을 영웅으로 또 다른 집단을 악한으로 생각할지 모른다. 하지만 우리가 어느 쪽을 선택하든, 그 특정 집단은 상대적으로 중요시되는 어느 한쪽일 뿐이라는 사실을 잊지 말아야 한다.

소렐이 좌파적 입장에서, 찰스 머레이나 켄 오레타가 우파적 입장에서 도덕적 분별을 수행할 때에 무력과 폭력 사이의 도덕적 분별은 이뤄지지 않는다. 부자들만이 무력을 사용하는 것이 아닌 것처럼 폭력에 호소하는 집단은 빈민들만이 아니다. 그런데 여기서 무력이나 폭력과는 질적으로 다른 '힘 power'에 대해서 생각해볼 필요가 있다.

---

5 물론, 여기서 내가 말하는 주체란 미국 연방의회 의원들과 여러 주의 입법부들이다. 그들은 경제력의 최하 5분위수에 있는 사람들을 위한 의료 보장을 줄이려 한다. 이 빈민들이 일을 하고 있든지 정부 보조금을 받고 있든지 상관없이 말이다. 1997년 초, 합법적 이민자들은 자신들이 이제부터는 SSI(Supplemental Security Income, 보조적 보장소득—옮긴이) 보상을 받을 자격이 없다는 통고를 받았다. 약 1백만 명의 빈민들이 자신들의 얼마 안 되는 복지혜택이 한순간에 사라지는 것을 지켜볼 수밖에 없었다.

2. 무력과 힘

역사학자 라몽 구티에레즈Ramón A. Gutiérrez는 미국 남서부의 푸에블로 족이 무력force과 힘power 사이의 명확한 구분을 이끌어냈다고 설명한다.[6] 내부 족장들Inside Chiefs은 신과 푸에블로 종족 구성원들이 부여한 권위를 바탕으로 권력을 행사한다.[7] 부락 내부에서는 어떠한 폭력 행위나 여타의 무력적 행위가 허용되지 않는다. 제2의 무리들은 부락 밖에서 살았는데, 이들은 호전적인 외부 족장들Outside Chiefs과 그들이 지휘하고 있는 사냥꾼이자 전사들이었다. 외부 족장이 더 강력한 물리적 힘과 능력을 가졌지만, 내부 족장이 부락을 통치할 힘을 갖고 있었다. 내부 족장은 외부 족장에게 사냥, 전쟁 수행, 그리고 필요한 모든 무력을 사용해 부락을 방어할 것을 지시했다. 외부 족장들은 내부 족장들의 동의 없이는 습격이나 사냥을 수행할 수 없었고, 심지어는 부락을 방어할 수조차 없었다.

이러한 관습을 지켜온 푸에블로 종족은 실제로 무력과 힘 사이의 '벽'을 유지할 수 있었다. 이 '푸에블로 벽' 때문에 초기의 매우 낭만적인 일부 인류학자들은 푸에블로 부족을 평화주의자들이라 생각했다. 왜냐하면 실제로 푸에블로 종족은 무력과 힘을 분리시킬 수 있는 매우 중요한 능력을 발전시켜왔기 때문이다.

근대 민주주의 사회(최소한 아테네의 페리클레스 시대 이후 사회)에서 '무력'과 '힘'의 구분은 푸에블로 종족의 벽만큼이나 분명했다. 무력은 힘의

---

6 『예수가 왔을 때, 옥수수 어머니들은 떠났다When Jesus came, the Corn Mothers Went Away』 (Stanford, CA: Stanford University Press, 1991).

7 키케로는 이것을 "군중 속의 힘, 의회 속의 권위"로 설명했다.

도구이자 수단으로 남았다. 정당한 힘은 아직도 그 자체가 하나의 존재 이유이자 생활 방식이다. 하지만 무력은 결코 목적이 될 수 없고, 오로지 수단일 뿐이다. 푸에블로 종족의 경우처럼, 무력은 힘의 도구로 쓰일 수 있다. 하지만 힘은 결코 무력의 도구가 될 수 없다. 그러나 정당한 힘이 사라졌을 때, 무력은 그 힘이 차지했던 빈 공간을 채운다.

힘은 그 안에 주체와 객체를 모두 담고 있다는 점에서 무력과 구별된다. 힘은 결코 고립되어 작동하지 않지만 무력은 언제나 홀로 존재한다. 다른 무엇보다 고립되어 있는 어떤 사람이 자기 혼자서 정당한 힘을 갖고 있을 수는 없다. 극단적으로 보자면, 폭군 한 명이 온 국민들에 대항해 맞서는 것처럼 궁극적인 무력이란 하나의 개별자가 모두에 대항하는 것과 같다. 반면, 폭군에 저항하는 국민들처럼 궁극적인 힘이란 하나의 개별자에게 대항하는 전체와 같다.

무력은 대상자의 인간성을 파괴함으로써 강해진다. 그러나 힘을 행사할 대상이 따로 있는 것이 아니며, 오로지 함께함inclusion으로써 그 힘이 커진다는 특성이 있다. 만약 무력과 힘을 단순한 그림으로 치환해본다면, 힘은 원을 이룰 것이며, 무력은 화살로 그려질 것이다.

추상적으로 보면 빈민들이 살아가고 있는 특정한 환경들은 충분히 쾌적한 듯 여겨진다. 이웃 간에 무엇이 무력이나 행운, 또는 법이 될 수 있을까? 이 사회의 다른 곳에서는 임신은 축복이고, 법은 보호자이며, 도움은 고마운 것이다. 하지만 빈곤이라는 맥락에서는 이 모든 것들이 돌변한다.

빈민에게 영향을 미치는 스물여섯 종류의 무력들을 다음에서 예시하려고 한다. 이것들 중 어느 것도 따로 떼어놓고 생각할 수 없다. 빈민들은 하나나 둘, 또는 대여섯 개 정도의 무력에만 영향을 받는 것이 아니다. 그들은 무력에 둘러싸여 살아간다. 바로 이 점이 힘에 둘러싸여 있거나 게임의 결과를 결정할 수 있는 사람들과 빈민들을 차별화한다.

포위라는 말이나 둘러싼다는 말을 들으면 우리는 직관적으로 소시지 포장이나 목화 짐짝을 끈으로 묶는 것처럼 사람들을 강제적으로 모으고 결합시키는 장면을 떠올린다. 만약에 그렇다면 포위는 무력이 만들어낸, 빈민들로 하여금 공적 삶을 살아가도록 만드는 일종의 폴리스, 즉 정치적 삶의 기원이 되었을 것이다. 하지만 포위해 들어오는 무력들은 빈민이라는 전체 집단에 영향을 주는 것이 아니라 가난한 사람들 개개인에게 영향을 준다. 심지어 빈민들의 가족 단위로 포위하는 것도 아니라 한 번에 한 사람씩 포위해 들어온다. 포위망 안에서 살아가는 모든 이들은 이렇게 홀로 살아가고 있는 것이다. 무력의 무게는 발밑에 깔린 유리잔처럼 빈민 집단을 산산조각 내고, 가족, 지역사회, 사회 조직의 파편들을 무기력한 개인 생활로 몰아냄으로써 그들을 분열시킨다.

3. 포위

> 무력은 강자의 우세 아래 약자가 된 사람들이 사용하는 게 아니다. 오히려 그들을 약하게 만든 강자들이 사용한다.
> — 파울루 프레이리, 『억압받는 이들의 교육』

유럽인들과 아프리카인들이 건너오기 전에 미국 땅에서 거주하던 원주민들 역시 '포위'라는 수단을 활용해 사냥을 하고, 전쟁도 치렀다. 포위 전략을 활용하면 물소, 사슴, 작은 사냥감, 그리고 적병들을 가장 효과적으로 죽이거나 생포할 수 있었다. 사냥감이나 적병들이 방향을 바꾸거나 도망갈

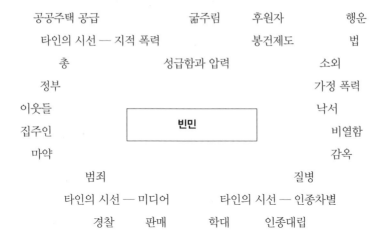

공공주택 공급		굶주림	후원자		행운
타인의 시선 — 지적 폭력			봉건제도		법
총		성급함과 압력			소외
정부					가정 폭력
이웃들					낙서
집주인		**빈민**			비열함
마약					감옥
범죄				질병	
타인의 시선 — 미디어			타인의 시선 — 인종차별		
경찰	판매		학대	인종대립	

수도 없이 고립돼 정신을 놓을 지경이 되면 살육이 시작됐다. 다양한 형태로 변형된 이 포위 전략들이 역사를 거듭하면서 살인이나 사냥을 할 때 이용됐다. 협공 작전은 군사전술 중 가장 잘 알려진 것이지만, 적의 탈출을 막거나 적의 기동 능력을 떨어뜨리는 작전이라면 어떤 식이든 승리를 거둘 수 있었던 것 같다.

독일은 벌지Bulge 전투에서 이 작전을 사용하여 제2차 세계대전의 판도를 거의 바꾸어 놓을 뻔했다. 만약 패튼Patton 장군의 탱크들이 제때에 도착하지 않았거나 공중 폭격이 불가능할 정도로 날씨가 흐렸더라면 미군은 독일군의 포위 작전 때문에 주요 전력이 모두 궤멸됐을 것이다.

때로는 벽이나 산맥, 강이나 절벽이 포위물의 일부가 될 수 있다. 마사다Masada의 유대인들[8]과 스타브드 록Starved Rock[9]에 있던 일리노이 주의 원주

---

8 이스라엘의 사해(死海) 서쪽 4킬로미터 정도에 위치한 바위산. 서기 73년 5월 2일, 제1차 유태전쟁 당시 로마군에게 포위당한 마사다 요새에서 유대인 960명이 최후까지 항전하다

민들은 절벽에 둘러싸여 항복을 해야 했다. 포위 전략을 사용하는 것은 인간뿐만이 아니다. 무리지어 살아가는 늑대도 같은 방식으로 사냥을 하며, 다른 육식 동물들도 마찬가지다. 이 작전은 두 가지 이점을 가지고 있다. 우선, 사냥감을 고립시키고, 탈출 가능성을 줄인다. 하지만 아마도 더 중요한 것은 포위망 안에 걸린 동물이나 인간의 행동을 변화시킨다는 사실일 것이다. 자신이 포위당했다는 것을 알아채는 순간 사냥감은 절망에 빠져 외로워지고, 격노하거나 자포자기하여, 생각할 능력을 상실한다. 탈출의 희망을 잃은 사냥감은 운명 앞에 굴복한다. 자신이 포위당했음을 인식하는 그 순간, 죽어야만 하는 자신의 운명을 거스르려는 일말의 저항심마저도 증발해버린다. 오직 영웅만이 죽지 않는다. 문제는 그런 영웅이 거의 없다는 사실이다.

가 전원 자살함으로써 자존심을 지킨 곳으로 유명하다 — 옮긴이.

9 미국 시카고 시 남서쪽 120킬로미터 지점에 위치한 주립공원 안에 자리하고 있으며, 침식된 바윗돌이 여러 곳에 산재해 있다. '굶어 죽은 바위'라는 이름은 오래된 전설에서 비롯되었다. 폰티악이라는 추장의 죽음을 복수하기 위해 일리니웨크 종족을 공격한 포타와토미 종족이 적들을 이 바위 안으로 밀어 넣어 모두 굶겨 죽었다는 것이다 — 옮긴이.

6장

무력의 반작용

……이 억제할 수 없는 폭력에는 요란함이나 분노가 없
으며, 야만적 본능의 부활이나 원한의 느낌조차 없다.
인간은 자신을 재창조하는 존재다.

— 장 폴 사르트르,

프란츠 파농의 『대지의 저주받은 사람들』 서문에서

1. 아노미의 문제

무력의 포위 속에서는 사람들이 가난과 공포 속에서 살아간다. 그들은
먹을 것을 찾아, 새로 살 집을 찾아, 그리고 병든 아이들을 낫게 하려고
이리저리 종종걸음을 친다. 주위를 둘러친 철의 장막은 그들을 막다른
구석으로 몰아넣었고, 장막 내부의 공포 상황은 가히 가공할 만하다. 그들
은 흘러넘치는 규제와 자유 때문에 고통스러워하면서 모든 것을 포기하고
아무것도 하지 않거나, 반대로 모든 것을 시도하기도 한다.

삶의 법칙이 상식을 벗어난 이런 상태는 현재로서는 납득할 만한 이름
도 붙지 않았고, 딱히 뭐라 정의되지도 않았다. '하위계층'이란 말이 쓰이
기도 하지만, 그런 상황을 서술하기보다는 경멸하는 말로 들리기 때문에
적절한 어휘라고 볼 수 없다. 그런데 고대에서부터 현대에 이르기까지
줄곧 사용되는 용어가 하나 있다. 긴 이력을 지니고 있는 이 말은 포위망
내에서 벌어지고 있는 상황을 명확하게 이해하는 데 도움을 줄 것이다.

백 년 전 에밀 뒤르켕Emile Durkheim은 '규칙 없음' 또는 '법의 부재'[1]를
의미하는 '아노미아anomia'라는 용어를 되살렸다. 아노미아의 사촌 격인

어휘로는 '타인과 아무런 관계가 없음, 비사교적인'이란 뜻을 담고 있는 '아노밀레토스anomiletos'가 있다. 아노미아라는 개념이 다시 쓰이게 된 배경을 담고 있는 뒤르켕의 유명한 연구 논문『자살』을 참조하는 것도 도움이 될 것이다.

뒤르켕은 아노미에 따른 자살이 "인간의 행위에 대한 규범의 부재와 그 결과로 생긴 고통"에서 비롯된다고 했다. 그는 자살이란 위기 상황, 특히 경제적 위기 상황에서 발생한다고 했으나 그런 위기 상황을 한 개인의 운명의 쇠락으로 국한하지는 않았다. 갑작스런 개선 역시 아노미 현상을 초래할 수 있다. 그는 위기 상황은 개인의 욕구와 능력 사이에 존재하는 괴리에서 비롯되는 것이라고 말한다. "욕구를 충족시킬 수단이 욕구를 감당할 수 없게 되면 그 어떤 존재라도 행복해질 수 없고, 심지어는 존재할 수조차 없게 된다."

'아노미 상태란 자제와 규범의 부재'라고 그는 단언했다. 극단적인 빈곤은 "그 자체가 자제시키는 요인이기 때문에" 아노미에 따른 자살을 유발하지 않는다. 뒤르켕은 19세기 말에 매우 가난했던 지역인 아일랜드, 칼라브리아, 스페인의 예를 들면서 "아무에게도 남아도는 재산이 없을 때는 어떠한 부러움도 생겨나지 않는다"[2]고 결론을 내렸다.

자살을 촉진시키는 아노미 상태는 상대적 빈곤 상태에서 발생하며, 절대적 빈곤 상태에서는 발생하지 않는다. 뒤르켕의 이론은 대공황 당시에 지역사회가 상당히 조직적이며 지역 정치가 살아 있었던 시카고의 노스

---

1 *Anomia*는 영어로 'anomie' 또는 'anomy'로 번역되며, 철자는 둘 다 옳다.

2 Émile Durkheim,『자살』(New York: The Free Press, 1951), 254~258쪽. 첫 번째 인용문이 옳은 것이며, 부적절한 표현은 옮긴이의 오류다.

론데일 지역에서 입증됐다. 그러나 20세기 말에 이르러 빈곤의 상대적 본질을 매일같이 안방까지 실어 나르는 텔레비전의 영향으로 현재 그의 아노미 이론은 고전적인 사례가 돼버렸다.

반세기가 지난 뒤 로버트 머튼Robert Merton은 뒤르켕의 정의를 재검토 하여, 여전히 아노미 상태를 어떤 수단이 욕구를 충족시킬 능력이 없는 상태라고 이해하면서도 여기에 덧붙여 규칙이나 관습에 따르지 못하는 실패한 상황을 뜻한다고 새롭게 해석했다. 그러면서 머튼은 사람들이 어 떻게 아노미에 적응하는가를 보여주었다. 예를 들어 절도란 정당한 수단 을 포기함으로써 욕망을 충족시키는 혁신적인 방식이라는 것이다. 또한 마약 복용이란 목표를 달성하려는 욕구를 '회피하는 행위'라고 설명했다.

머튼이 아노미 현상을 1950년대 말에 성공을 추구했던 아메리칸 드림 의 실현이 불가능하게 된 결과로 나타난 현상으로 이해한 반면, 다른 학자 들은 이 용어를 청소년 비행과 관련지어 사용하기 시작했다. 아노미 현상 은 위기에 대한 반응이라기보다 위기 그 자체를 의미하는 말이 돼가고 있었다.

새로운 해석이 거듭되면서, 아노미는 하위계층이나 문화적 빈곤층과 동의어가 됐다. 하위계층과 빈곤의 문화 속에서 빈민은, 그 중에서도 특히 젊은이들은 법을 지키지도 않고, 통용되고 있는 사회적 규범에 따라 행동 하지도 않았다. 자살과 아노미 사이의 연관성 구명究明은 뒷전으로 사라졌 고, 머튼이 새롭게 내세운 '범죄'와의 관계만 표면으로 떠올랐다.

그러나 포위망 안에서의 삶은 뒤르켕이나 머튼이 아노미 현상을 이해 하기 위한 토대로서 바라보았던 세계와 차이점을 드러내기 시작했다. 현 대 사회의 게임은 계속해서 여러 가지 불평등 현상을 만들어냈으나 곳곳에 존재하던 위기는 풍토병과 같은 성격을 띠게 된 것이다. 즉 가난의 세습 때문에 가난한 이들은 경쟁을 해보기도 전에 이미 패자가 되어 있고, 대다수의 빈민에게 이런 위기는 태어날 때부터 계속 함께하는 것이다. 하지만 그것은 절대빈곤의 삶과는 다른 것이다. 미국에서 살고 있는 모든 가난한 사람들은 빌 코스비나 도널드 트럼프, 회사의 중역인 마이클 조던이나 농구 선수 마이클 조던 등과 비교함으로써 자신이 가난하다는 사실을 알게 되었다. 그들은 누군가는 새 운동화나 자동차, 또는 전원 주택을 구입할 여력이 있다는 사실을 깨닫게 된 것이다. 하지만 텔레비전 프로그램이나 광고를 보고 있노라면 진짜로 실패한 사람을 제외하고는 누구나 그런 물건들을 구입할 여력이 있는 것 같은 착각이 든다.

우리 사회에서 벌어지는 이런 위기는 미국의 다른 지역보다 제3세계 식민지에 더욱 팽배해 있다. 이들 지역에서는 상대적 빈곤이 원주민과 이주민(또는 정복민) 사이의 관계에서 드러나고 있다. 1961년 마르티니크 섬 출신의 젊은 정신과 의사 프란츠 파농은 프랑스가 식민지로 통치하던 알제리에서 무력의 포위망에 둘러싸인 삶에 대한 자신의 견해를 담아 『대지의 저주받은 사람들』이라는 책을 펴냈다. 파농의 책 서문을 써준 장 폴 사르트르는 식민지 체제 안에서 영위되는 삶의 특성에 대한 파농의 관찰에 대해 공을 들여 설명하고 있다. 사르트르는 이렇게 말한다. "그들이 폭력밖에 모른다고 했는가? 당연하다. 초기에는 식민지 본국에서 건너온 이주민들의 폭력만이 유일한 것이었다. 하지만 식민지 민중들은 곧 그런 폭력을 자신들의 것으로 만들게 될 것이다. 다시 말해 동일한 폭력이 우리에게 되돌아온다는 말이다. 마치 우리가 거울 앞에 설 때 우리 모습의 반영이 우리 자신에게 다가오는 것처럼."[3]

---

3 프란츠 파농, 『대지의 저주받은 사람들』(Paris: François Maspero, 1961), 장 폴 사르트르의

사르트르는 끊임없는 반사 작용의 시작, 즉 '무력의 거울'을 발견한 것이다. 사르트르가 파농의 책을 통해 이해한 무력에 대한 반응은 한나 아렌트를 비롯한 다른 학자들의 그것과 정확하게 일치했다. "그가 싸우면 군인들이 총을 쏠 것이고, 그는 죽게 된다. 반면, 그가 굴복하면 품위를 잃게 되어 더는 사람으로서 살아갈 수 없게 된다. 수치심과 공포감이 그의 인격을 갈기갈기 찢어놓을 것이며, 마음 속 깊은 곳의 자아를 산산조각 내버릴 것이다."[4]

세 번째 대안은 압제자를 이겨내기 위해 더욱 큰 무력을 사용하는 것이다. 이것은 파농과 사르트르가 식민지 민중들에게 권유한 것이기도 하다. 정신과 의사인 파농은 제3의 대안을 내놓으면서 인간은 폭력을 통해 자신을 재창조한다고 주장했다. 그러한 재창조의 대표적인 목록에 다음과 같이 하나를 더하면서 말이다. 기독교인들은 신의 사랑으로 인간이 재창조된다고 생각하고, 헤겔은 정신의 힘을 통해 그것이 이뤄진다고 생각하며, 마르크스는 노동이 그 방편이라 언급했다. 자율에 대한 그리스적 개념 또한 인간이 자신을 재창조하기 위한 수단으로 간주될 수 있다.

파농은 국가적 차원에서 폭력은 국민들을 묶어세우는 무력이 되고, "개인적 차원에서는……제거하는 무력이 된다. 폭력은 원주민들이 갖고 있는 열등의식, 절망, 무위로 인한 고통에서 해방시켜주고, 두려움을 없애주며, 자존심을 회복시켜준다"[5]고 주장했다.

파농의 주장에 대한 논평을 통해 사르트르는 폭력의 다른 일면을 인식

서문, 17쪽.

4 같은 책, 15쪽.

5 같은 책, 94쪽.

하고 있었다. "출구 찾기에 실패한 억압된 분노는 공허 상태로 돌변하며, 피억압자라는 창조물인 자신을 황폐화시킨다. 자신을 해방시키기 위해 심지어 그들은 서로 대량 학살을 자행하기도 한다. 진정한 적을 발견하지 못하기 때문에 식민지의 부족들은 서로 전투를 벌인다……."6 미국에서는 이렇게 하는 것이 가난한 사람들이 찾을 수 있는 유일한 대응 방식이다. 그들에게는 무력에 대항할 만한 더욱 강력한 무력을 행사할 능력이 없다. 식민지 상황에서는 인간이 폭력을 통해 자신을 재창조한다는 사르트르의 견해가 이치에 맞는다 하더라도 그것을 미국 사회에 적용할 수는 없다. 가난한 사람들을 국내에 존재하는 식민지 원주민들이라 간주하더라도, 그들이 강력한 압제자들에 대항해서 폭력으로 자신을 재창조하기에는 그 힘이 너무 미약하기 때문이다. 그들이 할 수 있는 일이라고는 서로를 향해, 또는 자신을 향해 폭력을 휘두르는 일뿐이며, 그렇게 해서 그들은 타인이나 세상으로부터 단절된 채 고독하게 죽음을 맞게 된다.

이제 무력의 구조가 서서히 제 모습을 드러내기 시작한다. 평등을 불평등으로 바꾸어버리면서 게임처럼 작동하는 사회에서는 변화라는 위기가 규율이 전혀 통하지 않는 아노미 상태를 낳는다.

현대 사회의 게임에서 패배한 가난한 사람들은 무력의 포위망 안에 갇히게 된다. 포위망 안에서 그들은 아노미 상태를 경험하게 된다. 포위망 안에서 공포는 끊이지 않고, 가난한 사람들의 자유는 그 포위망 안에서 무자비하게 봉쇄된다. 다시 말해서, 포위망 안에서는 일관성도 없고, 아무런 이성도 없으며, 안정성이나 규칙도 존재하지 않는다. 오로지 무력만이 존재할 뿐이다.

6 같은 책, 18쪽.

포위망 안에서 무력과 맞닥뜨린 사람은 그것을 거울처럼 반사시킨다. 즉, 무력의 대상은 거울 속에 맺힌 이미지처럼 빛의 속도로 즉각적인 대응을 한다. 그래서 이러한 대응은 사실상 끝이 날 수 없다. 어떤 형태로든 거울을 마주하고 있는 한 거울에 맺힌 이미지는 무한대로 반사가 된다.

포위망 안의 사람들은 자기들에게 가해지는 무력을 효과적으로 반사할 수 없을 때 그 무력을 자신에게 향하도록 한다. 자기 자신이 자신들이 갖고 있는 분노의 대상이 되는 것이다. 뒤르켕의 아노미에 따른 자살, 머튼의 혁신적 행위(절도)나 퇴행(마약), 그리고 사르트르가 주장한 식민지 민중들의 황폐화가 그런 사례이다. 최근 '자가 투약'이라고도 묘사되는 마약 중독은 완전한 자살행위에 가장 근접한 것이다. 마약 중독은 대개 두 가지 현상을 동반한다. 첫째는 마약을 투여한 뒤에 발생하는, 의식을 지닌 이성적 개인의 죽음이고, 둘째는 마약을 사용하는 문화에 젖어드는 것으로, 과다 투약, 질병, 폭력적인 대치, 또는 사업적 거래라기보다는 계약 노예상태에 더 가까운 판매자-소비자 관계 등을 초래해 사람을 죽음에 이르게 한다.

미국에서는 가난한 사람들이 적대자들에 맞서 형세를 역전시킨다는 것이 거의 불가능하므로, 무력에 대응해 무력으로 맞받아칠 수밖에 없는데, 이때 가난한 사람들이 택하는 무력 중에서 중추적인 것이 바로 자살이다. 자살은 여러 형태를 취하는데, 마약 중독, 알코올 중독, 빈민들 사이에서 발생하는 범죄행위, 사회생활에서 고립되어 노예 상태로 위축되기, 폭력조직 가담, 사교邪敎 숭배, 성욕 과잉, 폭력 또는 우울증 등으로 나타난다.

이런 상황에서 모색할 수 있는 삶의 대안은 무력의 반사 작용을 애초부터 방지하는 새로운 사회 구조를 만드는 것이다. 이것 또한 반사 작용으로 시작하긴 하지만 성격이 매우 다른 것으로서, 자기 파괴적인 어둠이 아니라 정치적 삶의 빛으로 인도하는 방식이다. 다른 어떤 피조물보다도 많은 두려움을 안고 이 세상에 홀로 들어서는 인간이라는 존재는 현대의 세속적인 세상에서 자신을 재창조할 수 있는 유일한 기회를 가지게 된다. 즉, 사람들과 어울린다는 것인데, 옛 로마인들도 삶을 이런 식으로 이해했었다. 사람들과 어울리기란 사적인 세계를 벗어나 공적인 공간으로 심오한 발걸음을 내딛는다는 뜻이다. 그 공간에는 고립된 유기체가 자신을 스스로 다스리는 일에 참여하는 정치적 인간으로 재창조되는 것을 가능케 하는 정치가 등장한다.

2. 교도소의 예

교도소는 무력의 포위망이 무엇인지를 보여주는, 상당히 잘 다듬어진 축소 모형이다. 포위망은 건물의 외곽 경계선부터 시작된다. 지붕 높이까지 솟아있는 돌이나 콘크리트로 만든 담장, 쇠사슬 격자 모양으로 연결된 울타리와 철조망이 그것이다. 담장은 무력을 대표한다. 게다가 감시탑과 장전된 무기를 소지한 경관들은 그런 느낌을 더욱 강화한다. 그들은 소총과 자동화기라는 폭력을 통해 지속적인 감시라는 무력을 행사함으로써 재소자들을 위협하고 있는 것이다.[7]

---

7 1995-1996학년도에 나는 뉴욕 주 웨스트체스터의 베드포드힐스 교도소에서 인문학 과정을 가르쳤다. 베드포드힐스는 여성 중범죄자 교도소이다. 그곳은 모범 교도소로서 미국에서 가장 선진적인 교도소장 가운데 한 사람인 일레인 로드(Elaine Lord)가 책임자였다. 종신형을 선고받고 그곳에서 복역 중인 믿기지 않을 만큼 지적인 한 여성 수감자는 "내가 감옥을 골라야 한다면 바로 여기를 선택할 것이다"라고 말했다. 그럼에도 베드포드힐스

교도소는 가장 적나라한 무력의 장막이다. 그 안에서 재소자들은 모두 두려움 속에 살아간다. 세상에 보여줘도 될 만한 표정을 지닌 사람은 한 사람도 없을 정도다. 한 순간 무력에 무력으로 대항하던 재소자도 다음 순간에는 마치 탄원인처럼 행동하며, 아침에는 이빨을 드러내고 으르렁거리던 사람도 오후에는 동냥아치처럼 목소리를 내면서 비굴한 자세를 취한다. 이렇듯 재소자의 언행은 어깨의 자세, 음색 등 한 행위에서 다른 행위로 시시때때로 변화한다. 한편 그들의 대응은 자살이나 살인, 복종과 파멸, 공격과 괴멸 등의 양상으로 항상 빠르게, 거의 순간적으로 일어난다.

이런 반정치적 세계에서라면 재소자들에게는 파농과 사르트르가 제안하는 해결책이 호소력을 갖게 된다. 소렐의 모호한 용어와 정의마저도 이 상황에 대해서는 모종의 명확성을 가져다준다. 이런 조건에서라면 폭력만이 가장 감정적이면서도 가장 적절한 대응일지도 모른다. 그 밖에는

역시 교도소일 뿐이다. 붉은 벽돌 건물 상당수가 무척 낡았는데, 일부는 19세기에 건축된 것들이다. 난방시설은 나쁜 곳이 많아서, 겨울이 되면 벽에 얼음이 어는 곳도 있다. 교도소에서는 쉽게 이해되지 않는 일들이 일어나곤 하는데(이 점에서는 베드포드힐스 교도소도 마찬가지다), 그 중에서 어떤 것들은 정말로 참을 수 없을 정도다. 주디스 클라크 (Judith Clark)는 그러한 아이러니를 시로 써서 상을 받은 적이 있다. 수감자들의 아기들을 18개월이 될 때까지 양육하고 있는 탁아시설 건물 바로 위층에 사형수 감방이 건축되고 있던 사실을 시로 묘사했던 것이다.

여성 교도소는 남성 교도소보다 폭력의 정도가 약하지만 여성 수감자들이 자신의 어린 아기를 돌보지 못하는 것 자체가 지속적이면서도 끔찍한 폭력의 행태가 아닐 수 없다. 여성들은 남성들보다 수감자들 사이에 성행위를 강요당하는 사례가 적긴 하지만 남성 간수들에 의해 자행되는 강간은 흔히 있는 일이다. 한 번은 베드포드힐스 교도소에서 특이한 사건이 발생한 적이 있다. 간수에게서 구강성교를 강요받은 한 여성 재소자는 그 남자의 정액을 입 안에 담고 있다가 컵에 뱉어냈다. 그런 다음 그것을 간수들의 책임자에게 가져가서 강간범의 신원과 행위에 대한 부정할 수 없는 증거로 제출했다고 한다.

숙명론을 받아들이거나 내세를 위한 순교를 생각하는 것뿐이다.

수감자들은 같은 '패거리'에 속해 있거나 오랫동안 성적 파트너로 지내 왔다 할지라도 감히 아무도 다른 사람을 믿으려하지 않는다. 유일한 관계 형성은 무력의 위계를 장악하고 있는 사람들과 이뤄진다. 이런 상황에서 재소자들은 저항하다 처벌을 받거나 지속되는 처벌에 굴종하는 수밖에 없다. 처음에는 궁지에서 벗어나기 위해 속임수를 쓰기도 하지만 그것 역시 굴종의 한 형태일 뿐이다.

모든 재소자들은 더 큰 무력에 대응하는 무력이라는 위계질서를 목격 한다. 감옥에는 정당한 힘이 존재하지 않는다. 왜냐하면 정당한 힘이란 특정 집단 내부의 사람들이 자발적으로 부여해야 하는 것인데, 교도소에 서는 그런 특정 집단이란 아예 존재하지도 않고, 오직 살벌한 무력의 위계 질서만 있기 때문이다. 교도소 안에서 공적 삶이란 있을 수 없다. 오직 무력의 포위망 안에서 겪는 개인적 고립만이 존재할 뿐이다. 그곳에선 '행동하는 삶'의 모형이 존재하지 않는다.

재소자는 교도소를 나가게 되더라도 '정치'에 대해서는 교도소 담장 안에서 체험한 것 이상은 알지 못한다. 즉 재소자가 마침내 출소를 한다 해도 그곳에서 겪은 경험은 그를 다시 포위망 안에 가둬버리는 것이다. 출소자는 가난하고, 전과자이며, 정치의 묘미를 경험하지 못했기 때문에 외로운 삶, 그리고 즉각적 대응으로 점철된 삶을 선고받는다. 교도소는 재소자들의 정치적 삶을 파괴시킴으로써, 그리고 상습적 범행과 도덕적 타락을 통해 죄수라는 작물들을 길러냄으로써 가난한 이들을 양산하는 농장이 되어가고 있는 것이다.

교도소라는 세계는 가난한 사람들의 세계만을 비춰주는 것이 아니다. 교도소와 가난한 사람들 사이에 사람과 언어, 생활방식의 끊임없는 교류가 일어나게 만든다. 백인들 사이에는 그 정도가 그리 심하지 않지만, 백인이 아닌 사람들 사이에서 교도소 체제는 어린아이들을 시작으로 해서 모든 사람들에 대해 무력을 행사한다. 교도소 체제는 보호관찰, 가석방 관리자, 법정, 경찰, 범죄자들을 통해 지역사회 안으로 연장되기 때문이다.[8]

일단 교도소에 가게 되면 갑작스런 속박이 시작된다. 뒤르켕이 언급했던 아노미 상태가 발생하는 것이다. 상대적 빈곤의 관점에서 본다면 교도소에서 자행되는 속박보다 아노미 상황을 더 효과적으로 진행시키는 곳도 없다. 담장 안에서는 재소자들이 '자유세계'를 이야기하는 것은 자신을 부정하는 것이다. 교도소는 아노미 상태에 빠진 재소자들에 대처하기 위해 감시와 처벌을 통해 끔찍한 무력을 지속적으로 행사해 나간다. 재소자의 자살은 약물사용이나 우울증 같은 상징적인 형태로 나타난다.

누군가 교도소를 떠날 때 갑작스런 자유rise는 또 다른 아노미 상태가 촉발될 수 있는 여지를 만들어낸다. 교도소 밖 세상에서는 정치만큼 아노미적 충동에 잘 대처할 수 있는 것은 없다. 왜냐하면 정치는 아노미 상태의 정반대 위치에 자리잡고 있기 때문이다. 하지만 출소한 재소자들은 정치에 대한 감각이 없이 고립된 피조물로서, 포위망을 형성하는 여러 종류의 무력 안으로 직업도 없고 돈도 없이 급작스럽게 밀려들어가 뭐가 뭔지도 모른 채 세상에 발을 딛게 된다. 이 상황보다 더 완벽한 아노미 상태를 상상하기란 그리 쉬운 일이 아닐 것이다. 요컨대, 교도소 체제는 바깥세상을 향해 계속해서 아노미 상황을 내뱉어왔으며, 더 많은 고객을 양산해내려고 자신이 경작하고 있는 가난한 사람들 사이에 그 씨앗을 뿌리고 있다.

---

8 내가 볼 때는 교도소 체계가 미국 사회 안으로 더욱 파고들수록 인종차별의 핵심적 측면을 드러내 보여주는 것 같다.

7장

노동에 대한 그릇된 생각

노동! 이 단어는 선하고, 충실하며, 마치 어떤 고어古語를 접하는 느낌을 준다. 그것은 프로테스탄트 윤리와 같이 무뚝뚝하고, 채찍처럼 준엄하며, 맵찬 날 아침에 먹는 오트밀 죽만큼이나 고마운 존재다. 노동! 명사로 쓰였든 동사로 쓰였든 관계없이, 이 단어는 마르크스나 프랭클린 루스벨트보다도 앞서고, 어린애가 어린애를 낳던 시절이나, 로큰롤을 부르던 시대보다 앞선 시절의 오래된 가치를 툴툴거리며 말해주고 있다. 노동은 선한 사람들이 하는 것이다. 노동의 반대말은 '죄'다. 게으름! 게으른 손······ 가짜 생활보호자들welfare queen.

노동은 지갑을 채우는 데 도움을 줄 뿐만 아니라, 영혼에 위안을 주고 정신을 안정시켜 준다. 미키 카우스Mickey Kaus는 돈이 아니라 '노동 그 자체'를 주장했다. 노동 그 자체는 가난한 사람들의 도덕적 불안을 치유해 주고, 국가로 하여금 사회복지제도의 몇 안 남은 흔적도 없애도록 해 부담을 덜어준다는 것이다. 프로테스탄트 윤리의 신조인 노동 그 자체는 미국인들의 상상력을 붙들었다. 미국의 권력자들은 그 메시지에 귀를 기울였다. 미국 대통령도 "우리가 알고 있듯이 복지제도의 종언"을 원했다. 클린턴 대통령이 복지개혁법에 서명한 이래 수많은 사람들이 복지제도의 혜택에서 밀려났다. 어떤 이들은 복지혜택 대상자 조사에서 간단히 누락되었고, 또 어떤 이들은 복지제도에서 떨어져 나와 일자리를 얻었는데도 예전보다 더 가난해졌다.

일할 능력이 있다는 이유로 복지제도의 혜택을 거부당하는 바람에 더 가난해진 사람들의 수가 1999년 후반부터 눈에 띄게 늘어나기 시작했다. 가정재원위원회House Ways and Means Committee에 따르면, 한부모 가정을 위시한 극빈자들은 일을 함으로써 오히려 수입이 줄어들었다. 이 위원회의 론 해스킨스Ron Haskins 인사부장은 1991년 8월 25일자 『뉴욕타임스』를 인용하여 20퍼센트의 극빈층에겐 연간 평균 577달러, 그리고 10퍼센트의 극빈층에겐 814달러의 수입 감소가 발생했다고 밝혔다. 복지개혁에 따른 희생자들 가운데서도 가장 고통받는 이들은 이 나라 극빈층의 아이들이다. 식량 배급표를 받는 사람의 수가 1995년에는 88퍼센트였는데, 1998년에는 55.9퍼센트로 줄어들었다. 지금까지 많은 사람들이 복지 수혜자 명단에서 탈락됐지만, 2001년에 이르러 가혹하기 짝이 없는 5년 제한 규정까지 적용될 경우, 적절한 의복이나 주거지, 의료 혜택 없이 굶주리는 아이들의 수는 상상을 초월하게 될 것이다. 여기서 제기되는 도덕적 문제는, 아이들의 굶주림과 한부모 가정 엄마들의 게으름 가운데 신과 인간에게 무엇이 더 모욕적인가 하는 점이다.

다른 모든 도덕적 의문들은 노동윤리 앞에서는 죄다 사라져버리는 것 같다. 미국 남부에서 유행했던, 죄수들을 한 줄에 묶어 강제노역을 시키는 제도도 다시 도입됐다.[1] 뉴욕 시의 근로복지제도workfare 아래서 일하던

---

1 미국에서 가장 먼저 이 제도를 다시 시작했던 앨라배마 주에서는 1996년 6월에 이르러 이 제도를 폐지했다.

여성들은 길게는 8시간 동안이나 화장실도 가지 못한 채 강제로 일해야 했다고 보고했다. 위스콘신 주지사는 강제로 일을 하는 것 외에는 달리 선택할 방도가 없게끔 사람들을 몰아넣는 실험을 했으며, 다른 주지사들도 비슷한 계획을 세운 바 있다. 이렇게 근로복지제도는 맘보나 마카레나처럼 국가적인 유행이 되었다. 20세기 말, 노동은 가난한 이들의 원성과 분노에 대해 신과 인간이 내린 가장 인기 있는 응답이었던 것이다.

그렇다면 미시시피 그린빌에 사는 위든Weeden 씨 가족의 경우는 대체 뭐란 말인가? 로버트 위든이 미시시피의 그린빌에 정박한 도박선에서 밤을 새워 일해서 벌어들이는 돈은 최저 임금을 조금 웃도는 수준에 불과하다. 그의 아내도 패스트푸드점에서 일을 한다. 보육비를 아끼느라 서로 일정을 조정해왔는데도 그들은 늘 너무도 가난하다. 도대체 왜 그들은 '미국에서의 삶'이라는 게임에서 그렇게 처절하게 패배만 하고 있는가? 어떤 도덕적 결함이 그들을 무력의 포위망 안으로 밀어 넣어버렸는가?

위든 씨 가족은 열심히 일을 하지만 쌀과 콩, 돼지비계와 빵 위주의 식단마저도 꾸준히 마련하는 게 쉽지 않다. 대부분의 가난한 노동 빈민들과 마찬가지로 그들에게 가장 큰 어려움은 굶주림이다. 위든 씨 부부의 급료를 모두 합쳐도 먹고 살기가 빠듯하다. 집세, 전기세, 양육비, 규정상 꼭 사 입어야 하는 교복, 유류비, 신발, 비누, 치약, 약제비, 양말과 속옷 값 등에 들어가는 돈을 부부의 한 달 순수입 1천100달러에서 지출하고 나면 과연 식비로는 얼마나 남게 될까? 여섯 식구의 일주일치 식비인 100달러? 하지만 그들은 한 번도 그만큼의 돈을 가져본 적이 없다.[2]

---

2 위든 부부의 연간 순수입 1만 3천200달러(사회보장 연금, 근로자 종합보험, 보육비 등을 제외한 임금 총액)는 1996년 연방 정부가 규정한 4인 가족 기준 빈곤선인 1만 5천600달러

최소한 굶지는 않으려고 생활비를 이렇게 저렇게 쪼개어 사용한다. 하지만 굶지 않으려고 하는 그런 노력은 찬장에서 마지막 먹을거리가 떨어진 날뿐 아니라 그 나머지 날들까지도 위기로 밀어 넣는다. 고통을 매일 조금씩 분담함으로써 더 큰 고통을 줄여나가려는 고육책인 것이다. 그런 방식으로 굶주림은 하루치 양식 가운데 일부를 조금씩 떼어갈 뿐이지만, 어쨌든 그런 일은 매일같이 일어난다. 심지어는 식당이나 의류 공장, 수산물 가공 공장에서, 또는 부잣집 안주인이 월급을 주는 날까지도 말이다.

노동윤리는 이론의 영역에 속한다. 이론은 세상에다 대고 '노동 자체를 위한 노동'이라는 추상적 개념을 따르라고 제안한다. 노동윤리를 주장하는 이론가들은 이 추상적 개념이 신성한 영감과 높은 도덕적 목적을 품고 있다고 강변하지만, 실상 그것은 현대 사회의 게임을 진행하기 위한 전략에 불과하다. 그것의 도덕적, 경제적 기원이 무엇이든 간에 노동윤리는 평등한 상태에서 추락한 사람들의 행동을 개조하고, 승자와 패자 사이의 격차를 넓히려 하고 있다.

에도 훨씬 못 미치는 액수였다. 1966년에 통과된 최저임금법에 근거를 둔 임금 상승도 위든 씨 가족을 가난에서 벗어나게 할 만큼 충분한 것은 아니었다.

이러한 가난한 노동자 문제에 대한 대응은 지역에서 먼저 시작되었다. 『뉴욕타임스』 보도 (1996년 4월 9일)에 따르면 볼티모어, 밀워키, 캘리포니아 주의 산타클라라 카운티를 비롯한 여러 지역에서 '최저생활임금운동'이 전개되어 도시의 소수 피고용인들과 카운티 도급업자들에게 시간당 6달러 이상의 최저임금 상승을 이끌어 냈다고 한다. 이제까지는 최저임금제가 대부분 공급자가 아닌 직접 계약자에게만 적용돼왔다. 어떤 도시에서는 최저임금제가 학군(school district) 지역 안에서의 직접 계약자에게만 적용되고 있다.

최저생활임금운동은 산업지역재단(Industrial Areas Foundation)과 관련 교회들이 주도해왔다. 솔 알린스키(Saul Alinsky)가 시작한 산업지역재단은 미국 전역의 도시와 농촌 지역에서 그 역할을 맡아왔는데, 정치적으로는 자유주의를 지향하나 사회적으로는 종종 보수성을 띠고 있는 단체다.

노동윤리를 실생활에 구현하기 위해서, 노동윤리를 지지하는 사람들은 노동 그 자체에 신성한 영감이 깃들어 있다는 주장을 상당 부분 포기해야만 했다. 그런 주장이 세기 초에는 꽤 설득력이 있었으나 세기 말 미국의 세속적인 특성에는 잘 맞지 않았기 때문이다. 그 대신 이기주의와 상식이라는 말이 그 자리를 차지하게 되었다. 노동에 대한 사람들의 상식적인 생각은, 노동을 함으로써 자신과 가족에게 적절한 경제적, 사회적 삶을 제공해줄 수 있다는 것이다. 하지만 많은 경우에 그렇지 않다.

노동윤리 이론이 특히 가난한 사람들의 문제를 해결해줄 수 있는 만병통치약으로서 미국 내에 다시 인정되고 있는 지금, 이론을 만든 사람들이 가지는 '신의 관점'이 아니라 가난한 사람들의 관점에서 노동에 대한 사회적, 경제적, 도덕적 특성을 시급히 고려해야 한다. 현대 미국 사회와 같이 게임의 법칙이 아주 잘 알려져 있는 경우 '노동 그 자체'가 빈곤 문제를 해결해주지 못할 수도 있다. 노동 그 자체는 가난한 이들이 포위망에서 빠져나오거나 그 안에서 살아남을 수 있는 수단을 제공해주지 못할 수도 있다는 말이다. 어쩌면 가난한 이들은 일할 수 없거나 아예 일하는 법을 모를지도 모른다. 포위망 안의 삶이 가난한 이들을 노동의 정치적 영역 밖으로 내몬 강제력에 대해 그저 생각 없이 대응하면서 살도록 그들을 가르쳐왔는지도 모를 일이기 때문이다.

노동에 대한 경제적인 문제제기는 새로운 것이 아니다. 칼 마르크스는 노동의 가치와 그것을 누리는 자가 누군지에 대해 썼으며, 노동조합은 자본주의의 오래된 법칙에 따라 움직이는 일을 직업으로 삼고 있는 노동자들에게 정치와 경제를 가르쳐서 그들을 조직화했다. 여기서 자본주의의 오래된 법칙이란 노동자들에게는 먹고 살 만큼의 돈을, 즉 죽지 않고 살아서 일을 계속할 수 있을 만큼의 임금만을 지불해야 한다는 것이다.

마르크스의 노동가치 이론은 용역의 국제적 아웃소싱이나 다른 종류의 국제적 경쟁 세계에서는 별로 설득력을 갖지 못한다. 그러나 노동자들의 삶에 끼치는 조합의 영향은 노동 그 자체가 왜 빈곤 문제를 해결해주지 못했는지를 설명할 수 있는 중요한 단서가 될 수 있다. 노동조합은 우선 정치적인 조직화이며 그 다음으로 경제적인 조직이다. 자신을 지탱해주는 정치적 근간이 없다면 단체 협상을 수행할 수 없다. 사람들을 정치적 조직 과정으로 인도하는 것이 대부분 경제적 문제이기는 하지만, 단체 협상을 집단 없이 시작할 수는 없는 일이다.

가난한 노동자들의 삶은 현대 미국 사회의 노동윤리에 대해 몇 가지 의문점을 제기한다. 노동윤리는 누구를 위한 것인가? 다른 사람들을 위해 한 노동도, 그리고 그 일을 비록 혼자 한 게 아니라 할지라도, 정치적인 삶으로 이어질 수 있는가? 아니면, 이중적 노동시장의 맨 밑바닥에 놓여있는 가난한 이들에게 있어 노동이란 꽉 막힌 포위망 속에 있는 또 하나의 강제력에 불과한 것인가? 지금 유행하고 있는 '노동 그 자체'라는 가치이론은 가난한 이들에게 노동을 강요하고 있다. 이 이론은 일을 하도록 만드는 것이 제멋대로 구는 가난한 무리들에게 꼭 필요한 강제적 수단이 될 것이라는 입장을 취하고 있다. 하지만 이미 무력의 법칙에 따라 살아가고 있는 사람들이 노동을 뭔가 새로운 어떤 것으로 받아들일 수 있을까? 건전한 노동에 내재하고 있는 도덕적 특성이 '무력→단순 반응→무력→단순반응→무력'으로 이어지는 악순환 속에서 아무런 역할도 하지 못한 채 그저 또 하나의 큰 무력으로 전락하고 마는 것은 아닐까?

오랫동안, 빈곤은 구조적인 문제였기 때문에 모든 이들에게 충분한 일자리가 보장되기만 한다면 가난 속에 허덕이는 사람들의 수는 줄어들 것이라고 여겨졌다. 그러나 20세기 말의 실업률은 겨우 4퍼센트를 조금

웃돌 뿐이었고, 경제학자들은 낮은 실업률이 인플레이션을 초래할지도 모른다고 염려했지만, 3천4백만이나 되는 미국인이 1년 내내 빈곤에서 벗어나지 못하고 있다(미국 과학학회가 최저임금을 기준으로 새로 제시한 수치는 4천7백만이며, 통계조사국도 이것을 참작하고 있다). 아마도 이것과 비슷한 수의 사람들이 1년 동안 빈곤선 안쪽을 들고 날지도 모른다.

노동은 가난, 특히 여러 세대에 걸친 가난에 대해 근본적인 해결책이 되지 못하는 듯하다. 또한 복지수혜 대상에서 누락된, 먹을 것도 없고 집도 없는 사람들을 구제할 수 있는 그럴싸한 대안이 되지도 못한 것 같다. 그렇다면 이제 무얼 해야 할까?

새로운 최저임금액수threshold income figure에서도 볼 수 있는 것처럼, 아이들에게는 신발도 필요하고 의사도 필요하다. 뿐만 아니라 때로는 아이들의 구매욕을 돋우는 판매원들의 입심에 넘어가줄 만한 능력도 필요하다. 그리고 무엇보다도 사람은 먹어야 한다. 무력의 포위망 속에서 삶의 고독과 싸워나가야 할 방법도 찾아야 하고, 사회적 삶을 불가능하게 만드는 공황상태를 진정시키는 방법도 찾아야 한다. 노동 자체만으로는 그런 문제들을 해결할 수가 없다. 생계비에도 미치지 못하는 저임금 노동은 무력에 대한 해독제가 될 수 없다. 오히려 힘 있는 사람들의 손에 쥐어진 또하나의 무력이 될 뿐이다.

노동 자체에는 도덕적 영향력이 없다. 더 강력한 힘에 대한 묵인은 아리스토텔레스가 말한 '훌륭한 습관'과는 거리가 멀다. 윤리가 패배를 의미하는 것은 아니기 때문이다.

신중한 사람들의 시각에서 볼 수 있는 것처럼, 노동이 갖는 문제점은 일 자체뿐만 아니라 노동이라는 용어를 정의하는 데에서부터 생기기 시작한다. 가장 선한 의도를 가진 사람들과 대다수의 연구원과 분석가, 그리고 그들 가운데 가장 유능한 사람들조차도 모든 노동을 자기들이 하고 있는 노동과 똑같은 것으로 여긴다. 따라서 그들은 노동자들도 노동을 함으로써 자신들이 영위하고 있는 삶과 똑같은 삶을 누릴 수 있다고 가정한다. 그러나 무력의 포위망 안의 삶이 대학이나 재단, 또는 국회에서 지내는 삶과 같을 수는 없는 것이다.

노동을 통해 빈곤 문제를 해결하려는 사람들이 '우리가 알고 있는 것처럼 사회복지를 끝내기 위한' 정당한 대안을 원한다면 노동을 가난한 사람들의 삶이라는 새로운 시각에서 이해해야 한다. 물론 빈곤에 대한 가장 큰 해독제가 '노동'인 것은 틀림없다. 하지만 빈곤의 포위망 안에서 하는 노동은 무질서하기 짝이 없다. 그런 식의 노동은 또 다른 무력을 낳게 되고, 포위망 안의 혼돈은 점점 더 심해져 간다. 노동자들은 반항적이지는 않지만 제멋대로여서 다루기가 힘들다. 도덕성이라는 마음의 틀은 절제에서부터 만들어지는데, 혼돈은 절제된 상태가 아니다. 따라서 혼돈의 결과도 도덕적일 수 없다.

빈곤의 문화에서처럼 빈곤이 영원히 계속된다는 이야기를 하려는 것은 아니다. 가난한 사람들의 삶 속에 존재하는 무력은 다른 종류의 해독제를 필요로 한다. 그 안에 노동이 포함되기는 한다. 그러나 겉보기에는 제한이 없고 지나치게 희망적이지만 실상은 착취의 요소를 감추고 있는 '노동 그 자체'를 말하는 것이 아니다. 가난한 사람들은 게으름이나 나태함이 아니라 무력 때문에 고통을 받는다. 무력에 대한 해독제가 발견된다면 노동은 해야 할 일이 있을 때 자연스레 뒤따르게 될 것이다.

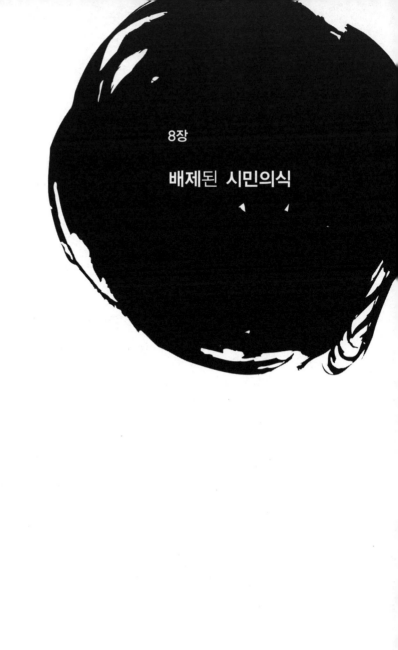

8장

배제된 시민의식

그러므로 국가가 자연의 창조물이며, 인간도 본래
정치적 동물이라는 사실이 명백해졌다. 우연에 의
해서가 아니라, 본성적으로 국가를 멀리하는 사람
이 있다면 그 자는 사악한 사람이거나 아니면 인간
성을 초월한 존재일 것이다. 호메로스가 "동족도
없고, 법도 없으며, 가정도 없는 사람"이라고 공공
연히 비난했던 바로 그런 사람인 것이다. 이렇게 자
연적인 추방자는 곧 전쟁 애호가이며, 가뭄 속에서
고립된 하나의 조각에 비유할 수 있을 것이다.

— 아리스토텔레스, 『정치학』 제1권에서

1

와츠 폭동Watts Riot[1]은 1965년부터 1970년대에 걸쳐 시카고, 디트로이
트, 애틀랜타 등지에서 가난한 사람들이 일으킨 일련의 폭동 가운데 첫
번째 사건이었다. 흑인 폭동의 초기 가담자 대부분은 흑인이었지만 2000

---

[1] 1965년 8월 11일 로스앤젤레스 와츠 지역에서 일어난 흑인 폭동. 뿌리 깊은 인종주의에
항거하던 흑인들이 "맬컴 엑스 만세"를 외치며 폭동을 일으킨 사건이다. 이 사건으로 34명
이 사망하고, 4천여 명이 체포되었다. 당시 비폭력적인 방법으로 민권법과 투표권법을
쟁취해왔던 마틴 루터 킹 목사는 와츠 지역을 둘러보고, 흑인들과 대화를 나누면서 자신이
펼쳐온 흑인 민권운동의 방향이 인종주의 철폐와 빈곤 문제의 해결로 집중되어야 함을
깨닫게 된다. 특히 킹 목사는 흑인들에게 경제적 정의를 베풀지 않는다면 그들의 생명,
자유, 행복의 추구는 정치적 허구에 지나지 않는다고 생각했다 — 옮긴이.

년대에 가까워질수록 다른 양상을 띠기 시작했다. 로드니 킹을 구타한 백인 경찰에게 내려진 무죄 평결에 반발해 발생했던 폭동2의 경우, 가담자의 반 수 이상은 흑인이 아니었다. 흑인이 아닌 가담자 가운데 대부분은 라틴계였지만, 방화와 약탈에 참여했던 사람들 가운데에는 분명 백인과 아시아인도 끼어 있었다. 폭동은 로스앤젤레스 카운티의 남부 중심지에서 시작해 도심지에 자리한 라틴계 밀집 지역으로 번져나갔고, 나중에는 할리우드의 그리 잘 사는 지역이 아닌 상업지대까지 퍼져 나갔다. 처음에는 인종 문제가 폭동의 주요 양상으로 드러나는 듯했는데, 상황이 진전되면서 나중에는 여러 인종이 뒤섞인 가난한 사람들 중심의 폭동으로 뒤바뀌어 갔다. 대개 흑인과 라틴계 주민들이 주류를 이뤘고, 백인의 가담은 여전히 많지 않았다. 하지만 이제 이 폭동은 더는 아프리카 출신 흑인이나 미국 역사에서의 노예제도가 원인으로 작용한 것이 아닌 게 되었다.

로스앤젤레스 카운티의 부유한 지역 역시 폭동 가담자들의 손길에서 벗어날 수는 없었다. '분노를 세 번째 환승역까지 유지할' 필요는 없었지만, 파괴 행위는 주로 가담자들이 살고 있거나 때로는 일하러 다니던 인근 지역에서 발생했다.

폭동을 보도하던 기사와 논평은 약탈과 방화가 일어난 지역이 지닌

---

2 로스앤젤레스 한국인 사회에도 커다란 피해를 입혔던 LA 흑인 폭동의 발화점이 된 사건. 1991년 3월 흑인 운전자 로드니 킹은 로스앤젤레스에서 과속운전하다 도주하던 중 백인 경찰들에게 붙잡혔고, 그들은 킹을 무차별 구타했는데 이 장면이 비디오로 촬영돼 방송을 통해 알려졌다. 이듬해 4월, 폭행에 가담했던 경찰관 4명이 기소됐지만 백인이 다수였던 배심원단이 무죄 평결을 내렸다. 그 결과에 분노한 흑인들은 1992년 4월 사흘간 'LA폭동' 을 일으켰다. 54명이 사망했으며, 2개월 후 경찰국장이 사임하는 등 미국 전역을 충격으로 몰아넣었다 ― 옮긴이.

의미에 대해서는 거의 언급하지 않았고, 대중 매체는 폭동이 끝나고 몇 달이 지난 뒤에서야 폭동 가담자들이 다양한 인종으로 구성됐다는 사실에 주목했다. 과거에는 폭도들, 특히 이번처럼 비백인계의 가난한 이들이 자신들이 살고 있는 지역을 파괴하는 행위를 분노의 탓으로 돌렸다. 가장 가까이에 있는 것들을 망가뜨림으로써 분노를 털어내버리고자 한다는 것이다. 하지만 대규모로든 소규모로든 자신이 살고 있는 지역을 파괴하는 행위는 미국의 가난한 이들이 오랫동안 보여 온 행동 양상이다.

가난한 사람들이 실제로 자신이 살고 있는 지역을 파괴해서 그곳이 황폐화된 것인지, 아니면 그들에게는 황폐한 지역 이외에 다른 곳에서 사는 것이 허용되지 않아서 그렇게 된 것인지는 '닭이 먼저냐, 알이 먼저냐' 하는 오래된 논쟁과 닮아 있다. 부유한 사람들이 버리고 간 지역으로 들어가서 가난한 사람들이 그곳을 더 황폐화시켰다는 사실을 명확히 보여줘야 해답을 얻을 것 같다. 이런 종류의 행위는 가난에서 비롯된 문화의 탓으로 돌려져왔다. 그러나 그것이 사실이라면, 자신이 살고 있는 친숙한 생활환경을 고의로 파괴하는 극히 드문 일(전례 없는 일이라고 말할 수는 없다고 하더라도)이 인간의 문화 속에 일어나게 되는 것이다.[3]

자기를 파괴하는 문화는 이제까지 알려진 그 어떤 인간적 행위와도 부합하지 않으며, 그러한 문화가 존재한다 하더라도 그리 오래 지속되지는 못할 것이다. 문화는 종족을 파괴하기보다는 보존하기 위해 생겨난다

---

3 생태학자들은 신석기시대 이래로, 또한 자연과 조화를 이루며 살아오던 인간의 문화적 관점이 소멸된 이래로 인간이 자기 주변의 땅과 바다, 그리고 하늘을 파괴해왔다는 사실을 즉각 지적할 것이다. 이러한 생태학자들의 말에 반박할 여지가 없지만, 내가 여기서 말하고자 하는 것은 자기 자신의 지역과 동족에 대한 전쟁과 같은 형태, 즉 고의적인 파괴에 관한 것이다.

는 것이 확실하기 때문이다. 문화는 모름지기 지속성과 관련이 있으며, 이것은 전쟁이나 기후변화의 결과로 사멸된 문화가 남긴 유적이나 여러 가지 기념비적인 유물들을 통해서도 확인할 수 있다. 자신의 주거지를 파괴하고, 결국엔 자기 자신을 붕괴시켜버리는 '빈곤의 문화'라는 개념은 그 말 자체만큼이나 정신 나간 소리로 들린다. 폭동을 설명해줄 다른 방법이 분명히 존재할 것이다.

폭동 가담자들이 자신이 살고 있는 지역의 시민이었더라면 그곳을 파괴하기보다는 보존하는 데 더 관심을 기울였을 것이다. 시민은 언제나 폴리스나 국가, 영토의 수호자였기 때문이다. 시민과 지역의 결속은 아테네 도시국가를 건설했던 솔론의 개혁 방식 중의 하나였다. 그들은 호족세력을 무너뜨리고, 시민들이 살아가고 있는 지역을 단위로 하여 데메스라는 형태로 재조정함으로써 향후 클레이스테네스가 실시했던 정치적 개혁의 발판을 마련했다.

폴리스 수호를 시민의 의무로 여긴 사실은 아르키다무스Archidamus[4]의 주장에서도 나타나며, 펠로폰네소스 전쟁에서 숨진 아테네 최고의 전사자들 묘역에서 발표된 페리클레스의 장례 연설에서도 찾아볼 수 있다. 투키디데스에 따르면 페리클레스는 다음과 같이 말했다.

……조국을 위한 전쟁에서 확고한 신념을 가지는 것이 인간이 가진 다른 불완전함을 가려주는 덮개와 같다는 주장은 정당한 것입니다. 영웅적인 행위는 사악한 행위를 사라지게 하며, 시민으로서 그가 지닌 장점은 개인으로서 그가 지닌 단점을 보완해주기 때문입니다. 영혼이 무기력해지도록 함으로써 앞으

---

4 스파르타의 왕 — 옮긴이.

로 다가올 쾌락을 보장하는 부귀함도 허락되지 않았으며, 위험에서 물러섬으로써 자유와 부귀를 누리는 날을 희망하고 있는 가난함도 허락되지 않았습니다. 오히려 그들은 적에 대한 복수심을 개인적인 축복보다 우선순위에 두었고, 전쟁에 나가는 것을 가장 영광스러운 모험으로 생각하면서 기꺼이 그 위험을 받아들이기로 결정했던 것입니다. ……그리하여 이 전사들은 아테네 시민으로서 죽어갔던 것입니다.[5]

역사를 통해 보면 폴리스에 대한 충성심이 바로 시민의 특성이었다. 시민을 뜻하는 그리스 단어는 폴리스*polis*에서 유래했다. 시민을 뜻하는 라틴어인 시비스*civis*와 가정이라는 뜻을 가진 프랑스어 시테*cité*가 결합해 우리가 사용하는 시티*city*라는 영어 단어가 생겨났다. 그러므로 도시란 곧 집을 의미하고, 집은 곧 도시를 의미하는 것이다. 시민이 도시를 파괴하는 행위는 광기 때문이거나 전시에 폴리스를 구하기 위한 전략으로 부득이하게 그렇게 했을 경우뿐이다. 그것은 식량과 거주지를 파괴함으로써 침략자들이 자신의 땅에 발을 붙이지 못하게 하려는 의도였다.

폴리스를 떠나거나, 그것에 대항함으로써 폴리스를 저버리는 사람은 시민이 될 수 없다. 그런 사람들은 시민권이 박탈되어 폴리스 밖의 광대한 세계로 내몰려서 내적 또는 외적 망명자가 되었는데, 아테네 사람들이 보기에 그들은 죽은 사람들과 다름이 없었다. 가난한 사람들이 거리에서 폭동을 일으키거나 다른 방식으로 자신이 살아가고 일하는 지역을 파괴한다면, 그것은 광기에서 비롯된 행동이 아니라 시민권 박탈 때문에 발생한

---

5 『투키디데스 전집』, 크롤리(R. Crawley) 번역(New York: The Modern Library, 1934), 106~107쪽.

결과이며, 그들에게는 발붙일 곳이 그 어느 곳에도 존재하지 않는다는 것을 의미한다.

미국에서 시민이라는 존재는 미국에서 태어났거나, 해외에서 미국 시민권을 가진 부모에게서 태어난 사람을 말한다. 또 미국에 대한 충성과 법률 준수를 맹세하는 사람들을 매년 조금씩 시민으로 받아들이고 있다. 미국 헌법은 시민의 권리보다는 개인에 대한 권리를 기술하고 있기 때문에 투표권을 제외한다면 시민권자라 해도 시민권을 소유하지 못한 사람들보다 그리 나을 것이 없다. 게다가 시민권자가 아니어도 지방선거에서 투표가 가능한 관할 지역에서는 그런 구별마저 사라진다.

오늘날의 시민권은 고대 그리스의 엄격한 규정을 따르지 않고 있다. 고대 그리스에서는 여성과 노예, 외국인들은 시민이 아니었으며, 솔론의 개혁 이전에는 오직 토지를 소유한 시민들만이 투표에 참여할 수 있었다. 미국이 세워질 당시의 시민권 규정은 시민권의 범위가 어디까지 주어져야 하는가 하는 관점에서 솔론 이전의 아테네 방식을 많이 따랐다. 스토아학파의 개념에 바탕을 둔 것으로 모든 인간에 대한 형제애를 기초로 한 로마식 관점은 아주 천천히 사람들의 마음을 사로잡아 시민의 범주를 확장시켰다. 그렇다 하더라도 1857년 드레드 스콧Dred Scott 판결에서는 아프리카에서 건너온 사람들의 후손은 미국 시민이 아니라는 결정을 내렸고, 여성의 참정권도 20세기에 와서야 도입되었으며, 투표권을 토지 소유자들에게 국한시키는 데 일익을 담당했던 인두세 역시 20세기 후반에 들어서야 완전히 사라졌다. 이런 저런 방식으로 가난한 사람들은 미국 역사에서 상당히 오랜 기간 동안 완전한 시민권을 얻지 못한 채 살았다.[6]

---

6 게리 윌스(Garry Wills)는 『미국의 발명*Inventing America*』(New York: Doubleday, 1978)에

투표권 문제는 아직도 법정에서 제기되고 있는 형편이다. '멕시코계 미국인을 위한 법적 보호와 교육 기금Mexican-American Legal Defense and Education Fund'의 회장이자 변호사인 호아킨 아빌라Joaquin G. Avila는 1996년에 투표권과 관련된 사건을 미국 대법원에까지 끌고 올라간 적이 있다. 그렇긴 하지만 미국에서 태어나는 미국인의 시민권을 법적으로 제한하는 일은 이제 거의 사라졌다고 할 수 있다. 그렇다면 로스앤젤레스와 시카고의 폭동 가담자들이나 수백만 명의 가난한 미국인은 시민이 아니라는 주장은 어떻게 정당화될 수 있는 것일까?

서 권리와 국가에 대한 고대 사회와 현대 미국의 관점 차이를 구명(究明)했다. 고대와 중세 사상에서는 개인의 '권리'가 일상적 담화의 주제가 될 수 없었으며, 시민들은 통치를 하는 것이 아니라 지배당하고 있었다. 물론 모든 사람에게는 신성이나 인간이 만든 법률을 통해 가지는 방어수단이나 법적 권리 같은 무엇인가가 있었다. 그러나 이런 것들은 현대적 의미에서 통치행위 이전의 '권리'는 아니었으며, 그렇게 될 리도 만무했다. 사람들은 부족이나 집단에 소속됨으로써, 또는 군주나 영주에 대한 서약을 통해 정치적 지위를 부여받았으며, 그렇게 함으로써 '해당 집단'의 구성원으로서 특혜를 누릴 수 있었던 것이다.

자기 자신을 '다스린다'는 개념의 원조는, 부분적으로 또 다른 권력에 굴복하긴 했어도(권리양도), 17세기에 명료화된 사회계약설의 필연적 결과로서 나타나게 됐다(214~215쪽).

사회적 계약 아래서는 시민들이 음식과 주택, 교육, 의료 등에 대한 권리를 제대로 갖고 있는지의 여부는 미국에서 중대한 정치적 문제이다. 그것은 또한 중대한 도덕적 문제이기도 한데, 미국의 건국자들이 취한 도덕적 자세가 타인의 행복 추구를 도덕적 선으로 바라본 17세기 스코틀랜드의 철학자 프랜시스 허치슨(Francis Hutcheson)에게서 깊은 영향을 받았기 때문이다.

국가는 이런 사회적 계약에 기초해 세워졌으며, 그렇기 때문에 국가는 국민들의 '행복 추구'를 위해 최소한의 생활을 보장해야 할 책임이 있다. 광범위하게 진행된 빈곤의 세습에 대해 국가가 계약상의 문제를 회피할 수 있는 유일한 방법은 가난한 사람들을 시민으로 간주하지 않는 길뿐이다. 물론 경계선 안에 있는 사람들이 국가의 적으로 선포되지 않는한 이런 책략조차도 국가가 그 사람들에 대한 도덕적 책무에서 벗어나도록 할 수는 없다.

페리클레스는 가난이 시민권 부여에 장애가 되지 않는다고 말했건만 어찌하여 현대 미국 사회는 시민권을 부여할 때 고대 아테네 사회보다 더욱 배타적인 경제적 기준을 갖고 있는 것일까? 페리클레스는 누구든지 폴리스에 봉사할 수 있는 동등한 기회를 가져야 한다고 역설했는데, 그것은 지금 미국에서 우리가 쟁취하고자 하는 돈 벌 기회의 동등함과는 사뭇 다른 것이다. 그가 그런 주장을 편 것은 지극히 당연한 일이었다. 왜냐하면 그 당시 사람들은 정치적 삶과 문화적 삶을 추구했기 때문이다. 페리클레스는 시민들이 공적 삶 속에서 자신들의 시민권을 충분히 향유하기만을 바랐다.

> 우리가 법을 자세히 들여다보면, 서로가 다르지만 모든 사람에게 평등한 정의를 제공해준다는 공통점을 발견할 수 있다. 또, 사회적 지위를 살펴보면 공적 삶에서의 출세는 능력에 대한 평판에 달려 있으며, 그 사람의 장점을 인정하는 데 있어서 계층적 편견이 방해가 되지 않는다는 것을 알 수 있다. 만약 누군가 국가를 위해 봉사할 능력을 갖추고 있다면 가난 때문에 그 길이 막히지는 않으며, 신분의 비천함 또한 방해가 되지 않는다.[7]

아테네 시민의 지위에 대해 페리클레스가 한 말에는 진실성이 담겨 있다. 하지만 시민권이 시작된 아테네와 18세기 말에 시민권을 다시 누리고 있던 미국의 실태를 좀더 자세히 살펴보면, 아테네에서는 시민권을 누릴 가능성이 있었던 남자가 4만 명 정도였기 때문에 시민의 수가 무척 적었던 것을 알 수 있다.

---

7 『투키디데스 전집』, 104쪽.

시민은 단순히 거주자만을 의미하는 것이 아니다. 페리클레스는 분명하게 거주 상태 이상의 것을 요구했으며, 법적으로 시민에서 제외되지 않은 사람들이라 해도 특별한 시험을 통과해야만 했다. 그는 다음과 같이 말했다.

우리의 공인public men은 정치 이외에 자신이 돌봐야 하는 개인적인 일들이 있으며, 우리의 시민은 자신의 생업에 전념하면서도 공공의 문제에 대한 공정한 심판관이 되어야 한다. 왜냐하면 다른 국가와 달리 우리 아테네에서는 이러한 의무를 소홀히 하는 사람을 야망이 없는 사람이 아니라 쓸모없는 사람으로 간주하기 때문이며, 묘안이 떠오르지 않을 때라도 우리 아테네인들은 토론을 통해 모든 사건들을 판결하고, 토론을 어떤 일의 실행에 대한 장애물이라 여기는 대신 현명하게 행동을 취하도록 만드는 필수불가결한 선행 조치로 생각하기 때문이다. 다시 말해서, 우리의 과업을 딜성해나감에 있어 우리는 대담함과 신중함을 하나의 일치된 모습으로 제시해주고, 그것이 각각 가장 최고의 상태로 수행되도록 하면서도 동일한 인간 안에서 통합되는 것을 보여줄 것이다. 비록 무지와 우유부단함에 기초해서 대부분의 결정이 내려진다 하더라도 말이다.[8]

이디오스Idios와 코이노스Koinos, 사적 삶과 공적 삶은 또 다른 이원적 체계를 구축하고 있다. 당시에는 극히 '평범한 시민'들이라 할지라도 '공적인 문제에 대한 공정한 심판관' 역할을 했기 때문에 고립되어 지내는 사람들에게는 시민권을 부여하지 않았다. 개인적 삶에 매몰된 사람들은 수동적이었기 때문에 시민의 대상에서 배제됐다. 이런 제외 과정에는 합법적 권한을 행사할 수 있는 특정한 집단이 생겨난다. 이러한 집단에 참여할

---

8 같은 책, 105쪽.

기회를 귀족뿐만 아니라 모든 사람에게 개방하기 위해 페리클레스는 공공 서비스에 대해 대가를 지불하는 제도를 시행한다. 페리클레스가 말하는 공인은 귀족을 의미하며, 페리클레스의 목표는 귀족들의 가치관을 나머지 다른 시민들과 공유하는 것이었다.

현대의 정치적, 사회적 감수성이 페리클레스의 이런 조처에서 영향을 받은 것이라고 한다면 시대착오적인 말로 들릴지 모르겠지만, 그는 시민들 가운데 가난한 사람들이 자기 자신을 시민으로 간주하길 바랐다. 그것은 그들이 공적 삶, 즉 행동하는 삶*vita activa*을 사는 것을 의미한다. 왜냐하면 시민은 가문이나 씨족에 대해 진정으로 충성심을 느끼지 않으며, 오히려 행동하는 삶을 의미하는 '비타 액티바'에 대해, 그리고 정치와 철학, 예술이 살아 숨쉬는 아테네에 대해 진정으로 충성심을 느끼는 사람들이기 때문이다. 그것 말고 그들을 매혹시킬 수 있는 것은 없었다. 비옥함과 안락함이 폴리스의 매력일 수 없었을 것이며, 기실 아테네 자체도 척박한 땅을 가진 가난한 나라의 어느 한 도시에 불과했다. 헤로도투스Herodotus는 그리스와 가난이 언제나 연인 사이였다고 말했으며, 호메로스는 이타카Ithaca[9]를 '바위투성이 땅'이라고 생각했다.

프로타고라스와 소크라테스, 그 밖의 위대한 토론자들도 알고 있었던 것처럼, 폴리스의 경이로움은 대화 속에, 그리고 언제나 공적인 삶, 행동하는 삶 속에 존재했다. 혼잣말을 하는 사람은 현명하기보다는 미치광이일 경우가 더 많다는 분명한 이유가 있었기 때문이다. 폴리스에서 진정한 삶이란 정치적인 삶이었으며, 다른 것은 생각해볼 가치조차 없었다. 그러

---

9 그리스 서남쪽에 위치한 섬이며, 그리스 신화의 주요 인물인 오디세우스의 고향으로 유명하다 — 옮긴이.

나 아테네의 정치적 삶에는 특정한 요구사항들이 있었으니, 그 중 하나가 '여가'였다.

다시 언급하거니와, 이러한 정치적 삶에 대한 관점을 고려해볼 때 시대착오적 관념을 피하는 것이 중요하다. 고대 그리스인들에게 '여가'란 지금 우리가 알고 있는 의미와 같지 않았다. 당시에는 노동시간을 줄여주는 장치들이 존재하지 않았다. 노예와 여성, 거류 외국인, 혼혈인, 그리고 가난한 시민들은 지칠 때까지 오래도록 노동을 해야 했으며, 아리스토텔레스가 '최고의 선*summum bonum*'이라 부르던 '관조적 삶'은 고사하고라도, 그들의 노곤한 몸뚱이를 쉬게 할 시간조차 거의 없었다. 민주주의가 실행될 때조차 정치, 즉 행동하는 삶은 여가가 있는 사람들의 전유물이었다.

솔론과 그 뒤를 이은 페리클레스는 여가를 갖지 못하는 시민들을 지루하고 고립된 노동에서 공적 삶 속으로 끌어내려 시도했다. 패배사는 시민이 될 수 없다는 현대 사회의 정치적 문제를 아테네 식으로 해결해보려 했던 것이다. 아테네 방식의 핵심적 성격은 공회公會에 참여하는 사람들에게 국가가 임금을 지불하는 것으로서, 이 제도를 통해 공적 삶이 분배되었고, 시민들에게 시민권을 부여할 수 있게 되었다.

아테네 시민의 자유는 전적으로 공적인 것이었다. 그것은 외견상 시민들과 별반 다름이 없어 보이는 비시민권자들(광산에서 힘들게 일하는 사람들을 제외하고), 특히 노예들로부터 시민들을 구분지어 주었다. 사실 아테네인들의 옷과 몸가짐만 가지고서는 가난한 시민들과 노예들을 구별할 수 없다는 이유 때문에 다른 도시국가들의 비난을 샀다.

현대 미국 사회에 그러한 혼란은 존재하지 않는다. 사람들은 부자와 가난한 사람들을 쉽게 식별할 수 있으며, 그 어느 누구보다 가난한 이들 자신이 그러한 차이점을 가장 잘 식별한다. 가난한 사람들은 자신들이 힘 있는 집단, 즉 시민권자의 자리에서 배제되었음을 잘 알고 있다. 그들은 정부를 움직이는 사람이 누구인지 모를 수가 없다. 정부가 그들을 관리하고 있기 때문이다. 가난한 사람들의 협력자들이 쓰는 언어보다 이 점을 더 명확하게 보여주는 것은 없을 것이다. 협력자들은 그들의 고객을 대상으로 '권한과 능력의 부여empowering'라는 말을 끊임없이 사용하고 있다.

가난한 사람들은 '권한과 능력의 부여'라는 말 속에 담겨 있는 속임수를 아직 간파하지 못했다. 그들은 이 용어가 일말의 희망을 담고 있다고 생각한다. 하지만 실제로 '권한과 능력의 부여'라는 말은 정신치료학적 개념인 '적응'에 더 가까운 것으로서 권력power에 대응하는 방법을 배운다는 의미를 갖고 있다.

적응의 원리를 비판하는 사람들이 왜 부당한 삶에 적응해야 하는지 의문을 제기해왔다. 따라서 능력과 권한의 부여에 대해서도 이 경우와 비슷하게 정밀조사가 이루어져야 한다. 여성들이 복지부서에 갈 수 있는 권한을 얻을 경우, 그들은 그 제도의 규칙이 얼마나 난해하고 불공평하든지 간에 자신의 행동을 그것에 맞추는 법을 터득한다. 그것과는 반대로 '힘'은 정당한 수단을 통해 복지부를 통제하는 것을 의미한다. 힘 있는 집단에서 배제되었다는 사실을 받아들인 사람, 즉 비시민권자의 수동적 역할이 있기에 권한과 능력의 부여라는 담론은 더욱 성장하는 것이다. 힘은 시민의 공적 삶이라 할 '행동하는 삶'의 결과이며, 힘 그 자체가 '행동하는 삶'이다. 정당한 힘은 오로지 이런 '행동하는 삶'을 통해서만 가능하며, 한나 아렌트가 말했듯이 힘은 저장될 수 없는 것이다. 행동이 그치는 순간 힘은 사라져버리기 때문이다.

그러나 이러한 시민의 행동도 힘 있는 집단이 서로 동의한 수준 안에서 이루어져야 한다. 정치적 삶은 아노미적 상태와는 거리가 멀기 때문이다.

와츠나 디트로이트의 폭동이 주민 자신들이 살고 있는 인근 지역에서 일어난 이유는 그들이 와츠나 디트로이트, 또는 미합중국의 시민이 아니었기 때문이다. 그들이 자신의 폴리스라 부를 만한 곳은 어디에도 없었다. 그들은 폴리스로부터 소외되고 존중받지 못했으며, 개인적인 고립을 선고받았다. 개인적 공포가 가득 찬 환경 속에서는 사람들은 서로에 대해, 심지어는 자신들에 대해서조차 적대감을 갖고 있다. 무력의 포위망 안에서 살아가는 삶 가운데 가장 심각한 것은 사람들로부터의 고립, 서로에 대한 고립, 그리고 권력에 접근하는 것을 철저히 차단당하는 일이다. 이렇게 인간이 서로에게 적대감을 갖고 있는 포위망 안에서는 "서로를 위해 태어났다"라고 하면서 인간에 대한 생각을 펼친 키케로의 사상은 설 자리가 없다. 그런 상황에서 가난한 이들을 위한 정치는 어려우며, 행동하는 삶과 시민권은 사실상 불가능하다.

2

공적인 삶에 대한 가장 큰 보상이 합법적 힘을 행사하는 집단에 진입할 수 있는 것이라면, 두 번째 (그러나 결코 무시할 수 없는) 보상은 시민권이 가져다주는 명예이다. 우리는 이 점을 아르키다무스와 페리클레스의 연설에서 다시 찾아볼 수 있다. '명예'라는 말은 스파르타에서는 수치의 반대말로 사용되었으며, 아테네에서는 폴리스에서의 삶에 대한 헌신을 의미했다. 로마에서는 시민이 받는 보상이 바로 명예라고 키케로가 선언했다. 각 경우를 살펴볼 때 명예롭기 위해서는 시민권이 필요했고, 이것은 그리스의 폴리스나 로마 국가에 소속되는 것을 뜻했다.

시민권에는 등급이 없었지만 명예에는 등급이 있었다. 그리스와 로마는 끊임없이 승자와 패자를 가려내는 현대적인 사회였다. 희곡작가, 투창선수, 철학자, 권투선수 등을 망라해 모든 이들이 경쟁에 참가했으며, 소포클레스처럼 엄청난 성공을 거둔 희곡작가들은 최고의 지위를 누렸다. 로마에서 그런 명성은 황제Caesar의 지위에까지도 올라갈 수 있는 것이었다.

세속적이고, 공적이면서 성찰적이기도 한 '행동하는 삶'은 예술가이자 군 지휘자, 시인이자 원로원 의원, 또는 철학자이자 집정관인 시민들을 키워냈다.10 명예는 대개 한 가지 이상의 분야에서 노력하고 있는, 힘 있는 집단에 포함된 사람들에게 주어졌다.

미국에서는, 일반 사회에서는 아무런 힘도 없고 소외된 사람들이 가상 폴리스virtual polis를 창조해 스스로 시민권을 받고, 명예를 얻고, 공적 삶을 살아감으로써 행동하는 삶을 실천해온 몇 가지 사례가 있다. 그 사람들 가운데 일부가 경제적으로 가난하다 하더라도, 이런 가상 폴리스의 시민들은 무력의 포위망이 던져주는 공황상태와 고립에서 벗어날 수 있었다. 비록 그들이 부분적으로는 그런 포위망의 영향을 받고 있을지라도 말이다.

가상 폴리스 안에서는 실제의 폴리스에서 소외된 사람들이 정치적 삶을 영위하며 살아갈 수 있었다. 미국 내에서 가장 잘 알려져 있던 가상 폴리스는 흑인 교회의 영향권 내에 있는 지역이었다. 특히 남부에 있는 지역이 더욱 그러했다. 이런 흐름은 1960년대에 인종 통합 정책이 실시되기 이전까지 계속되었다. 교회를 중심으로 한 가상 폴리스 안에서, 비록 실제의 폴리스는 아니었지만 남부의 흑인들은 가상의 자율 속에서 살아갈

---

10 『니코마코스 윤리학』에서 아리스토텔레스가 말한 최고 형태의 행동하는 삶(*vita activa*)은 행동을 통해 도달할 수 있는 관조적 삶(*vita contemplativa*)이다.

수 있었다. 명예는 사회적, 정치적, 예술적, 경제적 기능 향상에 이바지한 시민들에게 주어졌다.

이 경우보다는 덜 성공적이긴 하지만 애팔래치아Appalachia 구릉지에도 가상 폴리스가 존재했다. 이 폴리스는 광활한 주州에서 꽤 멀리 떨어져 있어 가상 폴리스에 소속된 많은 구성원들은 커다란 주에 사는 시민들과 평생에 한 번도 어울려본 적이 없을 정도로 고립되어 있었다.

남미인, 유대인, 스웨덴인, 중국인, 일본인, 그리고 모르몬교로부터 분리파 교회에 이르기까지 소수만으로 이루어진 종교 집단들은 자기 집단의 구성원들이 정치적인 삶을 살아갈 수 있는 동일한 종류의 가상 국가를 건설했다. 거의 모든 경우 가상 폴리스가 가난한 사람들로부터 시작되었다 하더라도 시민들은 그 상태에서 오래 머물지 않았다. 즉각적 대응 대신 성찰적 사고를 하고, 무력 대신에 힘을 사용하는 정치적 삶의 법칙이 경제적인 측면을 포함한 삶의 여러 분야에서 성공을 이끌어냈다.

엄청난 강제력 때문에 고통을 받았고, 누구보다 가난했으며, 노예제의 희생자였던 흑인들은 기업체와 대학, 전문 직업학교 등을 세워나갔다. 교사가 주류를 이뤘던, 교육받은 상류층들이 남부에서 성장해나갔다. 페리클레스가 그랬던 것처럼 이 상류층들은 자신들이 소유한 가치를 모든 시민들에게 전수하려고 시도했으며, 실제로 적지 않은 수의 사람들이 그러한 일에 성공을 거두게 되었다.

1960년대의 시민권법들은 가상 폴리스의 문을 열어젖히고, 미국 전역으로 그 지평을 더욱 넓혔다. 가상 폴리스 안에서 공적 삶을 실천하던 사람들은 시민이 될 준비를 마치고 현실 세계 속으로 쏟아져 들어가 즉각적인 성공을 거두었다. 인종차별 때문에 분리되었던 흑인학교의 교사들, 흑인들만 다니던 대학의 졸업생들, 흑인 교회와 연관된 모든 사람들, 장례식장을 비롯해 백인들이 흑인들에게 넘겨주었던 여러 가지 직업을 가진 사람들이 갑작스레 경제적 주류로 합류하게 되었다. 하지만 그것보다 더 중요한 것은 인종차별을 받았던 흑인들의 자녀와 손자·손녀들이 짧은 시간 안에 공무원, 회사의 중역, 기업가와 같은 사회적 지위를 차지하게 된 것이었다.

가상 폴리스를 창조하는 일은 많은 소외된 집단들 사이에서 계속되고 있다. 남미인, 아시아인, 최근의 러시아 이민자들과 그 밖의 사람들에서 2개 국어 상용과 같이 가상 폴리스의 건설과 유지에 필요한 장치들이 좋은 효과를 내게 되었다. 비록 마음 속에 존재하는 국가이긴 하지만 언어는 그 무엇보다도 ─ 심지어는 피부색보다 더 ─ 독립된 국가 건설을 가능케 해주고 있다. 독특한 언어는 다른 문화적 특성과 함께 가상 폴리스의 자치적 특성을 향상시켜 준다. 페르시아어, 힌두스탄어, 러시아어, 여러 가지 방언을 포함하고 있는 중국어, 스페인어, 미국 원주민 언어 등의 모국어로 다스려지는 집단은 영어를 사용하는 집단보다 손쉽게 자치를 해나갈 수 있다. 모국어 사용자들이 실제 폴리스에서는 개인적 삶에 국한되어 있을지라도 자신의 공동체 안에서는 공적 삶을 살아갈 수 있다는 간단한 이유 때문이다.

조만간에 '행동하는 삶'이라는 인생을 살게 될 가상 폴리스의 시민권자들은 자신의 정치적 기술을 통해 실제의 폴리스로 나아가 편안한 마음으로 그들 자신을 발견하고, 무력의 포위망을 뛰어넘을 방법을 협의할 수 있게 될 것이다.

가상 폴리스는 종종 그것을 지켜보는 모든 이를 흐뭇하게 한다. 아프리카계 미국인이 아님에도 불구하고 많은 사람들이 흑인통합대학기금United Negro College Fund에 기부금을 내고 있다. 마이애미나 샌프란시스코에서 2개

언어를 사용하는 일류 교육을 보게 된다면 그 누구라도 매력을 느끼게 될 것이다. 게다가 흑인 교회의 생활양식과 음악은 영광스러운 미국 문화의 하나로 널리 인지돼왔다. 그러나 이것은 루이스 파라칸이 반백인주의, 반유대주의, 반미노선을 외치는 것이나, 이슬람 종교지도자가 추종자들에게 세계무역센터를 파괴하도록 선동하는 것, 또는 급진적 우익 집단이 오클라호마의 연방정부 건물을 파괴하거나 몬태나Montana에 모여 자신들을 독립국가 주로 선포하는 것[11]과는 매우 차원이 다른 것이다.

자치와 아노미 상태의 구분은 실제 사회에서뿐만 아니라 가상 폴리스에도 적용된다. 아노미 상황은 절대로 정치를 위한 훈련의 마당이 아니다. 그것은 비극을 조제하는 처방전이다.

3

20세기 후반까지 가난한 사람들은 주류 사회로부터 소외됐었지만, 그들 서로를 소외시키지는 않았다. 대부분의 전설이 그렇듯이 「도그패치와 캣피시 로우Dogpatch and Catfish Row」이야기도 어느 정도 사실에 기초하고 있다. 이 전설에 투영된 사회는 현대 이전의 사회로서 도그패치와 캣피시 로우의 주민들은 의식儀式을 준수하는 생활을 통해 서로 간의 동등함을

---

11 1996년 3월 몬태나의 한 시골 마을에서 일어났던 일명 '프리맨(freeman) 사건'을 말한다. 몬태나 주 서부의 조던이란 작은 마을에서 랠프 클라크란 남자가 자신의 농장을 폐쇄·점거하고 반(反)연방정부 농성에 들어갔고, 그와 뜻을 같이 하는 동지들(어린이 셋을 포함해 모두 18명)이 자신들을 '프리맨'이라 이름짓고 독립된 주(州)로 선언했다. 이들은 FBI와 81일간 대치한 끝에 체포됐다 — 옮긴이.

유지하고, 거의 동등한 권리를 갖고 있었다. 『분노의 포도』에 등장하는 인물들도 비슷한 유형이다. 이민자들의 사회 안에는 이민 행위 자체에 의식화된 평등성이 존재했다.[12] 고립된 집단으로서 그들은 노동조합에 가입하고 다양한 개혁적인 후보자들을 지원하는 등 정치적 삶을 살아갔다. 가난한 백인들의 수보다 훨씬 적었고, 더 심한 악의적 편견으로 고통받았지만, 흑인과 남미인까지도 자신의 공동체 안에서는 초기 형태의 정치적 삶을 누릴 수가 있었다.

정치적 외로움에는 두 가지 근원이 있다. 하나는 친구나 협력자가 되기에 충분치 못한 사람에 대한 증오이며, 다른 하나는 친구나 협력자를 만들지 못하는 자기 자신에 대한 증오이다.

이제는 사라져버린 공동체가 갖고 있던 모습들은 이 시대의 언어 속에 살아남아 있다. 예전에는 '키스와 킨kith and kin'이라는 단어는 별개의 두 집단을 일컫는 데 쓰였다. '킨'은 혈족을 의미했고, '키스'는 처음에는 지식을, 그 후에는 행동규칙, 거주지 등을 의미하다가, 그 후 오랫동안 친구와 지기知己, 이웃, 동포 등을 의미하게 되었다. 하지만 '키스'라는 말은 예전의 의미를 잃어버렸고, 이제는 '킨'의 동의어에 지나지 않게 되었다. '키스와 킨'이라는 말은 한때 한 개인의 세계를 사회적, 정치적 속성으로 묘사했던 말이었으나, 이제는 불필요한 단어를 반복하는 중복어의 대표적인 예문이 돼버렸다.

---

12 존 스타인벡의 소설이 지니는 정치적 솔직함은 널리 인정받지 못하고 있다. 소설에 등장하는 백인 이민자들은 캘리포니아의 농장에서 일하던 멕시코계 미국인 노동자들을 임금을 삭감하고 해고하는 방식으로 강제 추방해버렸다. 결국 그들은 백인 이민자들에게 일자리를 주겠다는 공약에 따라 정부가 멕시코계 미국 시민들을 대량으로 추방시키는 데 한몫을 한 것이다.

한 단어의 의미상실로 정치적 삶이 끝났다고 얘기할 수는 없겠지만, 우리가 되돌아보아야 할 역사적인 사실이 있다. 고대 아테네에서 '킨'으로 부터 '키스'를 분리시킨 것은 클레이스테네스의 개혁이었다. 그는 폴리스의 통치에서 인척 간의 연합이라는 지위를 없애고, 그 대신 '데메'라는 새로운 권력, 즉 아테네의 '키스'로 대체시켰다.

'키스'의 개념이 모든 경제적 차원에서 사라지면서, 그 의미의 상실은 가난한 사람들에게 가장 치명적인 것이 되었다. 왜냐하면 '키스'는 단순한 지역성을 초월한 의미를 담고 있었으며, 행동과 지식을 포함하고 있었고, 정치적 동물의 보편적 세계인 공적 세계를 포함하고 있는 개념이었기 때문이었다. '킨'에는 문화에 의해 지배되는 일련의 법칙이 존재했으며, 키스에는 문화의 영향은 받지만 그것의 지배를 받지 않는 또 다른 법칙들이 존재했다. '키스'의 세계는 완전한 자유에서 비롯된 혼돈과 완고한 문화에서 비롯된 엄격한 질서 사이에 존재하는 찬란한 세상, 즉 정치적 세계에서 살기 위해 먼 지역에서 온 사람들과 다른 여러 문화를 포용하는 그런 세계였다. 현대 세계의 부유층들은 자신의 '키스'를 경제적 폴리스로, 금권 정치로, 교외로, 전원주택지로, 경영권으로, 연합 조직으로, 소유권으로 바꿔놓았다. 반면, 가난한 사람들에게는 외로움과 '킨'만이 남겨지게 되었다.

9장

문화를 넘어서

미국에서 문화전쟁은 20세기 중반에 이르기까지 그렇게 본격화되지 않았다. 지배적인 문화와 그 밖의 다른 문화들 사이에는 늘 전쟁이 벌어져 왔는데, 문화적 차이라는 말은 다른 사람의 땅을 차지하거나, 사람들을 노예로 삼거나, 노예를 값싼 노동력으로 대체하려는 변명에 불과했다. 또한 가난한 사람들을 경멸하는 이유로 들거나, 부유한 사람들을 더 편하게 만들기 위해 문화적 차이라는 개념을 악용했다. 문화 자체는 별로 관심을 끌지 못했으며, 헌법 기안자들이 영어를 새로운 땅의 공식 언어로 지정할 때 아무런 저항도 없었다. 그들의 관심은 정치에 있었다. 미합중국은 국가의 역사상 가장 정치적인 창조물이었다. 그 탄생 과정에는 경제학자도 성직자도 관여하지 않았으며, 단 한 명의 인류학자도 참여하지 않았다.

서양 문화를 제외하고는 그 어떤 다른 문화도 식민지 개척자들의 마음 속에는 존재하지 않았는데, 이 점은 부유한 상류층 일부를 제외한 모든 사람들이 다 마찬가지였다.[1] 흑인과 미국 원주민은 다른 문화를 가진 사람

---

[1] 자민족 중심주의는 일부 사람들이 주장하듯이 유럽인들이 만들어낸 것이 아니다. 대부분의 미국 원주민들은 마치 다른 어떤 말로는 자기 민족을 묘사할 수 없기라도 하는 것처럼

들이라기보다는 다른 인종의 구성원으로 보았다.

흑인 노예들이 해방됐을 때, 흑인들은 그저 자신의 옛 주인처럼 되기를 원할 것이라고 예상했기 때문에 문화에 대한 문제는 전혀 제기되지 않았다. 그렇지 않다면 '흑인들이 왜 구태여 해방되기를 원했겠는가'라는 것이 백인들의 생각이었다. 노예 해방 당시에 아메리카 원주민(인디언)들은 군대의 골칫거리였으므로, 다수의 흑인 군대를 이용해 어떻게 해서든 그들을 없애버리려고 궁리했다. 살육과 질병, 굶주림, 술 또는 교과서와 식량 등이 그런 방법이었다. 고를 것이 변변치 않았지만 선택은 원주민들의 몫이었다. 원주민의 경우도 흑인들과 마찬가지로 문화적인 측면에는 관심을 두지 않았다. 백인들은 원주민 문화에 대해 일고의 가치도 두지 않았기 때문이다. 유럽인들의 군사적 능력만을 주시하고 자신의 문화에 대해서는 전혀 관심을 갖지 않았던 미국 원주민들을 생각하면 사람들은 감상에 젖게 된다. 원주민들은 침략자들을 악취가 풍기는 탐욕스런 이기주의자들로 간주했다. 예를 들어 라코타Lakota 언어에서 백인을 지칭하는 단어는 탐욕스럽다는 뜻이다(말 그대로 '비계를 먹는 자'다).

스스로 자신들을 '위대한 종족(the People)'이라 불렀다. 이런 관행은 특정 언어집단에만 국한된 것이 아니었다. 수 언어(Siouan)를 사용하는 그레이트 플레인즈(Great Plains)의 라코타(Lakota)족과 남서부의 유테 아스테칸(Ute-Aztecan) 언어 사용자들도 자신들을 '위대한 종족'이라 불렀다. 물론 우리는 이 민족을 그들의 적이 그들에게 붙여준 이름으로 부른다. 라코타(Lakotas), 다코타(Dakotas), 나코타(Nakotas)족은 그들보다 동부에 살고 있는 사람들이 부르듯 수(Sioux)족으로 알려져 있는데, 이 말은 '뱀'이나 '적'을 뜻한다. 이것과 비슷한 예로 애리조나와 뉴멕시코 지역에 분포하고 있는 다인(Dine)족들의 동부와 남부 지역에서 살았던 푸에블로(Pueblos)족들은 다인족을 '아파치(Apache)' 또는 '나바호의 아파치(Apache de Nabajo)'라고 불렀는데, 이 말 역시 '적'이라는 뜻이다. 한편, 나바하족 계열을 포함한 아파치족들은 자신들을 일컬어 디네(Diné)라 했는데, 디네는 '위대한 종족'을 뜻한다.

19세기 말에서 20세기 초까지 거대한 이민의 물결이 밀려들어오는 동안에는 이민자들이 기존의 문화에 일단 적응해야 했고 그 뒤엔 그런 삶을 그냥 받아들였을 것이므로 문화는 여전히 그리 중요한 문제가 아니었다. 그리고 대개의 경우 이민자들은 실제로 그렇게 살았다. 그들은 대도시의 빈민가에 일단 정착한 후 힘겨운 노동을 계속해나갔다. 일부 독일인들은 유대인, 중국인, 스웨덴인들처럼 잠시 자신들의 학교를 세우기도 했다. 그러나 이민은 미국으로 향하는 길일 뿐, 케케묵은 자국 문화의 가치를 보존하기 위한 것이 아니었다. 이민자들에게는 미국 문화라는 한 가지 문화만이 있었다. 그들은 용광로 속으로 뛰어들었고, 그 안에 안주하게 된 것이 기뻤다.

그러나 그 용광로가 모든 이들을 환영한 것은 아니었다. 흑인, 남미인, 미국 원주민, 상당수의 동남아인, 일부의 남부 이탈리아인과 동유럽인, 그리고 그 밖의 많은 사람들이 용광로 속으로 편안하게 정착하는 데 실패했다. 적응하지 못한 대다수의 사람들은 백인이 아니었으며, 이들의 부적응은 단지 지배적 문화의 편견 때문만이 아니라 문화에 대해 그들 자신의 애정과 이해가 부족했기 때문에 고통을 겪게 된 것이라는 시각을 낳게 됐다.[2] 다문화주의는 이렇게 제기된 문제에 대한 대응으로 탄생했다. 미국인들은 잃어버린 문화로 만들어진 가면, 상상할 수 없는 가치와 되돌릴 수 없는 세월로 만들어진 가면을 쓰고 자신들을 스스로 치장하기 시작했다. 미국인들은 선조들로부터 배우려 하지 않았고, 오히려 그들 자신이

---

2 자신의 문화가 지닌 가치를 인정할 줄 모르게 된 것은 전적으로 지배적인 문화나 역사적으로 진행된 동화의 과정, 또는 지배적 문화로의 순응을 요구받은 탓으로 돌려진다. 이런 주장은 잘 알려져 있는 것으로서, 여기에서 제기하고 있는 문제는 문화의 가치에 대한 것이 아니다. 이 책 전체의 줄기인 다원론적 관점에 따라 미국에서 문화가 빈곤에 끼친 영향에 대해 논의하고 있는 것이다.

선조가 되려고 시도했던 것이다.

이렇게 해서 체계도 제대로 갖추지 못한 학문이 생겨났다. 이른바 다문화주의가 바로 그것으로, 사실은 역사학자와 인류학자가 다루었어야 할 학문이 그만 다문화주의자의 영역이 되어버린 것이다. 모든 문화는 자신의 문화가 다른 문화보다 우월하다고 생각했다. "검은 것은 아름답다"라는 말은 곧 '검은 것이 가장 아름답다'는 뜻이 되었다. 그런가 하면 오스카 루이스가 언급했던 '빈곤의 문화'는 켄 올레타Ken Auletta가 수정을 거듭하면서 아시아인과 흑인이 주류를 이루는 '하위계층'을 뜻하는 것으로 바뀌어버렸다. 선이 그어져버린 것이다.

여기에 작고한 앨런 블룸Allan Bloom 같은 사회적, 정치적 보수주의자들이 싸움에 뛰어들었다. 블룸은 까다롭고도 날카로운 비평서인 『미국 정신의 종언The Closing of the American Mind』에서 플라톤이 제기한 동굴 비유를 언급하면서 "문화는 동굴"이라는 주장을 했다.[3] 블룸의 자민족중심주의는 너무도 격렬해서 서구 문명이 다른 모든 민족들 속에 살아 숨쉬고 있다는 이유로 서구 문명을 단순한 문화 이상의 것으로 간주했다. 싸움의 또 다른 한편에는 올랜도 패터슨Orlando Patterson이 있었다. 그는 『자유Freedom』[4]라

---

3 New York: Simon & Schuster, 1987. "동굴로서의 문화"라는 블룸의 개념은 소외된 중간계층의 존재를 내포하고 있다. 그는 동굴 바깥에 철학을 위한 장이 있어야 한다고 주장한다. 그러나 철학은 아테네 문화의 일부였으므로, 철학은 블룸이 주장하는 문화의 동굴 안쪽과 바깥쪽에 모두 존재했음이 틀림없다.

4 New York: Basic Books, 1991. 패터슨과 블룸은 모두 현대 사회를 설명하기 위해 고대 사회의 관점을 제시하고 있다. 자유의 3원소에 대한 패터슨의 개념은 시간이 흐르면서 받아들여지지 못할 수도 있을 것이다. 한편 그가 제시한 몇 가지 생각들은 이성의 평가에 대한 나의 서양적 개념이 잘못이라는 사실을 깨닫게 해주었다. 그러나 노예제도가 아테네의 민주주의와 철학의 구현에 중요한 역할을 했다는 — 주된 요인이 되었다고 하기에는

는 책에서 자유라는 것이 개인적, 국가 체제적, 시민적 자유라는 세 가지 요소로 나뉜다고 재정의했다. 올랜도는 비록 노예제에 대한 응답으로 비롯됐긴 하지만 개인적 자유를 발견한 것을 서양의 공로로 돌렸다. 하지만 다른 문화에서는 개인적 자유라는 서양의 개념이 그다지 필요치 않았는데, 그 이유는 그들은 자기 민족의 구성원들에게 국가 체제적 자유와 시민적 자유를 제공했기 때문이라는 것이다.

"나는 가치로서의 자유가 주인과 노예, 원주민들 사이의 상호작용에 따라 사회적으로 구성되었다고 주장해왔다. 또한 다른 글에서는 노예제가 거의 보편적인 제도였다는 사실도 지적했다. 이 말은 곧 자유의 가치는 어느 곳에서나 구성되었음을 뜻한다. 그러나 우리는 실상은 그렇지 않다는 것을 알고 있다. 실제로 이 작업의 중요한 목표 가운데 하나는 자유가 특별하게도 서구적인 가치이며 이상이었다는 사실을 보여주기 위함이다. 이러한 모순을 어떻게 설명해야 할 것인가?"

"간단히 말해, 노예제가 존재했던 곳이면 어디에나 자유의 개념이 생

무리가 있지만 — 점은 의심의 여지가 없다. 적어도 노예제도는 아리스토텔레스가 정치를 실천하는 데 매우 중요한 것이라고 말했던 '여가'를 아테네인들에게 제공했다.

『국가』를 번역했던 블룸은 원전을 제대로 읽어보지도 않은 것 같다. 블룸은 플라톤을 본래의 모습과 다르게 생각했으며(예를 들어 플라톤은 인문학을 포함한 자유교양 사상의 옹호자가 아니었다), 플라톤의 반(反)민주적 시각을 무시했다. 그러나 블룸의 작업 중에서 최악의 것은 그가 사용한 그리스어가 당대에서도 모두 사멸된 것들이라는 사실이다. 그리스가 베푸는 진정한 영속적 선물인 지적인 열정은 블룸의 저작 어디에도 나타나 있지 않다. 프로타고라스나 소피스트가 그의 책 색인 어디에도 없는 것으로 보아, 그는 프로타고라스의 역할을 이해하지 못했던 것이 확실하다. 대부분의 생애를 고전에 바치고, 변증법적인 방법으로 가르치기까지 했던 학자인 블룸이 공정하지 못하고, 불완전하고, 성찰적이며, 논쟁을 좋아하던 민주주의의 나라 그리스의 영광이 우리에게 해답이 아니라 의문을 던져주고 있다는 사실을 이해하지 못했다니, 그것은 상상하기조차 힘든 일이다.

성되었는데도 그런 사실이 한 번도 당연한 일로 받아들여진 적이 없었다. ……대부분의 인간 사회에서 자유를 가치로서 장려하는 일에 저항하는 것은 자연스러운 일이었다. ……특이한 점은 저속하고 비굴한 원인이 제공될 때라야 비로소 이 가치가 제도화되고 이상화된다는 점이다. 설명이 필요한 것은 바로 고대의 서양이다. 왜냐하면 우리는 서양인으로서 그 문화적 가치를 공유했으며, 인간 사회 역사의 방향을 돌려놓았고, 비서구인들이 그러한 자유를 포용하지 못하고 실패한 이유를 설명할 필요가 있다는 식으로 자민족중심적인 생각을 해왔기 때문이다"(20쪽).

"나는 한때 문화 사이의 전쟁이라는 법칙에 맞춰 개별 문화란 강제적 힘에 대한 각기 다른 대응의 결과물이라는 이론을 내놓았다. 문화들 사이의 전쟁이라 함은 미국에는 공통의 문화가 없고, 다만 서로 배타적인 문화들의 집합이 있을 뿐인데, 각각의 문화는 그 문화 한가운데서 태어난 사람들이 살아가는 삶의 여러 양상들을 규정한다는 것을 의미한다.[5] 이 책(그리고 이 책 이전에 나왔던 『뉴 아메리칸 블루스』)의 발간 이유 역시 문화 사이의 전쟁 법칙이란 맥락에 맞춰 논의될 수 있었을 것이다. 문화를 개인의 것이며 유일한 고향으로 보는 헤르더의 개념과 자유란 고향에 존재해야 한다는 헤겔의 개념을 근거로 삼아서 말이다."

---

5 미국의 문화전쟁에서 문화는 종종 인종이라는 더 큰 범주 안으로 융합되었다. 물론 남미인들이 "어느 인종에나 속할 수 있다"는 것은 명백히 인종적 범주가 흐트러지는 사례이다. 1996년 4월, 『하퍼스Harper's』지에 내가 사회를 맡고 하버드대학교의 코넬 웨스트(Cornel West) 교수와 버클리대학교의 호르헤 클로르 데 알바(Jorge Klor de Alva) 교수가 나눈 대담이 기사로 실렸다. 두 교수 모두 인종이란 '사회적 구성물'이라는 데 동의했으나, 웨스트 교수는 인종이라는 개념을 포기하지 않으려 했던 반면, 클로르 데 알바 교수는 그것이 비논리적이고 해로운 개념이므로 조속히 없애버려야 한다고 주장했다.

그런데 이미 존재하고 있는 어떤 것의 구조를 설명하려 할 때 발생하는 문제점은 우리가 이른바 세계라고 부르는 잡동사니의 집합이 작가가 노력한 만큼의 기대에 항상 부응하지만은 않는다는 사실이다. 가난이 문화의 산물이라는 관념은 건물의 한쪽 벽조차 세우지 못하는 빈약한 생각이다. 벽돌 조각을 아무리 이리 맞추고 저리 돌려보아도 그러한 생각의 기초는 다져지지 않을 것이다. 그런데 문화와는 다른 사회적 구조물이 자기주장을 하고 나섰다.

가난한 사람들에게 귀를 기울여 그들이 말하고 보여준 것만을 곰곰이 생각해보면 문화가 미국인의 경제적 삶에 어느 정도 영향은 주었으나 유일한 결정요인은 아니라는 사실을 이해하게 된다. 특정한 음식에 대한 취향, 일련의 몸짓, 의복의 선택, 아이 키우기, 피부색, 심지어 언어조차도 어느 한 사회에서 무력의 포위망 가운데서 살아간다는 사실만큼 그렇게 결정적으로 정치적이지 않다. 무력의 포위망 안에서 살아가는 삶은 합법적 힘이라는 개념 아래 다른 모든 것들을 포섭한다.

비서구 문화권 지역에서 왔거나, 그런 문화권에 편입된 사람들은 그들에게 너무나 이국적인 개념이기 때문에 합법적인 권한을 행사하는 일에 참여하지 않는다고 주장할지도 모른다. 그러나 이민의 본질은 새로운 사회적 계약, 소속, 시민권을 획득하는 길을 찾아나서는 것이다. 20세기에 유일하게 가능한 혁명은 아마도 이민일 것이다. 그래서 미국에서 태어난 사람들에게 '합법적 힘'이라는 개념은 자신의 고향과 일치한다.[6]

결함이 없는 것은 아니지만, 미국은 모든 문화권에 속한 후대들에게 다양한 의견과 합법적 힘의 가능성을 허용하고 격려하기조차 한다. 즉

---

6 이것은 개인의 것인 동시에 유일한 고향으로서의 문화라고 한 헤르더의 개념에 비유된다.

모든 시민들에게 정치적인 고향을 제공해주고 있다. 미국에서는 정치가 세대와 세대를 넘어서 존재한다. 모든 '후손 문화descendant culture'에서는 누가 오랫동안 가난에 시달릴지, 누가 그렇지 않을지를 다름 아닌 정치가 결정한다.[7] 어떤 미국인이든, 어떤 사람이든 간에 자기 선조들의 문화에 대한 지식을 자랑스럽게 여기고 즐김으로써 힘을 얻을 수도 있다. 하지만 오래된 문화가 새로운 삶을 만들어줄 수는 없다.

과거에 어떤 문화가 있었든지 간에 문화는 미국인의 삶 속에서 강력한 힘을 발휘하고 있다. 가난한 이들의 경우에는 거의 언제나 세 가지 공통적 특징을 갖는다. 그들 모두가 미국에 살고 있다는 점과 무력의 포위망으로 고통받고 있다는 점, 그리고 그 누구도 가정에서 폴리스에 이르기까지의 다양한 수준의 사회조직 속에서 정치적 삶을 살아가는 방법을 찾지 못할 것이라는 점이다. 성찰적 사고는 그런 가족들의 삶에 거의, 아니 전혀 영향을 끼치지 못한다. 간혹 몇몇 사람들이 정치적 경험을, 하다못해 잘못된 정치적 경험이라도 한 적이 있다손 치더라도 말이다. 그러나 내가 아는 바로는 성찰적 사고를 금지하는 후손 문화는 미국 사회에 존재하지 않는 다. 게다가 미국 내 모든 문화권에서 대부분의 사람들이 정치적인 사고를

---

7 나는 '후손(descendant)'이라는 단어로 미국 내의 문화적 집단을 묘사했는데, 그 이유는 파괴되지 않고 잘 보존된 문화가 현재는 거의 없기 때문이다. 모든 집단은 다른 후손 문화들뿐만 아니라 지배 문화의 영향도 지대하게 받아왔다. 나는 중국계 미국인과 타코를 먹고, 멕시코계 미국인들과 일본 음식점에서 점심을 먹은 적도 있다. 어느 아일랜드계 미국인은 최근에 이디시어(Yiddish)인 '겔트(gelt)'라는 단어를 사용하여 내게 쪽지를 보내기도 했다. 미국은 문화의 용광로가 아니며, 파리도, 뭄바이도, 테노치티틀란(Tenochititlán: 아스텍의 수도)도 그렇다. 현 시대의 문화들은 그 전체가 통째로 새로운 국가에 이식될 수 없으며, 신석기 문화 역시 추장이 카지노를 운영하고 젊은 전사들에게 컴퓨터 활용법을 가르치는 상황이라면 변화하지 않고 살아남을 수는 없다.

하고 있다는, 소박한 수준의 증거도 존재하고 있다. 그들은 가난한 사람들
이 아닌 것이다.[8]

---

8 아메리카 원주민과 알래스카 원주민의 상황에 대해서는 『위대한 영혼의 죽음 — 아메리카
    인디언들을 위한 슬픈 노래』(New York: Simon and Schuster, Shorris, 1970)를 살펴보라.

10장

정치적 삶의 확립

상대적 빈곤의 세계는 지구상에 있는 대부분의 국가들, 특히 미국에서 나타나는 실상이며, 그렇게 사람들을 가난하게 만드는 것은 자연도, 문화도 아니다. 현대 사회에서 가난에서 탈출하는 일이 결코 쉽지는 않지만 그렇다고 불가능한 일만도 아니다. 물론 문제는 현대 사회의 본질이 사하라 사막 이남의 자연처럼 거의 다루기가 힘들다는 것이다. 현대 사회는 불평등의 개념 위에 세워졌다. 불평등하다는 것이 누구든 가난해져야 한다고 요구하는 것은 아니지만, 육체적인 욕구로 고통받는다는 관점에서 본다면 불평등은 항상 그런 식으로 작용해왔다.

현대 미국 사회에서 가난한 사람들이 빈곤에서 탈출하기 위해서는 무력의 포위망 안에서 살아가는 사람들의 공포에 질린 반응을 극복해야만 한다. 즉, 그들은 수천만의 사람들이 그렇게 해왔듯이 성찰적으로 사고하고 정치적으로 행동해야 한다는 뜻이다. 19세기 초반 이후로 사회적 이동은 미국 사회의 특징이 되어왔다. 토크빌Tocqueville은 미국이 단일 계층, 단일 문화, 대단히 강력한 다수 집단으로 평준화될 것을 예견했다. 흑인과 남미인, 그리고 미국 원주민들은 이 거대하고 압도적인 다수 집단에서 설 자리를 찾지 못했지만, 다른 모든 사람들에게는 거의 소박한 수준의 평등함이 가능한 것처럼 보였다.

20세기 초반에 이민의 물결이 밀려옴에 따라 새로운 종류의 사회적 이동이 생겨났지만, 가난한 폴란드인이나 남부 이탈리아에서 갓 이민 온 사람이 백인 중산층으로 이동하는 사회 계층적 변화의 핵심에는 문화적인 것이나 심지어는 경제적인 것조차도 연관되어 있지 않았다. 성공적인 이민자들은 '정치 출현'의 수혜자들이었다. 이민을 간다는 것은 과거에 대한 반발을 의미하며, 이민을 온다는 것은 허용된 사회계약을 체결하고, 다른 무엇보다도 권력의 집단 안에 포함된다는 사실을 의미한다. 뉴욕의 5번가, 보스턴의 백 베이, 뉴포트[1]의 귀부인들은 부엌과 회계사무소 이외에는 아일랜드인, 이탈리아인, 유대인들을 자신들의 삶 한가운데로 초대하지 않았지만, 그들이 자신들의 정당에 가입하는 것은 허용했다.

그리고 약 75년 뒤에 윌리 벨라스케스Willie Velasquez는 텍사스에 '남서부 투표자 등록과 교육 프로그램'을 신설했다.[2] 그는 이민과 빈곤 문제에 대해 비상한 이해력을 보였다. 브라운 베레Brown Beret[3]의 과격한 운동이

---

1 고급 상점과 레스토랑이 있는 번화한 거리이거나 최고급 주택가가 위치한 곳들이다 — 옮긴이.

2 고 윌리 벨라스케스에 대해서는 다음 자료를 추가로 참조할 것. 멕시코계 미국인을 위한 법적 보호와 교육 기금의 변호사 호아킨 아빌라(Joaquin G. Avilla)와 같은 기관의 당시 사무총장이었던 빌마 마르티네스(Vilma Martinez)에 관한 자료가 얼 쇼리스, 『라티노스 — 인민의 자서전』(New York: W. W. Norton, 1992)에 실려 있다. 이민과 빈곤, 정치적 권력의 통합적인 측면, 정치적 사고의 기원에 대한 벨라스케스의 견해는 지금 내가 쓰고 있는 이 책에 중대한 영향을 끼쳤다.

3 멕시코계 미국인의 정치적, 사회적, 문화적 운동이었던 '치카노 운동(Chicano Movement)' 가운데 민족주의 활동을 했던 청년 행동대를 의미한다. 그들은 경찰의 폭력성을 고발하고, 교육적 평등을 요구하는 데 활동의 초점을 맞추었다 — 옮긴이.

최고조에 다다랐을 때, 벨라스케스는 자기 집 뒷마당에서 열린 바비큐 파티에 가끔씩 브라운 베레의 과격분자들을 초대했다. 그러곤 마르크스와 마오쩌둥의 책은 뒤로 물려놓고 아리스토텔레스의 저작을 읽으라고 충고했다. 그것은, 내가 다른 곳에서도 주목했듯이, 벨라스케스가 멕시코인들을 문화적이 아니라 정치적으로 변화시켜 고대 아테네인들이나 영국인들로 만들어보려는 시도였다. 다만 벨라스케스는 자신이 멕시코계 남자 미국인인 치카노Chicano인 것에 만족하고 있었다는 사실도 짚고 넘어가자. 그는 이민자들이 어떻게 성공했으며, 가난한 사람들이 빈곤에서 빠져나오기 위해서는 어떤 일이 일어나야 하는지를 터득해오고 있었다.

벨라스케스만이 가난한 사람들을 투표권자로 등록시켰던 유일한 지도자는 아니었다. 그가 최초로 정치 활동을 할 무렵, 특히 남부 지역의 가난한 흑인들에 대한 투표권자 등록 운동이 벌어지고 있었고, 이 운동을 통해 전국적으로 수만 명이 투표권자로 등록했다. 물론 등록했던 사람들이 모두 벨라스케스의 지적인 교양을 공유했던 것은 아니다. 패니 루 해머[4]와 미시시피 자유 민주당은 철학적 접근 방식이 부족했다. 그녀의 용기나 선善의지, 또는 역사 속에서 그녀가 수행한 역할은 결코 손상되지 않겠지만, 일부 등록된 투표권자들을 정치적 안목을 지닌 사람으로 변모시키는 데 있어 실패의 원인을 제공했을지도 모른다. 마틴 루터 킹 목사의 경우를 보면 비록 그가 교회의 교리에 기초한 윤리적 행위 규범에 맞춰 자신의 정치적 입장을 피력해나갔다 할지라도, 그의 설교는 훨씬 더 정치적 견해

---

4 패니 루 해머(Fannie Lou Hamer, 1917~1977)는 미국의 투표권 활동가이자 시민권 지도자이다. 미시시피 자유민주당의 부대표를 지냈으며, 자연스러운 연설 태도와 성서적 권리에 입각한 믿음을 바탕으로 강력한 영향력을 끼치는 대중 연설가로 거듭나 명성을 드높였다 — 옮긴이.

를 드러내는 것이었다.

흑인 교회와 정치를 연결시킨 킹 목사의 지혜를 단순히 과대평가라고 할 수는 없다. 빈곤과의 전쟁을 통제했던 백인들과 달리 킹 목사는 제한적인 수준에서나마 성찰적 사고와 행동하는 삶이 허용되는 환경 아래서 드러나는 흑인들의 행동에 대해 뭔가를 감지하고 있었다. 결국 그 자신은 그렇듯 제한적인 공적 삶에서 수혜자였던 것이다. 그는 흑인들, 또는 그 문제와 관련된 모든 가난한 이들을 결함 있는 사람들로 보지 않았다. 킹 목사가 볼 때는 가난한 이들보다는 당대의 광범위한 사회에 더 문제가 있었다. 존 에드거 후버[5]가 킹 목사를 예의주시했던 이유도 아마 이런 측면 때문이었을 것이다.

마틴 루터 킹 목사는 흑인을 포함한 가난한 사람들이 무력의 포위망이 주는 공황상태를 벗어나게 될 경우, 그들이 인종적 차별에도 불구하고 성찰적으로 사고하고, 정치적으로 행동하며, 경제적으로도 성공할 수 있다는 사실을 충분히 잘 깨닫고 있었다. 그는 또 가난한 사람들이 자치를 수행할 수 있는 유일한 장소가 교회라는 사실도 알고 있었다. 흑인 교회에는 백인들이 참석하지 않았기 때문에 자신의 일을 스스로 처리하고, 자신들에게 허용된 세계 안에서 힘 있는 권력을 만들어갈 수 있었기 때문이었다. 나는 흑인 지도력의 발전이 킹 목사가 이끌었던 운동의 기초가 되었던 통합주의syncretism에서 직접적인 영향을 받았다고 믿는다.

---

5 존 에드거 후버(John Edgar Hoover, 1895~1972)는 연방수사국(FBI)의 창립자이다. 1924년부터 사망하던 해인 1972년까지 48년 동안 이 기관의 국장으로 재직하면서 무소불위의 권력을 휘둘렀다. 특히 흑인 민권운동 기구인 '블랙 팬더당'이나 마틴 루터 킹 목사가 주도한 '남부 기독교인 지도력 회의(SCLC)' 등에 대한 사찰을 감행해 요인 감시, 협박, 폭력 사주, 살인 등을 저질렀던 것으로 악명이 높다 — 옮긴이.

한편, 백인 교회는 흑인 교회처럼 도시의 일반적인 삶과 분리되어 있지 않기 때문에 소외현상이 정치적으로 별 의미는 없었다 하더라도, 가난한 백인들이 종종 자신들이 다니는 교회에서 환영받지 못하는 일이 발생했다. 결국 가난한 백인의 입장에서 보나 흑인의 입장에서 보나 힘 있는 집단은 똑같이 소수의 백인이기 때문에, 흑인 사회에서처럼 가난한 백인 사회에서도 자치는 이뤄질 수 없었다. 킹 목사는 이렇게 가난한 백인들이 겪고 있는 삶의 양상을 잘 파악하고 있었다. 왜냐하면 압제자들의 특성을 가장 잘 배우는 사람들은 언제나 그렇듯이 피억압자들이기 때문이다. 그는 자신의 지식을 실행에 옮겼다. 그것이 도덕적 이유에서건 정치적 이유에서건, 또는 그 두 가지가 절묘하게 결합된 이유에서건 킹 목사는 자신의 운동을 실행에 옮길 수 있는 교회를 설립했고, 남부 기독교인 조직의 활동 범위 안에 있는 가난한 사람들에게 자치 감각을 키울 수 있도록 전권을 부여했다. 아마 이것은 완전히 세속적인 조직에서라면 불가능했을 것이다. 가난한 백인들의 참여는 1963년 가난한 민중의 워싱턴 행진Poor People's March on Washington(1963)에서 절정을 맞이했으며, 마틴 루터 킹의 암살과 뒤따라 나온 인종분리주의에 밀려 소멸됐다.

킹 목사의 죽음에 뒤이어 가난과의 전쟁에 대해 '빈곤의 문화'를 주장하며 찬물을 끼얹는 이론가들의 태도와, 가난한 사람들을 지원했던 수많은 연방 정부 차원의 지원 프로그램의 해체라는 이중고를 겪으면서 미국 내의 상대적 빈곤문제는 지속적으로 악화돼갔다. 1996년 의회가 제안하고 클린턴 대통령이 승인해줌으로써 빈민 지원 프로그램에 변화가 초래되었고, 그 결과 수많은 어린이들을 포함한 수백만 명의 미국인들이 장래에 더욱 고통스러운 삶을 살게 되었다.

복지개혁법이 제정되기 오래 전에 사람들은 가난에서 벗어났다. 이

개혁 운동의 근거들에 대해, 특히 복지혜택 명부에서 수혜자들을 누락시킨 근거에 대해서, 수천 번도 넘게 계량적 합리화가 시도됐다. 복지혜택을 입은 한부모 가정 어머니들이 결혼을 하고, 잠시나마 더 나은 삶을 살아간다. 사람들은 연방정부가 설정한 '빈곤의 수렁' 기준을 넘어서기에 충분할 정도의 임금을 지불하는 일자리를 얻는다. 복지개혁안이 실행된 이후에 집계된 통계수치는 가난한 사람들의 행동보다는 오히려 이 정책의 가혹한 본질이 드러난다. 초기의 통계 수치들이 조금 더 희망적이다. 1967년에서 1979년 사이에 빈곤에서 벗어난 사람들의 수는 35.5퍼센트였으나, 1980년에서 1991년 사이에는 30.4퍼센트에 불과해서 상승률이 14.3퍼센트나 감소했다. 한편 빈곤 상태로 추락하는 사람들의 수는 같은 기간에 6.2퍼센트에서 8.5퍼센트로 증가해 37.1퍼센트나 하락률이 증가했다. 빈곤에서 벗어나는 것은 더욱 어려워졌지만 빈곤으로 추락하는 것은 훨씬 더 쉬워졌다는 사실에 의심의 여지가 없다.

인종별로 빈곤 문제를 살펴본다면 논점은 훨씬 더 혼란스러워진다. 백인 한부모 가정의 어머니가 흑인 한부모 가정의 어머니 수보다 훨씬 빠르게 증가하고 있는데, 일을 하는 흑인 한부모 가정의 어머니 수가 백인이나 라틴계 한부모 가정의 어머니 수보다 훨씬 많으며, 온전한 가정을 이루고 사는 경우는 흑인 쪽이 더 적다.[6] 인종별로 한부모 가정이 만연하게

---

6 혼외 출생 아동 수의 증가는 거의 항상 정해진 기간 내에 출생한 모든 어린이의 수를 기준으로 하여 백분율로 표시하고 있기 때문에 신뢰할 수 없는 경우도 있다. 만일 혼외 출산의 수는 그대로인데 결혼한 부부들의 출산율이 떨어져서 전체 출생자 수가 줄어들게 되면, 혼외 출산율은 자연히 증가하게 된다.

그럼에도 한부모 가정은 부모의 경제적 조건과 상관없이 현대 미국 사회의 일부가 돼가고 있으므로, 새로운 가족 형태가 부당하다거나 가족에 대한 가치가 결핍되었다는 등의 그럴

된 상황을 보면 엄마와 그 자녀들은 포함되어 있지만 아빠는 사라진 새로운 형태의 가족 구성이 미국 문화로 규정돼가고 있음을 알게 된다. 아마도 흑인 여성들이 이렇게 새로운 형태의 가족 구성에 대한 경험이 더 많기 때문에 새로운 환경에 더욱 잘 적응하는 듯하다.

그렇긴 하지만 지난 4년간 클레멘트 코스 경험을 통해서 나는 아시아인, 흑인, 피부색이 갈색인 민족, 또는 백인을 막론하고 한부모 가정의 문제가 정말로 견디기 힘든 일임을 알게 되었다. 그런 문제들은 대개 건강과 관련이 있었다. 살던 아파트에서 쫓겨나거나 직장을 잃는 일과 같은 큰 어려움은 어느 가정에나 큰 타격을 줄 수 있는 사건이지만, 특히 한부모 가정에서 이런 일이 닥치면 더욱 위험한 상황으로 치닫곤 했다.

하지만 정부의 정책은 가족에 대한 새로운 문화적 정의를 인식하지 못한 채, 이렇게 어려움에 빠진 가족들, 특히 어린이들을 더욱 궁지에 몰아넣고 있는 실정이다. 정부가 좀더 합리적인 시각을 가졌더라면 빈곤에서 벗어나는 사람들의 수를 증가시키는 동시에 빈곤으로 추락하는 비율도

듯한 주장으로 상처를 주는 것보다는 그들을 지원해줄 수 있는 방법을 찾기 위한, 사회 전반에 걸친 인식 변화의 노력과 함께 그들 또한 정당한 가족 형태임을 받아들여야 할 것이다. 그런 완고한 주장과 정부 정책은 많은 미국 가정을 대상으로 도덕적으로 뿐만 아니라 경제적으로도 상처를 입히지 않을 수 없기 때문이다.

아주 적은 수를 제외하고는 거의 모두가 여성인 한부모 가정을 두고 이른바 '가족의 가치'를 주장하는 사람들이 지속적인 공격을 가하는 현상은 이 시대의 가장 잔혹한 아이러니일지도 모른다. 몇 세대에 걸쳐 사회적 보수주의자들이 주장해 온 대로 "미망인과 아이들은 가족으로 치지만, 미혼 여성과 아이들은 가족이 될 수 없다"는 말은 이 문제에 관한 성적 기원을 분명하게 해준다. 이러한 주장은 사회적 보수주의자들이 사랑한다고 주장하고 있는 바로 그 사람들에게 상처를 입히고 있는 것이다. 가정이 어떤 형태로 표현되고 있든지 가족의 가치를 인정하려는 사려 깊은 사람들이 당면하고 있는 과제는 사회적 보수주의자들에게 어떻게 윤리를 가르칠 것인가 하는 점이다.

줄이면서 이렇듯 새로운 가족 형태의 구성원들 문제에 대처할 수 있었을 텐데도 말이다.

정부와 사회가 내놓는 정책이라고 하는 것들이 빈민들로 하여금 장기적 빈곤의 늪에서 빠져나가는 길 찾기를 더욱 어렵게 만들고 있지만, 그렇다고 해서 그것이 전혀 불가능한 것은 아니다. 신기하게도 이 길은 행복한 가정과 불행한 가정에 대해 톨스토이가 정해 놓은 규칙을 따른다. 빈곤에서 벗어나지 못한 가정은 매사에 정치적으로 무관심했던 반면, 빈곤에서 벗어난 사람들의 경우는 한결같이 정치적이었다. 더욱이 그들은 비슷한 방식으로 정치적이 됐다.

정치적 삶을 확립할 때 가족의 역할은 최초로 정치가 고안된 기간 동안 확립된 유형을 여전히 따르고 있다. 당시의 정치적 삶에서 장벽은 퓌스텔 드 쿨랑주[7]가 '공동의 조상을 갖는 사람들'이라고 정의한 '확대 가족extended family'이었으며, 같은 신을 섬기는 가족끼리 결합된 '씨족 phratry'이 그 뒤를 잇고,[8] 마침내 몇 개의 씨족 집단으로 구성된 부족으로 확대됐다. 퓌스텔에 따르면, 이러한 가족 단위의 군집과 지리적인 규정에 따라 생겨난 데메스 사이의 차이점 중 하나는 변화에 동참하는 그 도시들의 능력, 즉 유연성과 가변성인데, 이것은 종교와 의식儀式이라는 절대주의로 통치하기보다는 스스로 통치할 수 있는 능력을 말한다. 자치권이라는 개념은 확대 가족의 입장에서 보자면 생소할 뿐만 아니라 엄격하게 금지된 것이었다. 이 구성원들은 낯선 신을 숭배한다거나 족장의 다스림에 불복

---

7 퓌스텔 드 쿨랑주(Fustel de Coulanges, 1830~1889)는 프랑스의 대표적 역사가다. 1858년에 「폴뤼비오스, 로마인들에게 정복된 그리스」, 「베스타 숭배」로 박사학위를 받았으며, 스트라스부르대학교, 에콜 노르말, 소르본대학교 교수를 역임했다 ― 옮긴이.

8 퓌스텔 드 쿨랑주, 『고대 도시』(New York: Doubleday Anchor, 1955)를 참조할 것.

해서는 안 되었다.

고대 도시의 확대 가족들은 (오늘날의 대가족에서 관찰되는 것보다 더 정교한 방식으로 행해지는) 조상숭배에 그 기반을 두고 있으며, 친족 구조에 경제적인 측면은 있을 수 있지만 정치적인 측면은 전혀 존재하지 않는다. 그들은 유연성이나 가변성을 가지지 못한다. 이를테면 사촌은 친형제가 될 수 없고, 삼촌은 시누이가 될 수 없는 것과 같다. 친족관계의 규칙은 항상 안정적이며, 단순한 안정성을 뛰어넘어 고정 불변하다. 근친상간은 유전적, 경제적 이유로 금기시되고 있다. 모든 사람들은 친족 밖의 사람과 결혼해야 한다. 다른 한편으로는 많은 사회에서 아내와 자식이 있는 남자가 확대 가족의 안정성을 위해 죽은 형제의 미망인과 결혼해야 하는 제도가 행해지고 있다.[9]

그러나 핵가족 안에서는 관계가 끊임없이 변화한다. 이 가족 형태는 한 남자와 한 여자의 결합으로 시작되어 아이의 출생에 따라, 남자나 여자가 가족을 떠남에 따라, 그리고 더 많은 아이들이 태어남에 따라 계속 그 양상이 바뀌어 간다. 아마도 더욱 중요한 것은 아이들의 성장 단계마다 (젖먹이에서 어른에 이르기까지) 그 양상이 계속 변화해간다는 사실일 것이다. 근친상간 금지와 같은 친족의 규칙들은 핵가족 안에서도 적용이 되고 있지만, 확대 가족이 보여주는 일반적인 안정성은 역동성이 뛰어난 핵가족에는 해당되지 않는다. 핵가족은 가족의 구성원을 바꾸기도(이것을 세속적인 방식으로 표현하면, 가족 단위 외부에서 선택하기도) 하는 반면,

---

9 이것은 대초원 지대(Great Plains)에서 일부다처제를 유지하며 살았던 라코타 종족의 관습이었다. 하지만 이런 관습은 내 아내의 가족에서도 나타났었는데, 부인을 잃은 남성이 그 형제의 미망인과 결혼을 한 적이 있었다.

확대 가족에서는 친족 규칙에 따라 가족 구성원이 결정된다.

물론 확대 가족이 여러 핵가족을 포함할 수도 있다. 앞서도 여러 번 언급한 적이 있듯이, 내가 비교하려는 것은 핵가족과 핵가족이 확대된 형태일 때에만 제 역할을 하는 대가족 사이의 차이점이다. 바로 이 두 종류의 가족이 퓌스텔이 고대 도시의 조직들을 대상으로 비교했던 것과 같은 구분에 비유될 만한 가족 형태인 것이다.

우선 변화에 대한 성향을 살펴본다면, 정치적 삶에 훨씬 더 잘 적응하는 것은 핵가족이다. 핵가족에 대한 기대 가운데 하나는 아이들이 성장함에 따라 그 과정의 일부로서 어느 정도의 자율성을 갖게 되리라는 것이다. 그러나 대가족의 경우에 모든 구성원들은 평생 동안 동일한 관계를 유지하게 된다. 단, 새로운 가장은 여기에서 제외되는데, 그는 대가족 구성원 중에서 자유로이 선택되는 것이 아니라 친족의 규칙에 따라 그 지위를 물려받게 된다.

미국의 경우, 오스카 루이스를 포함한 많은 인류학자와 사회학자들이 언급했듯이 오랜 기간 가난을 이어온 사람들은 대가족 형태로 살아가는 경향이 있다. 나는 이러한 가족 형태가 그들에게 얼마간의 안정성은 제공해 줄 수 있지만 그들의 정치적 삶을 방해한다고 믿고 있다. 반면, 핵가족에서는 본질적으로 불안정하긴 해도 퓌스텔이 정치적 삶과 연관이 있다고 말한 융통성과 가변성이 매우 쉽게 통용될 수 있다.

빈곤에서 벗어난 많은 가족 중에서 내가 만나본 거의 모든 사람들은 핵가족의 융통성이 작동했던 경우였으며, 대가족으로부터 거리를 두거나 심지어는 분리된 양상까지 보였다. 이것은 분리된 가족 단위가 대가족의 경제적, 정서적 지원을 얻지 못하게 됨에 따라 어쩔 수 없이 자율성을 가지게 됐다고 해석될 수도 있겠지만, 나는 그렇게 생각하지 않는다. 빈곤 탈출 사례를 세밀하게 살펴보면 다른 의미가 발견되기 때문이다.

핵가족이 빈곤에서 벗어나는 경우는 흔하고 유사점도 많지만, 이민을 했을 경우를 제외하고는 대가족 전체가 빈곤 상황에서 벗어나 좀더 편안하고 안정된 경제적 상태로 옮겨 간 사례는 단 한 번도 본 적이 없다. 게다가 가난한 대가족이 성찰적으로 사고하며 정치적 삶을 살아가기 시작한 경우 역시 본 적이 없다.[10]

여러 세대에 걸친, 또는 장기간에 걸친 빈곤 탈출의 양상은 별로 큰 변화 없이 되풀이되고 있다. 내가 관찰한 모든 경우에서 빈곤에서 탈출한 가정은 거의 전부가 사람들을 정치에서 멀어지게 해 아노미 상태로 빠지도록 충동질하는 선망envy을 극복했던 것이다.

미시시피 그린빌에 살고 있는 아이렌 거스터Irene Guster 여사는 플랜테이션 농장에서 목화를 따며 성장했지만 지금은 성공한 자녀들을 두고 멋진 집에서 살고 있다. 그녀는 자신의 가족이 빈곤에서 벗어나는 방법을 어떻게 배웠으며, 어떤 변화를 겪었는지 정확히 말해주기 위해서 오랫동안 곰곰이 생각했다. 그녀는 노예제도와 다름없는 강제노동의 굴레 속에 태어났다는 사실을 감추려 하지 않았다. 그녀는 교회와 성경 공부 덕분에 자신이 교양 있는 여성이 됐고 일곱 명의 아이들 모두 직업을 갖고 지성을 갖출 수 있었다고 말했다. 하지만 그녀는 자신의 가족과 다른 많은 가족들 사이의 차이점이 무엇일까 생각해보면, 그것은 자기 아버지의 가르침이었

---

10 대가족에서 이런 경우가 출현할 가능성이 전혀 없는 것만은 아니다. 1960년대 시민권 운동의 영향으로 빈민가의 수많은 흑인 가정들에게 빈곤 탈출의 기회를 열어주었을 때 이들의 경제적 상황에는 변화가 있었다. 그러나 시민권 운동이 있기 전에 이 흑인 가족들이 가난하고 정치적으로 무관심했었다고 말하는 것은 잘못된 것이며, 인종통합 이전에 흑인 사회에 존재했던 자율적인 측면에 대한 오해라고 할 수 있다.

다고 회상했다.

아이렌의 아버지는 나무 아래로 여섯 명의 아이들을 불러 자신을 둘러싸게 해놓고 짧은 줄 하나와 여섯 개의 막대기를 가지고 가르쳐줬다. 그는 한 다발로 뭉친 막대기들이 어떻게 세워지는지, 그리고 막대기들이 얼마나 강한지 손수 보여줬다. 그런 다음 그는 끈을 풀어 막대기가 땅에 쓰러지도록 했다.

사람들은 당연히 가정에서 태어나서 교육을 받게 되지만, 그것은 집에서 흔히 받는 교육이 아니었다고 그녀는 말했다. 그것은 어떻게 살아야 하는지에 대한 자기 아버지만의 가르침, 바로 정치였던 것이다.

그의 가르침은 목화를 따서 얻는 임금을 올려주지는 못했다. 8월의 땅은 어린 아이렌 거스터와 그녀의 형제자매들이 일을 하느라 허리를 구부리는 동안에도 찜통처럼 열기를 뿜어냈으며, 사람들은 여전히 들판에서 헉헉거리며 기진맥진했다.

무력의 포위망은 그 뒤에 남아있는 사람들과 마찬가지로 빈곤에서 벗어난 사람들에게도 존재하고 있었지만, 그들은 즉각적 대응만 필사적으로 해야 하는 공황상태를 극복해냈다. 내가 만났던 빈곤에서 벗어난 사람들은 모두 무력의 포위망에 대해 일종의 창조적 대항, 적극적 대응을 했으며, 이것은 계급투쟁이라는 개념보다는 운명에 대항하는 자유의 성장과 더 많은 연관이 있는 것 같았다.

핵가족이 대가족이나 씨족집단의 일부로서가 아니라 스스로 빈곤에서 벗어날 때 — 그들은 한 번에 하나씩 그렇게 한다 — 첫 번째 단계는 항상 더 큰 세상이 아니라 핵가족 자체로부터의 고립에서 벗어나는 것이었다. 핵가족의 구성원들은 그들의 생존과 성공을 가족 단위의 생존과 성공으로 이해하기 시작했지만 그들이 의식이나 문화에 따라 그렇게 생각하게 된 것은 아니다. 그들이 처음으로 배운 규범은 가족 단위의 규범이었으며, 의식적으로 이런 축소판 폴리스를 구성한다. 그들은 서로 '행운을 담보해 주는 사람'임을 이해하고 있다. 개인적 삶이라는 비명 같은 침묵은 끝이 나고, 끝없는 대화가 시작되어 무력의 포위망이 무너져 내린 아주 작은 폴리스 안에서 그들은 서로 다시 태어나는 것이다.

텍사스 댈러스에서 살고 있는 프랑세스 리조Frances Rizo 여사는 남편이 돈도 없고, 전망도 없이 네 명의 아이들만 남겨두고 떠나버렸을 때 가족들이 변화하기 시작했다면서 다음과 같이 증언했다.

"모두 자기 의견을 말했고 의사결정 과정에 참여했습니다. 하지만 우리가 감당할 수 없는 것을 원하거나 비논리적인 것을 원할 경우에는 내가 직권으로 끼어들었습니다."

"아이들은 모두 각자가 맡은 일에 책임을 져야 했습니다. 남자애들도 자신의 옷을 스스로 빨아 입는 법을 일찍부터 배웠고, 아이들이 집안일에 꾀를 부릴 때는 가족회의를 열었습니다. 나는 아이들에게 해결책을 물었습니다. 처음에는 날마다 임무를 바꿔서 해나갔지만 나중에는 일주일 단위로 바뀌게 되었습니다. 내가 해결할 수 없는 문제에 부딪히게 되면 — 대부분 돈과 관련된 것이지만 — 나는 아이들에게 상황을 설명해줬습니다. 그러면 아이들이 해결책을 내놓곤 했죠. 우리는 그것을 '우리들의 작은 민주주의'라고 불렀습니다."

11장

감옥에서 클레멘트 코스의 영감을 얻다

'노예는 쉴 짬이 없다'는 그리스 속담이 있다.

그런데 이것은 노예에 대한 정의定義이기도 했다.

— 버나드 녹스Bernard Knox

돌이켜 생각해보면, 중범죄자 교도소에서 8년 이상을 보내고 있던 한 여성 재소자를 만나 클레멘트 코스에 대한 영감을 얻었다는 사실은 그리 놀랄 만한 일도 아닌 것 같다. 흔히 중범죄자나 흉악범을 수감하고 있는 교도소는 그 사회의 맨 끝자락에 '버려져' 있기 때문에, 그 안의 재소자들은 오히려 세상을 매우 냉정하게 바라볼 수 있는 위치에 있다. 단, 삼옥 밖 세상에 대해서 끝까지 관심의 끈을 놓고 있지 않은 재소자가 있다는 전제에서 말이다. 이런 교도소에서 수감생활을 견디기 위해 가장 필요한 일이 자치와 같은 것들을 처음부터 생각에서 지우는 것이다. 교도소라는 곳 자체가 재소자들이 '자유세계'라고 부르는 그런 세상의 흔적을 어디에서도 찾을 수 없도록 철저하게 지워진 공간이기 때문이다. 날카로운 철조망, 감시탑, 재소자들을 겨냥하고 있는 무기들, 감방 문, 수시로 행해지는 수색과 점호, 징벌(독방, 이감, 재소자 권리의 일부 박탈 등) 등이 재소자들에게 자치니 자유니 하는 것들이 자기들과 아무런 관계가 없다는 사실을 늘 상기시키는 역할을 한다. 이런 점에서는 수감생활이 여러 가지 면에서 노예생활이나 만성적인 가난보다 더 나쁘다고 말할 수 있겠다.

그러나 가난에서 벗어날 수 있는 방법을 발견하는 데 있어서는 아마도 교도소만한 곳이 없을 것이다. 단지 징벌만이 아니라 사회 복귀까지도 목적으로 하고 있는 교도소에서는 교화 관계자들[1]과 재소자들이 감옥이라는 곳을 실제 세계를 '은유'한 곳으로 간주하면서 세상에 대한 이해를 깊게 하는 매개체로 활용하기 때문이다. 그런데 문제는 이런 교화프로그램들이 많은 경우에 매우 형식적으로 진행되고 있으며, 심리학자의 경우에도 대개는 전문가들보다는 아마추어들이 파견되고 있다는 현실이다. 이런 상황에서도 재소자들이 교화프로그램에 굳이 참여하는 이유는 시간을 편안히 보내는 데에는 아무래도 채석장에서 일하거나 접시를 닦는 것보다는 교화프로그램에 참여하는 것이 훨씬 낫기 때문이다. 물론 실행되고 있는 교화프로그램들 중에는 재소자들에게 정말로 도움이 되는 것들도 있다.

뉴욕 시에서 북쪽으로 80킬로미터 정도 떨어진 곳에 있는 베드포드힐스 교도소Bedford Hills Correctional Facility는 수감등록센터[2]가 딸려 있는 중범죄자 수용 교도소인데, 가정폭력 프로그램을 운영하고 있다. 이 프로그램은 샤론 스몰릭Sharon Smolick이 처음 기획했고, 현재는 테리 맥네어Terri McNair가 책임을 맡고 있는데, '자기 드러내기 드라마revealing drama'를 개발하여 재소자들에게 가정생활에서 자기에게 '상처를 주었던 요소들'을 스스로 발견할 수 있는 기회를 제공하는 것을 목적으로 하고 있다.

이 드라마 프로그램은 강압적이고 폭력적인 가정환경에서 성장한 사람은 매사에 수동적이고 소심하게 되거나, 거꾸로 폭력에 대해 매우 폭력

---

1 여기서 교화 관계자들이란 간수가 아니라 교도소에서 재소자들의 교화를 위해서 일하는 심리학자, 사회복지사, 교사, 의사 등을 말한다.

2 수감등록센터(intake and processing center)란 범죄자를 교도소에 수감하기 위한 제반 절차를 주관하는 곳이다. 즉, 수인(囚人) 사진을 찍고, 지문을 등록하고, 기타 수감생활을 시작하는 데 필요한 모든 절차를 밟는 곳을 말한다 — 옮긴이.

적으로 대응하는 사람으로 변한다는 사실을 '드러내' 보여주었다. 특히 드라마 프로그램에서 한 경험은 '인간은 폭력을 통해서 자신을 재창조한다'는 사르트르나 파농의 생각이 적어도 교도소 재소자들에게는 전혀 들어맞지 않는다는 사실을 증명했다. 오히려 '인간은 결코 폭력을 통해서 자기를 재창조할 수 없다'는 것을 드라마 프로그램은 분명하게 '드러내' 보여주었다. 이 프로그램에 참여해 드라마를 통해서 '걸러진' 세상을 접하다 보면 어느새 참여자들은 세상을 냉정하게 바라보는 법을 터득하게 되는데, 비니스 워커[3]라는 여성 재소자가 그 대표적인 사례다.

비니스 워커는 19살 때 베드포드힐스 교도소에 수감되었다. 그때 비니스는 대학교 2학년 수준의 독해 능력을 가지고 있었지만 고등학교를 중퇴했고, 할렘가와 마약치료센터 등을 전전했으며, 매우 거칠고 난폭한 남성과 늘 붙어 다녔다.[4] 겉으로 보기에 비니스의 행동은 할렘가에서 하던 식대로 매우 거칠었고 말투는 항상 퉁명스러웠으며, 에이즈가 심해지고 있는 상태였으면서도 교도소의 긴 복도를 지나다닐 때면 늘 으스대며 뻐기듯이 걸어다녔다. 그러던 그녀가 수감 기간 중에 고등학교 과정을 마치고 철학을 전공하면서 대학 과정을 밟았다. 교도소에서 그녀는 가정폭력 후유증으로 고통받고 있는 다른 여성 재소자들에게는 상담자의 구실을, 그리고 에이즈 때문에 신경쇠약과 무기력증에 시달리고 있는 여성 재소자들

---

3 비니스 "니시" 워커(Viniece "Niecie" Walker)와 나는 여러 해 동안 서로 알고 지냈다. 처음에는 그저 아는 수준이었지만 점차 동료로, 그리고 이내 곧 친구 사이로 발전했다. 여성과 에이즈 문제에 대해 매우 시사적인 책을 썼고, 시집도 낸 그녀를 베드포드힐스 교도소에서 만난 것은 내게는 큰 행운이었다.

4 교도소에서는 어떤 사람의 범죄 행위에 대해 언급하는 것을 금기시하기 때문에 나도 그 규칙을 따르기로 한다.

에게는 위안자의 구실을 했다.

그렇게 당차게 활보하던 비니스였지만, 그녀도 다른 여성 재소자들의 죽음 앞에서는 맥없이 비틀거리곤 했다. 그럴 때면 며칠이고 혼자 방에 틀어박혀서 자기의 처지를 서럽게 한탄하곤 했다. 그러다가 그녀는 마침내 그때까지의 자기 삶에서 벗어나기로 결심을 하게 된다. 비니스는 마치 도스토예프스키가 직접 그녀의 삶을 설계해주기나 한 것처럼 그의 작품에 그려진 것과 매우 흡사한 삶을 산다. 차이가 있다면 도스토예프스키의 소설보다 훨씬 더 복잡한 삶이라는 점, 그리고 소설 속의 주인공과는 달리, 감옥에 갇힌, 얼굴에 기미가 많은 활달한 백인이라는 점 정도이다. 그런데 바로 이 여성이 "사람들이 왜 가난한 것 같나요?"라는 내 갑작스러운 질문을 받고 클레멘트 코스에 대한 영감을 불러일으킨 대답을 주었던 것이다.

사실 그 전까지 우리는 한 번도 만난 적이 없었다. 당시 그 교도소에서 재소자와 교화를 위한 상담을 할 때 대화 주제는 대체로 여성학대에 관한 것이었다. 비니스를 처음 만났을 때, 그녀의 눈은 전체적으로 완전히 생기를 잃은, 말 그대로 '재소자의 눈' 그 자체였으며, 그 안에는 적대감마저 서려 있음을 단번에 알 수 있었다. 그녀는 한동안 경멸하듯이 나를 노려보면서 입을 꽉 다물고 있었다. 그리고는 마침내 입을 열었다.

"그 문제는 아이들 이야기에서부터 시작해야 합니다." 빠른 속도로, 그러나 뒷골목에서 하는 식의 거친 억양이나 남부 빈민층 지역 사람들의 말투를 의식적으로 '잘라내면서' 대답했다. 노먼 메일러[5]가 연설할 때 이

---

5 노먼 메일러(Norman Mailer, 1923~)는 하버드대학교 학부 시절에 2차 대전을 소재로 한 유명한 소설 『벌거벗겨진 사람들과 죽은 사람들The Naked and the Dead』을 쓴 것으로 잘 알려져 있다. 이 책은 국내에서는 『나자와 사자』라는 제목으로 번역됐다 — 옮긴이.

디시어 말투를 의식적으로 '편집하면서' 말했던 것처럼.

비니스는 대화의 주제가 실제로 자녀 문제로 넘어갈 수 있도록 나에게 생각할 시간을 주려고 한동안 침묵하다가 다시 빠르지만 리듬감 없는 어투로 입을 열었다. "우리 아이들에게 '시내 중심가 사람들의 정신적 삶moral life of downtown'6을 가르쳐야 합니다. 가르치는 방법은 간단합니다, 얼 선생님. 그 애들을 연극이나 박물관, 음악회, 강연회 등에 데리고 다녀주세요. 그러면 그 애들은 그런 곳에서 '시내 중심가 사람들의 정신적 삶'을 배우게 될 겁니다."

나는 조용히 미소 지으며 그녀의 말을 경청했다. 그녀가 무슨 말을 하려는 것인지 정확하게 이해할 수는 없었지만, 분명한 것은 내가 그녀의 말에 점점 빠져들고 있었다는 사실이다. "그렇게 하면, 그 애들은 결코 가난하지 않을 거예요."

그녀는 나의 반응을 살펴보면서 내가 어떤 생각을 하는지를 훤히 들여다보는 듯했다. 그녀는 화가 난 듯이 다시 한 번 더 분명한 어조로 잘라 말했다. "그렇게만 하면, 그 애들은 더는 가난하지 않게 된다니까요!"

"무슨 뜻인지⋯⋯?"

"제가 말한 그대로예요. 길거리에 방치된 그 애들에게 도덕적 대안이 필요하다는 말이에요."

비니스는 그때 일자리나 돈에 대해서는 한마디도 꺼내지 않았다. 그리고 처음 만났을 때도 그랬고 그 이후 만남이 지속되었던 수 년 동안, 우리는

---

6 여기서 비니스가 말하는 '시내 중심가(downtown)'란 뉴욕의 중산층과 부유층이 사는 지역을 뜻한다. 그리고 'moral life'는 전체적인 문맥을 생각해 '도덕적 삶'보다는 '정신적 삶'으로 번역했다 — 옮긴이.

미국의 가난 문제가 어쩌느니 하는 대화는 나눠본 적이 없다. 교도소라는 곳은 그 안에 섞여 사는 감시자나 밀고자 때문에 재소자들은 아무런 생각을 하지 않고 살아야 생존이 가능한 곳이다. 타키투스Tacitus의 말을 빌려 표현하면, 교도소는 재소자들에게 '노예상태보다 더한 삶'을 강제하는 곳이라고 할 수 있다. 그런데 비니스는 바로 이 교도소라는 환경에서 다른 재소자들보다 약간 '우월한' 지위를 활용해서 현실을 꿰뚫는 안목을 가질 수 있었던 것이다. 그런데 그녀가 현실을 인식하는 시각은 할렘가에서 자라나서 교도소라는 거친 환경에서 시간의 대부분을 보낸 사람들이 흔히 가질 수 있는 그런 삐딱한 것이 아니었다. 그녀는 신神이나 교회, 가족의 따뜻한 품 등에 대해서는 한마디도 하지 않았고, 그녀의 눈초리 또한 매우 차가운 느낌을 주었다. 하지만 예이츠Yeats의 시에 나오는 '말 탄 기사'처럼 빠르게 지나치면서도 다른 사람들이 무슨 말을 하고 있는지 단번에 알아차릴 수 있는 능력을 가지고 있었다.

지금 가난의 고통을 겪고 있거나 예전에 가난했던 사람들은 모두 다 한결같이 가난에 대해서 말할 때 일자리나 돈에 대해서는 언급하지 않는다. 오히려 그들은 그저 신에게 감사하고 있었다. 물론 부자들도 신에게 감사드리기는 마찬가지지만. 그런데 과거에 가난했던 이들보다는 지금 가난한 이들이 신을 더 찾는 경향이 있다. 현재 가난을 겪고 있는 사람들의 두려움이 훨씬 더 크기 때문이다. 하지만 그렇다고 해서 신이 일자리를 주거나 봉급을 주는 존재라고 말하는 사람은 아무도 없었다. 그들은 경제적인 문제와 상관없이 그저 신께 감사를 드릴 뿐이었다.

비니스의 관심은 가난에서 해방되는 것이 아니었다. 그녀는 수감 생활을 오래 해서 가난에서 벗어나는 것이 자율성이나 자치와는 아무 상관이 없다는 사실 정도는 충분히 깨닫고 있었다. 재소자는 스스로 자신을 석방시킬 수 없는 처지이기 때문에 결국 '석방되어지는 존재'일 수밖에 없다. 그런데 이렇게 어떤 행동이 '되어지는' 방식으로는 정신적 삶을 결코 기대할 수 없다. 정신적 삶은 스스로 행동할 수 있을 때 비로소 가능하기 때문이다. 그런데 '스스로 행동하는 것'은 자율적 인간에게만 기대할 수 있는 행동이다.

그렇다면 여기서 정치는 무엇이란 말인가? 또, 비니스는 어떤가, 그녀는 도덕적 삶을 자신의 결단으로 '건너뛴' 것일까, 아니면 정신적 삶을 살고 싶었지만 실패한 것일까? '시내 중심가 사람들의 정신적 삶'이라……? 그렇다면 음악을 통해서 도대체 어떤 정신적 삶을 가르칠 수 있단 말인가?

박물관이 없어서 가난하다고? 그러면 박물관이 어떻게 가난을 쫓아줄 수 있단 말인가? 과연 그 누가 동상이나 석고상처럼 옷을 입을 수 있고, 과거를 삼켜버릴 수 있단 말인가?

결국 해결의 실마리는 '시내 중심가 사람들의 정신적 삶'에 있는 것이 아니라 정치에 있었다. 정치만이 '무력武力의 보호'에서 벗어날 수 있는 길이었다. 그러나 가난한 이들이 공적 세계에 참여하여 정치적 삶을 살기 위해서는 무엇보다도 성찰적 사고를 할 수 있는 능력이 필요했다. 그리고 이 '성찰적 사고능력'이 바로 비니스가 말하는 '시내 중심가 사람들의 정신적 삶'이었던 것이다. 사실 비니스는 '시내 중심가'에 대해서조차 아는 것이 별로 없었는데, 하물며 월스트리트Wall Street나 5번가와 같은 번영과 경제의 중심지에서 일어나는 '정신적 삶'이 어떨 것인지에 대해서는 상상마저 불가능했을 것이다. 교도소에서 도스토예프스키의 '회한悔恨'과 '구속救贖'의 희망을 함께 안고 살아가는 그녀는 정신적 삶이란 곧 정치적 삶을 의미한다는 사실을 간파해낸 것이다. 결과만 놓고 보면, 그녀는 결코 정치에서 윤리를 분리시키는 실수를 저지르지 않았던 것이다. "'무력의 메커니즘'의 영향력 한복판에 있던 사람이 하루아침에 거기서 벗어나 공적 세계로 진입한다는 게 도대체 가능한 이야기이기나 합니까!"라는 엄청난 말을, 비니스는 별로 중요한 것도 아니라는 듯 빠르게 툭 내뱉듯이 던졌다.

사실 가난을 벗어나는 길은 많이 있다. 가난이 무엇인지 정말로 아는 사람은 일자리나 돈의 문제에 얽매이지 않는다. 그들은 마치 돈이란 그저 '많고 적음의 양적인 문제'일 뿐이며, 노동이란 신이 자기 자신을 위해 만든 '만병통치약'이라 생각하는 듯하다. 한때 가난을 경험해봤던 사람들이나 현실세계를 '은유'해놓은 곳(즉, 교도소)에서 사는 사람들은 현대 사회의 작동 기제인 '게임의 법칙'이란 언제든지 바꿀 수 있다는 사실, 그리고 정치라는 것 또한, 경제나 '신분 과시'와는 달리, 경쟁이 아니라 공적 세계에서 권력을 갖는 것을 의미한다는 사실을 잘 알고 있다.[7]

가난한 사람들을 가난에서 해방시켜줄 사람은 아무도 없으며, 그들에게 권력을 가져다줄 사람 또한 아무도 없다. 가난한 사람들을 움직여보겠

---

7 이런 종류의 변화는 전에도 있었다. 조사이어 오버(Josiah Ober)는 『민주적 아테네에서의 대중과 엘리트*Mass and Elite in Democratic Athens*』(프린스턴, NJ: 프린스턴대학교 출판부, 1989)에서 그러한 변화에 대해 다음과 같이 묘사하고 있다. "시민들 사이의 상호의존적 결속은 당시 정치적 평등이라는 가정 위에 기초하고 있었다. 그리고 이와 같은 새로운 방식의 결속이 출생과 부(富)에 따른 차별을 없애주기 때문에, '정치적 평등'이라는 가정이 불평등한 신분과 계급에 기초한, 옛날 방식의 종속적 결속을 약화시킬 수 있었던 것 같다." 오버는 이런 식으로 클레이스테네스가 당시의 도시국가 체제를 구축한 후 그곳에서 이뤄진 의사결정 방식의 다양한 요소들을 17세기 말의 매사추세츠 주 내의 작은 도시들에서 행해졌던 주민들의 의사결정 방식과 비교하는 연구를 계속해서 수행했다(70~71쪽). 그리스 사회체제와 정치체제의 변화에 대한 당시 시민들의 저항은 미미했던 것이 분명하다. 만약 '공평함'보다는 '게임의 법칙'이 훨씬 강하게 작동하는 미국이었더라면, 그리스식의 변화는 강한 저항에 부딪혔을 것이다.

다는 시도들은 전국복지권기구National Welfare Rights Organization라는 단체의 역사가 보여주듯이 언제나 실패했다. 프랜시스 폭스 피번Frances Fox Piven과 리처드 클라워드Richard Cloward는 1971년에 출간한 『가난한 사람들 통제하기Regulating the Poor』에서 전국복지권기구가 주도했던 운동을 '맹아萌芽'적 수준으로 평가했다. 6년 뒤에 펴낸 『가난한 민중들의 운동Poor People's Movements』에서는 '가난한 민중 운동 조직'이 회원 확보에 실패한 이유를 분석하고 있다.[8] 그런데 그들이 찾아낸 '이유들' 가운데는 가난한 사람들을 가난에서 건져내는 운동의 주체가 가난한 사람들 자신이 아니라 바로 정치하는 사람들이었기 때문이라는 사실은 들어있지 않았다.

가난의 이유에 대한 비니스의 대답 속에는 가난한 사람들이 가난에서 벗어날 수 없는 진짜 이유는 바로 '가난한 사람들을 움직일 수는 없기 때문'이라는 현실 진단이 도사리고 있었다. 그런데 그 진단은 거꾸로 그들만 움직여질 수 있다면 가난 문제도 해결할 수 있다는 암시가 된다. 즉, '자율적'으로 행동할 수 있을 때 비로소 가난한 사람들은 가난에서 벗어날 수 있을 것이라는 사실을 비니스는 직감하고 있었던 것이다. 바로 이것을 그녀는 '시내 중심가 사람들의 정신적 삶'이라는 말로 표현했던 것이다. 그런데 이 '대안'이 사실은 비니스에게 실제로 일어났던 일이었다. 구체적으로 어떤 일이 있었는지를 자세하게 설명하지는 않는데, 사실 그녀 자신도 어쩌면 자신에게 일어났던 일이 도대체 어떤 의미인지를 정확하게 인식하지 못하고 있을 수도 있었을 것이다. 그러나 한 가지, 자신이 근본적

---

8 『가난한 민중들의 운동』(New York: Pantheon, 1978)에서 마이클 해링턴(Michael Harrington)은 가난한 사람들이 조지 와일리(George Wiley)와 함께 설립했던 '가난한 민중 운동 조직'의 실패 규모에 대해서 기술했다. 해링턴은 와일리가 "약 9백만 명"에 이르는 잠재적 대상자들 중에서 고작 2만2천 명만을 그 조직에 가입시키는 데 그쳤다고 썼다.

으로 변할 수 있게 했던 것이 바로 '교육'이었다는 사실은 분명하게 인식하고 있었다. 비니스는 교육을 통해서 자신의 '인간'으로서의 그릇 크기가 어느 정도까지 커갈 수 있는지 그 가능성을 보았던 것이다.

가난한 사람들의 고통을 해결해줄 근본적인 해결책은 보수적인 사람들에게서 나오지 않는다. 그들의 계획이란 그저 빼앗거나 윽박지르는 것뿐이다. 가난한 사람들은 가난을 벗어나는 문제에 관한 한 일자리나 돈 그 자체는 그저 보조적인 의미밖에 가질 수 없다는 사실을 매우 잘 알고 있다. 그렇다고 보수파의 반대쪽에 해답이 있는 것도 아니다. 가난의 문제에 대해서 입 다물고 있은 지 이미 오래된, 재정적으로도 파산 상태에 있는 자유주의자들이나 좌파 쪽 사람들은 가끔씩 루스벨트를 떠올리거나 대니얼 패트릭 모이니핸[9]이 침을 튀기며 설파하던 동정의 말에 귀 기울이면서 수수방관해왔다. 그러는 사이, 가난으로 추락하는 사람들의 수는 더욱 늘어갔고, 가난한 사람들의 삶, 특히 어린 자녀들의 삶은 해가 갈수록 악화됐다.

비니스는 고대 그리스에서 정치가 탄생했던 과정과 똑같은 길을 걸어왔다. 그녀는 성찰적으로 사고하는 방법을 배웠다. 이것은 이후 계속된 대화에서 분명하게 알 수 있었는데, 그녀가 말한 '시내 중심가 사람들의 정신적 삶'은 바로 인문학을 의미했던 것이다. 인문학은 고대 그리스인들이 자연의 경이로움을 제대로 경험하기 위해서 자연에서 한 발짝 뒤로 물러서서 자연을 관조하기 시작한 이래로 줄곧 세상 사람들의 성찰적 사고

---

9 대니얼 패트릭 모이니핸(Daniel Patrick Moynihan, 1927~2003)은 미국 상원의원을 지낸 외교관이자 사회학자이다. 1976년에 상원의원에 당선되었으며, 민주당에서 3선 의원을 지냈다. 한편 의회 활동 이전에 그는 케네디, 존슨, 닉슨, 포드 대통령을 행정적으로 보좌했다. 사회학자로서 다니엘은 『흑인 가족 — 국가적 대처를 위한 사례 연구』, 『최저 임금의 정치학』, 『가족과 국가』 같은 책을 지었다 — 옮긴이.

를 가능하도록 해준 근본적인 원천으로 기능해왔던 것이다.

정치적 삶이 가난에서 벗어날 수 있게 해주는 길이라면, 인문학은 성찰적 사고와 정치적 삶에 입문하는 입구였다. 가난한 사람들은 자신들을 가난에서 해방시켜줄 사람이 필요하지 않았으며, 그런 탈출구는 진작부터 존재하고 있었다. 그러나 성찰적 사고와 정치에 이르는 길을 열어 제치려면 부자들과 가난한 사람들이 삶을 준비하는 과정 간의 차이가 제거돼야 한다. 그리고 현대 사회를 작동하는 '게임의 법칙'(사실 이것은 미국의 탄생과 함께 미국 사회를 지배해온 사회 작동 기제이다)은 평등과 동등한 대화를 촉진시킬 수 있는 법칙으로 대체되어야 할 것이다. 이런 일들이 가능하려면 가난한 이들의 삶뿐만 아니라 사회 전체를 개혁해야 한다.

12장

급진적 인문학

사람은 만물의 척도다.

— 프로타고라스

야생화

상담소에 처음 온 사람들에게 접수 절차를 안내하는 상담실에 놓인, 철재와 얇은 목재로 만든 탁자 앞에 한 여자가 구부리고 앉아 있었다. 어둑해진 낮 시간과 독감의 계절이기도 한 뉴욕의 어느 초겨울 날이었다. 그녀는 관자놀이까지 내려오는 털모자를 두 개나 덮어쓰고 있었다. 창백한, 거의 흰색에 가까운 우비를 입고 있었는데, 여윈 몸이 구부러진 철사처럼 두르르 말려 있었다. 난방이 잘 되는 실내였는데도 턱 끝까지 단추를 채우고 허리띠를 쫙 졸라매고 있었다. 이 여성의 이름은 한 떨기 야생화처럼 '숲에서'라는 의미를 가진 실버리아Silverlia였다.

그녀의 옆모습은 자신의 비애 때문에 의기소침하고 찌들어 보였다. 어떤 화가가 심하게 반복해서 그림을 그린 것처럼 그녀가 보여주고 있던 모습은 모두 그런 식으로 왜소한 것이었다. 심지어 부자연스럽게 탁자 위에 놓인 그녀의 손조차도 반쯤은 말려 있던 상태였다.

실버리아의 딸들도 탁자 위에 엎드려 있었다. 엄마처럼 웅크리고 있지는 않았지만 눈빛은 풀이 죽어 있었으며, 우아하고 갸름한 얼굴은 무표정했다. 엄마와 아이들은 방 안의 다른 사람들과 떨어져 자기들끼리만 앉아 있었다. 처음 방문한 민원인을 상담하는 책임을 맡고 있는 심리학자는 그들이 가정폭력 피해 여성들을 위한 쉼터에서 살고 있으며, 상당히 실의에 빠져 있다고 조용히 말해주었다.

상담 안내를 하는 동안 엄마와 아이들은 몇 마디 하지 않았고, 심리학자가 준 서류를 작성했다. 엄마는 코트와 모자를 벗지 않았다. 아이들의 얼굴은 돌처럼 굳어 있었고, 이미 오랫동안 그랬던 것처럼 그늘이 졌다.

마침 상담실 벽을 수리하러 일꾼들이 들어오자, 수업은 더 작은 다른 방으로 옮겨져 계속됐다. 새 장소에서 상담 신청 서류를 작성하려고 웅크리고 있던 엄마는 한 문항에 쓰인 단어의 뜻이 무엇이고, 그것이 한 사람의 정신 상태와 어떤 연관이 있는지 알고 싶어 했다.

난 최선을 다해 대답했다. 그녀는 대답을 이해하고는 계속 서류를 작성해 나갔다. 아이들이 먼저 서류 작성을 마치고는 여전히 어둡고 무표정한 얼굴로 조용히 의자에 앉아 있었다. 한 아이에게 학교를 다니는지 물었다.

그 여자 아이는 고등학교에 다니는데, 학교생활이 즐겁지 않다고 했다.

"너 모범생이니?"

"네, 저는 항상 최고 점수(A)만 받아요."

"그럼, 제일 좋아하는 과목이 뭐지?"

"저는 책 읽는 걸 좋아해요."

"누구 좋아하는 작가라도 있니?"

"네, 가브리엘 가르시아 마르케스Gabriel García Márquez[1]요."

---

1 '마술적 사실주의'로 잘 알려진 콜롬비아의 현대 소설가. 보르헤스와 더불어 20세기 후반의 세계 문학사를 바꾼 거장이며, 대표작은 『백 년 동안의 고독』이다. 1982년에 노벨 문학상

우리는 가르시아 마르케스에 관한 이런 저런 이야기를 나눴다. 우리는 『백 년 동안의 고독*One Hundred Years of Solitude*』에 대해서도 ('씨엔 아노스 데 솔레다드Cien Años de Soledad'라고 발음하며) 대화를 이어갔다. 얼마 뒤 두 소녀와 나는 좋아하는 라틴아메리카 작가들에 대한 깊은 토론으로 빠져들었다. 엄마도 끼어들었다. "네루다Neruda"라고 아이가 말했다. 엄마는 쿠바인의 보물이라고 일컬어지는 소설가 카르펜티에르Carpentier에 대해 이야기해줬다. 그런데 '빗발치듯 날아드는 나비들a rain of butterflies'에 대해 처음으로 글을 썼던 이가 카르펜티에르였는지 나는 알고 있었던가? 나는 그들이 도미니카 출신 시인인 치퀴 비치오소Chiqui Vicioso를 알고 있는지 물었다.

우리는 멕시코의 카를로스 푸엔테스Carlos Fuentes, 소르 후아나Sor Juana를 비롯한 문인들에 대해 토론했다. 옥타비오 파스Octavio Paz는 아직 아이들에게 너무 어려웠다. 그들은 엘레나 포니아도프스키Elena Poniatowska에 관심이 있었지만, 작품을 읽어보지는 못했다고 했다. 그들은 이사벨 아옌데Isabel Allende를 아주 싫어했다.

엄마는 고사리처럼 웅크렸던 몸을 폈고, 갸름한 얼굴의 아이들은 미소를 지었다. 그들은 가장 좋아하던 소설들에 대해 말했고, 「세상에서 제일 잘 생긴 물에 빠져 죽은 남자The Handsomest Drowned Man in the World」, 「순진한 에렌디라Innocent Erendira」, 「거대한 날개를 단 노신사A Very Old Gentleman with Some Enormous Wings」 등 가르시아 마르케스의 이야기들을 소재로 만든 쿠바 영화에 대해 이야기했다.

곧 젊은 심리학자도 함께 가세했다. 한 아이가 자신이 쓴 시를 낭송했다. 방 안의 모든 사람들이 경청했다. 엄마는 기침 때문에 잠깐씩 말이 끊기긴

을 받았다 — 옮긴이.

했지만 농담을 하기 시작했다. 작은 방의 다른 쪽에 있던 한 푸에르토리코 여성은 자신이 좋아하는 소설의 제목을 말했다. 이윽고, 웅크리고 있던 여자와 그녀의 딸들, 그리고 심리학자와 나를 포함한 그 방 안의 모든 사람들이 하나의 '공적 세계'를 만들게 됐다. 우울함이 가득 찼던 방은 이내 평등한 이들의 공동체로 변했다. 직업도 없었고, 집이라 부를 만한 장소도 없이, 다만 그녀가 알고 있던 모든 곳에서 멀리 떨어진 비밀스런 쉼터에 머물고 있던 이 가정 폭력 피해 여성은 '공적인 공간'이 지니고 있는 '힘'을 공유한 것이다. 그녀가 모자를 벗고 머리카락을 늘어뜨린 채 미소 지었을 때 그 방안에 있던 모든 사람들은 아이들이 보여줬던 우아함의 원천이 곧 엄마에게서 나왔다는 사실을 알 수 있었다.

1

정치적 삶에 이르는 데는 여러 가지 길이 있다. 하지만 그것은 고독에서 시작되는 기나긴 여행이자, 매우 어렵고도 어쩌면 인간 역사에서 가장 급진적인 행위일지 모른다. 그 어떤 것도 정치적 삶과 비교할 수 없다. 빈곤의 세습 때문에 몇 세대에 걸쳐 무력에 포위당한 채 불안 속에서 살아온 빈민들에게 이렇게 급진적인 꿈을 이뤄보라고 기대하는 일이 어쩌면 너무 많은 것을 요구하는 것처럼 보일지 모르겠다. 하지만 실제로 그런 일이 일어난다. 인류는 자신을 스스로 재창조한다. 이런 저런 방법으로, 또는 본능이나 교육을 통해 그들은 스스로 정치 활동을 위해 대비책을 마련한다.

다음은 오랜 세월 빈곤에 허덕이던 이들이 '정치적'이 될 수 있는 몇 가지 방법이다.

1. 이민은 사람들을 정치 활동으로 이끌 수 있다. 만약 그들이 정치적 과정을 이해한다면 말이다. 하지만 떠나온 나라에서 안락함을 느끼지 못했듯이 새로운 공동체에서도 환영받지 못한다고 느끼는 사람들에게 이민은 자신을 재창조하는 길이 아니라 예전부터 겪었던 고독과 고통을 다른 곳으로 장소를 옮겨 다시 겪는 것과 마찬가지일 뿐이다. 물론 이민은 미국에서 태어난 본토박이들을 위한 방법은 아니다.

2. 정치 활동을 함으로써 사람들을 정치적으로 변화시킬 수 있다. 하지만 이것은 그들이 정치 활동을 하기로 했을 때만이 가능한 일이다. 우리는 누군가의 사주를 받거나 동원되어 일을 할 때(이런 일은 빈민들에게 자주 일어나는데)는 자율성이란 처음부터 기대할 수 없다. 정치 활동은 사람들이 범죄를 방지하고 자신들의 환경을 지키는 데 필요한 공적 세계에서 함께 협력할 때 비로소 가능하다. '동부 로스앤젤레스 어머니회The Mothers of East L.A.'가 정치 활동 참여를 통해 정치를 배우게 한 대표적인 사례다.

3. 노동조합이나 그밖에 다른 형태의 조합을 구성하기 위한 노력들, 예를 들어 '평등한 주거 환경을 위한 세입자회'나 '사친회師親會[PTA]' 같은 조직들은 참여자들을 공적 세계로 이끌 뿐만 아니라, 많은 경우에 그들에게 정치 활동을 할 수 있는 기회를 제공한다. 또한 노동조합이라면 기본적으로 자치적으로 운영되기 때문에 아무리 부패한 노조이더라도 조합원들에게 정치 활동의 기회를 제공하게 된다. 그러나 만약 조합원 자신이 자기가 하는 일의 의미를 이해하지도 못하면서 어떤 일을 할 때(즉 조합원이 동원된 것일 때), 노동조합은 사람들을 공적 세계로 이끌 수 없다.

   역사적으로, 진보적인 노동 조직들은 조직원들을 정치 활동으로 이끌기 위해 문학, 역사, 정치, 경제 등의 교육을 실시해온 반면, 부패한 노동조합들은 대체로 이런 노력을 하지 않는다.

4. 교회가 신자들을 위해 '공적 세계'를 만들어내기도 한다. 교회는 그 자체로 신에 대한 경배와 정치가 서로를 지원하는 자율적, 또는 준準자율적 조직이라고 말할 수 있겠다. 하지만 빈민들을 정치적으로 만드는 데 있어서 교회의 가장 중요한 기능은 인문학을 가르치는 것이다.

남부 흑인 교회들은 이런 영향력을 지켜왔다. 라틴 아메리카의 여러 기초공동체들에서 사역했던 신부들이 미국으로 전수한 카리스마 운동 charismatic movement[2]과 실천을 통해, 로마 가톨릭 교회는 신자들이 성경을 직접 읽고 해석하는 것을 허용하고 개신교의 작은 교회들이 하는 방식으로 교회를 새롭게 조직하고자 노력하는 등 교구 주민들의 요구를 받아들여 자신들이 실천해온 방식을 바꾸려 시도해왔다.

신자들을 정치화시키는 일을 교리를 믿게 하는 것만큼이나 중요한 목표로 삼고 있는 교회들도 있다. 일리노이 주 선리버테라스Sun River Terrace의 작은 교회는 캔카키Kankakee 근처의 흑인 공동체인데, 이곳에서는 구성원들의 공적 삶을 창조하는 일을 자신들이 해야 할 가장 중요한 임무로 생각했다. 신자들 가운데는 전과자들과 재활 치료 과정에 있는 마약중독자들이 포함돼 있었는데, 우연히도 이들에게 설교하는 사람들 중에는 로버트 어빈Robert Ervin이라는 전직 시카고 경찰관도 있었다. 어빈은 그 교회가 지향하는 신앙적 삶과 공적 삶이라는 두 가지 목표의 취지를 충분히 이해하고 그러한 목표가 실현되는 데 도움이 되도록 설교를 한다.

5. 가족도 생존을 위한 전략을 강구할 필요가 있는데, 그것을 위해 가족 내에서의 '공적 삶'이 필요하다. 가족 단위의 '공적 삶'이 실현될 때, 이것이

---

2 은사운동이라고도 하는데, 평신도의 지도력과 축제 같은 자유로운 예배 형식을 강조한다
— 옮긴이.

발전해 더 큰 공동체로 확대되는 것이다. 그런데 대개의 경우 이런 가족 단위의 생존 전략은 교회나 법적 권리를 보장하는 조직들과 연계해 이뤄진다.

문화가 다르고 시대가 달라도 정치적 삶에 이르는 방법은 서로 매우 비슷했다는 것은 참으로 놀라운 사실이다. 인류는 자신들의 타고난 인간성을 계발함으로써 정치적이 되었으며, 인류 역사 초기에 확립된 이 방식이 지금까지 이어져온 것이다. 그리고 그 과정에서 인문학이라는 것이 방법론의 한 부분으로 포함되게 된다. 반면, 종교는 대체로 사람들을 성찰하는 삶으로 이끄는 역할을 해왔다. 물론 법 이론이나 조직 이론 혹은 정치 철학 같은 것들도 비슷한 효과를 낼 수 있지만, 이때 중요한 것은 실제로 가난한 이들을 돌보거나 살아있는 인문학에 관심이 있는 사람들과 협력할 때에만 비로소 사람들을 성찰하는 삶으로 이끌 수 있을 것이라는 사실이다.

미국의 빈곤 문제에 대한 해결책으로 인문학을 공부하자는 주장은 정치적 좌파와 우파 모두의 견해와 모순된다. 좌파는 인문학 공부를 그만두었다. 그들은 인문학을 '이미 죽고 없는 유럽 백인 남성들'[3] 중심의 문화적 제국주

---

3 '이미 죽고 없는 유럽 백인 남성들(dead white European males)'은 두 가지 뜻을 내포하고 있는 구절인데, 첫째는 여성들이나 비(非)유럽인들 마음 속에는 유럽 백인들의 문학작품이나 예술작품들만이, 그것도 아주 오래전 것들을(예를 들어, 호메로스나 플라톤, 소포클레스, 셰익스피어, 칸트, 아리스토텔레스, 다빈치, 구약과 신약 등)이 서양 정전으로 여전히 강조되고 있는 것에 대해서 깊은 분노를 느낄 수 있다는 사실이다. 사실 아시아인이나 아프리카인, 아메리카 원주민 또는 여성의 입장에서 보면, 이런 현상은 일종의 문화적 제국주의에 다름 아닐 것이다. 아울러 이 구절은 또한 고전이야말로 가장 훌륭한 문학작품이라는 전제도 담고 있다. 여기서 '고전(古典, classical literature)'이라 함은, 흄의 표현을 빌리자면, '오랜 동안 지속되는 문학작품'을 뜻한다. 정리하면, '이미 죽고 없는 유럽 백인 남성들'이

의의 산물이라고 치부하면서 인문학 연구를 모름지기 자신들의 몫이라고 우기던 보수주의자들에게 넘겨버렸다. 굳이 따지자면, 인문학은 좌파들의 것이어야 한다. 대다수의 사람들, 그 중에서도 특히 빈민들에게는 인문학을 공부하는 것 그 자체가 부를 재분배하는 의미가 있지만, 플라톤이 『국가』에서 시인을 추방한 이래로 살아있는 인문학은 우파에게는 별 쓸모가 없게 되었기 때문이다.

사실 하려고만 하면, 인문학 공부에 대한 좌파의 거부감은 쉽게 해소될 수도 있을 것이다. 우리가 신중하게 생각해야 할 문제의 핵심이 동양 시와 서양 시 중에서 어느 것이 더 아름다운 것인지를 고르는 것이 아니라, 시장이 주도하는 문화를 선택할 것인지 인문학을 선택할 것인지의 문제이기 때문이다. 페트라르카가 그리스와 로마의 작품들을 의미하는 고전으로 되돌아가자고 부르짖었을 때 그는 이미 인문학이야말로 진정한 대안이 될 수 있다는 것을 알고 있었던 것이다. 그가 말한, 시민을 위한 인본주의의 개념에는 벽돌 쌓기나 대중문화에 대한 공부가 포함되진 않았으며, 그것은 오늘날에도 마찬가지여서 제조기술, 프로그래밍 또는 컴퓨터 수리 등과 같은 것들은 인문학의 영역이 아니다. 페트라르카라면 분명 세계 문학을 포함시킬 것이고, 그리스 시대의 조각과 로마 시대의 건축물만큼이나 아프리카와 아시아,

라는 말은 비(非)유럽인들이나 여성들의 분노를 포함하면서 동시에 '고전'에 대한 심취(탈구성주의자들이 이것에 대해 반대하고 있다)의 의미도 내포하고 있는 것이다.

그래서 클레멘트 코스와 같은 교육과정이 비(非)유럽 지역에서 진행될 때에는 반드시 '이(二)문화적(bi-cultural)'일 필요가 있다. 이것은 원작이 처음부터 비유럽 언어로 쓰였거나 여성이 쓴, 세계적 수준의 문학작품들을 교육 내용으로 포함할 필요가 있다는 뜻인데, 한국에서의 클레멘트 코스를 예로 들면, '이미 죽고 없는 유럽 백인 남성들'의 작품들도 분명 가르쳐야 하지만, 한국 고전은 물론, 가능하면 아시아, 아프리카, 라틴아메리카 지역의 작품들도 교육 내용에 포함시킬 필요가 있다는 말이다.

그리고 아메리카 문화의 영향을 받은 예술 작품들에 대해서도 관심을 가졌으리라 생각한다. 또한 역사라는 것은 본래 '한계'가 없는 것이고, 논리라는 것 역시 다른 어떤 것으로도 대체될 수 없는 영역이기 때문에 인문학 범주에 당연히 포함될 것이다. 철학의 경우도, 시대와 장소에 따라서 그 답의 내용은 달라졌을지언정 칸트도 그랬던 것처럼 철학적 질문은 늘 변함이 없었다. 내가 무엇을 알 수 있을까? 나는 어떻게 살아야 하나? 나는 무엇을 희망하는가? 인간이란 무엇인가? 등. 그래서 철학도 인문학의 내용으로 마땅히 포함된다.

인문학은 항상 '이미 죽고 없는 유럽 백인 남성들'의 작품에서 많은 영향을 받을 것이다. 왜냐하면 이들은 역사상의 말썽꾸러기들이었으며, 혁명과 발명을 부추겼던 자들이었고, 변화를 추동하는 힘이었으며, 인문학을 질식시키는 '침묵'에 간단없이 맞섰던 대항자였기 때문이다.[4] 이유야 어찌됐든, 아무리 위대한 작품이라고 할지라도 이 '이미 죽고 없는 유럽 백인 남성들'의 작품들만큼 세간의 관심을 끌었거나 비평의 대상이 된 것들은 많지 않았으며, 또 역사상 이들의 작품들만큼 사람들을 정치적 삶(이 속에는 지금 생각해도 놀랄 정도의 자율성이 담겨있다)으로 이끈 작품도 없는 것이 현실이다. 사실 이런 현실이 초래된 데에는 좌파가 '위험을 무릅쓰고' 인문학을 내팽개쳐버린 책임도 적지 않다고 하겠다. 권위에 도전하는 성가신 존재와 같은 인문학을 '제거해버린' 좌파는 결국 아득한 사상과 작은 승리가 가져다준

---

4 아메리카의 지역 문화들을 그 지역어로 공부할 때에도 교육과정을 조직하는 힘과 정치적 삶의 선도자로서 아메리카 지역인들의 가치를 이해하는 힘은 고대 아테네에서 나온다. 아테네인들은 소크라테스에게서 배운 감정이입이라는 관점으로 다양한 문화를 끌어안았으며, 헤로도투스한테서는 다른 방식으로 사고하는 일에 흥미를 가지는 법을 배웠다. 물론, 문화의 독특함에 대한 사고는 헤르더의 영향력에서 비롯된다.

추억에 만족한 채 멍하니 앉아 있다 고사돼버린 것이다.

보수 진영은 좀더 복잡한 문제를 안고 있었다. 보수주의자들은 대학을, 특히 서양 문명을 다루는 교육의 관점들을 자신들의 것으로 차지하려고 시도해왔기 때문이다. 이러한 관점의 옹호자로서 가장 널리 알려진 사람이 시카고대학교 사회사상위원회Committee on Social Thought 회원이었던 고故 앨런 블룸이었다. 『미국 정신의 종언The Closing of the American Mind』에서 블룸은 독자들에게 자신이 선택한, 교양 교육이 적합한 '표본 학생'(강조는 블룸)의 성격에 대해서 다음과 같이 설명하고 있다.

이 부류에 속한 수천 명의 학생들은 비교적 지능이 높고, 여러 가지 특권을 누릴 수 있는 우수한 대학에 다니는 몇 년 동안은 자신이 원하는 것은 거의 무엇이든 할 수 있을 만큼 물질적으로나 정신적으로 자유롭다. 요컨대 스무 개에서 서른 개 남짓한 명문 대학에 다니는 젊은이들이 바로 이들이다. 반면, 교양 교육에 매진하기 위해 필요한 자유를 충분히 누릴 수 없는 열악한 환경에 놓인 학생들이 있다. 그들은 자기만의 욕구를 가지고 있고 앞서 언급한 학생들과는 무척 다른 특성들을 띠고 있다.

블룸은 교양 교육에 적합한 학생 부류에 대한 자신의 판단에 일말의 실수도 없게 하려는 목적으로 1965년에 출처를 밝히지 않은 자료에 실렸던 자신의 글에서 아래 부분을 인용했다.

나는 교양 교육을 최우선적으로 공부한 학생들, 그리고 가능한 최선의 교재가 마련된 상태에서 교육받은 학생들을 의미하는 것이다. 이 젊은이들은 자신의 부모들이 대공황 동안 겪었을 생필품 부족과 같은 물질적 복지의 결핍에 대해

한 번도 걱정해본 경험이 없는 친구들이다. 그들은 안락함 속에서 자랐고, 그런 안락이 점점 더 늘어나리라는 기대를 하고 있었다.

블룸 교수에게는 "이 학생들이야말로 귀족의 민주주의식 표현democratic version of an aristocracy"이었다. 그는 이렇듯 민주주의 용어로 바꿔 표현된 '귀족' 학생들에게만 교양 교육이 적합하다고 생각했던 것이다.[5]

---

5 『미국 정신의 종언』(New York: Simon & Schuster, 1987) 22쪽과 49쪽. 블룸 교수와 나는 4년 동안의 대학 교육과정 대부분이 '위대한 고전들(Great Books)'을 읽는 것으로 구성된, 허친스 총장 시대의 시카고대학교를 다녔다. 당시 교육과정은 교양 교육과 관련된 14개의 필수과정과 2개의 선택과정으로 구성되었다. 어떤 학생들은 2년 동안의 고등학교 생활 후에 길고도 꽤나 엄격한 입학시험을 치르고 이 대학교에 들어왔으며, 장학금을 받으려면 더 길고 엄격한 시험을 거쳐야 했다.

알려진 대로 허친스의 계획은 성공하지 못했다. 하지만 내 생각에 그것은 미국에서 받을 수 있는 최고의 교육이었다. 그가 학교를 떠나고 몇 년이 지난 뒤, 나는 허친스와 이 문제에 대해 이야기할 기회가 있었다. 그는 자신의 시카고대학교 시절에 대해 매우 솔직하게 말했다. 냉정하면서도 비꼬는 자세로, 그러나 의아한 표정으로 자신이 이해할 수 없었던 사람들, 특히 당시 시카고대학교에 다니던 학생들에 대해 이야기했다. 어째서 학생들이 그토록 자신의 실험에 대해 관심이 없었는지 도무지 이해할 수가 없었다는 것이다.

나는 허친스가 블룸의 책을 어떻게 평가하는지 전혀 모른다. 다만 짐작하건대, 책의 일부 내용은 그를 분명히 미소 짓게 만들었겠지만, 자유와 공평함에 대한 블룸의 반감은 이내 그를 불쾌하게 만들었을 것 같다. 물론 아닐 수도 있겠지만 말이다. 허친스를 만났을 때 그는 이미 지쳐버린 중년 후반의 신동(Wunderkind)이었다. 그는 젊었을 때가 더 관대하고 예리했던 것 같다.

블룸은 자신의 책에서 허친스에 대해서나 허친스의 계획에 대해서는 언급하지 않았지만 1950년대의 대학에 대해서는 이야기하고 있다. 그 부분을 읽다 보니, 당시 우리 두 명석한 유대인 청년들이 같은 환경에서 인문학을 공부하면서, 또 똑같은 강의를 듣고 시험을 치르면서 한편으로는 곤혹스러워 하면서도 동시에 또 한편으로는 흥분된 마음으로 난생 처음으로 플라톤을 읽지 않았을까 하는 생각이 들었다.

문제는 블룸이 이런 식의 주장을 하면 할수록 그의 사상과 인문학을 서로 관련짓기가 그만큼 더 어려워진다는 사실이다. 블룸은 플라톤의『국가』를 교육에 관한 위대한 저작이라고 주장하면서도 플라톤의 사상 가운데 反민주주의 부분만을 편식했고, 그것에 기초해서 사회와 대학에 대한 자신의 사상을 가다듬었다. 그는 플라톤의 '동굴의 비유'를 근본주의적 관점에서 해석한다. "자연은 우리가 우리 자신의 삶과 다른 사람들의 삶을 판단하는 기준이어야 한다. 바로 이런 이유로 인류학이나 역사학이 아니라 철학이 가장 중요한 인간학human science이다."[6]

블룸 교수의 개인 생활에 대한 나의 관심은 우리 둘이 비슷한 시기에, 비슷한 곳에서 우연히 함께 공부했다는 그 '우연성'에 대한 것 이상은 아니다. 한 개인에 대해 논쟁하려는 유혹을 피하기 위해 나는 지금까지 그에 대해 필요 이상으로 언급하는 것을 자제하고 있다. 오히려 블룸이 '친구'라고 여기는 솔 벨로우(Saul Bellow)는 가장 적대감을 가지고 있는 사람이 할 수 있는 것 이상으로 블룸에 대해서 비판하고 있지만 말이다. 인문학의 가치와 자유의 중요성에 대해 우리 두 사람이 서로 완전히 다른 생각을 가지고 있는 것은 아마도 우리 두 사람의 개인적 또는 정신적 지향의 차이를 그대로 반영하는 것이라고 생각한다. 시카고대학교에서 공부했던 경험을 돌아보건대, 그 시절은 여러 가지 면에서 매우 어려웠지만, 동시에 나 자신의 정체성을 형성하던 때이기도 한 것 같다. 나는 아직도 '13세 소년, 시카고대학교의 장학금을 타다'라는 제목의 기사를 스크랩해놓고 있다. 인문학은 나의 성장을 위한 거름이 되었으니, 바로 이런 이유에서 플라톤이 나를 양육한 것이 되는 셈이다.

나는 그러지 않길 바라고 있지만, 플라톤이『국가』에서 주창하고 있는 정치학에 대해 반발심이 생기거나 '위대한 고전들'과 비교할 때 자신이 하찮다는 느낌을 갖게 되는 것, 혹은 향수에 젖는 것 등과 같은 일들은 모두 만성적 빈곤을 해결하기 위한 한 대안으로서의 급진적 인문학의 영향 때문이라는 생각이 든다. 레오 스트라우스(Leo Strauss)는 블룸 교수를 우파로 끌어들였고, 이 세상은 나를 좌파로 인도했다. 정말로 그렇다.

6 같은 책, 38쪽. 내가 선택한 '근본주의자'라는 단어는 여기서 약간의 풍자가 섞인 것이다. 블룸은 자신이 번역한『국가』의 서문에서 원문을 완벽하고도 충실하게 번역했다고 주장했다. 반면, 서문의 나머지 부분을 할애하여 생기 넘치고 읽기 쉽도록 번역한 콘포드(Conford)

블룸은 '인간은 만물의 척도가 아니다!'라는 생각에 있어서 매우 단호하며, 이 네 단어로 프로타고라스와 소피스트들을 간단히 처리해버렸다.[7]

그의 궤변을 듣자면 마치 교묘하게 속임수를 써서 물품을 판매하거나 광고하는 모습이 떠오른다. 겉으로는 진실처럼 보이지만 실제로는 그렇지 않은 것이다. 프로타고라스는 어떤 상품이라도 그것과 경쟁 관계에 있는 상품과 한꺼번에 홍보하는 데 거리낌이 없는 현대의 세일즈맨처럼, 혹은 이번 선거에서는 조지 부시를 위해 일하고 다음 선거에는 빌 클린턴을 위해 일할 수 있는 정치 컨설턴트처럼, 문제의 어느 쪽에서든 논쟁할 수 있는 능력을 지녔다는 평판을 받았다(아마도 당시 토론의 한 형식인 논쟁술을 펼칠 때의 일이었을 것이다). 교육에 관한 블룸의 책에서 소피스트들은 언급될 만한 가치도 없었던 듯하다. 플라톤이나 아리스토파네스와 달리 블룸은 반대자들과 토론을 즐길 마음의 여유가 전혀 없다. 그는 엘리트주의라는 칼과 전통이라는 방패로 무장하고 민주주의를 민주주의로부터 지키겠다는 자신의 사명을 완수하기 위해 무뚝뚝하게 전진할 뿐이다.

근본주의자인 블룸에게 인간이 만물의 척도라는 사상은 상대주의로 전락하는 것일 뿐 다른 어떠한 의미도 없다. 그는 정치와 인문학 등 인간이 이뤄놓은 작품들에 대해서 칭송만 할 뿐, 아마도 그것에서 아무런 의미도 끄집어내려 하지 않을 것이다. 왜냐하면 플라톤이 프로타고라스에 대해서

의 작업에 대해서는 조롱과 독설을 퍼부었다.

7 궤변과 소피스트는 분명히 구분되어야 한다. 소피스트들과 맞수 관계였던 플라톤이 자신의 「대화편」 중 몇몇 부분에서 이들의 화법을 글의 장식으로 사용했다. 지금 우리가 소피스트들의 화법을 '거짓 또는 현혹시키는 토론, 속임'을 뜻을 담고 있는 '궤변'과 혼동하는 것은 플라톤이 소피스트들의 말을 자신의 말 속에 너무도 '효과적'으로 집어넣어 감쪽같이 사용한 데서 비롯한다.

'아니다'라고 말했기 때문이다. 소피스트가 시에 관한 토론이 인간 교육의 가장 중요한 부분이라고 말했지만 근본주의자 블룸은 그 말을 들으려 조차 하지 않는다. 플라톤이 이미 오래 전에 자신의 이상 국가에서 시인을 추방해 버렸기 때문이다. 정치를 포함해서 윤리적 문제에 대해 생각하는 하나의 중요한 방법으로써는 물론이거니와 윤리적 의문점들에 대해 고려하는 중요한 방법으로써 비평법critique을 사용했던 인문학의 스승 프로타고라스의 사상을 근본주의자들은 한사코 거부한다. 왜냐하면 플라톤이 시인들을 파괴분자라고 낙인찍었기 때문이다.[8]

---

8 안락한 부자로 태어난 학생들에 대한 블룸의 집착은 시인에 대한 플라톤의 적대감과 깊은 관계가 있는 듯하다. 플라톤이 그랬던 것처럼 블룸도 큰 재해나 고통보다는 행복에 관심이 많다. 1960년대 등장했던 록 음악에 대한 블룸의 반감은 '인간은 영혼의 가장 낮은 부분에 의해 지배받는다'는 『국가』의 9권에 실린 플라톤의 견해와 상통한다.

플라톤 이후 철학자들을 동원하느라 붙여놓았던 참고문헌을 모두 털어내면 블룸의 책은 시와 철학 사이의 오래된 다툼에 대한 플라톤의 설명을 반복한 것이나 다름없어지고, 그렇게 되면 결국 그 책의 주장은 『국가』 제10권에 실린 다음 문장으로 요약될 수 있을 것이다. "[……] 호메로스가 그리스의 교사라고 말하며, 그의 시를 공부하는 것이 인간 행위와 문화를 세련되게 하는 것이고, 그의 교훈에 따라 우리의 모든 삶을 정비해야 한다는 호메로스의 찬미자와 마주친다면, 자네들은 할 수 있는 한 최선을 다하는 사람들로서 그들을 환영하고 사랑해야 한다네. 자네들은 호메로스가 가장 위대한 시인이며, 비극 작가들 가운데 으뜸이라는 데 확실히 동의할 수 있지 않겠나. 하지만 자네들은 우리 국가에서 신께 드리는 찬가(讚歌)와 선한 사람들에 대한 공정한 이야기 외에는 어떠한 시도 허용하지 않는다는 태도를 단호하게 유지해야 한다네. 달콤한 혀를 가진 음악의 신 뮤즈(Muse)의 입국이 일단 우리 공화국에서 허용된다면, 서정시의 형식이든 서사시의 형식이든지 간에 기쁨과 고통은 도시의 제왕이 되고, 법은 대체되며, 시간과 견해가 인정해온 통치의 이성도 역시 자리를 잃을 것이라네." 리처드 스털링과 윌리엄 스콧(Richard W. Sterling & William C. Scott)의 번역(New York: W. W. Norton, 1985). 프랜시스 콘포드(Francis Cornford)는 정치의 색깔을 좀더 분명히 드러내는 방식으로 문단을 끝맺는다. "[……] 기쁨과 고통은 최선이라 생각하여 만장일치로 채택했던 법과 규범들이 지닌 통치권을 빼앗을 것이라네."

프로타고라스는 사람들에게 정치 기술을 가르치고 좋은 시민으로 만드는 것이 자기의 목적이라는 주장을 반복했는데, 언뜻 생각하기에 애국심에 불타는 우파라면 이런 목적을 소중히 여길 것 같지만, 실제로는 그렇지 않다. 프로타고라스와 같은 생각을 가진 사람은 플라톤의 이상 국가에서는 잘 살아가는 좋은 시민들 속의 파괴분자, 즉 민주주의자일 뿐이다. 사실 프로타고라스는 자율적 인간의 참여를 보장하는 국법의 초안을 작성하라고 페리클레스가 선택한 인물이었다. 이렇게 최초의 비평가이자 인문학 교수와 민주주의 법전 편찬자가 동일인이었다는 사실에 주목한다면, 인문학으로 영감을 받은 비판적 사고와 정치적 힘을 만들어내는 지속적인 대화 사이의 관계를 그리스인들이 이해했다는 사실은 분명해진다.

반면, 원조 보수주의자인 플라톤과 그의 추종자이면서 근본주의자인 블룸은 '인간 특성이 확실하게 녹아난' 국가가 되기 위해서는 '자연이 규정하고 철인哲人이 통치하는 불변의 조직'으로서의 국가이어야 한다는 믿음을 가지고 있었다. 그런데 그들이 시를 혐오하는 것은 시라는 것이 바로 이렇게 완벽한 국가를 어지럽히고 부패시키며, 인문학 공부는 가난한 사람들로 하여금 논쟁을 좋아하도록 함으로써 국가 통치를 어렵고 불건전하게 만든다고 생각했던 것이다. 늘 그래왔듯이 오늘날 우파들의 골칫거리는 빈민들의 인간성이다. 블룸과 근본주의자들에 따르면 빈민들은 "그들만의 독특한 욕구를 가지고 있는데" 이것은 "안락함 속에서 양육된" 사람들이 필요로 하는 것과는 다르다는 것이다.

토마스 굴드(Thomas Gould)는 『시와 철학 사이에 존재하는 고대 시대의 불화*The Ancient Quarrel Between Poetry and Philosophy*』라는 재밌고도 깨우침을 주는 책을 혼신의 힘을 다해 저술했다(Princeton, NJ: Princeton University Press, 1990).

보수주의자들은 플라톤의 충고대로 특별한 조건 아래에서만 인문학을 허용한다. 그들의 판단 기준으로는 자신들도 절대빈곤을 극복하고 공적 삶을 영위할 수 있다는 가능성을 생각하지 못하는(이것은 아마도 가난 때문이 아닌가 싶다) 빈민들이 특히 범접해서는 안 되는 것들도 있다.

앨런 블룸이 생각하는 인문학의 정전正典에는 문학, 철학, 역사, 예술 등이 포함되어 있다. 그리고 『국가』 3권에서의 플라톤처럼, 블룸은 자신이 바람직하다고 여기는 작품들만을 시민들이 읽도록 허용할 것이다(아아, 가엾은 소크라테스, 꿈속에서라도 호메로스를 만나고 싶어했는데 결국 잠이 깨버렸구나!). 더 나아가, 그의 인문학 정전에는 그저 작품들만이 아니라 작품에 대한 해석도 포함돼 있는데, 바로 이 지점에서 자유주의자와 근본주의자가 확실하게 구분된다. 프로타고라스의 말처럼 인문학은 살아있는 것이다. 정치적 힘을 만들어내는 대화는 결코 끝나지 않으며, 인문학 작품들 또한 사라지지 않을 것이다. 글쓰기 때문에 대화가 죽어서는 안 된다고 생각한 소크라테스처럼 프로타고라스는 변화하는 세계가 결국 활기를 띠게 할 것이라는 믿음이 있었다. 그의 인문학은 한마디로 정치 행위를 하기 위한 준비인 것이다.

그것은 노예제도에 대한 단순한 반항이 아니었다. 그것은 오히려 자유사상을 촉발하게 만든 운명이란 것에 결연히 맞선 투쟁이었다. 비극은 본질적으로 자유롭고자 하는 인간의 의지에서, 자기 운명에서 벗어나 독립하는 것에서 비롯된다. 그 운명이 신에 의해 결정되건 정부에 의해서건 말이다. 바로 이것이 인문학의 위대한 교훈이자, 동시에 플라톤이 자신의 이상 국가에서 인문학을 용납할 수 없었던 이유인 것이다.

우파는 플라톤이 그랬던 것처럼, 인문학이라는 발상 자체에 대해서 반대하면서도 교육에 대한 권리는 주장해왔다. 블룸은 콘포드의 '살아 있는 인문학' 개념을 혐오하는 마음으로 우파적 관점에서 자신의 인문학 정전을 정리했다. 정전에 담긴 글자 하나라도 바꾸지 않을 것이며, 어떠한 토론도 허용하지 않을 것이라고 주장하면서 말이다. 블룸이 생각하기엔, 소크라테스가 가장 심각한 오류를 범한 사람이다. 블룸은 모든 것은 돌에 새겨서라도 문자의 형태로 기록되어야 하며, 인문학은 반드시 종말을 맞아야 한다는 신념을 가지고 있었기 때문이다. 하지만 세상은 아직 종말에 이르지 않았다. 부자들의 당면 문제는 어떻게 변화에 맞서 세상을 지켜내느냐 하는 것이다. 반면, 빈민들은 손해 본 것을 만회할 방법을 찾아야만 한다. 바로 이것이 프로타고라스와 플라톤 사이에 벌어진 논쟁의 핵심이다. 이것은 또한 인문학과 보수주의자들이 인문학의 대안으로 내놓는 음산한 것 사이, 포용과 소외 사이, 힘과 무력 사이, 그리고 민주주의와 우리의 마지막 한숨 사이에 벌어지는 논쟁이기도 하다.

2

'살아있는 인문학'은 아테네에서 그랬던 것처럼 경이로운 정치를 빚어낼 수 있는 가능성을 여전히 가지고 있다. 다만 그때와 다른 점이 있다면 지금은 급진적인 방식으로 사용되는, 빈민들을 위한 정의의 도구라는 의미를 띠게 되었다는 사실이다. 불행히도 우리는 인문학이 부자들을 위한 것으로 여기도록 길들여졌다. 그 결과, 빈민들에게 인문학을 가르친다는 생각은 매우 터무니없는 것으로, 그래서 죄수의 몽상이나 아리스토파네스의 농담쯤으로 치부해버린다.

이 책의 나머지 부분은 클레멘트 코스라는 교육 실험에 관한 것이다.

어쩌면 이제는 실험 수준이 아닐 수도 있겠지만 말이다. 흑인 공동체들 중에서 규모가 매우 큰 아메리칸 사우스American South라는 공동체에서 진행된 인문학 실험이 성공한 사례가 있다. 인문학 공부를 통해 노예 후손인 미국 흑인들이 대물림되는 빈곤을 떨치고 일어나는 일이 가능해졌을 뿐만 아니라 정치적 삶을 살 수 있게 된 것이다. 사실 노예해방 이전에도 노예 거주 지역에서 인문학 공부를 하고 있었다. 당시 교재는 한 가지였지만 그 속에는 존재론, 윤리학, 문학, 수사학, 인식론 등 다양한 학문 영역이 포함되어 있었다. 여기서 말하는 교재란 킹 제임스King James 판 성경이다.[9]

아프리카에서 잡혀와 자신의 문화가 철저히 파괴되고 수세대에 걸쳐 노예로서 두려운 삶을 살아왔으면서도 흑인들은 스스로의 힘으로 공동체를 발전시켰고, 정치 행위를 하는 힘까지 갖추게 된 것이다. 미시시피 주의 렉싱턴Lexington 지역에 위치한 세인츠 아카데미Saints Academy의 학장 골디 웰스Goldie Walls 박사를 비롯한 다른 많은 사람들은 다음과 같은 사실을 기억하고 있었다. 흑인 교회에서는 독서를 숭배했고, 성경에 담긴 언어와 운율을 사랑했다. 또한 성경의 내용을 음악에 실어 노래했으며(플라톤이 당황해할 것을 상상해 보라!), 교회 모임에서든, 집에서든 성경의 모든 구절에 대해

---

9 여기서 미신과 종교를 구별해 두는 것이 필요할 것 같다. 천년왕국론자(millennialist)나 전(前)천년왕국론자(premillennialist)처럼 다음에 무엇이 올 것인지를 확실히 알고 있는 사람들은 모두 미신을 신봉하고 있는 것이다. 미신은 의심받지 않는다. 무당, 산테로santero (아프리카 기원의 쿠바 종교, 산테리아 의식의 사제 ― 옮긴이), 신앙 치료자, 뱀 조련사, 요가 수행자, 신앙 부흥사 등과 같은 사람들은 병의 원인이나 자신의 치료법에 대해서 자기가 치료하는 환자와 토론하는 법이 없다. 미신은 신석기 시대에나 있을 법한 생각이 통했던 시대의 산물이다. 미신은 융통성이 없으며 변하지 않는다. 만약 미신 숭배의 순환 고리가 깨지고 세상이 변한다면, 미신적인 모든 것은 붕괴된다. 그런데 미신이 사라져야 정치와 자유가 비로소 가능해진다.

토론했다. 많지는 않았지만 흑인 설교자들 중에서 강해講解식 설교를 하는 사람도 있었다. 오로지 킹 제임스 판 성경책과 인간의 정신력만으로 이 노예의 후예들은 인문학을 통해 자신들을 스스로 재창조했고, 정치적 삶을 위하여 자기 자신을 준비시켰던 것이다.

백인에게 모든 헤게모니가 집중된 열악한 환경에서 인문학을 통해 자율성을 교육받은 아프리카의 후예들이 제 몫을 담당하는 정치적 세계가 성장했던 것이다. 하지만 모든 흑인들이 인문학에서 평안을 찾은 것도, 모든 흑인들이 정치를 감당할 만큼 교육을 받은 것도 아니었다. 삶을 강제하는 무력의 포위망 안에서 흑인이 인문학을 배울 여유를 갖는다는 것은 거의 불가능했다. 그러나 그런 환경 속에서도 인문학 공부는 계속됐던 것이다.

3

노예 상태의 삶이라는 것은 백인 이민자들이 겪은 삶의 경험과는 질적으로 다른 것이라는 점에서 미국 흑인들은 대부분의 백인 미국인들과 구별된다. 그런데 지난 2백 년 동안 미국 흑인들이 겪었던 바로 그 노예 상태의 삶이 사실은 그들이 정치적 삶을 살 수 있게 한 기초교육의 역할을 했던 것이다. 경제적 이유로 미국에 건너온 백인 이민자들 대부분은 자유를 노예제도에 대비되는 개념으로 이해하지 않았다. 그들에게 자유는 자신들의 이전 삶(혹은 운명)을 바꿀 수 있는 대안이었을 뿐이다. 이민자들은 자신들의 이전 운명을 극복하고 새로운 삶을 열망했을 뿐이기에 인문학의 '질료material'는 될 수 있을지언정 굳이 자신이 인문학을 공부해야겠다는 필요성을 느끼진 못했다. 백인 이민자들 대부분은 정치적 삶이라는 게 도대체 무슨 의미인지를 생각조차 해보지 않은 채 정치적 삶을 살기 시작한 것이다. 그들은 민주주의의 주춧돌인 인문학을 알지 못한 채 민주주의를 경험했던 것인데, 지난 19세기에 토크빌이 미국을 방문했을 때 목격한 장면이 바로 이것이었다. 성찰이 결여된 민주주의의 한 형태인 시장민주주의market democracy는 바로 이런 토양에서 생겨난 것이다.

비록 자기 세대에서가 아니라 다음 세대에서라도 이민자들이 '힘 있는 집단'에 포함될 가능성을 조금이라도 기대할 수 있는 한, 백인 이민자들에게는 이민을 온다는 것 자체가 이미 정치 행위의 의미를 띠게 된다. 그러나 그럴 가능성이 전혀 없는 이민자들은 아무런 대안도 없이 무력의 포위망에 갇혀버리게 된다. 이렇게 정치 행위를 할 수 없게 된 백인 이민자들은 결국 빈민 계층으로 전락하게 되는 반면, 나머지 백인 이민자들은 자신의 운명을 개척하기 위한 싸움에 온 몸을 던지게 되는데, 인문학의 실천이라는 것은 늘 그랬던 것처럼 이 후자 부류의 사람들 안에서 일어난다.

나는 흑인과 백인 사이에는 어떻게 해볼 도리가 없는 특성적 차이가 존재한다는 사실을 주장하려는 것이 아니다. 오히려 정치적 삶에 이르는 데 있어서 적어도 하나의 매우 공통된 길이 있다는 것을 설득하려는 것이다. 사람들이 어떤 과정을 거쳐 정치적 삶에 이르렀는지 관계없이 그들의 정치적 삶은 늘 쉽게 상처받는다. 플라톤이나 아리스토텔레스도 이러한 사실을 알고 있었지만, 실제로는 그들이 상상했던 것 이상으로 정치적 삶은 늘 적들에 의해 공격을 받는다. '자기 통제Sophrosyne'의 계절은 언제나 짧고, 그 시절이 가고 나면 인간답지 못한 어떤 것이나 획일적이고 일률적인 것, 분노 등이 '자기 통제'의 자리를 차지하려고 드는 이치라고나 할까.

4

'인문학이 정치에 선행한다'는 생각에 반대하는 사람이 그리 많지 않은 것 같은데, 막상 인문학이 어떻게 정치 행위를 가능하게 하는지 그 과정에 대해서 설명한 글은 거의 찾아볼 수가 없다. 아마도 핀리가 설명한대로 그리스인들이 정치 이론을 발전시키지 않았던 것이 주된 이유인 것 같다.[10] 버나드 녹스도 인문학이 정치 행위를 가능하게 한다는 사실을 분명히 하고 있지만 그 역시 그런 일이 일어나는 과정에 대해서는 설명하지 않았다. 장-피에르 베르낭[11]은 고대 그리스에서 정치와 사상이 밀접하게 연관돼 있었다는 자신의 생각을 좀더 구체적으로 설명했는데, 그는 폴리스에서의 공적 삶에서 합리적 사상이 나온다고 생각했다. '아테네 정치 이론'에 관해 저술한 신시아 파라Cynthia Farrar는 성찰reflection에서 정치가 나온다고 생각했는데, 그의 이러한 이론의 구체적 사례가 된 것이 다름 아닌 비극tragic drama이었고, 바로 이 비극이 "민주주의 정치가……제기한 의문들을 탐구하도록 자극했다."[12]

파라는 그리스에서 자율의 개념은 인간이 신의 통제에서 벗어나 자신의

---

10 그는 『고대와 현대의 민주주의Democracy Ancient and Modern』라는 저서에서 프로타고라스는 플라톤이 그를 모방하기 위해 그 많은 시간과 노력을 투입하도록 만들었던 모종의 이론을 수립했을 것이라고 주장한다. 하지만 이것은 추측일 뿐이다. 핀리도 그러한 주장을 뒷받침할 수 있는 증거가 남아있지 않음을 시인했다(28쪽).

11 장-피에르 베르낭(Jean-Pierre Vernant, 1914~)은 프랑스에서 태어났으며, 역사학자, 인류학자, 사회학자, 철학자로 활동해왔다. 현재는 콜레주 드 프랑스의 명예 교수다. 저서로는 『그리스 사유의 기원』, 『그리스인들의 신화와 사유』, 『고대 그리스의 신화와 사회』, 『고대 그리스의 신화와 종교』, 『신화와 정치 사이』 등이 있다 ― 옮긴이.

12 파라, 『민주주의적 사고의 기원The Origins of Democratic Thinking』, 30쪽.

행위에 대해 스스로 책임을 지는 능력이 싹틈으로써 생겨날 수 있었다고 생각했다. 호메로스는 트로이 전쟁을 묘사한 부분에서 성찰의 중요성을 분명하게 강조했으며, 한걸음 더 나아가 정치적 사고의 중요성도 부각시키려 했던 것 같다. 호메로스는 독자들에게 이야기 속에서 벌어지는 논쟁의 양쪽 당사자 모두의 입장에 설 수 있는 기회를 제공했는데, 사실 그 이전까지는 작가가 '객관적'으로 이야기를 전개하는 경우는 전혀 없었다. 호메로스의 작품 이전에는 어떤 관점에서 이야기를 해석해야 하는지를 항상 작가가 결정했던 것이다.

호메로스 이후 청중이나 독자는 어떤 이야기든 한 가지 이상의 해석이 있을 수 있다는 것을 늘 염두에 두어야 했는데, 바로 이것이 성찰적 사고가 무슨 뜻인지를 가장 잘 설명하는 것일 것이다. 「안티고네」를 감상한 관객들은 이 연극이 담고 있는 정치적 의미에 대해 원하는 만큼 토론할 수 있을 것이다. 연극에서 드러난 한 가지 분명한 사실은 크레온과 안티고네는 모두 자신들의 문제를 정치적으로 풀 수 있는 능력이 없었다는 것이다. 두 사람 모두 한 가지 생각에만 매몰돼 있어서 중재보다는 차라리 죽음이나 파국을 택할 인물들이었다. 그리스 평민들의 경우에는 자신들에게 영감을 불어넣어준, 경연대회에서 상을 받은 소포클레스의 연극을 통해서 사회적 삶을 지탱하는 두 축인 질서와 자유에 대해 성찰할 수 있는 기회를 가졌다. 그들은 정치를 창안했고, 그럼으로써 자신들을 스스로 제어할 수 있었던 것이다.

바로 이 정치와 동의어로 사용됐던 단어가 '자기 통제'였다. 투키디데스는 "통치의 온건한 형태"라는 뜻을 표현하는 데 '자기 통제'라는 단어를 사용했다. 아이스킬로스의 『탄원자들 *The Suppliants*』에 등장하는 고소인들이 보인 폭력적 행위는 '자기 통제'의 의미를 무색케 만드는 사례라고 하겠다.

인문학과 성찰적 사고, 그리고 정치라는 세 가지 개념을 하나로 통합한 말이 많이 있는지는 모르겠지만, 내가 아는 한 공적인 인간 세계의 기질이나 경향을 잘 나타낸 '자기 통제'만한 개념이 없는 것 같다. 인류가 주어진 운명을 숙명처럼 받아들이던 상태에서 벗어나 '자치'를 실행하기까지의 과정에서 정치가 어떻게 생겨나게 되었는지 그 역사를 '자기 통제'의 개념에서 추적해낼 수 있다. '자기 통제'라는 개념 속에는 인문학, 평온함, 그리고 인간의 삶에서 지워낼 수 없는 어려움들을 성찰을 통해 극복하는 것 등과 같은 뜻들이 담겨 있다. '자기 통제'는 무력에 맞설 수 있는 방어 수단이며, 진정한 '힘'에 대한 정의이고, 인간다움 그 자체다.

5

인문학이라는 것이 과연 만성적 빈곤에 대한 근본적 구제책으로서 타당한가 하는 것에 대한 판단은 궁극적으로 '누가 인간으로 태어나는가', 그리고 '인간은 어느 정도까지 자신의 인간성을 누릴 능력이 있는가' 하는 질문과 맞닿아 있다. 아테네 시민들과 관련해 이러한 질문을 받았을 때, 페리클레스 역시 모든 시민들에게 숭고한 행위 능력이 있다고 대답하면서 이렇게 말했다. "만약 어떤 사람이 국가를 위해 일할 능력을 가지고 있다면, 그 사람의 신분이 미천하다고 하여 그 의무를 수행하지 못하는 것은 아니다. 빈곤 역시 그 사람의 의무 수행을 가로막지 못한다."

앨런 블룸이 제안한 것처럼 빈민들이 훌륭한 교육을 받지 못하도록 하는 강령들을 보면, 미국의 엘리트주의는 그리스인들의 노예관과 매우 유사하다는 느낌을 지울 수 없다. 아리스토텔레스는 노예들에겐 천성적으로 노예근성이 있기 때문에 그들에게 정치를 가르치는 것은 상상할 수 없는 일이라고 생각했다. 가난한 사람들, 그 중에서도 특히 흑인들과 남미 사람들을 바라보는 블룸이나 찰스 머레이Charles Murray 같은 사람들의 시각은 아리스 토텔레스의 그것을 그대로 빼닮았다.

그러나 가난의 대물림에 시달리는 사람들일지라도 부자들과 비교해서 인문학을 공부할 능력이 떨어질 것이라고 생각해야 할 아무런 이유가 없다. 엘리트주의자들의 그러한 '선험적' 주장은 사실 단 한 번도 제대로 검증받지 않은 채 사회적으로 수용되었던 것이다. 엘리트주의자들의 '충고' 때문에 빈민들은 인문학을 공부할 기회를 차단당했고, 그 결과 정치적 삶에 이를 수 있는 하나의 효과적인 길을 봉쇄당한 것이다. 그런데 그들이 그렇게 주장 하는 근거를 살펴보면 참으로 공정하지 못하기가 이를 데 없는 견해라는 사실을 쉽게 알 수 있다. 노예제도와 그것에 기초한 조직적 억압 상황에서 작동했던 무력의 포위망 속에서도 미국 흑인들은 인문학을 공부할 방법을 찾아냈고, 정치적 삶을 발전시켰으며, 시민권 회복을 위한 숭고한 운동을 통해서 자신들을 속박했던 것들을 타파해나갔다. 인문학을 통해 그들은 자 신들을 억압하는 자들보다 더 인간다울 수 있었던 것이다.

마틴 루터 킹 목사는 살해당하기 전까지 이렇게 고양된 인간다움을 모 든 인종의 모든 빈민에게 확대하려고 애썼다. 전국에 퍼져 있던, 마틴 루터 킹 목사를 추종하는 성직자들이 수세대를 거쳐 내려오면서 굳어진 습성을 타파하는 데 성공했는지는 알 길이 없지만, 자유의 절정에서 나타나는 인문 학이 부자들에게 그랬듯이 빈민들에게도 효과적이었다는 사실만은 부인할 길이 없다. 부든 빈곤이든 그 어느 것도 좀더 인간적인 삶을 누리는 것을 방해할 수 없으며, 학생의 경제적 상황은 인문학 공부와 아무런 상관관계가 없다. 인문학을 공부하는 데 가장 중요한 요소는 바로 감성과 지성이다.

그런데 우파들 또한 자신들의 이익을 지켜내는 데에 있어서는 매우 탁월하다. 그들은 플라톤의 경고를 매우 진지하게 받아들인다. 그들의 관점에서 정확히 이해하고 있듯이, 빈민들이 인문학을 공부한다는 것은 그 자체가 매우 '급진적'인 행동인 것이다. 인문학 학습이 빈민들에게 정치적 삶을 가르치며, 진정한 '힘'이 존재하고 있는 공적 세계로 그들을 거의 확실하게 이끌어주기 때문이다.

성찰적으로 사고하거나 공적인 삶을 사는 것은 부자들보다 빈민들에게 더 많은 이점을 가져다준다. 게임의 승자가 될 때는 물론이고, 게임에서 어느 정도 성과를 내기만 해도 '힘'을 쟁취할 수 있는 다양한 수단을 얻을 수 있기 때문이다. 빈민들은 태어나면서부터 게임에 참여할 수밖에 없는 처지인데 그들의 환경이 자신들을 불리한 입장에 처넣는 무력의 방해만 없으면 게임에서 부자들보다 훨씬 유리한 입장에 설 수 있다.

미국 사회에서 인문학의 급진성은 부자와 빈민을 분명하게 가르는 근거인 '힘은 태어나면서부터 주어지는 것'이라는 생각을 정면으로 부정하는 것으로 표출된다. 일단 이러한 부정이 일어나면 빈민들의 정신 속에 자유가 가능해지고, 플라톤의 국가는 정치의 부모라 할 시인들의 맹습 앞에서 붕괴될 것이기 때문이다.

고대 역사의 진가를 제대로 인식하는 사람들이라면 인문학에 내재된 급진성을 충분히 이해할 수 있을 것이다. 왜냐하면 고대 역사를 제대로 이해한 사람은 정치라는 것이 완벽한 세계에서 시작한 것이 아니라 지금 우리가 살고 있는 사회보다 훨씬 더 문제가 많았던 사회에서 발생했다는 사실을 잘 알고 있을 것이기 때문이다. 고대 그리스인들은 노예제도를 인정했고, 여성의 권리를 부정했으며, 아동성애에 가까운 동성애를 인정했고, 지도자들의 음모와 부패를 견뎌냈다. 고대 그리스 사회의 비범함은 인간이 예술, 문학, 수사학, 철학 그리고 자유라고 하는 독특한 개념으로 자신의 인간됨을 인식함으로써 자신을 재창조했다는 데 있다. 바로 그 재창조의 순간에, 고립됐던 개인적 생활이 끝나고 정치가 비로소 시작된 것이다.

그런데 왜 이제는 그런 재창조의 물결이 다시 일지 않고 있는 것일까? 왜 빈민들은 소외돼야만 하고, 무력에 포위당한 채 자신들의 삶을 잃게 되었는가? 로버트 메이나드 허친스Robert Maynard Hutchins와 비니스 워커는 미국 사회가 직면하고 있는 이런 문제에 대해서 동일한 처방을 내놓았는데, 급진적 인문학이 바로 그것이다. 허친스가 말한 것처럼 "최고의 학생들을 위한 최고의 교육은 모든 이들을 위한 최고의 교육이다."

13장

클레멘트 실험이 시작되다

절망의 끝에서 한 희망이 생겨난다.

미래는 그 희망에 잇닿아 있다.

절망은 밤이요, 희망은 작금의 찬란한 태양이다.

......

마음이라는 것, 그것은 만족함이 없을 것이다, 결코.

— 윌리스 스티븐스, 「잘 차려입은 턱수염 사내」 중에서

클레멘트 코스가 시작된 바로 그 첫해는 실수의 연속이었다. 하지만 가난한 이들에게 인문학을 가르치고자 하는 일에 하나의 전형을 만들어낸 것만은 분명하다. 비록 이 코스가 개정을 거듭하고 있기는 하지만, 기본적인 방향과 틀까지 바뀌는 것은 아니다. 수강생들로 하여금 공적인 세계에 발을 들여놓게 하고, 가난한 탓에 겪는 고립에서 벗어나 시민으로서의 정치적 삶을 누릴 수 있도록 하겠다는 교육 목표 자체에는 변함이 없다는 말이다. 클레멘트 인문학 코스는 여러 학문 분야를 통합한 형태의, 대학 수준의 강좌인데, 교수 방법으로는 여전히 소크라테스식 방법론이 활용되고 있다.

이렇게 핵심 부분에 있어서는 일관성을 유지하고 있기 때문에 비록 막 시작된 첫 해의 경험이라고 할지라도 가령 5년 뒤에 코스를 운영하는 사람들에게도 여전히 유용할 것이며, 가난한 사람들의 삶에 대해 생각하고 인문학이 가지는 교육적인 가치를 생각하는 사람들에게도 생생한 시사점을 줄 수 있을 것이라고 믿는다.

1

1995년 봄 무렵, 하나의 이론이 등장했다. 그 이론은 형식은 소박했지만 '세상을 바꾸자'는 제안을 담고 있었고, 그래서 자신을 뒷받침해줄 수 있는 증거를 찾아내야만 했다. 그렇지 못할 경우 아무런 영향력도 발휘하지 못한 채, 다음에 이어질 가설들에 의해 사라져버릴 것이기 때문이었다. 그 이론이 피해갈 수 없는 질문이란 다음과 같은 것들이었다.

A. 가난한 사람들이 정치적으로 살 수 있도록 도울 수 있는 방법이 있는가? 그리고 그것을 제도화할 수 있는가?
B. 인문학은 가난한 사람들이 '정치적 삶'을 사는 데 있어서 필수 단계인 '성찰적 사고'를 할 수 있도록 이끌 수 있는가?
C. 만일 앞의 두 질문에 자신 있게 '그렇다'라고 대답했다면, 그것은 오랜 기간 동안 가난에 찌들려 살아온 사람들 역시 인간이고, 동등하며, 능력이 있다는 사실을, 그리고 최하층민이나 빈곤의 문화 같은 것은 존재하지 않는다는 사실을 강하게 암시하는 것인가?
D. 가난한 이들이 정치에 관심을 갖도록 이끌어주는 다른 방법들이 존재하고 있는 터에, 인문학을 가르치는 것이 가난한 이들을 공적 세계로 끌어들이는 데 있어서 과연 상대적으로 더 효과적이고 효율적인가? 아니면, 심리학 영역에서는 이미 매우 진부한 이야기가 되어버린, '우리가 어떤 사람들에게 주의를 집중하면 그 사람들은 다른 행동을 보일 것'이라는 사실을 인문학 강좌에서도 반복적으로 확인해보고 싶은 것인가?

클레멘트 코스가 있기까지 내게 영감을 준 스승들인 페트라르카와 허친스, 비니스는 나를 돕고 싶어도 그럴 수 없는 처지에 있었다. 둘은 이미 무덤 안에 있고, 나머지 한 명은 감옥 안에 있었기 때문이다. 그래서 스스로 이론을 검증할 만한 방법을 찾든지, 아니면 가난한 사람들에게는 교양 교육liberal education이 맞지 않다는 신념을 가졌던 앨런 블룸이 했던 방식대로, 근거를 제시하지 않고 신념 하나로 강하게 밀고 나가는 수밖에 는 없었다.

가난한 집안 출신으로 명문대에 진학하여 성공적인 삶을 살고 있는 학생들에 대한 기존 연구들도 아직 답하지 못한 두 가지 질문이 있다. 첫째, 그들은 인문학을 공부했는가? 둘째, 아니면 그들은 통례를 벗어난 예외적인 인물들인가? 현실적으로 인문학 과정을 제공하는 대학도 별로 없고, 혹 있다 해도 그런 과정을 선택하는 학생들이 별로 없다는 사실이 첫 번째 질문에 대한 답이 될 수도 있을 것 같다.[1] 두 번째 질문의 경우, 그런 사람들은 분명히 '예외적'인 사람들이라고 하겠다. 그리고 만약 인문학이 그런 예외적인 사람들에게만 영향을 줄 수 있는 교육이라면, 엘리트 주의자들의 주장만 증명되는 꼴이 될 것이다.

'가난한 사람들에 대한 인문학의 효용성'에 관한 연구 자료를 열심히 검색해봤지만 거의 보잘 것 없는 내용들뿐이었다. 그동안 미국에서는 가난한 사람들에게 인문학을 가르치자는 주장에 반대하는, 보수적인 주장들 만이 거의 완벽하게 실행에 옮겨졌기 때문이다. 따라서 내 구상의 현실성

---

1 최근 10년 동안 많은 대학들이 필독서를 교육과정에 비중 있게 포함하는 경향이 조금씩 강해지고는 있지만, 여전히 세인트 존스(St. John's)대학처럼 '위대한 고전들'로 교육과정 전체를 구성한 학교는 없을 것이다.

을 점검하는 데 필요한 판단 근거 자료를 뭔가 새로운 방식으로 찾지 않으면 안 되었다. 나는 수강생, 교수, 시설 등 세 가지 항목에 대한 판단 근거 자료가 필요했다. 일반적인 주제에 관한 연구라면 양적으로 충분한 사례들을 분석해 자료를 얻어야 하겠지만, 이 경우에는 하나의 작은 사례가 담긴 일화와 같은 정보들도 유용하게 쓰일 수 있다는 생각을 하게 됐다.

마지막으로, 내가 하려는 실험의 윤리적 문제가 검토돼야 했다. 대체로 인간을 대상으로 하는 실험은 '최대 다수를 위한 최선'이라는 명분을 도덕적인 입지로 삼는다. 그런데 모든 사람을 살리기 위한 약을 개발하는 실험이라는 명분을 가지고 백 명의 실험집단에게는 그들의 생명을 살릴 수 있는 알약을 주고, 약의 효능을 비교하기 위한 통제집단 백 명에게는 '가짜 약'을 준다고 하자. 그 실험이 정확하게 작동하면, 살 수 있는 사람은 백 명이고 통제집단 백 명은 죽게 될 것이다. 그러나 내가 하려는 인문학 실험에서는 대상자들을 실험집단과 통제집단으로 나눌 필요가 애초부터 없었다. 인문학의 효과를 비교하기 위한 통제집단(즉 인문학 교육을 받지 못한 가난한 사람들)은 당시에도 얼마든지 있었고, 또 그 수가 갈수록 늘어나고 있기 때문이다. 그래서 인문학 실험은 기존의 것들과는 다른 원칙이 필요했는데, 그것은 '절대로 실험집단에게 해(害)가 되지 않아야 할 것'이었다. 이런 원칙을 통해서 이 실험이 '흥하거나 아니면 망하거나'와 같은 성격이 아니라는 것을 분명히 알려야겠다는 생각을 했고, 그렇게 하면 오히려 많은 사람들이 이 실험에 대해 스스로 소문을 내줄 수 있을지도 모른다고 생각했다.

실험적인 인문학 교육과정에 대한 생각이 구체화되었을 때, 나는 그것을 제이미 인클란 박사와 의논했다. 나의 인문학 코스 구상에 대한 현실성을 제대로 검토해줄 수 있는 경험과 자격을 갖춘 사람이 바로 인클란 박사라고 생각했기 때문이다. 인클란 박사는 뭔가 새로운 교육기관을 설립하는 일에 대해서 전혀 걱정하지 않았다. 그는 빈민들, 그 중에서도 주로 라틴계 사람들에게 그들의 공동체 안에서, 그들의 언어로 상담해주기 위해 뉴욕에 로베르토 클레멘트 가족보호센터Roberto Clemente Family Guidance Center를 설립해본 경험도 가지고 있었다.

또한 심리치료에 관한 저작들은 매우 흥미진진했고, 때론 대담하기까지 했다. 사과같이 발그레한 뺨과 반짝반짝 빛나는 두 눈 뒤에 가려진, 이 심리치료사의 얼굴은 날카로웠다. 그는 고도로 숙련된 전문가였다. 동료들과 함께 일하는 모습을 본 적이 있었는데, 실수를 지적하는 데 있어서 조금의 주저함도 없었다.

인클란 박사에게 나의 구상을 처음으로 내밀 땐 긴장이 돼 떨지 않을 수 없었다. 이전에도 우리는 '무력force과 힘power', '성찰reflection과 반응reaction', '정치적 삶' 등의 문제에 대해 종종 이야기를 나누곤 했다. 그러나 인문학과 관련해서는, 정치학에 선행하는 학문으로서의 인문학에 대해서만, 그것도 학대받고 억압받는 실버리아와 그 딸들에게 인문학이 어떤 영향을 주었는지(자세한 내용은 12장 참조)에 대해서나 약간 담소를 나눴을 뿐이다. 나의 '정치적 삶을 위한 인문학' 이론에 대해서 자세하게 설명하고, 그 이론을 시험해보기 위해 실험적인 코스를 계획하고 있다고 설명하는 동안 그는 아무 말 없이 진지하게 듣고만 있었다.

나는 허친스 총장 시기의 시카고대학교에서 이뤄졌던 많은 코스들을 모델로 삼고 싶다고 말했다. 한 번에 90분씩 일주일에 두 번 수업, 소크라테스식 방법론, 배 모양의 탁자에 앉은 학생들, 한 해 마지막에 종합시험 한 번, 질서정연한 외양 속에 자리한 자유스러운 기운 등에 관해서 말이다.

바로 그때 치료사들이 흔히 짓는 미소가 그의 얼굴에 쫙 퍼지면서 비로소 반응을 보였다.

"좋아, 자네의 그 생각을 한번 실현하도록 해보세."

"이 실험적 코스를 '클레멘트 인문학 코스'라고 부르면 어떨까요?"

"그게 좋겠어. 그 지역 공동체 사람들도 이 이름을 편하게 여길 거야."

그는 '로베르토 클레멘트 가족보호센터'의 회의실을 강의실로 배정해 주었다. 시카고대학교 강의실에 놓여 있던 멋들어진 배 모양의 탁자는 아니었지만, 대신 우리는 끝을 서로 연결해서 쓸 수 있는 철제 탁자 세 개와 나무 탁자 하나, 그리고 철제와 천으로 된 팔걸이의자를 쓰게 됐다. 그리고 교실 뒤쪽 모퉁이에는 막 끓인 향긋한 커피와 과자를 차려 놓을 수 있도록 카드놀이용 탁자를 놓았다. 앞쪽 벽에는 앞으로 시시때때로 구석구석까지 꼼꼼하게 채워 넣게 될, 바닥에서 천장까지 닿는 칠판을 걸었다.

2

다음은 클레멘트 코스 설립을 위해 '교사와 학생'을 충원해야 했다. 기금은 하나도 없는데 머릿속에는 새로운 아이디어가 계속 떠오르니, 예산 규모만 자꾸 늘어났다. 이러다가는 어쩌면 교수들에게 시간과 노력을 공짜로 '기부'해 달라고 떼쓰는 사태가 올지도 모르겠다는 생각까지 들 정도였다. 게다가 허친스는 "최고의 학생들을 위한 최고의 교육은 곧 모든 이들을 위한 최고의 교육이다"라고 말했는데, 그는 단순히 말로만 그렇게 한 것이 아니라 진심으로 그렇게 믿었다.

또 그는 대학의 인문학 토론수업은 정교수들이 이끌어야 한다고 주장했는데, 나는 그의 생각이 클레멘트 코스에도 그대로 적용돼야 한다고 생각했다. 클레멘트 코스의 교수진은 하버드나 옥스퍼드, 시카고대학교 같은 명문 대학 1학년 학생들을 가르칠 정도의 수준으로 해당 분야의 지식에 정통한 사람들로 이루어져야 하며, 가능하면 자기 분야에서 웬만큼 학문적 성취를 이룬 사람이면 더 좋겠다고 생각했다.

맨 처음 나는 찰스 시몬스Charles Simmons라는 소설가에게 주목했다. 오랫동안 친구로 지내왔기 때문에 나는 그가 선한 성품을 지닌 진정한 문학인이라는 것을 잘 알고 있었다. 그는 『뉴욕타임스 북 리뷰』의 부편집장을 지냈고, 컬럼비아대학교에서 학생들을 가르쳤으며, 비평과 신문사설과 기사들을 많이 써왔다.

그러나 나는 무엇보다도 그의 소설을 가장 으뜸으로 여겼는데, 그 가운데 특히 『주름살Wrinkles』이라는 작품은 밝고 투명한 문장과 삶과 마음의 맞물림을 정교하게 엮어낸 저자의 노련함 때문에 여러 번 손길이 가곤 했다.

"내가 시詩를 한번 가르쳐보겠네." 그리고는 숨 쉴 틈조차 없이 이렇게 덧붙였다. "하우스먼[2]의 짤막한 시로 시작해서 라틴어로 된 시로 수업을 끝맺어야겠어. 교재는 따로 쓰지 않겠어. 내가 컬럼비아대학교의 레이먼드 위버Raymond Weaver 교수한테서 배웠던 방식으로 가르치겠네. 첫 수업에

---

2 하우스먼(Alfred Edward Housman, 1859~1936)은 영국 시인으로, 옥스퍼드대학교에서 공부하고 런던대학교와 케임브리지대학교에서 라틴어를 가르쳤다. 1896년에 『슈롭셔의 한 젊은이A Shropshire Lad』를 출간했다. 라틴어 교수이자 시인답게 간결하게 다듬어진 고전적 문체가 돋보인다. 영시단이 모더니즘 영향을 받기 전에 전통적인 소재와 기풍으로 썼지만, 세기말 시인들과는 구별되는 시를 썼기 때문에 늘 현대 영시선의 첫 부분에 수록된다 — 옮긴이.

서는 학생들에게 시를 복사해 나눠준 다음 함께 읽고 토론을 해야지."

미술계 소식과 미술비평으로 『뉴욕타임스』의 문화면을 화려하게 장식했던 그레이스 글루엑Grace Glueck은 "아이고, 제가 감당할 수 있을지 모르겠네요. 준비를 좀 해야 할 것 같아요. 메트로폴리탄 미술관에서 슬라이드도 좀 구해 와야 하겠고요. 거기엔 멋진 소장품들이 많거든요. 작품을 빌려주기도 한다는 거 아시죠?"

"학생들이랑 미술관 견학도 해야겠어요. 제가 어렸을 때는……."

그레이스는 황소자리의 묘수昴宿 별자리Seven Sisters다운 특성들을 그대로 일깨워주는 발음, 수려하고 매력적인 분위기를 갖췄지만 결코 경거망동하거나 무책임하지 않았다. 그녀는 여성 기자들과 여성 편집인들의 고용과 승진 문제로 『뉴욕타임스』 경영진과 싸워서 이긴 여성들 가운데 한 명이었다. 외모만 멋진 것이 아니라 정치 감각도 뛰어난 여성이었다.

"한번 해보죠, 뭐. 하지만, 교육과정을 만들기 전에 우선 학생들이 논리학을 공부한 적이 있는지를 한번 확인해봐야 할 것 같은데요."

티모시 코란다Timothy Koranda는 우렁찬 목소리를 내면서도 약간은 풍자적인 냄새가 풍기는 말투로 말했다. 티모시는 수리논리학에 관한 잡지 기사를 20년째 써왔다.

그는 MIT 재학 중 코넬대학교와 공동으로 진행한 프로그램이 끝날 때쯤에 논리학에 관한 졸업논문을 썼고, MIT를 졸업한 뒤에는 논리학을 잠시 접었다. 연설문 작성가로서 경력을 쌓기에 앞서 중국어를 유창하게 하고, 경영관리학 석사MBA 학위를 따기 위해서였다. 그는 자신의 표현을 빌리자면 '논리학에서 수사학으로의 여행'을 해왔다. 하지만 논리학이 첫사랑이었으며, 다시 자신의 첫사랑에게 돌아간다는 생각에 내 제안을 받고 분명 진심으로 기뻐했던 것 같다.

전문 편집인인 토마스 월리스Tomas Wallace는 사학을 전공한 역사학자이기도 했는데 처음에 클레멘트 코스에서 미국사 과목을 맡아 몇 번 강의를 하다가 개인사정 때문에 그만두었다.[3] 나는 도덕철학을 가르치기 위해서 강의 요목들을 모으기 시작했는데, 이 일에 대한 도움을 나중에 예기치 않은 데서 받게 된다.

나는 이런 일들에 전혀 경험이 없었기 때문에 학생을 모집하는 일이 얼마나 어려운 것인지 전혀 예상하지 못했다. 심지어는 학생을 얼마나 모집해야 하는지에 대해서조차도 아무런 생각이 없었다. 준비한 것이라고는 학생을 선발하는 기준 하나뿐이었다.

나이: 18~35살

수입: 연방 정부가 정한 빈곤 기준의 150퍼센트보다 적을 것(이 기준은 나중에 약간 수정됨)

교육 수준: 타블로이드판 신문(그림이 들어간 소형 신문)을 읽을 수 있을 정도

학습 목표: 코스를 끝까지 마치겠다는 의지를 표현할 수 있어야 함

인클란 박사와 나는 어디서 이런 학생들을 찾아야 하는지, 또 한 반은 몇 명으로 해야 하는지 등에 대해 의견을 나눴다. 인클란 박사는 우선 가난한 사람들과 관련된 일을 하는 사람들 가운데 인문학 교육의 필요성에 흥미를 가질 만한 사람들을 소집했다. 일주일 후에 '로베르토 클레멘트 가족보호센터'의 회의실에서 모임을 가졌는데, 초대받은 12명 가운데 4명

---

3 친구들 중에서 교수진을 선발하는 것은 그다지 권장할 만한 일은 아니지만, 그만한 명성과 성취를 얻은 친구들이 있는 나는 참 운이 좋았다고 생각한다.

만이 참석했다.

리넷 로레틱Lynette Lauretig은 더도어The Door라는 기관의 교육사업 책임자였다. 더도어는 뉴욕 시에 있는 청년센터로서, 건강관리, 상담, 영어교육, 고등학교 학력 취득 시험GED⁴ 준비 과정, 미술과 조각 교실 등을 운영하고 있고, 시 외곽에서 오는 젊은이들을 위해 저녁식사를 제공하고 교통비까지 마련해주는 등 성공적인 프로그램을 폭넓게 제공하는 기관이다.

솔 니브스Saul Nieves는 미국 하원의 니디아 벨라스케스Nydia Velásquez 의원의 지역담당 보좌관으로서, 그리고 포레스트힐스 마을회관Forest Hills Community House 청년사업부Youth Services의 책임자이자 자신의 아내이기도 한 수잔 매트로프Susan Matloff의 대리인 자격으로 참석했다.

라파엘 피자로Rafael Pizarro는 지역 1199 병원 노동자 조직의 계약 담당자였다.

그리고 마지막으로 그랜드스트리트 사회복지관Grand Street Settlement House에서 엔젤 로만Angel Roman이 참석했다.

구상했던 인문학 코스에 대해 내가 간단히 설명을 했고, 설명이 끝난 후 참석자들은 말없이 각자 커피를 마시면서 2~3분 정도 생각에 잠겼다. 그때 그들의 표정에서는 한번 해보자는 열정이나 자발성 같은 것들을 전혀 찾아볼 수 없었다.

침묵은 한동안 계속됐다. 코스에 대한 설명이 너무 간단했고, 또 수준 높은 인문학을 가난 속에서 살고 있는 사람들에게 가르친다는 발상 자체가

---

4 GED(General Education Development)는 고등학교 졸업 자격을 인정하는 시험으로서, 고등학교를 졸업하기 위해서 이수해야 하는 필수 과목들을 다섯 가지(영어 읽기, 쓰기, 수학, 과학, 사회)로 나눠서 시험을 본다 — 옮긴이.

그들에게는 너무 급진적인 것이었나 하는 생각도 들었다.

클레멘트 코스가 결국 침묵 속으로 사라져버릴 위기에 놓여 있던 바로 그 순간에 라파엘 피자로가 마침내 입을 열었다.

"나는 인문학이 사람들에게 어떤 의미를 던져줄지 잘 알고 있습니다."

어깨를 앞으로 구부리면서 의자에서 몸을 앞으로 당긴 채, 손짓을 하며 이야기를 시작한 라파엘은 늘 세상과 싸우며 살아가는 푸에르토리코계 뉴욕 시민이었다. 그는 자기 형 이야기를 들려주었다. 라파엘과 그의 형은 뉴욕의 스페인어권 지역에서 함께 자랐고, 무척 친했다. 라파엘은 어린 시절부터 인문학에 흥미가 있었다. 오페라를 좋아했고, 단테와 소포클레스를 읽었다. 반면, 그의 형은 거리의 '방탕한 삶'을 좋아했다. 어느 날 밤, 그의 형이 엄마에게 전화를 걸어 자기가 사람을 죽였다고 말했다고 한다. "까짓 거, 쿠바 놈인데요, 뭐"라고 하면서.

라파엘의 형은 감옥에 갔고, 라파엘은 사라로렌스대학Sarah Lawrence College에 진학했다. 라파엘은, 두 형제 사이의 유일한 차이점은 인문학이었고, 바로 그 차이가 무엇을 의미하는지 실제로 경험했기 때문에 클레멘트 코스의 중요함이 피부에 와 닿았다는 말로 자신의 이야기를 마쳤다.

라파엘의 이야기가 모임의 분위기를 바꿔버렸다. 이 실험을 해야 할지 말아야 할지에 대한 결정은 이미 끝난 분위기였고, 어느새 코스 개설에 필요한 세부사항에 대한 토론이 진행되고 있었다. 전체 일정이 변경됨에 따라서 시간 수도 조정되었다.

니브스는 코스를 성공적으로 마칠 경우 정규 대학의 학점으로 인정해줄 필요가 있다고 강하게 주장했다. 라파엘도 인문학을 공부하는 것 자체가 충분한 보상이기는 하지만, 그래도 대학 학점으로 인정해줄 수 있다면 수강생들이 좀더 학업에 매진하게 하는 데 유리할 것이라며 동의했다.

코스를 진행하기 위해서는 수강생들에게 버스나 지하철 승차권을 무료로 제공할 필요가 있었다. 한 번 수업을 듣기 위해서 차비가 대략 한 명당 3~5달러 정도 드는데, 이 코스에 등록할 자격이 되는 사람들은 거의 모두가 한 달에 30~60달러 정도를 지불할 능력이 없기 때문이다.[5] 수업이 저녁 6시에서 7시 30분까지 계속되기 때문에 저녁식사나 가벼운 간식거리도 제공해야 했다. 베드포드힐스 교도소에서 코스 수강을 원하는 비니스와 다른 여성 재소자들을 위해서는 개별 교습과 비디오테이프 활용 교육을 병행해야 했는데, 그러기 위해선 텔레비전 카메라와 카메라 기사도 필요했다.

3

첫 번째 학생모집 기간이 불과 며칠 뒤로 잡혔다. '브롱크스 지역 청소년·가정 지원 서비스Bronx Neighborhood Youth and Family Services 프로그램'의 사무국장인 낸시 마미스 킹Nancy Mamis-King의 도움으로 사우스 브롱크스

---

5 버스와 지하철 승차권이 모두 필요한 수강생도 있었다. 뉴욕 시에는 지하철에서 버스로 환승할 때 요금을 내야 하는 구간이 아직 남아 있고, 집에서 전철역까지 걸어가기에는 너무 먼 곳에 사는 사람들도 많이 있기 때문이다. 특히 추운 겨울 밤 같은 때에는 집까지 걸어가는 일이 무척 고통스럽다. 또·어떤 수강생은 버스가 다니지 않는 곳에 살고 있어서 지하철역까지 3달러를 내고 마을버스를 타야 했는데, 이런 경우에는 한 번 수업을 듣는 데 필요한 차비가 9달러나 됐다.

처음에는 지하철역에 가서 토큰을 한 꾸러미 사서 수강생들에게 하나하나 꼼꼼하게 나눠줬다. 그러다 나중에는 수강생들이 자기가 필요한 토큰 개수를 장부에 적어놓고 직접 가져가도록 했다. 토큰 주머니는 수업이 끝날 즈음 아내나 내가 탁자 위에 올려놓았다.

지역에서 대상자들 가운데 몇 명을 선별해 만났다.

낸시가 맡고 있는 프로그램 중 하나에 참여하고 있는 약 20명의 참여자들과 그들을 담당하고 있는 지도 주임들이 회의실에 둥그렇게 모여 앉았다. 모인 사람들은 나와 사회복지사 한 명을 제외하고는 모두 흑인이거나 라틴계 미국인들이었다.

클레멘트 코스에 대한 설명을 듣고 나서 맨 처음으로 질문을 던진 사람은 백인 사회복지사였다. "아프리카 역사도 가르치실 건가요?"

"아니요. 미국사 수업을 하려고 하는데요, 아까도 말씀드렸던 것처럼 사료史料에 기초해서 말입니다. 우리는 역사를 바라보는 관점을 가르치고 싶습니다. 그래야만⋯⋯."

"아프리카 역사를 가르쳐야 합니다."

"여기는 미국입니다. 그래서 미국의 역사를 가르치려는 것입니다. 만일 이곳이 아프리카라면 아프리카 역사를 가르쳐야겠죠. 중국이라면 중국 역사를 가르쳐야 하구요."

"그러니까 당신들은 결국 사람들에게 서구 문명을 주입하려는 거군요."

나는 그녀에게 우리의 취지를 이해시키려고 애썼다.

"우리는 아프리카 미술을 공부할 겁니다. 아프리카 미술이 미국의 예술에 영향을 끼쳤기 때문입니다. 미국 역사와 문학도 공부할 텐데, 아프리카계 흑인문화를 알지 못하고서는 내용을 이해하는 게 불가능합니다. 모든 미국인들은 문화적으로 백인일 뿐만 아니라 흑인이기도 하고, 미국 원주민이기도 하고, 아시아인이기도 하고, 또 그 밖의 다른 인종이기도 하니까요."

아무 소용이 없었다. 물론 그 사회복지사는 자신이 데리고 온 사람들에게 인문학만큼 좋은 교육은 없다고 대신 설득해주긴 했다. 하지만 단 한 명도 지원하지 않았다.

'백인 다문화주의자'한테 패배하고 난 다음, 나는 트레몬트Tremont 거리를 가로질러 '젊은 엄마 프로그램'이 운영되는 기관에 찾아갔다. 거기서 4명의 여성들에게 인문학 코스에 관심이 있는지를 물어보았는데, 두 명은 별 관심을 보이지 않았고, 두 명은 지원서를 달라고 했다.

나는 예비학생이 둘이나 생겨서 매우 기뻤다. 하지만 그들에게 도대체 뭘 기대할 수 있을지는 아직 잘 몰랐다. 카르멘 퀴노네스Carmen Quiñones는 교도소에서 지낸 10년 세월을 채 극복하지 못하고 있었고, 마약중독 문제를 잘 조절해나갈 수 있을지에 대한 의문도 여전히 남아 있었다. 거리에서 생활하고, 공원이나 쉼터 같은 곳에서 잠을 잤기 때문에 주 정부가 카르멘의 아이들을 데리고 가버렸다. 남자에 대한 증오심이 자신을 동성애자로 만들었노라고 그녀는 말했다. 나는 그렇게 거칠게 말하는 여자를 그때까지 본 적이 없었다. 오토바이 운전자들이 입는 검정 가죽 잠바를 입은 그녀는 추운 겨울 저녁, 나와 함께 버스 타는 곳까지 걸어간 다음 겁도 없이 사우스 브롱크스의 어둠 속으로 사라졌다. 하지만 카르멘은 사랑스런 얼굴에 둥글고 큰 눈을 갖고 있어서 마치 인형이 자라면 저런 모습이 되겠구나 싶은 외모를 갖고 있었다. 그녀는 몸과 마음이 따로 노는 정신병자이거나, 아니면 이 세상에서 살아남는 법을 찾기 위해 몸부림치는 어린 소녀 같았다. 나는 카르멘이 마음에 들었지만, 우리들의 실험에 크나큰 시험거리가 될 것 같다는 느낌을 강하게 받았다.

"지원서를 작성할 수 있는 실력이라면 수업도 문제없이 잘 받을 수 있을 거예요."

나는 카르멘을 격려했고, 그녀는 대답했다.

"알았어요, 얼. 한번 해보죠, 뭐."

지원서를 받은 두 명 중 버나뎃Bernadette이라는 여성은 그해가 가기 전에 세상을 떠났다.

리넷 로레틱이 더도어 실무진과의 만남을 주선해주었다. 뜨겁고도 흥미진진한 토론이 벌어졌는데, 그때 나는 '앞으로 몇 년 동안은 많은 사람들과 이런 식의 토론을 벌이게 되겠구나' 하는 생각을 했다. 이 코스는 과연 얼마나 많은 시련을 겪어야만 할 것인가. 우리는 거의 두 시간이 넘도록 논쟁을 벌였다. 나는 그들의 관점을 바꿀 수는 없었지만, 그래도 더도어의 프로그램 참여자 가운데 인문학에 관심을 보이는 사람들을 모아보겠다는 데까지는 일단 동의를 얻었다. 당시 서로의 교육적 관점은 끝까지 평행선을 그었지만, 인문학 교육이 필요하다는 점에서는 처음부터 이견이 없었다. 그러다 보니, 더도어는 오래지 않아 가장 긴밀한 협력기관이 되어 클레멘트 코스를 충실하게 도왔을 뿐만 아니라 새로운 아이디어들도 많이 제공해주었다.

며칠 뒤, 이른 저녁 시간에 더도어의 한 강의실에서 약 20여 명의 예비 학생들과 만났다. 대부분 늦게 왔고, 일찍 도착한 사람들은 각자 의자에 구부정하게 앉아서 바닥을 내려다보고 있거나 무뚝뚝한 눈빛으로 나를 흘끔 쳐다보곤 했다. 일부는 사탕이나 저녁 식사를 하고 남은 음식을 먹고 있는 것 같았다. 참석한 사람들 대부분은 흑인이나 라틴계였다. 아시아인이 한 명 있었고, 백인은 몇 명 안 됐다. 백인이라고는 하지만, 한 명만 빼고는 다들 이민자여서 영어를 구사하는 데 심각한 어려움이 있었다. 나를 소개하는데, 몇 명은 악수조차 하지 않으려 했고, 그 중 두세 명은 눈길조차 주지 않았다. 어떤 여성은 뭐가 우스운지 킬킬거렸다. 마침내 토미 힐피거Tommy Hilfiger 로고가 박힌 운동용 상의를 입고 모자를 삐딱하게 눌러쓴 한 젊은이가 자진해서 자기 이름을 소개하며 느릿하게 말했다.

"난 헨리 존스Henry Jones예요. 하지만 사람들은 날 '슬리피sleepy'라고 부르더라고요. 보시다시피 졸린 눈을 가져서 그런가 봐요."

"우리가 수업할 때는 존스 씨라고 부르겠습니다."

그는 미소를 지었다. 그리고는 등이 바닥과 수평이 될 정도로 의자에 미끄러지듯 앉았다. 사실 눈꺼풀 한쪽이 처져서 눈을 가리고 있었기 때문에 꼭 마약중독자나 술주정뱅이처럼 보였다.

내가 예비학생들과 일일이 악수하는 일을 다 마치기도 전에 부랑자처럼 생긴 동양 여성이 입에 케이크를 문 채로 말했다. "이제 본론으로 들어가면 안 될까요? 좀 지루하네요."

그때 '아, 인문학 수업을 하기에는 이들이 딱이겠구나' 하는 생각이 들었고, 그래서 갑자기 그들에게 호감이 갔다.

사우스 브롱크스 지역 모임에서는 실패했기 때문에 이 사람들한테는 첫 번째와는 다른 식으로 접근했다. "여러분들은 이제껏 속아왔어요. 부자들은 인문학을 배웁니다. 그런데 여러분은 인문학을 배우지 못했잖아요? 인문학은 세상과 잘 지내기 위해서, 제대로 생각할 수 있기 위해서, 그리고 외부의 어떤 '무력적인 힘'이 여러분에게 영향을 끼쳐올 때 무조건 반응하기보다는 심사숙고해서 잘 대처해나갈 수 있는 방법을 배우기 위해서 반드시 해야 할 공부입니다. 저는 인문학이 우리가 '정치적'이 되기 위한 한 방법이라고 생각합니다. 제가 '정치적'이라고 말할 때는 단지 선거에서 투표하는 일만을 말하는 것이 아닙니다. 이것보다는 좀더 넓은 의미를 갖고 있는데요, 아테네의 정치가였던 페리클레스는 '정치'를 '가족에서 이웃, 더 나아가 지역과 국가 차원에 이르기까지 모든 다양한 계층의 사람들과 함께 하는 활동'이라고 정의했습니다."

"부자들은 바로 이런 넓은 의미로 정치를 이해하고 있습니다. 그래서 그들은 무력을 사용하지 않고 협상하는 방법을 알고 있습니다. 그들은 잘 살기 위해, 또 힘을 얻기 위해 정치를 이용합니다. 부자는 착하고 가난한 사람들은 못됐다는 말을 하려고 하는 것이 아닙니다. 이 사회에서 잘 먹고 잘 사는 데 필요한 효과적인 방법을 더 잘 알고 있는 이들이 바로 부자들이라는 말씀을 드리려고 하는 것입니다."

"그렇다면 상류층이나 중산층들은 모두 인문학을 공부했을까요? 결코 그랬을 리가 없겠지요. 하지만 그들 중에는 분명히 인문학을 공부한 사람들이 어느 정도는 있었고, 그런 공부가 그 사람들에게 도움이 되었을 것입니다. 더 잘 살 수 있도록, 삶을 더 즐길 수 있도록 인문학이 도움이 되었을 것이라는 말입니다. 그러면 인문학이 여러분을 부자로 만들어줄까요? 분명히 그럴 것입니다. 단, 돈을 많이 벌게 해준다는 의미에서가 아니라, 삶이 훨씬 풍요로워진다는 의미에서의 진정한 부자로 말입니다."

"부자들은 사립학교나 비싼 학비를 내는 대학교에서 인문학을 배웁니다. 그것이 모든 단계에서의 정치적 삶을 배우는 한 방법인 셈이지요. 저는 우리 사회에서 가진 사람들과 그렇지 못한 사람들 사이에 정말로 차이가 있다면 바로 이 점이라고 생각합니다. 여러분이 사람에게서, 그리고 사람들이 소유한 것들에게서 나오는 진정한 힘, 합법적인 힘을 갖고자 한다면 반드시 정치를 이해해야 합니다. 인문학이 도와줄 것입니다."

"어떤 식으로 일이 진행되는지 말씀드리겠습니다. 교통비도 지불해드리고, 자녀가 있는 분들의 경우에는 우리가 그 아이들을 돌봐드리겠습니다. 빵과 간식도 준비할 생각이며, 필요한 책이나 다른 모든 교재들도 마련해드릴 것입니다. 대신 여러분이 더 많이 생각하도록, 전보다 훨씬 더 마음 쓰는 일에 열중하도록 만들 것입니다. 책을 읽으셔야 할 것이고, 하버드나 예일, 혹은 옥스퍼드에 입학한 신입생들이 맞닥뜨리게 되는 것과 같은 종류의 사상들에 대해서도 생각하셔야 할 것입니다."

"여러분은 비가 오나 눈이 오나, 추울 때나 어두울 때나 항상 수업에 참석해야 합니다. 아무도 여러분의 사정을 봐주지 않을 것이며, 여러분을 위해 수업 속도를 늦추지도 않을 것입니다. 시험도 치러야 하고, 글쓰기 숙제도 해야 합니다. 그리고 코스를 성공적으로 마치셔도 수료증 외에는 아무것도 보장해드릴 것이 없습니다. 정규 대학들과 학점 인정 문제로 이야기는 해보려고 합니다만, 지금으로서는 아무것도 약속드릴 수가 없습니다. 여러분 중에서 클레멘트 코스에 참여하고자 하는 분들은 제가 지금까지 말씀드린 것들을 반드시 기억하셔야만 합니다. 클레멘트 코스에 등록한다는 것은 인문학을 공부하길 원하고, 그럼으로써 자신의 정신과 영혼이 풍요롭게 되는 삶을 원하기 때문이 아니겠습니까! 그러니 제가 말씀드린 것들을 반드시 지키셔야 합니다. 철학, 시, 미술사, 논리학, 수사학, 그리고 미국의 역사, 아마도 이런 분야들을 공부하게 될 것입니다."

"여러분을 가르치실 교수님들은 모두가 자기 분야에서 상당한 업적을 쌓은 분들입니다."

나는 교수 소개를 조금 더 자세하게 해주었다.

"자, 코스에 대한 설명은 이만하겠습니다. 10월에서 5월까지 진행되고, 크리스마스 때는 2주간 휴강합니다. 자, 그러면 왜 우리가 이런 일을 하려고 할까요? 이 일은 말하자면 사회를 향한 일종의 '본보기' 프로젝트라고 할 수 있습니다. 미국에서는 교양과목이나 인문학이 오로지 엘리트들을 위한 것이라는 생각이 널리 퍼져 있습니다. 저는 여러분들이야말로 바로 그 엘리트라는 사실을 우리 사회에 보여주려 합니다."

젊은 동양 여성이 물었다.

"그러면 당신은 이 일을 통해 도대체 뭘 얻으려고 하는 거죠?"

"말씀드린 대로 이 일은 '본보기'를 위한 프로젝트입니다. 저는 책을 쓰고 있습니다. 이 프로젝트가 인문학에 관한 저의 생각을 뒷받침해줄 수 있기를 바랍니다. 프로젝트의 성공 여부는 전적으로 여러분과 교수님들에게 달려 있습니다."

이야기가 잘 먹혔다. 한 명을 제외한 나머지 사람들 전부가 코스에 지원했던 것이다.

그 뒤로 나는 그랜드스트리트 사회복지관과 도시의 이곳저곳에서 코스에 대한 소개를 해나갔다. 30명 정원이었는데 지원자가 50여 명 정도 모였다. 개인 면접은 1995년 9월 하순께부터 시작되었다.

한편 기금 모으는 일은 거의 다 실패했다. 스탈링 로렌스Starling Lawrence 와 에이케이씨 재단AKC Foundation, 그리고 노턴 출판사만 지원금을 대주었다(이들은 그 뒤로도 매년 지원을 하고 있다). 우리가 세운 모금 목표액에는 턱없이 못 미쳤지만, 아내와 나는 코스 운영에 필요한 예산 규모가 그리 크지 않기 때문에 그대로 밀고나가기로 결심했다.[6]

4

클레멘트센터에서 실시한 개인 면접에 참여했던 50명의 예비 학생들

---

6 우리는 가능한 부분에서는 예산을 절감했다. 예산 절감 항목에 시간제 행정 관리인과 경리 자리도 포함되었다. 그래서 우리는 코스를 유지하는 데 드는 경비가 정확히 얼마인지를 알지 못한다. 지금 바드대학에서 운영, 관리하고 있는 코스에 드는 비용은 4만에서 4만 5천 달러 정도인데, 교수진과 인터넷 사이트 책임자에게 2만 5천 달러 정도 들어가고, 나머지 경비로 탁아비, 교재비, 교통비, 복사비, 시설비, 관리비 등을 충당하고 있다.

가운데 몇 명은 너무 부유했고(한 사람은 우체국 관리인의 아들이었고, 한 사람은 자기 아버지가 나이지리아에서 60명의 직원을 거느린 회사 사장이라고 주장했다), 몇 명은 읽기 능력이 전혀 없었다. 지역 1199 병원 노동자조직에 소속된 두 명의 재가 간병 노동자home-care worker들은 도저히 수업시간에 맞출 수 없었다. 그리고 몇몇 지원자들은 너무 어렸다. 한 명은 열세 살이었고, 두 명은 이제 막 열여섯 살이 된 청소년이었다.

다섯 아이의 엄마인 메디나Medina 부인은 우리가 받아들인 수강생들 중 가장 나이가 많았다. 그녀는 여관에다 방 한 칸을 빌려서 다섯 아이와 다함께 살고 있었는데, 손에 고기 써는 칼을 든 채 우리를 맞았던 사람이었다. 그 다음으로 나이가 많은 사람이 카르멘 퀴노네스다. 메디나 부인과 카르멘은 둘 다 30대 초반이었다.

면접은 며칠 동안 계속됐다.

아벨 로마스Abel Lomas는 아파트를 다른 사람과 공동으로 나눠 쓰면서 살아가는데, 메이시스Macy's 백화점에서 시간제로 상품포장 일을 하고 있었다. 그의 아버지는 아벨이 태어나던 해에 가족을 버리고 떠났다. 어머니는 아벨이 열세 살 때 새아버지 손에 죽었다. 의지할 사람도 없고, 머물 곳도 없었기 때문에 그는 거리에서 살아가야 했다. 플로리다에서 시작된 거리의 삶은 뉴욕에서도 지속되었다. 그는 자기 어머니 이름으로 나오는 얼마 안 되는 사회복지연금으로 살아가고 있었다.

더도어에서 수강생 모집 활동을 한 뒤에 주택가로 가는 도중에 내 차 안에서 아벨과 대화를 나눴는데, 그때 들은 이야기가 내가 그 사람에 대해 아는 전부였다. 커낼Canal 가에서 6번가로 차를 몰고 있을 때, 아벨은 윤리학에 대해서 이야기했다. 거리의 불량배들이 쓰는 말투를 가진 그는 자기의 생각을 몇 안 되는 단어로 이뤄진 거친 문장으로 뱉어냈다. 그의 말투는 무뚝뚝한 단편적 '선언'들을 이어가는 듯했고, 자신의 생각을 세련되게 뒷받침하는 표현은 전혀 하질 못했다. 말하기가 어색할 때 사람들이 흔히들 하는 것 같은 농담도 할 줄 몰랐고, 세련된 감각으로 말을 포장하지도 않았다. 만약 이런 말투를 쓰는 사람을 남자답다고 한다면, 나는 아벨만큼 남자다운 사람을 본 적이 없다.

그가 도미니카인 특유의 억양 때문에 한층 더 거칠어진, 딱딱하고도 묘하게 숨 막히게 만드는 말투로 물었다.

"마약에 대해서 어떻게 생각해요? 내 사촌이 마약상이거든요."

"나는 마약으로 고통받는 사람들을 많이 봤어요."

"당신 가족에게 먹을 것이 없습니다. 그래서 당신은 마약을 팝니다. 뭐가 더 나쁩니까? 가족을 굶게 만드는 것하고 마약 파는 것하고."

"굶주림과 마약중독은 둘 다 나쁜 것 아닌가요?"

"그렇습니다." 그는 '그러게요'라든가 '으~흠' 같은 표현 대신 거의 공식적인 자리에서처럼 정확하게 "그렇습니다"라고 대답했다.

"그러니까 둘 중에 어떤 것이 더 나쁜가 하는 게 문제겠네요. 우리, 어떻게 결론을 내릴까요?"

우리는 34번가 방향으로 달리면서 이런 대화를 나눴는데, 6번가로 접어들 때쯤 그 거리는 어두워지면서 지옥 같은 상황을 연출했다. 사람들은 빨간불도 무시하고 찻길로 쏟아져 나왔고, 차들은 빵빵거렸다. 그렇지 않아도 혼잡한 찻길이 둘, 셋으로 나뉘어 엉망진창이 돼버렸기 때문에, 버스와 트럭과 택시들은 차선을 왔다 갔다 하며 난폭운전을 했다. 헤럴드 광장을 통과하고 다시 북쪽으로 방향을 틀면서 나는 조금 전의 질문으로 다시 돌아가 대답했다. "이 문제는 두 가지 측면에서 생각할 수 있습니다. 한 가지는 칸트가 말한 것인데, 그는 어떤 일이 보편의지에 합당한 격률[7]이 되길 원치 않는다면 그 일을 해서는 안 된다고 말했어요. 즉, 모든 사람이 반드시 해야 할 일이라고 생각하지 않는 일은 하지 말라는 얘기죠. 그러니까 칸트는 마약을 파는 일이나 가족을 굶게 내버려 두는 일 모두에 동의하지 않았을 거예요."

아벨은 또다시 "그렇습니다" 하고 답했다.

"이 문제를 바라보는 또 한 가지 방법은 직접 자문自問해보는 겁니다. 무엇이 최대 다수를 위한 최선인지를 말입니다. 이 경우에서는 가족을 굶주리지 않게 하는 것과, 마약으로 목숨을 잃는 수십 명 또는 수백 명의 목숨을 구하는 것, 그 두 가지를 비교해볼 수 있겠죠. 자, 어떤 일이 최대 다수를 위한 최선일까요?

"제가 생각하는 게 바로 그겁니다."

그가 말했다.

"뭐라고요?"

"마약을 팔면 안 됩니다. 대신 먹을 게 항상 있어야 합니다. 복지 같은

---

7 윤리학에서는 라틴어의 'maxima', 'propositio'에서 유래된 영어의 맥심(maxim)이나 독일어의 막시메(Maxime) 등의 역어(譯語)로 쓰이며, 근본적인 윤리 법칙이라는 뜻으로 쓰이는 일이 많다. 예를 들어, '훔쳐서는 안 된다', '죽여서는 안 된다' 등의 근본적인 윤리 규칙이 모두 '남의 이익이 되지 않는 일을 해서는 안 된다'라고 하는 근본 윤리 법칙으로 통일되고, 이 법칙이 그 이상 거슬러 올라가서 근거를 구할 수 없다고 여겨질 때는 격률의 하나가 되는 것이다.

이 격률을 객관적인 것이라고 하는 경우도 있으나, 칸트는 주관적인 법칙을 객관적인 최고 원리와 구별하여 부르는 데에 썼다. 일반적인 경우는 개인이 자기 생활을 다스리기 위해 다소나마 의식적으로 사용하고 있는 기준을 격률이라고 부른다. 이를테면 금주·금연 등의 금지 조항을 격률의 하나로 삼고 있는 사람도 꽤 많다. 또한 실천적인 뜻을 가진 속담이나 금언을 격률이라고 부르는 경우도 있다 ― 옮긴이.

것. 뭐 그런 것 있지 않나요?"

"당신은 칸트주의자이군요."

"그렇습니다."

"칸트가 누군지는 알고 있나요?"

"그런 것 같아요."

드디어 77번가에 도착했다. 그는 내가 동쪽으로 방향을 틀기 전에 지하철을 타기 위해 차에서 내렸다. 차 문을 열자 실내가 조금 환해졌고, 덕분에 그의 얼굴을 좀더 자세히 들여다볼 수 있었다. 거의 군인 수준의 깔끔한 용모가 인상적이었다. 방금 깎은 사관생도 머리 스타일에 옷은 주름 하나 없이 깨끗했다. 그는 고아였고, 거리의 아이였지만, '순결한 장난꾸러기'의 모습을 가지고 있었다. 몇 주만 지나면 열아홉 살이 되어 사회복지연금이 중단되기 때문에 보호소에 들어가야 할 처지에 있었다.

면접하러 온 사람들 중에서 몇 명은 너무 가난했다. 일을 시작할 때만 해도 나는 그런 일이 가능하리라고는 꿈에도 생각하지 못했다. 지금도 그 사실을 믿고 싶진 않지만, 사실이었다. 가난한 사람들을 둘러싸고 있는 어려움들이 더는 어떻게 해볼 도리가 없는 상태가 되는 시점이 있다. 가난해지는 것 말고는 어떤 일도 할 수 없는 그런 순간 말이다. 얼굴에 손바닥 크기의 딸기모양 점을 갖고 있는 스무 살 난 리디아Lydia는 브루클린에 있는 한 건물 뒤편 지하 단칸방에서 살고 있었다. 햇빛 한 줌도 들지 않는 어두컴컴한 방에서 병치레를 자주 하는 아이들과 불운한 엄마와 함께 한 방에서 먹고 자고 했다. 그런데 그 해 중간에 그곳에서 쫓겨나서, 그곳보다 주거환경이 더 열악한 브롱크스의 어느 곳으로든 옮겨가야 했다. 집세를 내지 못해서였다. 리디아는 딱 두 번 수업에 참석했는데, 그때마다 어린아이와 함께였다. 아이는 그녀의 무릎에 앉아서 쿠키를 먹고 있었다. 리디아는 비록 수업에 참여하진 못했지만, 때때로 내게 전화를 걸어 자신의 처지를 하소연하기도 하고, 일자리나 집을 찾는 일을 도와줄 수 있는지, 그 밖에 다른 도움을 줄 수 있는지 묻기도 했다. 내가 몇 가지 조언을 하긴 했지만, 그 충고를 따르지는 못했다.

그 해가 끝날 무렵, 그녀가 클레멘트센터의 대기실에 나타난 적이 있었다. 병을 앓고 있는지 수척해 보였다. "공부하러 오니 반갑네요"라고 말을 건네자 "수업에 참석은 못 해요"라고 답했다.

"뭐 도울 일이 있나요? 아시다시피 여긴 가족보호센터잖아요."

"이사하면서 책이랑 과제물들을 좀 잃어버렸어요."

"남은 것들이 있는지 알아볼게요."

"토큰 좀 얻을 수 있을까요? 집에 갈 돈이 없어서요."

"수업이 끝나면 항상 토큰을 나눠주잖아요."

"그때까지 있을 수가 없거든요."

나는 그녀에게 토큰을 한 주먹 쥐여주었다. 그녀는 손에 있는 토큰을 들어보며 무게를 쟀다. 무게로 개수를 세는 것 같았다. 우리는 한참 동안 서로를 쳐다보고 있었다. 나는 그녀에게서 한겨울 살을 에는 듯한 추위 같은 외로움을 느낄 수 있었다.

"집 근처에 다른 학생들은 없나요? 그들이 당신을 도울 순 없을까요?"

"없어요."

며칠 동안의 면접을 통해 반 하나가 서서히 만들어지고 있었다. 그때까지만 해도 그 해 말까지 버틸 수 있는 사람이 누구일지 상상할 수 없었다. 한 젊은 여성이 깔끔하게 타이핑한 에세이를 제출했다.

저는 한때 노숙자였습니다. 그리고 나서는 얼마 동안 쉼터에서 지냈습니다. 지금 저는 '노숙인 친구Partnership for the Homeless'라는 기관에서 제공한 저만의 독립 공간에서 생활하고 있습니다.

저의 증조할머니는 집안에 수도나 전기를 들여놓을 여유가 없을 정도로 가난했습니다. 그분이 저를 얼마간 키워주셨습니다. 제 할머니도 역시 가난해서 빚지지 않고는 살 수가 없었습니다. 엄마는 동생과 함께 생활보호대상자 혜택을 받고 있습니다.

저는 지금 아주 적은 수입으로 혼자 살고 있습니다. 늘 빚에 쪼들려 삽니다. 필요한 만큼의 음식도 살 수 없고, 학교에서 쓸 책이나 준비물을 살 형편도 못 됩니다. 어떤 때는 교통비가 문제가 되기도 합니다. (이후 생략)

이어지는 마지막 문장은 이랬다. "한 친구가 이 글을 마칠 수 있게 도와주었습니다."

타슈켄트에서 온 남매가 작은 면접실로 들어왔다. 그때 난 이민은 가난과는 별개로 다뤄야 할 문제라고 생각했기 때문에 이민자를 학생으로 받아들일 생각이 없었다. 하지만 이들의 경우는 난민에 해당하는 상황이었다. 그들은 옛 소련이 붕괴한 이후 자신들의 삶터에서 쫓겨난 것이다. "우리는 유대인입니다." 소년이 말을 시작했다. "무슬림들이……" 그와 그의 여동생은 알고 있는 몇 개 안 되는 영어 단어로 전혀 새로운 영문법을 구사하고 있었다. 내가 질문을 하면 둘이서 러시아어로 의논을 한 다음, 둘 중 한 명이 어렵사리 대답을 했다. 내가 최대한 이해한 바에 따르면, 무슬림들 때문에 러시아인이나 유대인들이 타슈켄트에서 사는 것이 힘들어졌다는 것이다. 그 남매는 당시 퀸스 지역의 구석자락에서, 그것도 전철이 끝나는 종착역에서도 한참을 더 들어가는 곳에서 부모와 함께 살고 있었다. 부모 모두 병이 들었고, 돈도 없었다. 또한 남매가 지원했던 대학들은 모두 그들을 받아들이지 않았다.

자신들을 각각 이사코프Iskhakov[아들]와 이사코바Iskhakova[딸]라고 소개
한 그들은 러시아인이었으며, 난민이었고, 뉴욕 시의 새로운 빈곤층이었
다. 나는 그들을 받아들였다. 우선 그들이 좋아서였고, 유색인종만으로
학급을 채우고 싶지 않은 이유도 있었다. 유색인종만으로 학급을 구성했
을 경우, 사람들이 클레멘트 코스의 취지를 오해할지도 모른다는 생각을
했다. 같은 이유에서, 나는 젊은 알바니아인 한 명도 받아들였다. 그는
전화도 없는 방에서 살면서, 피자 만드는 일과 접시 닦는 일로 근근이
생계를 이어가고 있었다.

로라Laura(실명이 아님)는 코스에 지원한 네 번째 백인으로, 키가 크고 날
씬했으며, 염색한 금발머리와 파리하고 창백한 피부를 지녔다. 그녀는 지
원서에 다음과 같이 썼다. "저는 열아홉 살입니다. 원래는 텍사스 주의
댈러스 출신인데요, 5개월 전부터는 시에서 운영하는 쉼터에서 지내고
있어요." 로라는 아버지와 계모의 학대 때문에 집에서 도망쳐 나와서 댈러
스의 노숙인들과 함께 살았는데, 거기서 만난 한 여자애가 뉴욕으로 가서
자신의 엄마와 함께 살자고 로라를 설득했다고 한다.

그런데 일이 잘 풀리지 않았다. 그 여자애의 엄마는 정신분열증을 앓고
있었기 때문에 도저히 함께 살 수가 없었다. 일자리도 없고 돈도 없었지만,
로라는 그곳에서 나올 수밖에 없었다. 그녀는 쉼터를 이리저리 옮겨 다니
다가 마침내 빈민지역에 소재한 어느 한 곳에 정착했다. 그런데 거기에서
도 문제가 좀 있었는데, 밤에 할렘가를 배회하는 젊은 금발 여인을 매춘부
로 오인한 경찰이 그녀를 체포한 것이다.

"그들은 경찰서로 나를 끌고 가서는 둘러서서 때리기 시작했어요. 그
래서 내가 되받아 쳤죠. 그랬더니 체포 거부죄인지 뭔지로 나를 기소하고

는 50달러 벌금을 물렸어요. 벌금을 안 내면 날 '리커스 아일랜드Riker's Island[교도소]'로 보내버리겠대요. 그들이 나를 교도소로 보내지 않으면 코스에 나올 수 있어요." 로라가 말했다.

"쉼터에서 벌금을 대신 물어주지 않을까요?"

"천만에요." 모음을 길게 끌면서 발음한 탓에 로라의 말투는 남부 사투리처럼 들렸다. "벌써 물어봤죠. 안 된대요." 그러고는 이미 끝난 이야기지만 한번 알아보기나 하자는 표정으로 물었다. "만일 내가 교도소에 가지 않고 이 코스에 참석하게 된다면, 내 친구를 데려 와도 되나요?"

"그 친구가 지원해서 합격하면 물론 가능합니다."

"남자가 아니라 여자 친구예요."

"어쨌든 마찬가지예요."

"우리 아빠랑 새엄마가 날 어떻게 학대했는지 아세요? 내 방에 들어와서 내 인형과 벽에 있는 그림, 예쁜 옷가지들을 몽땅 가지고 가서 다 태워버렸어요. 그래서 집을 나와버린 거예요."

나는 그녀에게 만약 합격된다면 열흘 안으로 연락을 주겠다고 말했다. 그리고 벌금을 낼 돈을 구하지 못하면 나에게 전화를 달라고 했다. 그녀가 떠난 후, 나는 인클란 박사 사무실로 가서 로라에 대한 의견을 구했다. 그녀에 대해 자세히 설명해주고, 벌금과 구타에 대해 의심이 든다는 말도 했다. "내 생각엔 그녀가 문제를 좀 일으킬 것 같아요. 아니면 이미 문제가 있든지. 느낌이 좋지 않아요. 그녀를 받아들여야 할지 어떨지 모르겠어요."

그가 말했다. "얼, 당신은 백인에 대한 편견이 있는 것 같네요." 우리는 함께 웃었다. 결국 나는 그녀를 받아들였다. 결국 로라는 영리하고, 주의 깊으며, 동료 학생들은 별로 인정하지 않지만 다른 모든 교수들은 인정한, '정곡을 찌르는' 유머감각이 있는 것으로 드러났다. 이후로 두고두고 나는 로라에 대한 인클란 박사의 판단이 옳았구나 하는 생각을 했었다. 분명 나는 백인에 대한 편견이 있었던 모양이다. 그때까진 한 번도 그런 생각을 해본 적이 없었지만, 사실 그랬을 수도 있었겠구나 하는 생각을 하게 됐다.

핵터 앤더슨Hector Anderson은 키가 크고 호리호리하며 냉철한 친구로, 피아니스트처럼 가녀린 손가락과 정통 브루클린 억양을 가졌다. 그는 고등학교를 여러 군데 거쳤다고 했다.

"마지막 학기에는 '안전을 위한 전학'도 했지요."

"그게 뭔데요?"

"그들이 안전을 위해서 나를 전학시킨 거예요. 왜냐하면 무진장 싸웠거든요."

"싸움하면 이겼나요?"

그는 고개를 가로저었다. "아뇨, 졌어요. 그래서 학교에서 나를 전학시킨 거예요, 내 안전을 위해서." 우리는 함께 폭소를 터트렸다. 나중에 그는 코스 수강생 가운데 가장 똑똑한 학생 중 한 명이 된다. 마지막 시험에서 그는 모든 질문에 정확하게 답했을 뿐만 아니라, 필립 라킨Philip Larkin의 시를 근사하게 풍자적으로 개작하기까지 했다.

그들에게는 거짓말과 고백, 범죄, 임신이 다반사였다. 그리고 언제나 외로움이 붙어 다녔다. 나는 그들의 가능성에 대해 역설했고, 그들에게 희망을 팔았다. 그리고 그들한테서 나는 가난을 새로운 관점에서 이해할 수 있는 법을 배웠다. 가난에 대처하기 위한 연방정부 지침서 같은 것들은 아무런 소용이 없었다. 입주형 쉼터, 사회복지 관련 기관, 무료진료소, 임시 집단거처, 최저 임금 일자리, 마약중독 치료 프로그램, 푸드 뱅크 시설이 있지만 이 기관들이 가난을 막지는 못했다. 사람들은 스스로 가난하다고 시인하고 인정할 때, 그리고 그러한 상태에서 그들을 끄집어낼 정치적 대책이 전혀 없을 때 비로소 가난해지는 것이다. 클레멘트 코스의 학생 선발 기준을 세울 때 바로 이 점을 중요하게 고려했다.

그들의 이야기를 들을 때마다, 과연 이 코스가 소용이 있을지 의심이 들곤 했다. 그들에게는 사람들과 어울리며 사람답게 살 수 있는 기회도 거의 없었고, 그런 삶을 누릴 공간도 없었다. 그들은 세파世波에 떠밀려 워낙 심하게 치이며 살다 보니 자신의 삶을 돌아볼 여유조차 없다. 그런데 그렇게 살아온 그들이 14세기 때 이탈리아 그림을 알아야 할 이유가 무엇이며, 논리학에서의 진리치표眞理値表나 소크라테스의 죽음에 대해 관심을 가져야 할 이유가 또 무엇이겠는가?

"난 임신 중인데요, 애를 떼지는 않을 거예요. 그건 할 짓이 못 되는 것 같아요." 한 젊은 여성이 말했다.

"부모님이 당신을 도와주실까요?"

"내 부모란 작자들은 저질 중에서도 상 저질이에요. 열여섯 살밖에 안 된 나를 어떤 놈의 씨받이로 팔아버렸단 말이에요."

"그러면 어떻게 할 건데요?"

"이사해야죠. 지금은 방을 같이 쓰고 있는데, 혼자 쓸 수 있는 방을 구해야죠."

그러면서 그녀는 울었다. 배가 점점 불러왔고, 호출기를 차고 교실 바닥을 무거운 신발 뒤꿈치로 쿵쿵거리면서 거들먹거리고 다니기 시작했다. 립스틱을 짙게 바르고 다녔고, 자기가 살던 로어 이스트 사이드Lower East Side를 떠날 때는 "나는 아무래도 줄로 묶어놔야 될 팔잔가 봐" 하고 말했다. 그 해 들어 몇 달이 지나서, 그녀는 고독을 더 참을 수가 없었던 모양인지, 대도시에서 멀리 떨어진 벽촌으로 간다는 한마디만 남긴 채 사라져버렸다.

5

학생 모집이 끝나고, 개강 예비교육을 하기 전에 나는 비니스 워커를 만나 이야기도 하고, 또 교도소에서 진행하게 될 코스 준비가 잘 되고 있는지 확인도 할 겸해서 베드포드힐스 교도소를 찾았다. 가정폭력 프로그램을 운영하고 있는 샤론 스몰릭, 비니스, 그리고 나, 이렇게 세 사람이 작은 사무실에서 만났다.

그날 나는 무더운 날씨에 시내에서부터 차를 몰고 오느라 기분이 별로 좋지 않았다. 그리고 그때까지만 해도 나는 비니스에 대해서 아는 게 별로 없었다. 그녀는 날 믿지 않았고, 나도 그녀를 어떻게 대해야 할지 아무런 생각이 없었다. 이야기하는 동안 내내 비니스는 크고 하얀 알약 하나를 손에 쥐고 있었다. "에이즈 때문에요." 그녀가 말했다.

"많이 아픈가요?"

"T세포 수치가 떨어졌어요. 아무튼 그건 중요한 것이 아니고, 어디 코스에 대해서 한번 말해보세요, 얼. 뭘 가르칠 거죠?"

"도덕철학이요."

"도덕철학 중에서 어떤 내용이요?"

비니스는 그날의 방문을 심문審問으로 바꿔버렸다. 난 개의치 않았다. 대화가 끝나면 나는 '자유로운 세상'으로 다시 돌아갈 것이기 때문이다. 설사 그녀가 정말로 나를 심문하길 원했다 해도, 그때 심정으로 난 분명 개의치 않았을 것 같다. 나는 말했다. "우리는 플라톤에서부터 시작할 겁니다. 『변명Apology』,8 『크리톤Crito』9의 일부분, 『파이돈Phaedo』10에서 몇 쪽,

---

8 플라톤의 저서. 소크라테스가 기원전 399년 아테네의 법정에 제소되어 재판을 받고 처형될

아마 이런 식으로 시작하면 소크라테스에게 어떤 일이 일어났는지를 학생들이 알 수 있을 것입니다. 다음으로 우리는 『니코마코스 윤리학』을 읽을 것입니다. 그 다음에 나는 학생들이 페리클레스의 추도연설문을 읽었으면 합니다. 이 연설은 윤리학과 정치학을 연결시켜주는 내용으로, 내가 이 코스의 목적으로 삼았던 방향으로 학생들을 이끌어줄 것이라고 생각합니다. 그리고 『안티고네*Antigone*』[11]를 끝으로 수업을 마치게 될 텐데요, 드라마라는 관점에서뿐만 아니라 도덕철학과 정치철학적 관점에서도 읽게 될 것입니다."

"뭔가 빠뜨린 게 있는데요." 우월감을 보여주기라도 하려는 것처럼 의자에 잔뜩 기댄 채 그녀가 말했다.

오랜 시간 운전한데다 날씨도 더웠다. 게다가 그 방은 생기라곤 찾아볼 수 없이 완전히 처진 분위기였다. "아, 예……. 그게 뭔데요?"

"'동굴의 비유'[12]요. 그걸 빼놓고 가난한 사람들에게 어떻게 철학을 가

때, 법정에서 한 소크라테스의 변론을 기록한 것이다. 「최초의 변론」, 「유죄선고 후의 변론」, 「사형선고 후의 변론」 등 3부로 되어 있다 — 옮긴이.

9 이 대화편은 소크라테스의 오랜 친구인 크리톤이 소크라테스를 찾아와 탈옥을 감행하길 요구하는 장면을 담고 있다. 아주 짧은 대화편이지만 소크라테스의 일면을 엿볼 수 있는 단서가 아주 많은 흥미로운 글이다 — 옮긴이.

10 플라톤의 저서. 기원전 388~기원전 387년에 저술된 것으로 추정된다. 대화편(對話篇) 중의 하나로, 인생의 궁극적 목적과 이것을 위한 생활방법을 말하고 있다. 감옥에서 죽음을 기다리는 소크라테스의 일상을 그의 제자 파이돈이 에케크라테스에게 이야기하는 형식으로 이뤄져 있다 — 옮긴이.

11 안티고네(Antigonē)는 그리스신화에 등장하는 인물로서, 영웅 오이디푸스와 그의 어머니 이오카스테와의 사이에 태어난 딸이다. 오빠는 폴리네이케스와 에테오클레스이고 여동생은 이스메네다 — 옮긴이.

12 플라톤이 『국가』의 제7권에서 사용한 비유. 이데아계(idea의 영역, 즉 관념의 세계)를

르치려고 하죠? 동굴이 바로 빈민지역이고, 빛이 교육인 거죠. 가난한 사람들은 분명 이 말을 이해할 수 있을 거예요."

6

코스를 시작하기 며칠 전, 뉴욕 시에서 북쪽으로 약 두 시간 정도 거리에 위치한, 인문학 대학으로 유명한 바드대학의 리온 보트스테인 학장은 클레멘트 인문학 코스를 대학 차원에서 학문적으로 지원하겠다고 약속했다. 바드대학이 코스를 지원하는 데 아무런 추가 경비가 들지 않는다는 사실을 확인한 후에 그는 이렇게 말했다. "좋습니다. 우리 대학은 좋은 평판을 얻게 될 것이고, 당신들은 하느님의 칭찬을 받게 될 것입니다." 어쩌면 당연한 것이겠지만, 코스가 진행되면서 바드대학이 부담할 수밖에 없는 비용이 점차 늘어났다. 물질적인 면으로나 시간적인 면에서 말이다. 처음에는 이것을 예측하지 못했다. 하지만 리온 학장은 자기가 하고 있는 일과 관련해 훌륭한 아이디어를 많이 갖고 있는 사람이었다. 예상치 못한 일이 생길 때마다 그는 내가 기대할 수 있는 것 이상으로 코스를 위해

태양의 세계라 할 때 가시계(可視界)는 지하의 동굴 속의 세계와 같다고 설명하고 있다. 즉, 불빛에 의해 동굴의 벽에 투사된 형태의 그림자들은 인간에 의해 형성된 실재에, 형태들 자체는 인간으로부터 독립적인 대상의 세계에, 동굴 밖에 있는 생명체와 사물들은 이데아의 세계에 각각 비유된다. 이렇게 해서 플라톤은 인간이 생산적으로 활동하고 있는 시공적인 세계는 참되고 진정한 이데아의 세계에 대한 불완전한 묘사이며 그림자일 뿐이라는 '객관적 관념론'의 기본사상을 분명히 하고 있다. 플라톤은 이런 세계들 간의 연관이 이데아 세계에 대한 현실세계의 참여라는 가정으로 설명될 수 있다고 믿었다 — 옮긴이.

많은 것을 기꺼이 해주었다.

코스를 시작한 지 일주일 뒤, 바드대학의 부학장이자 학력인증센터 소장인 로버트 마틴 박사한테서 편지가 한 통 날아왔다. 코스를 끝마친 사람들에게 바드대학 이름으로 수료증을 주겠다는 약속과 더불어, 교수행정위원회에서 코스의 교육과정과 교수진, 그리고 수강생들이 학문적으로 얼마나 발전했는지에 대한 평가 결과에 따라 코스 수료를 바드대학의 학점으로 인정해주는 문제도 고려해볼 수 있다는 내용이 들어있었다.

우리는 1995년 10월 12일, 개강 예비교육에 참여한 31명의 학생들에게 배포한 자료집에 그 편지도 복사해서 끼워 넣었다. 우리에게 비밀이란 아무것도 없었다. 대학 학점 수여 가능성에 관해서조차도 내가 아는 만큼 학생들도 알고 있었다.

예비교육 서두에 라파엘 피자로가 자신의 삶에 인문학이 끼친 영향에 대해서 발표했다. 이어서 교수들이 한 명씩 돌아가며 1~2분씩 이야기하는 시간을 가졌다. 인클란 박사는 라몬 메이소네트Ramon Maisonet와 자신이 함께 만든 설문지를 학생들에게 나눠주고 작성하게 했다. 우리 학생들이 삶에서 '무력force'이 어느 정도의 영향을 끼쳤으며, 또 성찰적 사고 능력은 어느 정도인지를 측정하기 위해서 표준화된 다양한 도구를 사용해서 고안한 설문지였다.

설문지 작성이 끝난 다음, 나는 학생들에게 철학, 예술, 논리학, 시, 역사 등 다섯 과목을 순환적으로 돌아가면서 수업하게 될 것이라고 말해주었다. 철학으로 시작해서 예술, 논리, 시, 역사 수업을 하고 난 후 다시 철학 수업으로 돌아가는 순환 방식인데, 교육 내용을 유기적으로 통합시키기 위해서 그렇게 하는 것이라고 이유를 설명했다. 그런데 이러한 순환 수업 방식의 이점 중에서 그들에게 말하지 않은 것이 한 가지 있었다.

나는 가난한 사람들은 다른 사람들에 비해 건강 문제나 그 밖의 다른 개인적인 사정이 많기 때문에 학생들의 출석률이 고르지 못할 것으로 예상했던 것이다. 그래서 수업을 일주일에 두 번만 하고, 동시에 순환 수업 방식을 도입하면, 설사 어느 한 학생이 2주 반을 결석하는 일이 생겨도 과목당 한 번밖에 수업을 빠지지 않은 것이 된다. 만약 정규 대학에서 하는 것처럼 과목을 학기당으로 가르치는 방식을 그대로 답습할 경우, 2주의 결석은 곧 과락科落을 의미하게 될 것이다.

예비교육 말미에 나는 학생들에게 첫 숙제를 내주었다. "다음 번 수업을 위해서 플라톤의 『국가The Republic』 중에서 '동굴의 비유'를 읽어오세요."

첫 수업의 시작은 별로 좋지 않았다. 비디오 녹화를 자원했던, 훌륭한 다큐멘터리를 만들 수 있는 눈을 가진 한 젊은 친구가 첫 수업 시작 얼마 전에 전화를 걸어서는 오랫동안 만나지 못했던 친한 친구를 만나러 마사스 빈야드 섬Martha's Vineyard에 갔다 오는 길인데 조금 늦어질 것 같다고 말했다. 나는 그날로 그를 해고했다.

예비교육이 끝난 후, 나는 예비교육에 참석했던 사람들 중에서 첫 수업에 모습을 나타낼 사람이 몇 명이나 될지 상상해 보았다. 스무 명쯤 왔으면 좋겠지만, 한 열다섯 명 정도나 올 것 같았다. 물론 마음 한 구석에는 열 명도 채 안 오면 어쩌나 하는 걱정도 있었다. 첫 수업이 시작하는 날, 코스를 관리하고 운영하는 일을 분담하기로 했던 실비아와 나는 스물다섯 명 분량의 과자와 커피와 쿠키를 준비했고, 플라스틱 용기에 버스 토큰도 한 가득 담아 두었다. 스탈링 로렌스는 고맙게도 버나드 녹스의 『노턴 고전문학 선집Norton Book of Classical Literature』을 30부나 복사해주었다. 그 선집에는 『국가』와 『니코마코스 윤리학』만 빼고 철학 수업에 필요한 모든 교재들이 모두 들어 있었다.

여섯 시 정각. 열 명의 학생들만이 긴 테이블 주변에 듬성듬성 앉아 있었다. 그런데 여섯 시 십오 분쯤 되자 그 수는 두 배로 불어났고, 몇 분 뒤에는 지각생 두 명이 어둠 속에서 나타났다. 나는 칠판에 사고방식의 연대기적 발전 과정을 써두었다. 신석기시대에서 신화의 역할에서부터 길가메시*Gilgamesh*[13]에 이르기까지, 이후로는 구약성서, 그리스신화, 공자, 신약성서, 코란, 썬 자라의 서사시*Epic of Son-Jara*,[14] 그리고 나후아Nahua와 마야Maya의 시들로 끝맺게 되는 일련의 흐름은 유럽과 아메리카가 서로 만나는 지점까지 우리를 이끌어주었고, 바로 그 지점에서 역사수업이 시작되었다. 이 연대기는 어떤 사고방식이 나오게 된 사회적 맥락과 지리적·시간적 차이를 모두 고려해서 생각할 수 있게 할 뿐만 아니라, 어느 인종도, 그리고 어떤 문화도 가볍게 여기고 지나치지 않도록 하는 데 도움이 되었다. 나는 학생들에게 다음과 같이 말했다. "우리 각자가 어디 출신이든 간에 우리 모두는 다 같은 인간이라는 사실에 합의합시다. 그리고 이제 플라톤이 말한 동굴의 비유로 들어가 봅시다."

나는 철학 수업에서 강의를 하지 않고 대신 '산파술'이라고 불리는 소크라테스의 방법론을 사용할 것이라고 말했다. "산파술*Maieutic*은 조산술助産術이라는 뜻의 그리스어에서 나온 것으로, 나는 여러분들과 함께 대화할 때 산파의 역할을 하게 될 것입니다. 자, 그럼, 대체 제가 뭘 한다는 말일까요? 산파는 어떤 일을 하는 사람이죠?"

---

13 수메르와 바빌로니아 신화에 등장하는 영웅 — 옮긴이.

14 세계의 서사시 반열에 오른 서사시들 가운데 하나로, 옛 말리 제국을 세운 전설적 인물이 행한 착취에 관한 내용이다. 이 서사시는 지금도 만데칸어(Mandekan)를 쓰는 아프리카계 서양인들 사이에서 널리 암송되고 있다 — 옮긴이.

그때가 학생들이 소크라테스와 사랑에 빠져드는 첫 순간이었다. 철학을 이 땅에 가져온 최초의 사람이 소크라테스라는 말이 사실이라면, 우리 학생들을 진지함으로 이끌어준 최초의 사람 역시 소크라테스라는 말도 사실일 것이다. 소크라테스는 우리 학생들에게 진리나 해답은 이미 그들 안에 있으며, 다만 대화를 통해 밖으로 끄집어내는 일만 남았다고 말했으며, 우리 학생들도 그 뒤부터는 자기 자신을 이전과 같은 방식으로 생각하지 않게 되었다. 인문학은 우리 학생들이 자기 안에 내재된 인간의 존엄성을 비춰주는 거울이 되었고, 사랑에 빠진 모든 이들이 그렇듯이, 그들 또한 사랑을 통해서 변화되어 갔다.

나중에 아벨 로마스는 이때를 예의 근엄한 문체로 "난생처음으로 누군가가 우리들의 의견에 귀기울여주었다"라고 표현했다. 소크라테스가 좋아하는 은유법으로 표현하면, 그들은 새로 태어난 것이었다.

7

> 인간의 삶이란 무엇인가? 선과 악으로 속박되지 않으며,
> 칭찬이나 비난에도 변덕을 부리지 않는 그 어떤 것.
> ― 소포클레스의 『안티고네』 중에서

베드포드힐스 교도소에서 가진 첫 만남도 꽤 괜찮았다. 마흔 명 정도의 여성 재소자들이 교도소에서 가장 큰 강의실에 모여 있었다. 시내에서 모이는 학생들보다는 좀더 나이가 들어 보였다. 회의론자들과 순진무구한 이들이 복잡하게 섞여 있었는데, 진초록색의 죄수복을 그대로 입고 있는 사람들도 있었다. 죄수복은 일부만 입었고, 나머지는 '자유세계'의 상징인

스웨터나 블라우스를 입고 있었으며, 유행하는 신발을 신고 있는 사람들도 있었다. 한편, 교도소 안의 인간관계에서 남성의 역할을 맡은 사람들은 머리를 짧게 자르고, 진초록 죄수복 대신에 빳빳하게 다려진 군복 스타일의 작업복에다 바지, 그리고 점프부츠를 신고 있었다. 한 방 가득히 모인 재소자들은 마치 세상을 보는 또 다른 '눈'을 기다리고 있는 것 같았다. 어쩌면 두려움에 전율하고 있으면서 말이다.

톰 월리스Tom Wallace와 내 아내 실비아도 교도소에서 열린 첫 모임에 참여했다. 그 두 사람이 베드포드힐스 교도소에 간 것은 그때뿐이었다. 내가 실비아에게 그 교도소에 대해 이야기해준 적이 있긴 하지만, 말이나 글, 사진 등 그 어떤 것으로도 중범죄자 교도소의 숨 막히는 분위기를 제대로 전달할 수는 없었다. 참을 수 없는 것은 육중한 문이 철컹거리는 소리나 교도관들이 들고 다니는 무기가 아니라, 자신의 삶에 대한 뼈아픈 후회와, 아이들과 떨어져 있어야만 하는 여인의 비탄이었다. 샤론 스몰릭은 그와 같은 분위기를 "여성 교도소에서 한밤중에 나는 소리란 흐느낌뿐이다"라는 하나의 이미지로 특징을 잡아냈다.

대학 학점을 보장받을 수 없음을 알게 된 베드포드힐스의 여인들은 의기소침한 반응을 보였다. 모인 사람들 가운데 스물다섯 명이 수업을 포기해버린 것이다. 얼마 남지 않은 사람들을 두 가지 방향에서 설득했다. 하나는 지적인 방법으로, 『철학의 위안*The Consolation of Philosophy*』[15]을 함께

---

15 보에티우스(Boethius)가 감옥에서 저술한 『철학의 위안』은 산문과 시를 번갈아 사용하여 아름다운 문체가 돋보이는 대화 형식의 철학서로서, 5권의 책으로 구성되어 있는데 마치 이교도 철학자가 쓴 것처럼 보인다. 이 책에서 그는 은총과 자유의지의 관계를 다루고 있다. 이 책에 대한 연구와 주석, 번역이 11~15세기에 성행했는데 19세기에는 독일의 여러 학자들이 방법론적인 면에서 나타난 보에티우스의 그리스도교 사상을 비판했으며,

읽음으로써 철학을 통해 위안을 주는 것이다. 이 책의 저자인 보에티우스 Boethius[16]는 플라톤이나 아리스토텔레스와 나란히 놓을 수 있는 사상가는 결코 아니지만, 어린 시절의 보호자였으며, 나중에는 자신이 갇힌 독방으로 찾아와 주었던 '인격화한 철학Philosophy personified'이라는 그의 사상은 성 바울 사도 전후 시대에서의 자유, 그리스-로마의 다신교, 그리고 기독교에 대해 활발하게 토론하는 계기를 제공했다. 보에티우스의 사상은 그리스-로마의 다신교 사상과 기독교 사상, 그 둘 사이 어디쯤엔가에 자리잡고 있기 때문에 한편으로는 그리스인들에게, 또 한편으로는 기독교 순교자들에게 가장 좋은 본보기가 되었다. 철학Philosophy[17]이 베드포드힐스 여성 재소자들에게 정말로 위안을 줬는지는 잘 모르겠지만, 그들은 적어도 아다 벨라스케스Ada Velásquez라는 한 여인에게는 그랬을 것이라고 생각하는 듯했다. 보에티우스에 대한 이야기를 듣고 그녀는, 밤이 되고, 문이 잠기고 나면 자기 방에 누워서 자기가 자신의 삶을 통해 무엇을 했는지 생각해 본다고 말했다. "우리는 죄를 지었어요. 하지만 우린 아직 인간입니다." 그녀는 철학이 자신의 감방을 방문할지도 모른다는 기대를 한 적이 있는지에 대해서는 말하지 않았다.

두 번째 단계는 훨씬 더 어려웠다. 교도소에서 상담사로 일하고 있는

그가 이교도였다고 단정하기도 했다. 그러나 이 저서에는 그리스도교 사상의 흔적이 보이며, 그 안에는 또한 교의를 전제한 복음의 정신이 나타나 있다 ― 옮긴이.

16 보에티우스는 로마의 관료이자 정치가로서, 대략 480년에 태어난 것으로 전해진다. 귀족집 양자로 귀족 교육을 받고 자랐으며, 양부의 딸과 결혼한다. 보에티우스는 그리스어에 능통하여 플라톤과 아리스토텔레스의 모든 원전을 번역할 계획을 가졌다고 한다. 그는 둘의 차이보다는 유사성을 강조했고, 지금의 기독교가 아니라 당시 사회나 자연의 조화를 자연법과 연결시키는 전통에서 그리스 사상과 신학을 연결시키려 했다 ― 옮긴이.

17 첫 글자를 대문자로 해 일반적인 철학이 아닌 '인격화한 철학'을 의미한다 ― 옮긴이.

테리 맥네어Terri McNair는 내가 그저 겸손한 척 하면서 생색이나 내는 부자 백인 남자가 아니라는 확신을 그녀들에게 심어주려면 내 자신에 대해 얘기해야 할 것이라고 말했다.

"고백 같은 걸 하라는 건가요?"

"예."

다음 수업을 가르치기 위해 베드포드힐스로 오는 길에 나는 한번 부딪쳐보기로 결심했다. 우리 어머니가 수면제와 모르핀 중독자였다는 사실과 내가 학교와 군대에서 문제를 일으켰다는 것을 학생들에게 털어놓기로 한 것이다. 잠시 동안이긴 했지만, 어렸을 때 한 친구와 어울려 뉴멕시코에서 마리화나를 수입해서 일리노이 주의 이스트 세인트루이스에서 판매했던 일을 학생들에게 거짓 없이 이야기했다.

"당신은 마약 판매상처럼 보이지 않는데요."

한 여인이 말했다. 그러자 또 다른 여인이 소리쳤다.

"어디에 갇혀 있었는데요?"

테리가 옳았다. 웃음소리가 사라진 뒤에 코스가 시작됐다. 인문학은 상아탑에서 나와 세상 속으로 들어갔다. 그러나 나중에 와서 생각해보니 그것만으론 충분치 않았다. 몇 안 되는 사람만이 코스를 끝냈고, 대학에서 학점을 인정받았다. 게다가 주디 클라크Judy Clark는 이미 석사 학위를 갖고 있어서 학점이 필요 없었다. 그녀와 나는 비록 같은 시기는 아니었지만(주디는 나보다 훨씬 젊다), 둘 다 시카고대학교에 다녔고, 둘 다 거기서 문제를 일으켰다. 주디와 비니스를 수업에 참여하게 한 것은 도움이 많이 됐다. 그들 덕분에 선생이 자기 질문에 대답을 해야 할 상황이 될 때까지 정적이 이어지는 경우가 생기지 않았고, 대화를 할 때 그 둘 가운데 한 사람이 다음 순간의 침묵을 깨곤 했기 때문이다.

때로 세상은 감옥 안에 있는 우리에게 상당한 것을 베풀 때도 있다.
그 해가 끝날 무렵에 나는 비디오테이프로 강의를 들었던 내용과 수업
도중에 토론했던 내용들을 총정리하기 위해 학생들과 만났다. 함께 한
학기를 정리를 하다가 『안티고네』를 공부하는 대목에서 나는 소크라테스
와 소저너 트루스,[18] 헨리 데이비드 소로[19]에 대해 아는 것과 자신들이

---

18 소저너 트루스(Sojourner Truth, 1797~1883). 이사벨라 와그너(Isabella Van Wagener)가 본명
이며, 종교적 열정을 바탕으로 노예제 폐지와 여권운동에 힘썼다. 노예로 태어나 어린
시절 주인들의 학대를 받으며 자랐다. 1810~1827년 같은 처지의 노예 토마스와 만나
아이 다섯을 낳았다. 1827년 노예제가 폐지되기 직전 아이작 와그너에게 노예로 팔렸지만
해방되었다. 퀘이커교도 친구들의 도움을 받아 불법으로 남부에 팔려간 아들을 찾으려고
법정 투쟁을 벌였으며, 1829년경 가장 어린 두 아이와 함께 뉴욕으로 가서 가정부로 생계를
이어갔다. 어린 시절에 하느님의 형상과 음성을 경험한 뒤 신앙에 귀의했다. 뉴욕 시에서
열성적인 전도사인 일라이저 피어슨과 알게 된 뒤, 거리에서 벌이는 설교 활동 말고도
피어슨의 검약공동체에 가입, 나중에는 그 가족의 일원이 됐다. 1843년 뉴욕을 떠난 뒤부
터 소저너 트루스라는 이름을 쓰기 시작했다. '전국을 순회하라'는 계시에 따라 곳곳을
다니면서 야외 집회, 교회, 거리에서 노래하거나 설교하거나 논쟁을 벌였고, 성서의 전갈
인 신의 선함과 모든 인간은 형제라는 사상을 받아들이라고 전했다. 같은 해 매사추세츠
주 노샘프턴의 이상주의적 공동체에서 인종차별 폐지 운동을 접하게 되면서 인종차별
폐지를 주제로 전국 순회 설교를 했다. 올리버 길버트에게 구술해 쓴 『소저너 트루스의
설교*The Narrative of Sojourner Truth*』를 출판해 생활했다. 1850년대 초 여권운동을 접했고,
저명한 여성 지도자 루크리셔 모트의 영향을 받아 여성참정권 운동 집회에 참여했다.
1850년대 트루스는 미시간 주 배틀크리크에 정착, 남북전쟁 초기에 흑인 지원부대를 조직
했으며, 1864년 워싱턴으로 가서 전차에 흑인과 백인이 함께 타지 못하게 한 것을 폐지하는
데 앞장 선 공로로 에이브러햄 링컨 대통령이 백악관에 초대하기도 했다. 같은 해 전국자유
인구제협회가 노예제도의 근절과 재정착 문제의 상담역으로 소저너를 임명했다. 1870년
대 말 다수의 해방노예가 캔자스와 미주리로 이주하는 것을 도왔고, 1875년 배틀크리크로
돌아와 여생을 보냈다 — 옮긴이.

19 헨리 데이비드 소로(Henry David Thoreau, 1817~1862)는 매사추세츠 주 콩코드에서 태어났
다. 하버드대학교를 졸업한 후에 토지측량을 하기도 하고 가업인 연필 제조 일을 돕다가,

읽었던 시들을(찰스 시몬스는 감옥에는 가르치러 가지 않았다) 곰곰이 되짚어본 다음, 그것을 참고해 안티고네의 결정에 대한 자신들의 의견을 제시하라는 학기말 숙제를 내주었다. 그리고 그 보고서들을 활용해서 연극을 만들자고 말했다.

반에서 나이가 좀 든 축에 속한 여자가 극 중에 나오는 가족과 국가 간의 갈등에 대해 언급하면서 자신도 같은 경험을 했다고 말했다. 그녀는 의자에 앉아 몸을 앞뒤로 흔들면서, "나도 내 딸이랑 그런 상황에 놓여 있었어요. 나는 내 딸을 자수시켜서 연방수사국FBI으로 보내야 했어요."

말을 계속 이어가기는 했지만 그녀의 얼굴은 눈물로 뒤범벅이 됐고, 목소리 또한 자꾸만 기어들어가고 있었다. 그녀의 딸이 얽혀있던 상황 가운데 무언가가 그녀를 이곳까지 보낸 것 같긴 한데 그게 무엇인지는 알 수가 없었다. 무슨 죄를 지어 감옥에 들어왔는지를 물어보는 것은 그곳에서의 예의가 아니었다. 다음과 같이 묻는 것 외엔 달리 할 말이 없었다.

"지금 말씀하신 것을 한번 써보실래요? 당신이야말로 우리들 가운데 그 누구보다도 안티고네에 대해 더 많이 알고 있네요. 당신은 우리를 가르칠 수 있어요. 그렇게 해주실래요?"

1837년 선배인 에머슨을 알게 되어 그의 집에서 3년간을 기거하며 '초절주의자 그룹', 즉 콩코드 집단에 가담, 기관지 『다이얼』에 번역물이나 논문을 실었다. 1845년 여름부터 1847년 가을에 걸친 월든 호반에서 보낸 생활을 바탕으로 쓴 『월든, 또는 숲속의 생활 Walden, or Life in the Woods』(1854)은 미국 문학의 고전으로 널리 읽혀지고 있다. 그가 죽은 뒤에 나온 『메인의 숲』이나 『코드 곶』(1865)은 그의 순수 자연에 대한 접근의 기록이며, 『일기』(14권, 1906)는 엄격한 자연관찰의 정점을 보여준 기록이다. 소로는 사회문제에 대해서도 항상 민감한 반응을 보였다. 1846년 7월 멕시코 전쟁에 반대해 인두세(人頭稅) 납부를 거절한 죄로 투옥됐는데, 그때의 경험을 기초로 쓴 『시민의 불복종On Civil Disobedience』(1849)은 후에 간디의 운동 등에 커다란 영향을 주었다 — 옮긴이.

"오, 제가 할 수 있을지 모르겠어요."

아주 조심스럽게 말했다.

"한번 해보세요. 나머지 숙제는 신경 쓰지 마시고요. 안티고네에 대해 당신이 이해하는 것을 그냥 써오기만 하면 됩니다. 아니면, 당신이 안티고네라면 어떻게 할지에 대해서 써오시는 것도 괜찮아요. 그렇게 하세요. 우리를 가르쳐 주세요. 제게 안티고네에 대해 가르쳐 주세요."

그녀는 그렇게 하겠다고 했다. 그녀는 수줍고, 상냥하고, 부드러운 여인이었다. 그녀의 갈색 피부 바로 아래에는 마치 슬픔과 연륜으로 바탕색을 칠한 것처럼 회색 피부가 자리하고 있었다. 나중에 그녀는 자신이 그 에세이를 쓰려고 했었다고 말했다. 그런 다음 눈을 떨군 채 자신 속으로 침잠해 들어갔다.

8

그레이스 글루엑은 어두컴컴한 방에서 수업을 시작했다. 학생들은 수 세기를 거슬러서 라스코Lascaux의 동굴들로 인도되었다. 그곳에서 학생들은 동물 가죽을 걸치고, 불빛 속에 있는 초기 인류를 상상해보고, 거대한 지하 동굴 벽에 그려진 그림을 통해 초기 인류의 꿈과 배고픈 갈망을 유추해보기도 했다. 그런 다음 그녀는 학생들을 다시 이집트로 이끌고 갔다. 처음에는 태양으로, 다음에는 다시 소생하기만을 기다리고 있는 형상들이 그려져 있는 지옥으로. 모든 동선 하나하나가 완전하고, 행복하고, 이상적이었다. 학생들은 이집트관에서 오랫동안 머물렀다. 그저 유물을 보는 데서 그친 게 아니라, 이집트를 상상하고, 이집트에 대해 이야기를 나누었다.

이렇게 하기 위해 그레이스는 학생들이 메트로폴리탄 박물관을 방문하도록 미리 조정을 해 두었다. 텐두르 사원Temple of Dendur[20]에서 시작해 이집트 미술품 전시관에 이르기까지 학생들을 인도해준 사람은 미술관 관계자 펠리샤 블럼Felicia Blum이었다.

학생들이 미술관을 방문한 건 금요일 저녁이었다. 달린 코드Darlene Codd는 두 살짜리 아들 야로Yaro를 데리고 왔다. 펄 라우Pearl Lau는 평소처럼 늦게 도착했다. 미술관 견학을 고대하고 있다고 내게 말했던 학생들 중 한 명이 그날 모습을 드러내지 않아서 적잖이 당황했는데, 나중에 알고 보니 지하철을 타고 미술관에 오는 길에 표 검색대를 뛰어넘다가 체포되어서 브루클린 법원 감방에 갇혀 있었다고 했다.

만약 그가 그날 미술관에 왔더라면 이집트인의 노예가 되었을지도 모르는데, 그건 그의 운명이 아니었나보다. 정작 그날 밤 인문학 때문에 개종한 사람은 사만사 스무트Samantha Smoot였다. 사건은 그녀가 텐두르 사원에 서 있는 동안 일어났다.

그녀는 두려움과 희망에 번갈아가며 휩싸였다. 어떤 때는 마치 마네킹처럼 아무 생각 없이 멋지게 차려입고 나타나는가 하면, 또 어떤 때는 머리를 짧게 자르고 모범생처럼 하고 나타나기도 했다. 나는 그녀가 꿈꾸는 걸 본 적이 있다. 하루는 내가 학생들을 데리고 그리니치빌리지에 있는 어느 이탈리아 식당에 갔었는데, 식사가 끝난 뒤 사만사가 마지막으로 자리에서 일어났다. 그녀는 문 쪽으로 몇 걸음 가다가 다시 식당 쪽으로

---

20 로마 황제 아우구스투스가 기원전 15세기경에 이집트의 누비아 지역에 세웠던 이 사원은 이집트의 에스완 하이 댐 공사로 수몰될 위기에 처했었으나 유적 보호에 앞장선 미국 기부가들의 공로를 인정해 1965년 미국에 기증되었다 — 옮긴이.

되돌아 와서는, 당당한 태도로 식사하는 다른 사람들에게 손을 흔들었다. 그 장면은 마치 사람들이 미소를 더욱 돋보이게 하는 깊게 파인 보조개로 자신의 존재를 한껏 과시했던 그 젊은 여인을 칭송하기 위해 식사를 중단하고 그녀를 쳐다보고 있는 것처럼 보였다.

"제 팬들이에요."

유명인들이 하는 것처럼 좌중을 쓰윽 둘러보며 그녀가 한 말이었다. 그녀는 말을 마치고 돌아서서 추운 겨울 밤, 옷도 든든히 껴입지 않은 채 덜덜 떨며 자신을 기다리고 있는 동료들한테로 갔다.

"고등학교는 마쳤나요?"

나는 첫 인터뷰 때 그녀에게 물었다. 그녀는 "나쁜 친구들과 사귀느라고" 학교를 마치지 못했다고 답했다.

"집에서 살고 있나요?"

"네."

"부모님과 함께?"

"아빠는 가족사진에서 빠져 있어요."

"형제나 자매는 없나요?"

"오빠가 시 외곽에 살아요."

"오래 됐나요?"

"네."

코스가 시작된 첫 학기 수업 시간에 "네가 무슨 일을 해도 그 백인 남자(나를 가리킴)는 너를 인정하지 않을 것이기 때문에 학교에 가는 건 아무 소용없는 짓"이라고 굳게 믿고 있는 이웃사람들에 대해 털어놓은 사람이 바로 그녀였다.

그녀는 읽을 수는 있었지만, 쓸 줄은 몰랐다. 그녀가 처음으로 제출했던 과제물은 거의 이해할 수가 없었다. 노턴 출판사의 편집자가 되기 위해 지금은 부편집자로 일하고 있는 퍼트리샤 추이가 개인지도도 가능하다는 얘기를 한 적이 있어서 사만사를 그녀에게 보냈다. 두 사람은 그 해가 끝날 때까지 함께 공부했다. 외과의사의 딸이며, 버클리에 있는 캘리포니아대학교에서 교육받은 편집인과, 브루클린 출신의 겁 많은 몽상가가 '영어'라는 공통분모를 찾아낸 것이다. 그들은 일주일에 두 번, 한 번은 출판사 사무실에서, 또 한 번은 그리니치빌리지에 있는 한 커피숍에서 만나서 문법과 구문론, 그리고 생각을 조리 있게 문장으로 옮기는 것들에 대해 이야기를 나눴다. 코스가 끝날 무렵에, 사만사는 아직 출판을 할 정도의 실력을 갖추지 못했지만, 젊은 편집인은 자신의 일에서 성공을 맛봤다. 사만사의 마지막 논문은 어떤 대학에 내놓아도 좋은 성적을 받을 만큼 훌륭했기 때문이었다.

그렇게 된 데에는 퍼트리샤 추이의 영향도 있었을 것이고, 출판사 사무실에 출입한 것도 좋은 영향을 끼쳤을 것이다. 또 그녀의 삶에 녹아들기 시작한 인문학 역시 무시할 수 없는 요인일 것이다. 그러나 나는 이 모든 것들이 고대 이집트에 있는 사만사를 위해 함께 일어났던 일이라고 생각한다. 덴두르 사원에서 펠리샤 블럼에게 질문을 한 사람도 그녀였고, 반은 사람이고 반은 동물인 여자 형상의 조각물이 있는 방으로 들어갔을 때 그곳에 있던 상형문자의 의미를 물어본 사람도 그녀였다. 펠리샤 블럼이 그 문자를 읽고, 영어로 해석해주자, 사만사는 아프리카의 희망을 꿈꾸었다. 아프리카는 그녀의 고색창연한 거울이었다. 숲이나 대초원을 비추는 거울이 아닌, 나일강의 영광을 비추는 거울이었다.

그날 저녁 현장 학습이 거의 끝나갈 무렵 그레이스는 학생들을 펠리샤 블럼에게서 인계받아 유물전시관에서 록펠러 익관翼館으로 데리고 가서 말리Mali(아프리카 서부의 공화국)와 베냉Benin(아프리카의 공화국)과 태평양 연안의 섬들에서 발달한 문화와 미술 사이의 연관성에 대해 이야기했다. 미술관 순례가 끝나자 학생들은 외투를 찾아들고 떠날 준비를 하며 미술관 입구 근처에 함께 모여 서 있었다. 우리 일행에서 혼자 떨어져 있던 사만사는 고상하고 평온한 포즈를 취하고 있었다. 우리는 그녀를 그곳에 두고 왔다. 사냥 모자를 쓰고 짙푸른 색의 피코트를 입은, 이제 막 소녀티를 벗은 키 크고 날씬하며 젊은 그녀를 말이다. 사만사는 순수하고 기쁨을 던져주는 보조개를 드러내며 우리에게 미소를 지어보였으며, 다소 과장된 작별 인사를 하고는 자신이 나왔던 바로 그 고대 이집트로 되돌아갔다.

처음으로 수업에 빠지던 날 버나뎃은 병원에서 전화를 했다. 나는 그녀가 하는 말을 거의 알아들을 수가 없었다. 발음을 할 때 한숨도 쉬지 않았다. 몇 주 후 그녀는 허약하고 혼란스러운 모습에다 흐릿해진 눈동자로 돌아왔다. 마침 내가 가르치는 날이 아니어서 나는 그녀의 세 살짜리 딸을 돌봐주었다. 버나뎃의 딸도 내가 그 아이의 엄마를 처음 보았던 때만큼이나 아름다웠다. 소녀의 피부는 그리 검진 않았으나, 벨벳만큼 부드럽지도 않았다. 하지만 엄마만큼 섬세하고 윤곽이 뚜렷했다.

버나뎃의 머리카락에서 윤기는 사라졌고, 대화에서 날카롭고 집요한 맛도 느껴지지 않았다. 이제는 더 쉬어버린 목소리에다 팍팍한 뉴욕 악센트만이 남았다. 나는 아이와 함께 복도를 걸어가서 다른 아이들과 어울려 놀도록 데려다 줬지만 그 소녀도 이미 알고 있었던 것처럼 아무것도 엄마를 대신할 만한 것이 없었다. 그래서 나는 아이가 자기 엄마를 볼 수 있도록 품에 안은 채 교실 옆에 서 있었다. 아이는 잠시 만족하는 듯 했지만 결국은 엄마의 무릎 위에 앉아서 나머지 시간을 보냈다. 나는 그 아이가 아프지는 않은지, 이미 나면서부터 엄마의 병을 물려받지는 않았는지 염려가 되었다.

우리는 버나뎃에게 특별 수료증을 수여했다. 카르멘이 버나뎃이 투병하고 있는 아파트로 수료증을 가지고 갔다. 버나뎃은 그곳에서 자신을 거리로 쫓아냈던 남자의 가족들로부터 병간호를 받고 있었다. 버나뎃이 죽기 전에 그녀의 딸은 에이즈바이러스 감염 검사를 받았고, 전염되지 않았다는 통고를 받았다. 카르멘은 그 소식을 버나뎃의 부음과 함께 전해주었다.

9

찰스 시몬스는 시 수업을 퀴즈와 웃음이 담긴 시, 아주 짧은 시, 형태나 말로 하는 농담과 익살이 담겨 있는 시들로 시작했다. 그의 계획은 학급을 놀라게 하는 것이었고, 결국은 멋지게 성공했으며, 이런 수업 방식은 그해 내내 이어졌다. 처음에 그는 학생들의 이해를 돕기 위해 간간이 보충 설명을 하며 시를 크게 읽어줬다. 그리고 사랑의 시, 유혹의 시, 그리고 학생들이 읽은 시를 이후의 시인들이 풍자적 형식으로 비평해놓은 것들을 학생들에게 보여줬다. "우리도 읽게 해주세요" 하고 학생들이 요구했지만 찰스는 거절했다.

시몬스와 학생들, 그 중에서도 특히 로라와 카르멘 사이에 줄다리기가 시작됐다. 그는 학생들이 시를 읽는 것을 허락하지 않고, 크게 읽어주는 것으로 대신해 학생들을 감질나게 만들었다. 세 번째 수업시간, 학생들은 미국에 대해서 쓴 로렌스D. H. Lawrence의 시를 놓고 논쟁을 벌이고 있었다. 그때 헨리 존스Henry Jones가 의자에서 벌떡 일어나더니, 자기 맞은편에 앉아있던 로라를 손가락으로 가리키며 화난 목소리로 이렇게 말했다. "용어를 분명하게 써!"

시 세계로 들어가는 문은 결국 시몬스가 아니라 헥터 앤더슨이 열었다. 시몬스가 혹시 시를 써본 적이 있는 사람이 있느냐고 묻자 헥터가 손을 들었다. "그렇다면 우리에게 헥터, 당신이 쓴 시를 암송해줄 수 있나요?"

그 순간까지 헥터는 단 한 번도 자발적으로 이야기를 한 적이 없었다. 묻는 말에는 똑똑하게 아주 잘 대답했는데도 말이다. 그는 위장전투복을 위아래로 차려입고, 머리에는 나일론 스타킹을 쓰고, 싱싱한 캔탈롭(멜론의 일종)이나 감로 멜론honeydew melon 조각을 씹으면서 의자에 늘어져 있기를 좋아했다.

시몬스의 요청에 답하면서 그는 앉는 자세가 될 때까지 의자를 기댄 채 뒤로 쭉 미끄러졌다. "저 카메라만 꺼주신다면요." 그가 말했다. "다른 누군가가 내 시를 베끼는 걸 원치 않거든요." 카메라의 붉은빛이 사라진 걸 확인한 후에 헥터는 일어서서, 긴즈버그의 「울부짖음」, 구약성서의 「예레미야 애가」, 그리고 힙합, 이 세 가지가 섞인 것 같은 시 한편을 한 구절, 한 구절 암송해 나갔다. 시몬스는 무척 기뻐했다. 나중에 그는 내게 이렇게 말했다. "그 친구 진짜 물건이더군요." 그는 환호 속에서 다른 사람들과 하나가 되었다. 교실이 조용해진 다음에 시몬스와 학생들은 헥터에게 다시 한 번 그 시를 암송해달라고 부탁했고 그는 기꺼이 그렇게 했다.

자신이 가진 예술성으로 칭송받게 된 고대의 시인들과 마찬가지로, 헥터 앤더슨도 자기 학급에서 새로운 위치를 차지하게 됐다. 나와 실비아에게 가졌던 불편한 심기도 많이 완화돼, 헥터는 우리 집에 오기도 했고,

우리에게 전화를 걸기도 했다. 학생으로서 그는 조용히, 아무도 느낄 수 없을 정도로 소리 소문 없이 자기 동료들을 뛰어넘기 시작했다. 특히 시 수업 시간에는 찰스 시몬스에게 작가다운 질문, 예를 들면 어떤 시인이 선택한 두운이라든가, 파격적인 운율 같은 것들에 대한 질문을 하며 두각을 나타내기도 했다. 그는 시의 깊은 속내뿐만 아니라 표면까지도 알기를 원했다. 앤더슨과 시몬스는 나이와 인종이라는 긴 탁자를 사이에 두고 서로의 반대편 자리에 서 있었지만, 예술가들이 할 수 있는 그런 방식으로 함께 어우러졌다.

로라에 관련된 최초의 문제들은 시 수업시간에 발생했다. 그녀는 랭스턴 휴즈[21]의 시를 읽자고 요구했다. 랭스턴 휴즈의 시에는 할렘에 있는 한 공원이 묘사되어 있는데, 로라가 살았던 쉼터의 길 건너편에 있었기 때문에 자신은 친숙하게 느끼고 있었던 것이다. 로라는 시를 잘 읽었고, 시몬스도 깊은 인상을 받았지만 교실 여기저기에서 투덜거리는 소리가 들려왔다.

로라는 이번에는 자기의 여자 친구를 수업시간에 데려오게 해달라는 요구를 해왔다. 방문객을 교실에 들이는 건 허락되지 않는다고 내가 대답했다. "나는 관심 있어 하는 모든 사람들뿐만 아니라, ABC 텔레비전 네트

---

21 랭스턴 휴즈(Langston (James Mercer) Hughes, 1902~1967)는 미국의 대표적인 흑인 시인으로, 미주리 주에서 태어나 어머니와 함께 여러 도시를 돌아다니며 살다 클리블랜드에 정착한다. 고등학교를 졸업하던 해 「흑인이 강에 대해서 이야기하다The Negro Speaks of Rivers」를 발표해 주목을 받았다. 뉴욕의 컬럼비아대학교에서 1년 동안 공부하면서 할렘 지역을 탐구하고, 아프리카 행 화물선에서 사환으로 일하기도 했다. 워싱턴의 한 호텔에서 식기 치우는 일을 하던 때 손님으로 온 시인 베이첼 린지에게 시를 보여준 것이 계기가 돼 일약 촉망받는 흑인 시인으로 전국에 알려진다 — 옮긴이.

워크와 『뉴욕타임스』에서 온 기자들도 다 돌려보냈어요, 로라. 우리 수업을 볼 수 있는 사람은 베드포드힐스 교도소에 있는 여성들뿐이랍니다."

다음 수업이 시작될 때, 한 젊은 흑인 여자가 벽을 마주본 채 의자에 앉아 있었다. 머리를 땋고 있었는데, 얼마나 단단히 땋았던지 두피가 땋은 머리카락 사이사이로 반짝거리며 보일 정도였다. 얼굴 부위의 피부는 한층 더 단단하게 잡아당겨져서 뼈가 도드라질 정도로 팽팽해져 있었기 때문에 머리 부위 구석구석에 보이면 곤란한 부분까지 다 드러내고 있었다.

"얘가 내 친구예요."

로라가 말했다.

그 여자와 나는 악수를 나누었다. 난 이번에는 그냥 있어도 괜찮지만, 다음에는 올 수 없다고 말해주었다. 그녀는 겉으로는 미소를 지었지만, 자신이 불쾌하다는 무언의 메시지를 내게 확실하게 전달했다.

로라는 다음 수업을 몇 번 빼먹었다. 나중에 그녀는 쉼터에 문제가 좀 있었다고 했는데, 누군가가 자기 방에 불을 냈다고 말했다.

한 편의 시가 다른 무엇보다도 학생들에게 영향을 미쳤고, 흥미를 끌었다. 베드포드힐스 교도소에서는 니시 워커와 아이시아 엘리어트가 밤마다 그 시를 가지고 토론을 벌였다. 수업시간에 학생들은 그 시를 완벽하게 이해했다. 그 시가 함축하고 있는 여러 의미까지 포함해서 말이다. 시가 여러 의미를 가진다는 것이 자못 흥미롭다는 사실도 알게 되었다. 마야 안젤루[22]나 로렌스, 하우스먼보다 이 사람의 작품이 학생들에게 훨씬 쉽게

----

22 마야 안젤루(Maya Angelou, 1928~)는 미주리 주 세인트루이스에서 태어났다. 본명은 마거릿 애니 존슨(Marguerite Annie Johnson)이며, 시인, 역사가, 작사 작곡가, 극작가, 무용가,

다가갔다. 그 어떤 것보다 윌리엄 블레이크의 이 시에 학생들은 뜨거운 반응을 보였다.

어린 흑인 소년

어머니는 나를 남쪽 황야에서 낳으셨다,
그래서 나는 까맣다, 그러나 오! 내 영혼은 희다.
천사처럼 하얀 영국 아이,
그러나 나는 까맣다, 마치 빛을 빼앗긴 듯.

어머니는 나를 나무 아래서 가르치셨다,
그리고 날이 뜨겁기 전에 앉아서,
나를 무릎 위에 얹고 나에게 키스해주셨다,
그리고 동쪽을 가리키며 말씀하셨다.
봐라, 떠오르는 해를 — 저기에 하느님이 사시고,

연극 영화 제작자, 배우, 감독, 가수, 인권운동가 등 다양한 활동을 하고 있다. 그녀는 여러 자전적 저서들로 잘 알려져 있고, 『새장에 갇힌 새가 왜 노래하는지 나는 아네*I Know Why the Caged Bird Sings*』(1969)가 가장 유명하다. 1961년부터 1962년까지 이집트의 카이로에서 중동지방의 유일한 영문주간지 『아랍옵저버*The Arab Observer*』지의 부편집장을 맡아 일했고, 1964년부터 1966년까지에는 가나의 아크라에서 『아프리칸리뷰*the African Review*』의 편집인으로 일했다. 1974년 미국으로 돌아와 1981년에는 북캐롤라이나주의 윈스턴-세일럼에 있는 웨이크포레스트대학교의 종신 미국학 교수가 되었다. 1993년에는 빌 클린턴 대통령 취임식 때 자신의 헌시 「아침의 맥박On The Pulse of the Morning」을 읽었다. 헐리우드 최초의 흑인여성감독이기도 한 안젤루는 연극, 영화, 텔레비전 등을 위해 여러 편의 작품을 쓰고, 제작하고, 감독하고, 출연했다 — 옮긴이.

빛을 주시고 열을 내보내신단다.
그리고 꽃들과 나무들과 짐승들과 사람들이
아침엔 위로를, 한낮엔 즐거움을 누린단다.

그리고 우리는 이 세상 작은 공간에 있으면서,
사랑의 빛을 견디어내는 법을 배워야 한단다.
그리고 이 검은 몸과 햇볕에 탄 얼굴은
구름에 지나지 않고, 그늘진 숲과 같아.

"왜냐면 우리 영혼이 열을 견디는 법을 배웠을 때,
구름은 사라지고, 우리는 하느님의 목소리를 들을 거니까,
'숲에서 나와라, 내 사랑아,
내 황금빛 집 주위에서 양들처럼 즐거워해라.'고 말하시는 것을."

이렇게 말하시며 어머니는 나에게 키스했다.
그리고 나는 이렇게 말했다, 꼬마 영국 아이에게.
내가 검은 구름에서, 그가 흰 구름에서 해방되고,
하느님의 집 주위에서 양들처럼 즐거워할 때,

내가 그에게 내리쬐는 열기를 가려주겠다고, 그가 견딜 수 있도록
우리 아버지의 무릎에 기댈 수 있을 때까지.
그때 나는 일어서서 그의 은빛 머리칼을 쓰다듬어 주리라,
그리고는 그와 같이 되리라, 그러면 그는 나를 사랑하리라.

학생들은 블레이크가 검은 색으로 보호하는 힘을 암시했다는 사실과, 인종차별주의자들의 세계에 자신의 시를 발표했다는 사실을 두고 둘로 갈라졌다. 베드포드힐스 교도소에서 아이시아는 블레이크가 흑인을 사랑했으며 흑인이 얼마나 강한지, 그리고 하느님과 얼마나 가까운지를 보여주길 원했다는 견해를 갖고 있었던 반면, 니시는 그 시에서 블레이크가 불러일으킨 인종주의적인 측면만을 보았다. 어쨌든 이 시를 통해 학생들은 문학의 불명료함이 자신들의 인생에 직접적으로 끼어드는 체험을 난생 처음으로 하게 됐던 것이다. 시몬스는 질문에 질문을 거듭함으로써 학생들의 느낌을 끄집어냈다. "당신은 그 시가 마음에 드나요? '열을 견디는'이라는 표현을 통해 시인이 말하고자 하는 것은 무엇이었을까요? 누가 하느님께 더 가까운가요?"

그는 대화를 마치 시처럼 이끌었고, 학생들도 그가 무엇을 하고 있는지를 깨닫고 있었다. 양자는 서로 공모하고 있었던 것이다. 대화는 곧 아름다움과 추함, 꿈과 현실, 희망과 분노에 관한 것으로 이어졌고, 거친 단어는 한 마디도 나오지 않았다.

10

데이비드 하웰David Howell이 1월의 어느 토요일 오후에 전화를 걸어왔다. 많은 다른 학생들처럼 그도 "쇼어스 씨"라고 내 이름을 영국식으로 발음했다.

"아, 하웰 씨." 목소리를 알아듣고 내가 대답했다.

"어떻게 지내세요, 쇼어스 씨?"

"잘 지내고 있어요. 당신은요?"

"직장에서 문제가 좀 생겼어요."

"아, 그래요?" 나는 나쁜 소식이 생겼다고 짐작했다. 데이비드는 덩치가 큰 사람으로 평소에는 유머스럽지만, 화를 좀 잘 낸다고 그의 어머니가 얘기한 적이 있다. 교실에서 데이비드는 아주 훌륭한 학생 가운데 한 명이었고, 꾸준한 학생이었다. 나이는 스물여섯 살이었고, 읽기 숙제를 빼먹지 않고 해왔으며, 인문학과 매일 매일의 삶을 재미있게 연결시킬 줄 아는 그런 사람이었다. "무슨 일인데요?"

"쇼어스 씨, 제가 다니는 직장에 어떤 여자가 있어요. 그 여자가 나한테 무슨 말을 하기에 나도 한 마디 했죠. 그런데 이 여자가 내 상사한테 가서 내가 한 말을 일러바친 거예요. 상사가 그 문제로 나를 부르더라고요. 그 여자는 나이가 마흔 살이고, 사회생활을 잘 못해요. 근데 나는 사회생활도 잘하고 하니까 은근히 나를 시기하고 있어요."

"그래서 무슨 일이 생겼는데요?" 그의 어조나 전화를 건 때가 토요일 아침이라는 점에서 아무래도 좋은 소식일 것 같지는 않았다.

"쇼어스 씨, 얼마나 열이 받던지 그 여자를 벽에다가 내치고 싶었어요. 친구들한테 날 좀 진정시켜달라고 말하려고 했는데, 주위에 아무도 없더라고요."

"그래서 어떻게 했는데요?" 나는 최악의 상황을 염려하면서, 한편으로는 이 전화가 (피의자가 단 한 번의 통화만 가능한 상황인) 교도소에서 온 것이 아니기를 바라면서 물었다.

"쇼어스 씨, 나는 내 자신에게 '소크라테스라면 어떻게 했을까' 하고 물었어요."

바로 이 사건이 클레멘트 코스 때문에 한 사람이 이전과는 다르게 생각하게 된 최초의 확실한 사례였다. 데이비드 하월은 그 상황에 대해 심사숙고했고, 자신의 본능적인 반응과는 다른 선택을 했던 것이다. 이 일화는 중요하긴 하지만, 유일한 것이 아니라 그런 수많은 사례들 가운데 하나일 뿐이었다. 그 해 말에 인클란 박사는 다시 한 번 설문지를 돌려야 했다.

학생들의 이해력이나 자신들이 배운 것을 통합하는 능력이 한층 발전했음을 보여주는 또 다른 순간들이 있었다. 어느 날 저녁 미국사를 배우는 시간이었다. 탐 윌리스의 뒤를 이어 수업을 맡게 된 내가 『미국혁명의 급진주의The Radicalism of the American Revolution』에 나타난 고든 우드Gordon Wood의 사상에 대해 학생들에게 강의하고 있었다. 벤저민 프랭클린의 변심을 비롯해 한 세기가 넘어가던 즈음에 계급주의에 대항하여 일어났던 반란에 대해 이야기를 나누고 있는 도중에 헨리 존스가 손을 들었다.

"우리나라를 세운 사람들이 그렇게 인문학을 좋아했다면, 어째서 원주민들을 그런 식으로 심하게 대했을까요?"

원주민들에 대한 태도가 바뀐 이유에 대해 여러 가지 혼란스러운 답변들이 오고갔다. 이 문제에는 별로 적절해보이지 않는 루소나, 제임스 페니모어 쿠퍼[23] 같은 이들의 견해를 참조한 발언들도 있었다. 이 질문을 그냥

---

23 제임스 페니모어 쿠퍼(James Fenimore Cooper, 1789~1851)는 뉴저지 주 출신의 소설가이다. 소년시절은 아버지가 만든 뉴욕 주 올바니의 쿠퍼스 타운에서 지내면서 개척자 생활에 익숙해졌다. 1806년 예일대학교에 입학했지만 2년 뒤에 퇴학당하고 상선(商船)의 선원, 해군 사관 등을 거쳐 30세 때 비로소 소설을 쓰기 시작했다. 처녀작 『예방책』(1820)에 이어 두 번째 작품 『스파이The Spy』(1821)로 일약 유명해졌다. 대표작 『가죽 양말 이야기 Leather-stocking Tales』 5부작(이 작품들 가운데 『모히칸족의 최후』는 영화로 만들어져

이대로 혼란스러운 상태로 방치하는 것은 옳지 않아 보였다. 정직하지 못한 태도라는 생각이 들었다. 헨리는 정신적인 삶에도 심각한 결함이 있다는 점, 즉 지식이 항상 선한 일만 도모하는 게 아니라는 점을 이미 알아버렸다.

솔직히 나는 그의 질문에 어떻게 대답을 해야 좋을지 몰랐다. 헨리의 생각을 더욱 공고하게 해줄 수 있게끔 하이데거의 나치 전력에 대해 말을 해줘야 하는 건 아닐까 잠시 고민하기도 했다. 그때 탁자 맨 끝에 앉아 있는 아벨 로마스가 보였다. 그는 손을 들고 있었다. 그의 발언이 내가 헨리의 질문에 대해 생각할 시간을 갖게 해주길 바라며 말했다. "로마스 씨, 말씀하시죠." 나는 인문학에 대한 기대를 심어주었다. 지금 헨리는 그러한 기대와 상반되는 어려운 증거를 내밀면서 내가 심어준 기대를 스스로 방어해보라고 요청하고 있는 것이다.

아벨이 말했다. "그게 바로 아리스토텔레스가 말한 '자기 통제 불능'의 경우에 해당되는 것이잖아요. 도덕적으로 옳은 것이 무언지는 알지만 그렇게 하지는 않지요. 왜냐하면 자기 욕심의 지배를 받기 때문에."

다른 학생들이 동의의 표시로 고개를 끄덕였다. 그들 모두는 교육받은 인간들의 자기 통제 불능 때문에 상처받은 사람들의 후손이었다. 그러나 이제 그들은 적들의 행동을 분석하는 방법을 자신들에게 가르쳐준 아리스토텔레스의 품안에서 동지들을 갖게 됐다.

티모시 코란다Timothy Koranda는 항상 수업이 막 시작하려 할 때 도착하는, 교수들 가운데 가장 교수다운 사람이었다. 그는 항상 여러 스타일의

널리 알려졌다)은 쿠퍼스 타운의 시가 구조를 모델로 했다 — 옮긴이.

모자를 쓰고 있었는데, 때로는 중절모를, 때로는 보사리노Borsalino 브랜드의 모자를, 또 때로는 스테트슨 상표의 카우보이모자를 썼으며, 그 가운데 반 이상은 제1차 세계대전 당시의 전투 모자를 쓰곤 했다. 처음 만날 때부터 학생들은 이 풍채 좋고, 제대로 격식을 차린 교수에게서 선禪적인 부드러움이라고 일컬을 수 있는 무엇인가를 느낄 수 있었다. 그것은 말하자면 사랑이라기보다는, 자아가 사라지고, 불평등이 존재할 수 없는 그런 신선하고 텅 빈 세계 속에서의 관계맺음이라고 표현할 수 있을 것이다.

그는 정해진 수업시간 동안에는 논리학을 가르쳤고, 나머지 시간에는 선禪과 명상에 대해 이야기했다. 수업이 끝난 후에는 학생들과 함께 지하철역까지 걸어가면서 내내 선이나 논리학, 아니면 하이젠베르크Heisenberg에 대해 말했다. 그들은 사적인 얘기는 하지 않았다. 그가 학생들을 순수한 사고로 꽉 찬 정신적인 세계로 입문시키고 있었기 때문이다.

교실에서 그는 칠판을 꽉 채운다. 한쪽에는 교집합을, 다른 쪽에는 진리치표를, 그리고 중간에는 대당사각형對當四角形[square of opposition]을 그리면서 바닥에서 천정까지, 이 벽에서 저 벽까지 구석구석 필기를 한다.

어느 겨울 밤, 코란다는 학생들에게 일상용어로 된 논리학 문제 하나를 제시했다. 그 일상용어들을 기호화하면 문제를 풀 수가 있었다. 그는 문제가 적힌 두 쪽짜리 종이를 학생들에게 나눠주고 칠판에다 힌트가 될 만한 구절들을 적어나갔다. "이걸 집에 가서 풀어오세요. 그리고 다음 수업시간에 누가 문제를 풀었는지 보고, 답도 한번 맞춰보도록 하지요."

그런데 그가 필기를 마칠 때쯤 데이비드 이사코프가 손을 들었다. 데이비드와 그의 여동생 수산나는 수업시간에 열심히 듣긴 해도 말은 거의 하지 않았다. 동생은 수줍음이 많았고, 오빠는 영어를 완벽하게 구사할 수 없어서 말하기를 꺼려했기 때문이었다.

"제가 칠판으로 좀 가도 될까요?" 데이비드가 말했다. "그러면 제가 맞는 답을 찾았는지 알 것 같은데요."

"그러시죠." 코란다는 칠판 한쪽으로 비켜서서 데이비드에게 분필을 쥐여주며 말했다.

"이걸 지워도 될까요?" 코란다가 써놓은 구절들을 가리키며 데이비드가 말했다.

"좋으실 대로. 제가 도와드리죠." 코란다는 데이비드와 함께 칠판을 깨끗하게 지웠다.

데이비드는 표시와 기호들을 칠판에다 써나가기 시작했다. "만일 첫 번째 남자가 이 만큼의 돈을 번다면, 두 번째 남자가 이 도시에 더 가까워지고……" 그는 조건들을 꼼꼼하고 정확하게 나열해가며 말했다. 5분쯤 지났을까, 그가 말했다. "그러니까 답은 B예요. B가 제일 먼저 클리블랜드에 도착할 거예요!"

사만사 스무트가 소리쳤다. "틀렸어요. 당신은 저기 첫 번째 대목에서 잘못 생각했어요. 돈을 누가 더 많이 버는가 하는 대목에서 말이에요."

코란다는 팔짱을 낀 채로 미소 지었다. "모두들 이 문제를 집으로 갖고 가서 생각해 오도록 하세요." 그가 말했다. "전 아까 말씀 드린 대로 다음 수업 시간에 답을 맞춰볼 테니까요."

다음 장면은 그해 겨울 가장 추웠던 날 밤에 일어났던 일이다. 저녁 여덟 시가 다 된 시각에 나는 실비아와 함께 클레멘트센터에서 나오고 있었다. 학생들 몇 명이 살을 에는 듯한 밤에 된바람을 맞으면서 서로를 꼭 끌어안고 있었다. 사람들이 많이 지나다니는 가운데 부분 일부를 제외하고는 인도 전체가 지저분한 눈얼음으로 꽁꽁 얼어 있었는데, 그 위로 다시 눈발이 내려앉기 시작하는 바람에 길이 아주 미끄러웠다. 사만사

스무트와 데이비드 이사코프가 사람들 가운데 서서 그때까지 논리학 숙제로 받은 그 문제에 대해 논쟁을 하고 있었다. 입씨름하는 분위기가 어떤가 싶어서 잠시 들여다보았는데, 교실에서와 마찬가지로, 아니 그 이상으로 서로에게 정중했다. 이제는 학생들이 자신의 감정을 스스로 통제할 수 있기 때문이다.

11

클레멘트 코스가 언제부터 대학으로 가는 대로人路가 되었는지는 나도 잘 모르겠다. 어쩌면 더도어의 대학 진학 상담 선생인 캔데스 레이즈 디안드리아Candace Reyes D'Andrea가 부추길 때부터인지도 모른다. 하지만 내 생각으로는 지역사회대학[24]으로 진학했던 두 학생이 클레멘트 코스가 훨씬 힘들게 공부시킨다는 말을 퍼뜨린 이후라고 보는 것이 더 맞을 것 같다. 그 일이 있은 후 몇 주 동안 학생들은 바드대학과 뉴욕대학교, 그리고 컬럼비아대학교의 입학 상담 담당자들을 방문하기 시작했다.

바드대학은 뉴욕 시에서 기차로 두 시간 거리에 있기 때문에 그곳에서 고등교육 기회 제공 프로그램Higher Education Opportunity Program: HEOP을 담당하고 있는 도나 포드Donna Ford와 학생들 몇 명이 우리 집에서 점심을 함께 하게 됐다. 학생들은 도나를 보고 경이로워 했다. 학사를 책임지고

---

24 지역사회대학(community college)은 미국에서 대학교육 확충 계획의 하나로 지역사회의 필요에 부응하여 일반 사회인에게 대학 수준의 단기 교육을 제공하기 위하여 대학(대부분 전문대학)에 병설한 과정을 말한다 — 옮긴이.

있는 공동 학장이기도 한 도나는 젊고, 멋쟁이인데다 함께 있기에 편안함을 주는 사람이었기 때문이었다. 학생들의 질문에 그녀는 쉬운 말로 솔직하게 대답해줬다. 점심 식사가 끝날 때쯤에는 사만사 스무트 한 사람을 뺀 나머지 학생들 모두 바드대학에 가고 싶어했다. 사만사는 과연 자기가 끝까지 해낼 수 있을지 걱정된다고 말했다.

바드대학은 다섯 명의 학생들을 받아들였다. 헥터 앤더슨과 재클린 마틴은 HEOP 장학금을 받을 수 있는 연방 정부의 기준에 합당한 자격을 갖추지 못했지만, 헨리 존스와 수산나, 그리고 데이비드 이사코프는 전액 장학금을 받게 됐다.

로라는 GED 시험 점수가 바드대학과 뉴욕대학교 두 곳 모두에 지원할 만큼 높게 나왔는데 뉴욕대학교 한 곳에만 지원하기로 결정했다. 여자 친구와 멀리 떨어져있고 싶지 않았기 때문이다. 몇 주가 지나는 동안 로라는 종종 수업을 빼먹었다. 하도 여러 번 수업에 빠지기에 그녀에게 전화를 했다. 로라는 문제가 좀 생겨서 쉼터에서 나와야 했기 때문에 거처와 일거리를 찾으러 다녔다고 말했다.

그 해 말, 로라는 뉴욕대학교에서 입학 허가를 받고난 다음부터 수업에 나타나지 않았다. 로라와 그녀의 룸메이트가 아파트를 구해서 나갔다고 담당 사회복지사가 말해주었다. "이제 우리는 그 두 사람을 관리하지 않아요. 우편물을 찾으러 올 때 이외에는 이곳에 오지 않거든요." 사회복지사가 말했다.

"로라의 새 전화번호를 갖고 계시면 제가 출석 문제로 전화를 좀 해봤으면 하는데요. 마지막 시험까지 강좌가 한 번밖에 안 남았거든요. 이제 와서 그녀가 학점을 받지 못하게 되는 게 너무 안타까워서 그래요."

"로라가 당신이나 클레멘트 코스 관계자 누구에게도 전화번호를 가르쳐주지 말라고 신신당부를 했어요. 제 생각에는 당신이 그곳에다 전화를 하면 무슨 일이 생길까봐 염려하는 것 같아요." 사회복지사가 말했다.

"로라를 만나게 되면 이렇게 전해주세요. 로라가 클레멘트 코스에서 받은 성적에 대해 뉴욕대학교에서 문의해오면 솔직하게 대답할 거라고 말이죠."

"그렇게 전할게요."

사회복지사가 대답했다.

로라를 다시 보지는 못했지만, 나는 그 사회복지사와 한 번 더 이야기를 나누었다. 그때 사회복지사는 로라의 여자 친구가 고분고분하지 않았다는 말을 해주었다. 그게 무슨 뜻인지 잘 모르겠다고 말하자 방화사건과 몇 가지 다른 문제들에 대해서도 이야기해주었다. "이틀 전에 로라를 봤어요. 우편물을 가지러 가면서 제 사무실 옆으로 지나갔거든요. 그런데 얼굴에 멍이 들어 있더라고요. 제 생각에는 그것 때문에 학교에도 못 간 게 아닌가 싶어요."

"여자 친구가 그랬을까요?"

"예."

12

졸업을 남겨놓은 마지막 모임에서 학생들은 예비교육을 받을 때 작성했던 것과 똑같은 설문지에 다시 한 번 응답을 했다. 실비아와 나, 그리고 학생들을 잘 알고 있는 사람들은 그동안 인문학이 학생들을 변화시켰을 것이라고 믿었다. 하지만 변화의 조짐을 보였던 일상생활에서의 사례나,

학생들을 향한 우리의 호의가 사람들로 하여금 성찰적으로 사고하게 하고, 정치적 삶을 살도록 하게 하는 힘이 인문학 속에 있는지를 입증해주지는 못했다. 인정컨대, 표본의 크기가 작았다. 에이즈와 임신, 구직문제와 악성 빈혈, 병적인 우울증, 정신분열증을 앓는 자녀, 그리고 가난 그 자체 때문에 학생들은 중도에 학업을 포기했다. 17명 가운데 3명은 코스 시작 전과 끝난 후에 작성하도록 돼 있는 설문에 모두 응할 수 없었던 사정이 있었으며, 그나마 응답된 설문지 가운데 1~2명 것은 분실됐다.

인클란 박사가 작성한 결과 보고서 전문은 나의 책 『뉴 아메리칸 블루스』의 부록C에 실렸다. 요약하자면, 박사가 보고한 의미 있는 변화는 다음과 같다.

1. 자존감의 향상 ($p < .05$)[25]
2. 공격적인 말투의 감소 ($p < .05$)
3. 문제를 정의하고 간명하게 하는 능력의 향상 ($p < .001$)
4. 다음 가치들에 대한 인식의 증가
   박애정신 ($p < .05$)
   영성 ($p < .05$)
   보편주의 ($p < .10$)
   공동체의식 ($p < .10$)

25 p는 그러한 우연한 결과가 나올 수 있는 가능성(probability)을 가리킨다. 인클란 박사는 그 가능성이 .05 이하일 경우는 결과를 거의 믿어도 좋다고 말했다. p가 .10 이하일 때도 신뢰도가 조금 떨어지긴 하지만 여전히 유용한 결과라고 말했다.

인클란 박사와 그의 연구원들이 사용했던 평가기준이나 인물조사기록들은 잘 알려져 있고, 세계적으로 널리 쓰이는 측정 도구들이다. 그의 판단에 근거해서 보면, 앞서 기술한 일상적인 사례들이 변화의 조짐이었음을 위에서 나타난 양적 결과물들이 확실하게 입증해주고 있다 하겠다. 뭔가 변화가 일어나긴 한 것이다.

마지막 사례 하나를 더 소개하겠다. 졸업식날 밤에 일어났던 일이다. 로베르토 클레멘트 가족보호센터의 실무진들이 센터의 대기실과 로비를 바와 뷔페로 꾸며 놓았다. 근처에 있는 식당에서 닭튀김과 돼지고기구이 *pernil*, 바나나와 양파, 마늘소스를 곁들인 구운 바나나*tostones*가 주 메뉴인 푸에르토리코 스타일의 만찬이 배달돼 왔다. 학생들은 졸업식장을 빽빽하게 채운 85개의 의자에 빈자리가 없을 정도로 많은 손님들을 데리고 왔다.

바드대학의 교무처장은 로버트 마틴 학장의 이름으로 수여되는, 그녀의 표현에 따르면, '학업성취 증명서'를 준비해 왔다. 마틴 학장도 나나 인클란 박사와 마찬가지로 짧게 몇 마디 하기로 되어 있었다. 그날의 주요 연사는 전前 뉴욕 시 시장인 데이비드 딘킨스David Dinkins였다. 행사가 중반으로 접어들 무렵, 턱시도를 입은 시장이 숨을 약간 몰아쉬며 연단으로 나갔다. 시청에서 시장으로 일할 때보다 더 믿음직스럽고 소중해 보였다.

그는 15분 정도 이어지는 연설 가운데 가장 많은 부분을 자신과 자기 친구들에 관한 일화를 소개하는 데 할애했다. 딘킨스 시장의 이야기 가운데는 '가난하지만 좋았던 시절'과 관련된 내용은 없었다. 딘킨스나 하원의원인 찰스 레인젤Charles Rangel이나 그 밖의 다른 사람들은 모두 다 자수성가한 사람들이었다. 하지만 그의 축사 내용이 어떻든 학생들은 상관이 없었다. 그들에게 더욱 중요한 것은 자신들이 공부했던 로어 이스트 사이드의 강의실에 전前 뉴욕 시장이 찾아왔다는 사실이었다. 딘킨스 전 시장은 그 자리에 있는 학생들이 더 중요하다고 생각했기 때문에 자신이 졸업한 법대 40주년 동창회 모임에 지각하는 한이 있더라도 지금 이 행사장으로 온 것이라고 밝혔다.

행사를 끝마칠 시간이 되었을 때 나는 학생들 한 사람 한 사람에게 몇 마디 이야기를 하면서 축하인사를 건넸다. 그리고 마지막으로 이렇게 말했다. "제가 여러분들에게 바라는 것은 바로 이것입니다. 여러분이 아무것도 하지 않을 때보다 절대로 더 활동적이지 않기를……." 이 말을 알아들은 학생들이 미소를 지었다. 카토가 했던 말이기도 하고, 한나 아렌트가 그토록 사랑했던 그 말[26]이 다시 그곳에서 부활했다. 내가 수업시간에 칠판에다 처음 그 말을 썼던 바로 그때처럼 말이다. 훌륭하게 구성된 오싹한 작품인 『니코마코스 윤리학』의 마지막 부분도 그곳에서 다시 재현되었다. 관조적인 삶을 살 때 인간은 신과 가장 가까워진다는 아리스토텔레스의 결론에 도달했던 때를 학생들은 다시 떠올릴 수 있었다.

한두 명의 학생이, 아니 그 이상의 학생들이 눈을 감았던 것 같다. 나는 그들의 눈에서 눈물이 흐르기 시작하는 것을 내가 흘리는 눈물 사이로 보았다. 행사장 안의 모든 동작이 일순간 멈춘 상태에서 생각하는 것이 비로소 가능해졌다.

---

26 카토(Marcus Porcius Cato, 기원전 234~기원전 149)는 고대 로마의 문인이자 정치가다. 로마 시대에 정치가로 활동했던 같은 이름의 증손자(Marcus Porcius Cato Uticensis, 기원전 95~기원전 46)와 구별하기 위해 이름 앞에 '대(大)'자를 붙이기도 한다. 80세가 넘게 장수한 카토는 철저한 원로원주의자이면서 탁월한 웅변가였다. 『기원론』, 『농업론』 등의 책을 지었다. 키케로의 『국가론』에 나오는 원 문장은 이렇다. "인간은 자신이 아무것도 하지 않을 때 그 어느 때보다 활동적이며, 혼자 있을 때 가장 덜 외롭다"(한나 아렌트, 『정신의 삶 1』, 홍원표 역, 푸른숲 참고) ─ 옮긴이.

"그렇다면 이게 바로 아리스토텔레스가 말한 실행action이 뜻하는 것인가요?" 하고 누군가가 물었고, 나는 "바로 그겁니다" 하고 대답했다.

잠시 숨을 고른 다음 나는 카토의 생각으로 마무리했다.

"……그리고 혼자 있을 때보다 절대로 덜 외롭지 않기를."

"성공을 기원합니다."

후기

1

인클란 박사는 인문학 교육이 학생들에게 끼친 긍정적인 영향을 측정하려면 코스를 시작하기 전과 끝난 후, 그리고 졸업 이후의 추적 테스트와 같은 3단계 과정을 거쳐야 한다고 말했다.

졸업 뒤 6개월이 지났을 때 정규 대학에 진학하지 않았거나, 전일제 일자리를 얻지 못했거나, 혹은 두 가지 다 해당하는 사람은 단 한 명밖에 없었다. 바로 헥터 앤더슨이었는데, 뉴욕 라디오 방송국에 비정기적으로 원고를 쓰면서 바드대학에 다시 한 번 지원할 준비를 하고 있었다. 카르멘 퀴노네스는 학교에 진학할 계획을 갖고, 리커스아일랜드교도소에서 시간제 상담사로 일하고 있었다. 1996년 10월 다섯 명의 학생들이 뉴욕의 한 녹음실에서 만났다. 공영 라디오 인터내셔널Public Radio International에서 제작하고 있는 프로그램인 「시장market place」에서 지금 이 책의 내용을 토대로 연속 기획물을 만들고 있었는데, 거기에 출연하기 위해서였다. 사만사 스무트는 가난과 인문학에 대해 열정적으로 즉흥연설을 쏟아냈고, 『안티고네』를 주제로 사만사와 헥터 앤더슨, 데이비드 하웰, 재클린 마틴, 아벨 로마스 사이에 즉석 토론도 벌어졌다. 그들은 그 연극을 잊지 않았던 것이다. 아니 그렇다기보다 시간이 흐르면서 안티고네에 대한 이해가 더 깊어진 것 같았다.

1996년 12월, 헨리 존스는 바드대학 흑인학생회의 회장으로 추대됐다. 헨리는 그 후 졸업을 하지 않은 채 바드대학을 떠났다. 데이비드 이사코프는 자신의 생물학 수업에서 과일파리를 이종 교배하고 있었다. 그녀의 여동생 수산나는 그때까지도 화학자의 꿈을 놓지 않고 있었지만, 아주 뛰어난 어느 교수의 수업을 듣고 난 다음에는 생물학을 전공하는 것도 하나의 대안으로 고려하고 있었다.

아벨 로마스는 일이 잘 안 풀린 경우다. 1996년 어머니날에 그가 살고 있던 쉼터 밖 길거리에서 맥주 한 캔을 먹은 죄로 체포되었다. 경찰이 컴퓨터를 검색한 결과 아벨 로마스 앞으로 연방정부의 영장이 청구된 것이 밝혀졌다. 클레멘트 코스가 시작되기 몇 달 전, 연방 경찰이 코카인을 판 혐의로 그의 사촌과 다른 남자 세 명을 체포할 때 아벨도 사촌의 아파트에 같이 있었다. 믿을 만한 정보원이 제공한 정보를 받고 출동했던 연방 경찰의 한 요원은 아벨이 마약 밀매조직의 일원이 아니라는 사실을 알고 있었기 때문에 아벨을 체포하지 않았다. 그런데 몇 주 지난 뒤, 그때 체포됐던 두 명의 남자가 연방 검사에게 자신들의 형량을 낮춰주는 대가로 공모자의 이름을 대주겠다는 제안을 했다. 그들이 아벨의 이름을 댔고, 아벨은 궐석인 채로 기소됐다.

연방 정부의 규정에 따라 아벨 로마스는 사촌의 아파트에 함께 있던 다른 남자들과 똑같은 형량을 선고받아야 했고, 그 형량은 연방 경찰관이 발견한 코카인의 양을 기준으로 매겨졌다. 만약 아벨이 뉴욕 시 경찰에게 체포됐더라면 뉴욕 지방 검사보가 이 사건을 경범죄로 분류해서 (유죄를 인정한다 해도) 곧 귀가 조처했을 것이 분명했다. 하지만 아벨 사건이 연방 재판정까지 올라갔기 때문에 판사도 연방 검사도 정상을 참작할 여지가 없었던 것이다. 아벨 로마스는 가석방의 기회도 없이 최소 10년간을 교도소에서 보내야 하는 위기에 직면하게 됐다.

로마스의 무료 변호사 피터 뉴펠드Peter Neufeld의 주선으로 연방 검사보와 면담이 이뤄졌다. 이 자리에는 더도어에서 나온 두 사람과 내가 참석했다. 나는 성찰적 사고와 정치적인 삶에 대해 배워온 이 젊은이를 공정하게 다뤄줄 것을 당부했다. 또한 이 사건을 인간적인 관점, 정의의 관점에서 심사숙고해줄 것을 검사에게 요청했다. 대화 도중에 나는 아벨에게 법에 대해 어떻게 생각하는지를 물었다. 그는 플라톤의 『크리톤』에서 묘사된 소크라테스의 결정과 『안티고네』에 대해 이야기했다.

연방 검사보는 자신은 그런 고전들을 읽은 적이 없어서 무슨 말인지 잘 알아들을 수가 없으며, 아벨이 설명을 했음에도, 안티고네가 내린 결정에 대해 혼란을 느낀다고 말했다. 그 젊은 검사는 법은 모든 사람들에게 공평하게 적용돼야 한다는 말밖에 할 수 없었다. 그가 나중에 우리와의 만남이나 아벨이 했던 말에 대해 생각해볼 수는 있겠지만, 그 순간 그의 마음 속에서 정의의 문제는 가장 큰 관심 사항이 아니었다. 그런 의미에서 그 젊은 검사는 합법적인 힘을 주체적으로 행사하는 사람이 아니라, 프에 블로 인디언의 외부 추장들처럼 그저 무력이 행사되는 하나의 도구에 지나지 않았을 뿐이었다. 그 누구도 무력 아래서는 대화를 할 수가 없다.

2

클레멘트 코스가 첫 번째 졸업생을 내보낸 1년 후, 바드대학에서는 학생 두 명을 더 받아들였다. 헥터 앤더슨과 아벨 로마스가 그들이었다. 아벨은 자기가 저지르지도 않았지만 상대적으로 가벼운 죄를 지었다고 인정하는 방식을 통해 감옥에 가는 일을 피할 수 있었다. 법에 대해 문외한인 내가 알기로는 연방법 체제 상 내려진 범죄 혐의는 철회되지 못한다. 그러니까 아벨이 교도소에 가지 않게 된 것은 순전히 교육받은 사람처럼 보이는 그의 외모와 아벨이 받은 형량을 집행유예를 선고받을 수 있을 정도의 수준으로 낮추어주었던 연방 검사보의 헌신적인 노력 때문이었던 것이다. 사만사 스무트는 전액 장학금을 받고 패션기술학교로 갔고, 재클린 마틴은 공인 간호사가 되기 위해 공부하고 있었다. 코스를 마친 학생들 가운데 단 한 명만이 진학이나 취업을 하지 못했다. 펄 라우라는 여학생이 있는데, 자기가 일하던 패스트푸드점에서 노조를 만들려다 해고당했다.

하지만, 한편으로 아쉽고 안타까운 일도 있었다. 1997년 5월 14일에 비니스 워커 문제를 심리하기 위한 가석방 심사위원회가 베드포드힐스 교도소에서 열렸다. 그녀는 모범수였고, 25년의 형기 중 8년 4개월 정도만 남아 이미 복역 기간이 10년을 넘긴 상태였다. 이미 앞에서 언급한 대로, 클레멘트 코스는 비니스가 가진 인문학에 대한 신뢰 때문에 생겨난 것이었다. 그날 오후 그녀의 가석방 신청은 거부되었고, 2년의 형기를 더 채워야 한다는 선고를 받았다. 2년 뒤, 또 한 번의 심사가 있었는데, 1분도 채 안 되는 시간 동안 진행된 심사에서 비니스의 가석방 신청은 또다시 받아들여지지 않았다. 2001년 초에 나는 가석방 심사위원회와의 중재를 뉴욕 주지사에게 요청하는 탄원서를 공무원, 언론인, 교육자, 그 밖에 관련된 모든 이들에게서 받아내는 일을 시작하려 한다.

14장

바드대학 클레멘트 코스

첫해가 끝나가던 무렵 나는 이 실험의 미래를 생각하기 시작했다. 실험이 성공적이라면, 중도에 포기하는 일은 잘못일 것이다. 하지만 코스를 계속 진행하려면 몇 가지 문제를 해결해야 했다. 나는 첫 해에 기금 모금에 성공했지만 해가 거듭될수록 언제까지 혼자서 이 코스를 지원할 수 있을까 싶어 전망이 매우 우울했다. 게다가 나는 교육자가 아니지 않은가. 나는 과목별 전문가들이 필요했다. 그런데 그런 전문가들이 가난한 이들을 위한 교육과정에 관심이 있을지 알 수 없었다. 물론 나와 같은 개인이 아니라 대학과 같은 교육 기관이 이런 교육과정에 관심을 가지고 있다면야 그들도 분명 기꺼이 참여하려고 했겠지만 말이다.

아마 바드대학은 하나의 예외였을 것이다. 밥 마틴Bob Martin은 처음 전화 통화를 했을 때부터 느낌이 좋았다. 드디어 우리가 처음 만났을 때 그는 개방적이고, 열정적이며, 빛이 났다. 그는 평범한 피부와 머리 모양, 하얀 이, 사과처럼 발그스레한 뺨을 갖고 있었는데, 진실로 빛이 났다. 우리는 뉴욕의 어퍼 웨스트 사이드Upper West Side에 있는 삼류 식당에서 식당 외양에 값하는 삼류 음식을 시켜놓고 이야기를 나눴다. 그는 머리 위쪽에 매달린 희미한 전구보다 더 밝은 빛을 발산했다. 마틴은 빠른 속도로 대화를 이어나갔고, 어떤 논의든 내가 반쯤만 이야기해도 잘 이해했다. 그는 서둘렀다. 어느 순간 그는 자신이 철학을 가르치고 있으며, 예전에는 첼리스트였다는 사실을 밝혔다. 나는 알레그로 비바체allegro vivace보다는 조금 더 빠르다고 생각했으나 음조音調가 아무런 결과를 갖고 있지 않을 만큼 빠르다고 생각하진 않았다.

잠시 후 지금 하고 있는 실험이 맞이할 장래에 대해 내가 토론하려 할 때 마틴은 두 가지 어려운 질문을 던졌다. 누구? 그리고 어떻게? 마틴은 자신의 친구 중에 철학자가 한 명 있다며 말을 꺼냈는데, 브랜다이스Brandeis대학교에서 공부했고, 럿거스Rutgers에서 가르치기도 했으며, 나중에는 롱 아일랜드에 있는 아델피대학Adelphi College의 학장 비서로 일했다고 했다. 그 사람의 이름은 미키였다.

"미키라고요?"

"멋진 친굽니다. 이 코스에 적합한 사람이죠."

마틴은 미키가 우리 집에서 점심을 할 수 있도록 주선했다. 나는 나중에 가서야 미키의 본래 이름이 마틴 켐프너였다는 사실을 알았으며, 그가 단지 철학자에 그치는 이가 아니라, 예전에 브롱크스 구단에서 선수 활동을 하면서 장타를 때렸던, 1루수 가운데 가장 뛰어난 선수였다는 사실도 알게 되었다. 그는 철학 분야에 헌신하기 위해 메이저리그로 진출하는 것까지 포기했다는 것이다. 그러한 시련 속에서 살아남은 사람이라면 분명히 반복될 수도 없고 모방될 수도 없는 이 실험, 즉 클레멘트 코스의 실패도 버텨낼 수 있을 것이라 기대했다. 다행히 그는 낮 시간에 하고 있는 일을 그만 둘 계획도 없다고 했다.

켐프너는 차분히 말을 해나갔는데, 약간은 탈무드와 같은 분위기를 갖고 있었다. 다시 말해 그는 웃고 있으면서도 진중하게 생각할 수 있는 사람이었다. 그가 열정을 가지고 이야기할 때는 옅은 갈색 머리카락 다발이 앞이마 쪽으로 쏟아져 내려 한쪽 눈을 가리곤 했는데, 그런 모습이 철학자 속에 감춰진 1루수의 모습을 드러내게 했다. 분명 천성이 관조적인 듯 여겨지는 이 남자가 과연 그 코스를 잘 운영할 수 있을까? 그는 소크라테스를 사랑했고, 선善을 신봉했으며, 나는 그를 믿었다.

우리는 코스 책임자의 의무에 대해 논의했는데, 이것은 해를 거듭해도 여전히 핵심적인 사항으로 남아있다. 우리에게는 클레멘트센터라는 공간이 있다고 그에게 말해주었다. 이 터전은 사회복지 서비스를 제공할 수도 있고, 구내에 유아방을 갖출 수도 있고, 교실 공간으로 쓰거나 테이블을 잇달아 배치할 수 있는 공간으로 만들어 강의보다는 대화가 일어나도록 할 수도 있다고 말했다. 게다가 이 코스는 가르치기 위한 과정이 아니며, 대학 캠퍼스처럼 누군가를 겁주기 위한 과정도 아니라고 말했다. 클레멘트센터에서 학생들은 새롭게 출발할 수 있으며, 그들 곁을 맴돌던 어려웠던 시절의 유령은 찾아볼 수 없을 것이다.

켐프너는 이 작은 인문학 대학을 위해 교수진을 구성해야만 했다. 교수진 구성이 가장 중요한 일이었기 때문이었다. 밥 마틴은 첫 해부터 "수백만 달러의 연봉을 받는 교수진"을 구성하는 것은 기대하지 말자고 농담을 했다. 하지만 코스 책임자는 자신이 알고 있는 지식을 자연스럽게 전달할 수 있는 우수한 교수를 선발해야 한다는 점에 대해선 마틴도 동의했다. 이런 인재를 어떻게 선발할 것인가에 대해 토론이 진행되었다. 그들은 중견 이상의 강사들이어야 하는가? 모든 사람들이 최종 학위를 가지고 있어야 하는가? 논문이나 저서를 출간한 사람들이어야 하는가?

마틴은 최고의 철학 교수일 거라며 한 사람을 추천했는데, 그는 철학을 전공했고 사랑했지만, 현재는 생활을 위해 변호사로 활동하고 있는 분이라 했다. 우리는 교수를 영입할 때 다음과 같은 가치를 기준으로 삼기로 했다. 학문 세계의 원리를 알고, 그것을 사랑하고, 그런 사랑을 강의실에서 학생들에게 어떻게 전할 수 있는지를 알고 있는 사람을 영입하자는 것이다. 그는 이미 설립된 학문 세계의 엄격함이 클레멘트 코스에 영향을 끼칠 필요가 없다는 사실을 상기시켰다. 우리는 학생들을 가장 잘 가르칠 수 있는 사람을 우수한 교수라 생각하고, 그들을 영입하는 데 노력을 집중할 수 있었다.

하지만 여기에는 제한이 있었다. 어떠한 경우에라도 첫 해에 입학한 학생들에게 새로 임용한 교수들이 상근하는 교수 요원이라고 속일 수는 없었다. 입학생들은 가장 최고의 교수진을 만나리라는 믿음을 가질 필요가 있었고, 그래서 정말 최고로 뛰어난 강사진을 교실로 초청하고 싶었다. 게다가 강의실에는 교육에 대한 위엄이 살아 있어야 했다. 나는 학생들과 교수들이 서로를 '~ 선생님'이라는 존칭을 붙여 부르는 것이 꼭 필요하다고 주장했다. 이러한 격식이 토론의 예법을 더해줄 뿐만 아니라 강의실 안에 있다는 사실 자체가 학생들에게 안정감을 가져다줄 것이라고 생각했다.

우리는 각 코스의 기본 교육과정과 필독서 목록에 대해 의견을 나누었는데, 나는 이렇게 미리 짜인 교육과정을 선호했다. 하지만 켐프너와 마틴은 담당 교수들이 자신의 코스를 개발할 수 있는 자유를 누려야 한다고 생각했다. 코스를 이끄는 핵심 도서 목록이 없으면 코스 책임자는 과목을 맡은 다섯 명의 교수들과 함께 교육과정을 개발해야 할 책임을 져야했다. 미국사를 가르치는 코스 책임자가 예술사나 문학 교육과정을 평가해야 하므로 이런 부담은 꽤 무거운 것이었다. 이 정도의 책임을 감당하려면 코스 책임자는 진실로 학문의 대가이거나 여러 분야에 통달한 사람, 또는 기획된 과목에 대한 평가를 도와줄 각 분야의 전문가를 잘 아는 사람이어야 한다.

지금과 같은 수준의 바드대학 클레멘트 코스가 확립돼가는 과정에서 마틴 켐프너가 '최종 결정자' 역할을 했는데, 특히 그의 전공영역인 철학 분야를 꼼꼼하게 점검해줬다. 다행스럽게도 켐프너는 학생들이 인문학 교육을 통해 제한된 시간을 최대한 활용해 최상의 결과를 얻을 수 있도록 그들의 권리를 맹렬히 옹호하는 사람이었다. 그는 모든 방면에 걸쳐 교수들, 코스 책임자들과 함께 했다. 나는 그가 코스 책임자에게 어려운 이야기를 해야 할 상황에 함께 있던 적이 있었다. 그는 교수진이 학생들을 대하는 데 필요한 평등성을 결여하고 있다는 사실을 지적했다. 나는 그의 확고함에 한편으론 놀라고, 한편으로는 반가웠다. 클레멘트 코스에 등록하는 학생들 대부분은 자신들의 이야기를 들어줄 사람이나 인문학에 문외한인 자신들의 권리를 옹호해 줄 사람이 전혀 없었다. 켐프너는 이 사실을 알고 있었고, 그런 책임을 결코 가볍게 여기지 않았던 것이다.

때로는 엄격함에 대한 우리의 방침을 이해하지 못하던 사람들은 학생들이 보여준 효과를 경험하고 나서 이내 우리 입장에 동조하곤 했다. 여태까지 꼭 한 번, 리드대학의 피터 스테인버거Peter Steinberger 학장이 질문을 했을 때 어떤 학생이 우리 코스가 충분히 엄격하지 않다고 대답한 적이 있었을 뿐이다.

교육과정과 교수법에 있어 준엄성rigor에 대한 문제가 가장 중요하게 제기되었다. 이 준엄성이 인문학을 수강하는 학생들이 재빨리 간파한 가장 진실한 존경의 척도이기 때문이다. 만약 그것이 없다면 정치적 삶을 사는 사람이 되기 위한 길이라고 내가 믿고 있는 성찰적 사유의 힘을 학생들이 발휘하지 못할 것이다. 가난한 이들은 무능할 것이라는 일반적 관점에 기초해서 이러한 준엄성을 약화시키려는 경향은 각 학과의 위대한 도전에 걸림돌이 된다. 만약 마틴 켐프너와 밥 마틴이 코스 경영에 대한 자신들의 역할을 단순한 업무로 규정했다면, 가난한 사람들을 클레멘트 코스에서 최고의 교육을 받을 만한 가치가 없는 이들로 취급하는 교수진들의 그릇된 경향이 그대로 남아있었을 것이다. 바로 이러한 이유에서 학과의 교수들을 선정하는 일이 그들의 이력서를 평가하는 일보다 훨씬 더 중요한 것이다. 코스 책임자들과 운영자들은 반드시 교수들을 잘 알아야 하며, 만약 교수들이 실수를 저지르면 코스 운영자들은 어떻게 하든 그 일을 재빨리 개선할 수 있도록 대비하고 있어야 한다.

교수진이 배치되고 코스의 각 요소가 승인된 다음에 코스 책임자가 할 일은 학생을 모집하는 것이다. 코스 책임자는 장차 이 코스의 학생이 될 이들을 대상으로 사업을 해왔던 다양한 조직들과 먼저 연락을 취한다. 여기엔 사회복지 서비스, 사회복귀 서비스, 청소년 조직, 교회, 사회복지관, 지역공동체 조직 등이 포함된다. 그런 다음 코스 책임자는 이런 기관이나 조직에서 보낸 예비 학생들과 만날 수 있도록 일정을 잡아야 한다.

입학이라는 것은 학생이 코스에 대해 듣고 스스로 선택하는 과정이지만, 코스에 대한 설명을 할 때의 태도가 매우 중요하다. 대부분의 예비 학생들은 코스에 대해 의구심을 품고 있을 것이며, 또한 과연 자신들이 그 과정을 마칠 수 있을지 자기 자신의 능력에 대해서도 자신이 없을 것이다. 코스 책임자는 그들에게 스스로 성실할 수 있음에 대해 확신을 심어줘야 하며, 개별 면담 시간을 통해 예비 학생들의 성실성과 능력에 대해 서로 판단을 내려야 한다.

코스 책임자에게 학생들의 능력을 측정할 만한 일반적인 도구는 전혀 없을 것이다. 거의 모든 학생들은 재학 시절 겪었던 실패의 경험을 기억하고 있을 것이다. 무능력한 교사를 계속해서 만났다거나, 또래 집단의 압력, 가족 문제, 빈곤 그 자체 등 매우 다양한 이유가 존재할 수 있으며, 심지어

지원자들 중에서 일부는 감옥이나 교도소에서 복역하는 일이 생길 수도 있다. 젊은 여성은 아이 양육 때문에 중도에 학교를 포기할 수 있으며, 다른 학생들은 이민 1세대, 또는 2세대들이어서 영어를 사용하는 데 문제가 있을 수 있다. 코스 책임자는 가난이라는 베일을 통해 현실 속에 있는 사람들을 목격하게 될 것이다. 코스 책임자는 25명에서 30명 정도의 학생을 선발하기 위해 이러한 일을 50번이나 60번, 또는 그 이상 시도해야 할 것이다.

학생을 선발하는 일은 비극적인 부분이다. 코스 책임자는 최소한 4명의 학생 가운데 1명, 또는 그 이상을 놓치게 되는 현실을 받아들일 준비가 되어 있어야 한다. 물론 그들 가운데 일부는 절박하게 도움이 필요해서 되돌아오는 경우도 있다.

코스 책임자는 또한 기금을 조성하기 위해 사회복지기관, 대학, 또는 교회 등 여러 기관, 단체의 운영 체제와 협력해야 한다. 교수진과 코스 책임자의 봉급, 학생들에게 지급되는 교통비, 교육 장소에 어린이를 위한 놀이방 설치, 그리고 필요한 책의 구입 등을 위해 돈이 필요하기 때문이다.

학생들을 선발해 입학 결정 통지문을 발송하고 나면, 코스 책임자가 해야 할 업무의 두 번째 단계가 시작된다. 학생들과 친밀한 관계를 만들고, 그 관계를 유지하고, 교수의 질에 대해 모니터를 하기 위해 코스 책임자는 모든 강좌에 참석해야 한다. 비록 교육센터에서는 상담이나 위기 조정 서비스crisis intervention services 같은 것들을 제공하는 것으로 할 일을 다 하는 것이라고 말할 수 있지만, 코스 책임자는 학생들의 세계 내부에서 위기가 형성된다는 사실을 인식하면서 그들을 잘 파악하고 있어야 한다. 물론 이것이 항상 가능한 것은 아니지만 누구나 알고 있듯이 위기란 그것이 사실로 굳어졌을 때보다는 발생되는 과정에서 더 쉽게 확산되게 마련이다.

코스가 몇 개월 지속되고 나면 코스 책임자는 대학으로 치자면 학과 지도교수의 역할을 하기 시작해야 하는데, 클레멘트 코스를 마친 다음 초급대학 수준에 진학하여 공부를 계속하려는 계획이 있는 학생들을 상담하는 일도 맡게 된다. 학생들은 대개 개인적 어려움이 크고 돈도 전혀 없기 때문에 코스 책임자는 교육 기관들로 하여금 이 코스의 학생들이 장학금을 받을 수 있도록 도와주는 일이 중요하다는 것을 인식할 수 있도록 노력해야 한다.

강사료는 형편없이 낮다.

실비아와 나는 수많은 의무 사항과 문제점, 정서적으로나 육체적으로 진저리나는 일에 대해 켐프너에게 장황하게 말해주었다. 우리 이야기를 듣고 난 켐프너는 이렇게 말했다. "정말 좋습니다. 기다려지네요."

더도어에서 근무하는 캐서린 코놀리는 내가 보내준 자료를 가지고 여러 재단에 보낼 기금 요청서를 만들었다. 여름 기간 동안 캐서린과 리넷 로레틱은 향후 기금을 지원할 사람들과 회의를 주선했다. 우리는 더도어에 있는 한 회의실에 둥그렇게 둘러앉았다. 실비아와 내가 코스에 대해 설명하면서 이런 사업이 갖고 있는 준엄성을 신뢰하지 않을까봐 우리는 내심 조바심을 쳤다. 나는 증거를 보여주기 위해 최종 시험 결과의 일부를 복사해서 보여주었다. 그 자료는 여러 재단의 대표들에게 송부된 것으로서, 클레멘트 코스 출신 학생들이 교육을 잘 받았고, 선의를 갖고 있으며, 상당수가 학업성취도가 매우 높다는 사실이 담겨 있었다. 그들이 시험 문제를 잠시 들여다보기를 기다린 다음 나는 그들에게 철학 영역의 문제에 대한 답변을 적어 나에게 돌려줄 수 있느냐고 요청했다.

그들은 '철학 공부를 한 지 너무 오랜 시간이 지났다' 또는 '철학을 전혀 공부한 적이 없었다'면서 단 한 명도 이런 테스트에 응하려 하지 않았다. 이로써 클레멘트 코스의 인문학이 대학 수준에서 이뤄졌음을 증명한 것이다. 고등학교 수준이 아니고, 지역사회대학 수준까지도 넘어선 대학 수준의 코스라는 사실 말이다.

두 번째 해에 교수진들이 모였을 때 우리는 더도어에 있는 리넷 로레틱의 사무실 밖에 있는 회의 탁자에서 자리를 함께 했다. 그 탁자는 내가 코스의 지적 수준에 대해 더도어의 직원들과 논쟁을 벌일 때 사용했던 바로 그것이었다. 그리고 우리는 그때와 거의 비슷한 논쟁을 다시 벌였다. 지난번에 문제되었던 '동굴의 비유' 대신, 이번에는 그리스 연극을 포함시킬 것인가에 대한 논쟁이었다. 이번 논쟁 역시 치열했다. 이미 한 해 동안 경험했음에도 불구하고 더도어 직원들(지금은 내 편이 되었지만)에게나 한 철학교수가 채용한 교수진들에게는 빈민들에게 대학 수준의 인문학을 가르친다는 발상이 여전히 터무니없고 불가능한 일로 여겨졌다. 우리는 논쟁을 계속했고, 그 과정에서 몇몇 교수들은 다른 일을 찾아 떠날 수밖에 없었다. 끝까지 고집스럽게 자신의 생각을 굽히지 않은 사람이 두 명 정도 됐던 것 같은데, 어찌됐든 그 논쟁은 끝이 났고, 그 과정에서 마틴 켐프너가 큰 역할을 했다.

당시 켐프너는 국내외적으로 관여하고 있는 일이 있었지만 클레멘트 코스는 시간이 갈수록 그의 시간과 판단을 더욱 필요로 했고, 그래서 자신이 하던 일을 계속해야 하는 것인지 아니면 클레멘트 코스의 운영 책임을 맡아야 하는 것인지를 결정해야 하는 상황에까지 이르렀던 것이다. 클레멘트 코스에 전력투구한다는 결정을 내리면 어떤 식으로든 하던 일을 정리해야만 했기 때문이다.

밥 마틴은 코스 개설이 바드대학에도 도움이 되는 이유와 대학에서 제공해야 할 것들이 무엇인지 등을 논의하기 위해 바드대학의 학장인 리온 보트스테인과의 만남을 주선했다. 장소는 뉴욕에 있는 바드대학 동문 회관이었다. 나는 보트스테인과 전화로만 몇 차례 이야기를 나눴을 뿐 한 번도 대면한 적은 없었다. 그는 아메리칸 심포니 오케스트라의 지휘자역을 맡은 것 같은 옷차림새로 우리가 회의 장소로 사용하던 사무실에 급히 들어섰다. 악수를 나누고 간단한 인사를 주고받은 뒤 나는 이렇게 말했다. "리온 학장님, 바드대학 코스가 유지되려면 세 가지가 필요합니다. 사무 공간과 집에 전화하는 공간, 사무처장 미키에게 지급할 봉급, 그리고 코스를 총괄하는 코스책임자위원회입니다."

보트스테인은 웃음을 지으며 "좋아요, 그건 됐어요. 또 다른 필요한 것은 없나요?" 하고 말했다.

"위원회의 구성입니다. 코스와 연관된 사람, 그리고 학업 능력, 재정, 조직 분야에서 제안을 해줄 수 있는 사람이 반드시 포함되어야 합니다."

우리는 위원 위촉에 대해 동의했는데, 그들을 알파벳 순서대로 거론하면 다음과 같다. 데이비드 딘킨스 전 뉴욕 시장, 『뉴욕타임스』의 그레이스 글루엑, 제이미 인클란 클레멘트 코스 책임자, 소설가이자 W. W. 노턴 출판사의 수석 편집자인 스탈링 로렌스, 그리고 작가이면서 바드대학의 교수인 피터 소리언Peter Sourian.

보트스테인은 "훌륭합니다. 그리고 당신을 위원장으로 임명하지요"라고 말했다.

위원회 구성을 마치고 리온 보트스테인은 매혹적이면서도 유쾌한 농담을 연이어 소개했다. 모든 연주를 끝낸 후 앵콜 요청을 받아 한껏 고무된 오케스트라 지휘자처럼, 그는 우리에게 재담과 우스운 이야기들, 그리고 재미난 경험들을 말해줬으며, 매력과 지성의 놀라운 결합을 보여줬다. 우리가 이야기를 나눈 지 한 시간쯤 흘렀을 때 그는 내게 몸을 숙여 회의실 건너편에서 밥 마틴과 짧게 사업 이야기를 나누고 있던 마틴 켐프너를 바라보면서 부드럽게 물어왔다.

"저 사람이 이 일을 해낼 수 있다고 확신하십니까?"

"네."

이것이 리온 보트스테인이 알고자 했던 모든 것이었다. 그 순간 이후로 그는 클레멘트 코스의 든든한 후원자가 됐으며, 전국의 코스를 관장하는 책임자가 됐다. 나는 이렇게 말했다. "리온, 당신의 지원은 큰 힘이 되고 있습니다. 하지만 우리는 바드대학 클레멘트 코스를 더욱 완전하게 만들기 위해 충분한 자금을 모아야 합니다."

그는 오페라 가수처럼 "우-우" 소리를 내더니 다른 많은 이야기보따리를 풀어놓았다. 그러면서도 그는 안도감을 드러냈다. 나는 그를 좋아했는데, 특히 그가 자신의 생각을 펼쳐내는 순서가 마음에 들었다. 그는 먼저 선의를 생각했고, 그런 다음엔 신중함을 드러냈다.

3년차에 대해 생각할 단계가 왔다. 더도어는 내가 2년차에 기금을 모금하는 일을 도와주었다. 존 R. 맥아더, AKC 재단, 스탈링 로렌스, W. W. 노턴, 그리고 실비아와 나도 그 일에 참가했다. 우리는 두 번째 교육센터를 설립하기로 결정했다. 더도어는 처음부터 관여되어 있었다. 리넷 로레틱과 직원들은 일 년 내내 학생들을 새로 영입하고, 상담하고, 정규 대학에 지원서를 제출하는 데 도움을 주었다. 이런 일들을 하기에 더도어보다 좋은 곳은 없었다. 기금을 조성하는 일은 운영에 있어 더욱 더 중요한 부분이 됐다. 더도어는 많은 재단들 사이에서 신뢰를 받았고 직원들은 더도어가 필요로 하는 기금 조성을 위해 필요 이상의 일들을 해왔다. 켐프너와 마틴은 바드대학의 쥬디 사모프에게 도움을 요청했다. 기금 모금은 항상 어려운 과업이지만 우리는 돈을 기부한 재단이나 개인의 요구를 만족시켰던 실천 기록을 충분히 가지고 있었다. 간혹 사람들은 전화를 걸거나 편지를 보내서 우리를 돕는 일에 관심이 있음을 알려왔다. 나는 그런 사람들을 미키에게 연결시켜줬으며, 이런 방식으로 기금 모금 프로그램은 계속 진행됐다.

이런 성장 과정은 일종의 유형으로 정착되어가기 시작했는데, 클레멘트 코스를 시작하려는, 또는 빈민들을 위하거나 인문학을 위해, 또는 두 가지 모두를 위해 일을 시작하려는 어떤 사람이든 이런 유형을 알아두면 유용할 것이라는 생각이 들었다. 만약 이런 사업이 너무나 훌륭해 현실화되기가 어려운 것처럼 비친다면, 그것은 곧 코스에 등록한 사람들 거의 모두가 자기를 드러내 보이기를 좋아하는 사람들이었다는 말로도 해석될 수 있는데, 우리는 지난 5년 동안 그런 바보나 악한은 만나본 적이 없다.

뉴욕 바깥 지역과 유카탄에서 코스가 성장하게 된 것(17장에서 설명)은 1998년에 린다 카펠Linda Capell이 미국인문학위원회연맹 연차대회에서 프로그램 총괄책임을 맡았기 때문이다. 린다는 내게 워싱턴 D.C.로 가서 빈곤과 인문학, 그리고 클레멘트 코스에 대해 이야기를 해 달라고 부탁했다(린다는 워싱턴 주 인문학위원회의 프로그램 책임자이기도 했다).

그 사이에 아내는 미국 원주민들에게도 혜택이 돌아가도록 이 코스를 시작하자며 우리들을 종용했다. 워싱턴에는 원주민들이 많이 살고 있었으며, 린다 카펠은 우리가 어떤 일을 할지 이해하고 있었다. 워싱턴을 제외할 이유가 어디에 있겠는가? 그녀가 이에 대해 깊이 생각하고, 다른 사람들과 의견을 나눌 것이며, 몇 주나 몇 달 안에 어떤 결정이든 내릴 것이라 생각하면서 린다에게 우리 부부의 생각을 전했다. 나는 나의 시험적인 생각과 연관지어 열정을 확산시킬 준비가 되어 있지 않았다. 회고해 보니 실비아와 나는 다음 날 시애틀로 가는 비행기를 탔던 것 같고, 린다는 물론이요

나조차도 코스를 확산시키기에는 아직 시간이 더 필요하다고 생각하고 있었던 것 같다.

시애틀 방문을 계기로 새로운 도시에 클레멘트 코스에 대한 발상을 확산하는 방식을 정립할 수 있었다. 린다 카펠은 워싱턴대학교 강연, 시민 단체 간담회, 교육센터로 사용될 곳 방문 행사, 관심 있는 사람들을 연계하고 발굴하기 위한 공론의 마당 등을 마련했다. 워싱턴대학교의 총장인 리처드 맥코믹Richard McCormick을 만나 그 지역에서 코스 개설에 필요한 기초적인 재정 지원을 약속받았다. 맥코믹은 자기 딸이 축구를 하고 있는 동안 운동장 옆에 앉아 클레멘트 코스에 대한 자료를 읽었다고 했다. 그리하여 그는 워싱턴에서도 이 코스를 운영하기로 마음을 먹었다. 자신의 생각을 확실하게 실현하기 위해 그는 대학의 사무총장과 규모가 큰 인문학 프로그램의 책임자를 회의에 참석시켰다. 그날 회의에서, 맥코믹은 인문학 코스를 시작하고, 재원 조달을 도울 수 있기를 바란다고 자신의 의도를 명확하게 전달했다. 그리고 그들은 그렇게 했던 것이다.

워싱턴 주 인문학위원회의 사무총장인 마가렛 앤 볼레메이어Magaret Ann Bollemeir는 이 코스를 연간 프로젝트의 하나로 만들었으며, 자금과 동력, 그리고 가장 중요한 요소인 인력을 지원했다. 위원회의 직원인 라이올 부시가 바로 그 중요 인력인데, 후에 시애틀 클레멘트 코스의 책임을 맡았다. 부시와 미키 켐프너는 린다 카펠과 함께 교수진을 채용하고, 센트로 데 라 라자Centro de la Raza를 교육센터로 지정했으며, 교육과정을 구성했다.

켐프너의 업무는 지금까지 해마다 두 배로 불어났다. 시애틀 코스를 조직하기 위해 미국의 서부 해안 지역을 오가는 일 이외에도 그가 살고 있는 곳에서 가까운 뉴브런즈윅과 뉴저지에서도 새로운 코스를 시작했다. 그 지역은 그의 아내인 캐롤이 미들섹스 카운티 포괄적 보육headstart 프로그램을 운영하고 있는 곳이기도 했다.

켐프너와 마틴은 미국 교육부가 지원하는 '중등학교 이후의 교육 개선을 위한 기금FIPSE' 사업을 함께 운영하고 있었으며, 이 기금에서는 특별히 평가 영역과 관련해 클레멘트 코스를 지원하기로 약정을 맺고 있었다. 북서 태평양 지역에서는 린다 카펠과 알래스카 인문학 포럼 책임자인 스티브 린드벡Steve Lindbeck이 협의해 알래스카의 앵커리지에서, 그리고 얼마 후에는 체벡Chevak[1]에서 클레멘트 코스를 개설하게 됐다. 언론인인 린드벡은 알래스카 인문학 포럼의 운영 책임을 넘겨받았고, 이 포럼을 주 차원의 영향력 있는 기구로 변모시킴으로써 아직도 보호받아야 할 프런티어/파이프라인 노동자의 이미지가 강하게 남아 있는 이 지역에서 놀랄 만한 성과를 이뤄냈다.

그는 시애틀에서 했던 방식에 더하여 언론사들을 참여시키는 방식으로 며칠 만에 지역 전체에 이 프로그램에 대한 관심을 불러일으켰다. 그곳에서 코스를 열게 되면서 『앵커리지 데일리 뉴스』의 미술 편집자인 마이크 던햄 같은 친구를 만날 수 있었다. 던햄은 유픽 에스키모 지역에서 자랐으며, 유픽 언어도 조금 구사할 수 있었다. 그는 바드대학 클레멘트 코스에 대한 발상을 이해했고, 아직도 풍부하고 맹렬하게 살아남아 있는 유픽 문화에 대해 나와 관심사를 공유했으며, 이것을 신문에 담아냈다.

사우스플로리다대학교의 탬파에서는 마크 에이멘이 클레멘트 코스에 관심을 갖게 됐다. 에이멘은 나와 대화를 나눴으며, 후에 미키와 함께 코스 개설을 위해 일을 시작했다. 로빈 존스와 글렌 브라운이 에이멘과 함께

---

[1] 미국 알래스카 주 중부에 위치한 인구 816명(2004년 현재)의 작은 마을로, 미국 원주민이 거주민의 95.9퍼센트를 차지하는 지역이다 — 옮긴이.

일했다. 비록 그녀의 전공은 도심 지역 연구지만(그녀의 최근 저서는 『도심의 학교와 정치학』이다) 클레멘트 코스에서는 전공 학문을 가르치지 않고, 탬파의 코스 책임자 역할을 맡았다. 그녀는 자신의 개인적인 온화함을 교실로 끌어들였고, 가난한 이들을 위해 이용 가능한 서비스를 더욱 밀접하게 연결시켜줬다.

1999-2000학년도가 시작될 때까지 바드대학 클레멘트 코스의 과목이 11개로 늘어났다. 당시 켐프너는 철학을 가르치면서 네 개의 과목을 관리했는데, 그의 행정적인 부담을 덜어주고자, 예술사를 가르치며 교육센터의 책임자로 활동해오던 테렌스 (테드) 듀스냅Terence (Ted) Dewsnap이 현장 책임자의 역할을 맡았다. 바드대학은 후원을 아끼지 않았다.

많은 민간단체들이 우리 코스를 지원하기 시작했으며, 각 주의 인문학 위원회state humanities council들도 매우 강고하게 연대했다. 이 위원회들은 국립인문학지원처NEH: National Endowment for the Humanities에서 예산을 지원받으며, 많은 경우 주 정부나 지방 정부의 기금을 지원받기도 한다. 위원회는 인문학을 위해 재정적 · 조직적 도움을 주거나, 아이디어와 지적 역량을 지원한다. 각각의 위원회가 얼마만큼 순기능을 하고 있는지는 일정하지 않다. 심지어 일부 위원회는 기금을 나눠준 후, 그것이 어떤 효과를 발휘하는지 뒷짐 지고 앉아서 바라보는 데 만족하는 듯이 보이기도 한다. 그러나 내 생각으로는 대부분의 위원회는 인문학을 위한 창설자, 동기 부여자, 그리고 후견자로서의 역할을 하고 있는 듯하다.

정치적으로 보자면, 이 위원회들은 사람들로 하여금 자신의 길을 걷게 하라는 클레멘트 코스의 원칙에 동의하고 있다. 일부 주 위원회는 소극적이나마 관심이 있었지만 내가 만났던 위원회의 위원들 가운데 인문학을 즐기는 것 이외에 사람들을 움직여보려는 일에 관심을 가진 이는 아무도 없었다. 다이애나 트릴링Diana Trilling의 전 비서였던 크리스토퍼 진이 오리건 주의 인문학위원회를 책임지게 되자 리드대학의 강의실에서 그가 보여주었던 열정과 지적인 세련됨을 이 위원회에 불어넣으려 했다. 그는 학장이던 피터 스테인버거와 함께 포틀랜드에서 클레멘트 코스를 개설하는 작업에 착수했다.

오클라호마 주에서는 역사학자 애니타 메이Anita May가 연방정부 빌딩 폭탄 테러[2]의 상흔이 아직 치유되지 않았던 오클라호마 시내에 있는 자신의 사무실에서 주 전체를 네트워킹해서 사업을 시작했다. 온화하면서 객관적인 성격을 가진 그녀는 자신의 과업을 위해 역사가 특유의 상호 연계 감각을 동원했다.

우리가 이제 막 탬파에서 새로운 코스를 시작할 무렵 워싱턴 D.C.에서 가난한 이들을 위한 인문학 교육을 주택공급 프로젝트와 연계한 적이 있던 프랜 캐리Fran Carey가 워싱턴을 떠나 플로리다 위원회의 수석 책임자가 되었다. 그 일이 있기 일 년 전에 나는 코네티컷대학교에서 클레멘트 코스를 여는 것을 상의하기 위해 코네티컷으로 갔었다. 프랜 캐리는 당시에 심의위원으로 초청받아 자리에 앉아 있었다. 국립 인문학위원회 연맹의 전 의장이었던 손드라 메이어가 위원장을 맡았던 이 심의가 끝난 다음

---

2 1995년 4월 19일 오전 9시 5분, 미국 중부 오클라호마 주의 주도(州都) 오클라호마시티 중심가에 있는 알프레드 머라 빌딩에서 일어난 폭탄 테러 사건. 그 9층짜리 건물에는 마약단속국 등 미국 연방정부의 각 기관 사무실과 탁아소 등이 있었다. 이 폭발로 건물은 완전히 파괴됐고 폭발 지점에는 폭 10미터, 깊이 2.45미터의 큰 구덩이가 패였다. 범인으로 붙잡힌 티모시 맥베이(당시 26세)는 사건 발생 2년 전 텍사스에서 집단 자살한 사교집단 다윗파에 대한 연방정부의 불만족스러운 처리 때문에 범행을 저질렀다고 밝혔다. 이 사건으로 168명이 죽고, 600여 명이 다쳤다 — 옮긴이.

우리는 주 정부의 젊은 상원 의원이자 주 정부 복지부의 부국장이기도 한 도날드 E. 윌리엄스와 함께 노동연계복지 프로젝트에 투입되는 자금을 어떻게 하면 이 코스를 지원하기 위해 사용할 수 있을지 그 가능성에 대해 논의했다. 당시 나는 후두염에 걸려 있었기 때문에 심의회가 끝날 때까지 속삭이는 것 이상으로 크게 말하지 못할 상황이었다. 나는 캐리에게 코스에 대해 설명해줄 수 있겠느냐고 부탁했다. 그녀는 정말 환상적으로 발표를 끝냈다. 커다란 희망이 솟아올랐다. 이 젊은 입법가[3]는 그의 동료 의원들 앞에서 '상원 법안 849'를 발의했다. 그러나 주州 상원 교육위원회에서 프랜 캐리가 발표하고 마틴 켐프너가 토론을 했는데도 아직까지 코네티컷에서는 클레멘트 코스가 개설되지 못하고 있다.

센추리재단Century Foundation의 프로그램 책임자인 사라 릿치는 우리 코스의 훌륭한 후원자였는데, 그녀는 미키를 나이트재단Knight Foundation의 대표인 호딩 카터에게 소개했다. 미키는 필라델피아에서 코스 개발을 위해 나이트재단의 직원과 협력을 했으며, 템플대학교와 협력하여 교육센터를 지정하고, 디렉터와 교수진, 그리고 학생들을 영입했다. 미키는 매사추세츠 주 인문학위원회를 포함한 집단과 함께 그곳에서 코스를 개설하기 위해 동분서주했다.

뉴욕 퍼킵시[4]는 빈민 인구가 많은 지역으로서 바드대학에서 몇 마일

---

3 윌리엄스 의원을 가리킨다 — 옮긴이.

4 미국 뉴욕 주의 남부에 있는 도시로 인구는 약 3만 명(2001년 현재)이다. 1687년 네덜란드인이 정착하여 19세기 중반까지 뉴욕으로 가는 곡물을 나르는 하항(河港)으로서 번창했다. 현재는 상공업의 중심지로서 제약, 컴퓨터 조립, 전자부품 분야의 공업이 발달했다. 지명은 '폭포'라는 뜻의 알공킨어(語)에서 연유되었다. 교육기관으로는 배사대학(1861), 매리스트대학(1929), 더처스지역사회대학(1958) 등이 있다 — 옮긴이.

떨어진 곳에 자리하고 있다. 밥 마틴과 미키는 바로 그곳이 클레멘트 코스를 설립하기 적합한 곳이라 생각했고, 1999년에 퍼킵시의 가족 파트너십 센터에서 클레멘트 코스가 시작됐다.

켐프너의 지휘 아래 코스는 몇 가지 변화를 겪었는데 거의 대부분은 더 나은 쪽으로 바뀐 것이었다. 이 변화에 따라 첫 해의 즉흥성과 흥분은 어느 정도 줄어들고 인문학에 대해 좀더 확고한 학문적 접근이 이뤄지게 되었다. 색다른 격식이 클레멘트 코스에 도입됐다. 매년 여름이 끝날 무렵 전 지역의 책임자들이 만나는 모임이 만들어진 것이다. 연륜이 있는 책임자들과 새로 부임한 이들이 함께 경험을 나눔으로써, 어떻게 강사들을 교육하고, 어떻게 하면 코스의 발전을 이끌어 낼 수 있을지를 배우기도 했다. 교수진이나 책임자가 학기 도중에 그만 두거나 기금 모금이 부족하거나 교육센터에서 문제점이 불거지는 등 여러 가지 심각한 문제가 발생하면 켐프너와 테드 듀스냅은 그 코스 책임자를 도와서 그 책임자가 관계하는 센터가 어려움을 극복할 수 있도록 지원했다.

평가 과정은 첫해에 제이미 인클란과 그의 직원들이 시작했는데, 일이 진행됨에 따라 표준화되기 시작했으며, 코스의 요구에 맞춰 더욱 특성화되고 있다. 첫 해에는 클레멘트 코스가 학생들을 반항에서 성찰, 즉 정치적 삶으로 전환시키는 데 도움이 되는지를 평가하기 위하여 다양한 평가방식을 원용하였다. 그러다가 지금은 클레멘트 코스의 인구 구성에 맞춰 평가 자료에 쓰이는 언어의 일부도 변화되었다. 켐프너가 좋은 사례를 제시하고 있다. 집에서 살고 있지 않은 사람에게 '집에서 식구들과 잘 지내느냐'고 묻는 것은 그 어떤 유용한 대답도 끌어내지 못한다는 것이다.

표준화된 평가가 없이는 학생들에게 코스의 효과가 어떻게 전달되었는지 알기 어렵다. 코스의 학문적 효과를 측정할 때에도 어느 정도의 표준화가 요청된다. 첫 해와 두 번째 해에 내렸던 판단은 마음은 물론이요 이성적인 것도 포함하는 것으로, 당시의 학생들을 위해 필요했던 것이다. 하지만 그러한 판단이 미래의 학생들에게도 적용되는 것은 아니다. 21세기 미국의 교육기관들은 종이철, 책상, 심지어 종이 클립이 없어도 유지될 수 있지만 교육에 필요한 정보자료는 반드시 갖추고 있어야 한다.[5] 코스 개설 5년째를 맞이한 교육센터에서, 운영자들은 클레멘트 코스의 책임자인 동시에 자문위원회를 맡고 있는 인클란 박사의 도움 아래 학생들과 함께 클레멘트 코스의 특성에 맞는 평가 자료를 개발함에 있어서 미국에서 가장 탁월한 가족 치료사 가운데 한 사람과 공동으로 작업을 하는 행운을 누렸다.

인간의 행동을 정량적으로 측정하는 것에 대해 소크라테스가 어떻게 볼 것인가 하는 것은, 비록 그것이 학생들에게는 훌륭한 질문이 될 수 있다고 하더라도 클레멘트 코스 운영에까지 적합한 질문이 될 수는 없다. 학급 내 백분위 67퍼센트는 성적에 불과한가? A, B, C, D로 구분해 성적을 주는 것이나 엄격하게 합격, 불합격을 나누는 것이 올바른 것인가?

현대의 '과학적'인 평가 기술을 소크라테스의 저작에 기반을 두고 필연적인 것을 발견하려는 우리 코스에 적용하는 것은 참을 수 없이 우스꽝스러운 일이다. 철학을 공부하는 것을 넘어서 철학하는 사람이 되려했던 소크라테스의 의지가 바로 우리가 철학을 사랑하는 이유이자 동시에 플라톤식의 해석을 싫어하게 만드는 기준이 아닐까 싶다. 그럼에도 우리는 선을 추구하

---

5 종이철, 책상, 종이 클립 등을 언급한 것은 저자 특유의 유머 감각적 표현으로서, 현대 교육이 교육의 본질적인 것보다는 비본질적인 것에 '목숨 걸고' 있음을 풍자한 것이다 ─ 옮긴이.

는 사람들에 대해 합격/불합격을 따져보기를 원하는 사람들이 정말로 있을 경우에는 다른 기준, 다른 학생, 다른 세계에 비추어 모든 것을 상대화하면서 평가하기도 한다. 우리가 그렇게 하는 것은 단지 평가를 요구받았기 때문이 아니라 우리 자신의 주관적 판단과 우리의 좋은 뜻이 학생들에게 제대로 기능하는 것으로 나타나는지를 점검하고 싶어서이다.

시작할 때는 한 개의 코스만 있었으며, 그것은 모든 '태동'이 그러했을 것처럼 매우 혹독한 것이었다. 그것을 운영하는 일이 쉽지 않았지만 12개가 넘는 코스를 운영하는 것과 비교해볼 때 그렇게 어려운 일도 아니었다. 모든 교수자들이 알고 있듯이 많은 코스를 운영하는 사람들에게 닥치는 문제는 초기의 강렬한 열정을 다시 만들어내는 일이다. 이렇듯 클레멘트 코스를 처음 시작할 때 무엇보다도 열정이 중요한 것은 소크라테스 때도 그랬고, 지금 누군가 이 일을 새롭게 시작하더라도 마찬가지일 것이다. 실제로 여러 교육센터에서 첫 해를 지낼 때 이러한 열정이 드러난다. 의아한 일은 시간이 지나도 그 격렬한 열정은 줄어들지 않고 있는 듯하다는 점이다. 아마도 마틴 켐프너의 가장 위대한 성취는 바로 그가 추구하고 가르치려 했던 선의일 것이다. 그러했기에, 처음 클레멘트 코스가 시작된 후 3~4년이 지나서도 코스를 지원하는 기관이나 단체 관계자들이 코스 운영과 관련하여 세부 사항까지 속속들이 알 수 있었고, 그 결과 중앙 조직에 대한 요구도 차츰 줄어들게 된 것이다. 그래서 앞으로 바드대학이나 마틴 켐프너, 그리고 코스 운영자들이 할 일은 지금까지 한 것처럼 교사들을 관리하는 것보다는 양질의 교사들을 양성하는 것으로 옮겨가야 할 것이다. 모든 훌륭한 교사들이 그랬듯이 그들도 그 과정을 통해서 더 많은 것들을 배우게 될 것이기 때문이다.

관료제는 바드대학 클레멘트 코스의 계속적인 위협 요인이 될 것이다.

켐프너는 이미 중요한 책임을 많이 맡고 있지만, 거기에 더하여 코스 운영에 대해 나와 언쟁을 벌이는 부담까지 감내하고 있다. 차후에 논의하게 될 코스의 몇 가지 변화는 그리 훌륭하게 고안된 것이 아니었다. 『안티고네』에 그녀가 너무 지나치게 자율적이라고 힐난을 하는 코러스가 나오는데, 우리는 가끔씩 그런 코러스를 느끼곤 한다. 다행스럽게도 인문학을 공부하고자 하는 가난한 이들을 돕기를 원하는 사람들은 선의로 가득하다. 지금까지 동기나 목적을 놓고 분란이 일어난 적은 단 한 번도 없었다. 인문학을 수단으로써 가르친다는 개념 안에서 서로의 견해 차이는 미미했으며, 논쟁은 보티첼리Botticelli의 붓처럼 아주 섬세했다.

15장

교육과정

클레멘트 인문학 코스에는 필수과목이라는 것이 아직은 없지만 앞으로는 필요할 것 같다. 대체로 페트라르카의 방식을 좇아 철학, 문학, 예술, 역사, 논리학 등으로 구성돼 있다. 그런데 인문학에 대한 페트라르카의 이 존경할 만한 접근방식은 클레멘트 코스를 시작하고 처음 5년 동안에 약간 수정되었는데, 특히 마지막으로 언급한 논리 영역에서 주로 변화가 생겼다. 철학을 전공했거나 직업적 경험을 통해 성장한 철학자들인 로버트 마틴과 마틴 켐프너는 논리학을 별도 영역으로 가르치려는 생각에 반대하면서, 차라리 그 과목을 없애고 문학 영역을 시와 산문으로 나눠 가르치자는 의견을 내놓았다. 시애틀에서는 라이올 부시가 논리학에 대한 대안으로 '비판적 사고'라는 과목을 개발했고, 수잔 와이서Susan Weisser를 비롯한 몇몇 과목 담당자들은 논리학을 '글쓰기' 시간으로 대체하기도 했다.

이상적으로는, 클레멘트 코스 교육과정에 '비판적 사고'라는 과목을 포함해야 한다. 이 과목은 '글쓰기' 수업의 성격을 띠면서 '논리' 수업의 기능도 할 수 있기 때문이다. 여기에 더하여 미국사뿐만 아니라 세계사도 포함시켜야 한다. 또한, 음악, 춤, 연극을 포함시키지 않고 '인문학을 가르친다'고 주장한다면 많은 사람들, 특히 예술 분야에 헌신한 사람들이 당혹

해할 것이다. 수강생들이 1년 동안 110시간밖에 수업을 받을 수 없기 때문에 어느 분야를 가르칠지 선택하는 것은 꼭 필요한 일이다.

만약 코스의 목표가 수강생들에게 정규 대학에 진학할 준비를 시켜주는 것이라면 '읽기', '수학', '과학', '작문', '역사'와 같은 과목들을 교육과정에 포함시켜야 할 것이다. 그리고 4지선다형 시험도 자주 봐야 할 텐데, 이것은 학생들이 입학 평가 시험에 잘 적응할 수 있게 하기 위해서다. 그런데 이런 식으로 교육과정을 구성하면 미국식 수학능력시험인 SAT 준비반 성격이 더해져 주입식 교육이 수행될 것이며, 그것을 통해 학생들을 얼마나 시험에 잘 대비시키는가에 따라 기관 평가를 받을 것이다.

그러나 지금까지 클레멘트 코스는 학생들을 정규 대학에 진학시키기 위한 준비에 초점을 맞춘 적이 없었다. 종종 학생들이 정규 대학에 진학하긴 하지만 말이다. 또한 4년제 대학교에서 운영하는 교양 교육을 위한 표준 교육과정 역시 우리 클레멘트 코스에는 적합하지 않다. 클레멘트 코스 교육과정에는 언어영역 과목이 없으며, 사회과학, 물리학, 생물학 등도 가르치지 않는다. 클레멘트 코스는 '인문학을 공부하면 시민으로서 생활을 잘 할 수 있을 것이다'라는 가정에 기초한 인문학 코스이기 때문이다. 우리가 수강생들이나 기부금 위탁자들, 그리고 그 밖의 다른 사람들에게 클레멘트 코스를 소개할 때 공통적으로 흔히 범하는 실수는 이 코스의 성공과 실패를 가르는 기준으로 정규 대학 진학률을 제시했다는 점이다. 그 다음으로 많이 하는 실수가 수강생들에게 정치적 삶, 즉 '단순 반응'에서 '성찰'로, 그리고 '사적 삶'에서 '공적 삶'으로 변화할 것을 약속했다는 점이다. 그런데 만약 실제로 이런 변화가 일어난다면, 그것은 인문학이라는 '부富'를 적잖게 소유했을 때 생겨나는 부산물일 따름이라는 것이다. 칸트식으로 표현하자면, 클레멘트 코스의 근본 목적은 인간에 대한 존엄성이다. 칸트는 인간의 존엄성에 대해서는 "값을 매길 수 없다"고 말했다. 즉, 정규 대학이라는 이름의 값어치나 대학 진학이라는 포상으로 클레멘트 코스가 지닌 가치를 잴 수 없다는 말이다.

로버트 메이나드 허친스가 언젠가 나에게 미국 대학들이 그 대학이 배출하는 전인적 지성인의 수가 아니라 노벨상 수상자의 수로 평가되고 있다는 말을 한 적이 있다. 그는 그런 현실만 생각하면 슬퍼진다고 했다. 허친스는 교육에 대한 자신의 전망이 그러한 현실에 짓눌리고 말았다는 생각을 할 때마다 의기소침해졌다. 그의 은퇴 자체가 미국 교육개혁 실패의 커다란 상징으로 인식되던 때가 있었다. 그러다가 몇 마디를 더 나누면 이내 그는 침착성을 되찾는다. 활달함과 함께 깜찍한 어린 아이가 마구 물어뜯는 것처럼 대화를 이끌어가는 상태로 돌아오는 것이다. 대학에서 교양 교육을 무너지게 만든 주범 가운데 하나가 바로 포상에 대한 집착이었다는 그의 생각을 나는 쉽게 넘겨버릴 수 없다. 허친스는 대학교육이 어떠했어야 하는지 알고 있는 사람이었다. 모든 포상, 심지어 정규 대학에 입학했다는 그런 포상조차도 결코 클레멘트 코스가 가야 할 길로 인식돼선 안 된다.

소크라테스는 어떤 상도 받지 않았고, 어떠한 학위과정도 밟지 않았으며, 단 한 줄의 글도 남기지 않았다. 그럼에도 그는 훌륭한 철학자였다. 철학과 공적 세계를 연결시킨 그런 철학자였던 것이다. 소크라테스가 클레멘트 코스에 참으로 중요한 영향을 끼쳤다고 전제할 때, 그리스의 전통적 평가관을 빌려 표현하자면, 소크라테스가 코스 수강생들에게 실제로 어떤 영향을 주었는지는 수강생들 생전에는 결코 알 수가 없을 것이라고 말해야 한다. 노벨상을 타는 것이 무언가를 이뤄냈다는 것을 말해주는 유일한 징표일 수가 없듯이, 학생들이 정규 대학에 입학해 공부를 계속하는 것이 성찰적 삶을 사는 것, 도덕적 삶을 추구하는 것, 선행하는 습관을 기르는 것, 일반 법칙에 준하는 격언대로 행동하는 것, 다른 사람들의 행복을 최고의 선善으로 받아들이는 것 등을 가능하게 해주는 유일한 길은 결코 아니다. 하버드대학교가 있는 매사추세츠 주의 캠브리지 시 근방에서는 아마도 거의 들을 수 없는 말이겠지만, 에이브러햄 링컨 대통령은 하버드대학교를 나오지 않았다.

수강생들이 정규 대학에 진학하려고 할 때 클레멘트 코스의 교육과정이 도움은 되겠지만, 그것이 지향하는 가장 중요한 목적은 고대 아테네에서 실제로 그랬던 것처럼 성찰적 사고와 자율성을 몸에 익히고 공적 세계와 관계를 맺을 수 있는 능력이 있는 사람을 길러내는 것이다. 우리가 페트라르카의 방식에 주목하는 이유는 그 방식이 바로 이런 목적을 달성하는 데 매우 적합하다고 생각하기 때문이다. 미국교육평가원Educational Testing Service[1]의 전망으로는 결코 이런 목적을 달성할 수 없다.

1

그러면 우리는 왜 '논리학'을 가르치는가? 'P이면서 동시에 P가 아닌 것은 참이 아니다'는 사실은 이것을 배운 사람에게 도대체 어떤 식으로

---

1 세계 최대의 교육평가 기관으로 연간 예산만 해도 9천여억 원에 이른다. 고용 인원은 2,700여 명이고, 박사학위 소지자만 240명이나 된다. 비영리를 목적으로 하는 민간 기구의 성격을 띠는데, 미국 내 다양한 표준화된 시험들을 주관하고 있으며, 특히 대학 수학능력시험인 SAT 주관 기관으로 잘 알려져 있다. 전세계에서 치러지는 토플 문제도 이곳에서 출제한다 — 옮긴이.

도움을 줄 수 있는가? 나에게는 이러한 질문들이 수사학처럼 여겨진다. 어떤 명제에 대해서 분석을 하지 않고서 어떻게 그것에 대해 성찰적으로 사고하는 것이 가능하겠는가? 자신이 살고 있는 세계에서 표출되는 생각들을 살펴 판단을 내릴 능력이 없는 학생, 또한 감정에 호소하는 것과 이성에 호소하는 것 사이의 차이를 분별하지 못하는 학생은 혼란에 빠져 패퇴하거나 공적 세계에서 추방당할 것이다.

클레멘트 코스 교육과정에서 '논리학'은 또 다른 가치를 가지고 있다. 논리학을 배우려면 반드시 중산층 가정에서 성장해야 하는 게 아니다. 논리는 참으로 순수한 것이어서 부자들에게나 가난한 이들에게도 똑같이 유용하다. 엘리엇T. S. Eliot의 시 그 자체가 로스앤젤레스의 동부 지역이나 사우스 브롱크스, 애팔래치아와 같이 가난한 지역에 사는 사람들에게는 즉각적인 도움이 될 수 없을지 모른다. 하지만 정립된 이론은 인종이나 성별을 초월하며, 해러즈Harrod's 백화점에서 살 수 있는 성질의 것도 아니다. 가난하든 부유하든 모든 학생들이 동등한 자격으로 논리의 세계에 입문할 수 있다. 부정확한 화법話法, 오류투성이의 추론, 성공적인 성찰적 사유의 선천적 결핍 등이 계속해서 가난한 이들의 전유물처럼 오해될 필요가 전혀 없다.

2

글을 잘 쓰기 위해서는 논리학자들이 구사하는 것과 같은 정확한 화법과 시인들의 미적 감각, 그리고 전문적 이야기꾼들이 갖고 있는 천재적인 이야기 구성 능력 등이 필요하다. 학생들은 반드시 글 쓰는 법을 배워야만

한다. 하지만 누가 그들을 가르쳐야 할까? 나는 개인적으로 아주 작은 규모로 학습자 모임을 구성하여 신문, 잡지 또는 출판사에서 일하는 작가나 편집자들이 가르치는 글쓰기 학습을 선호한다. 그 밖에 다른 대안은 대학원생들을 모집해서 학문적인 글쓰기를 가르치는 것이다. (하지만 비유컨대) 대학원생들이 가르치는 글쓰기 수업은 천연두 바이러스가 득실거리는 담요를 원주민들에게 가져다주는 것과 같은 위험이 있을 수 있다.

규모가 큰 학급에서의 수업보다 소규모 집단에서 개인지도를 받게 되면 학생들은 무엇인가를 성취한 학식 있는 사람과 친밀하고 지속적인 대화를 나눌 수 있다는 이점을 추가로 누리게 되는데, 학생들은 예전에 이런 경험을 거의 못했을 것이다. 개인지도는 전형적인 교실 분위기보다는 교수 개인의 사무실이나 중립적인 장소, 심지어는 커피숍 같은 곳에서 진행하면 효과가 있다. 학생들은 글쓰기의 구성 규칙을 배우는 한편 언어가 갖는 무한한 가능성도 이해할 수 있어야 한다.

일반적인 글쓰기와 학문적인 글쓰기 사이를 구분짓는 중요한 특징은 소위 문장의 색깔이다. 학문적 글쓰기에서는 개인적인 목소리를 드러내는 것이 아니라 학문적 목소리를 담고 있어야 한다. 문학적 또는 창작적 글쓰기를 할 때는 여러 가지 형식이 있겠지만 학생의 개인적인 목소리를 드러낼 수 있도록 지도해야 한다. 즉 문학적 글쓰기는 자아에 대해 정확히 잰 듯이 표현하도록 장려하지만 학문적 글쓰기는 그런 자율성과는 전혀 관련이 없다는 것이다.

문학적 글쓰기가 쓰는 이의 자치능력을 해방시켜주는 반면, 학문적 글쓰기는 정형화된 작업이 갖는 모든 특성들을 지니고 있다. 나중에 학생들이 학문하는 것을 자기 직업으로 택하려면 학문적 글쓰기 방식으로 정해진 틀 안에서 글을 쓰는 방법을 배워야 하겠지만, 현재로서는 비평적 수필이나 개인적 수필 같은 글이 가난에서 벗어나 공적 삶 속으로 들어가는 여정에 더 많은 영향을 미치게 될 것이다.

글쓰기를 가르치는 방법으로는, 경험에 비춰 보건대 다음과 같은 것이 가장 효과적이다. 가령 학생들이 흥미를 갖는 것에 대해 써보게 하고, 다 쓴 것을 읽어보게 한다. 그런 다음 어떻게 하면 더 좋은 글이 나올 수 있을까 의논하고, 그 내용을 바탕으로 다시 써보게 하는 것이다. 만약 교재의 내용이 학생들의 관심사 밖에 있고 그들의 상황과 전혀 맞지 않는다면, 이런 교재는 서툰 문법과 어색한 구문론으로 가득한 교재보다 더 심각한 문제를 일으키게 될 것이다.

3

페트라르카의 경우는 세계사와 그리스·로마 역사 사이를 확실하게 구분지을 필요가 없었다. 하지만 불행히도 우리에게는 그런 지역적인 편리함이 주는 혜택이 없다. 우리는 미국사와 나머지 다른 나라의 역사 가운데 선택을 해야 하며, 특정한 나라의 역사를 교육과정의 주요 부분으로 도입하기를 원하는 다문화주의자들의 요구 때문에 선택은 더욱 어려워지고 있다. 클레멘트 코스는 학생을 선발할 때 민족성에 주의를 기울이지 않는데, 여기에서 다문화적주의적 입장을 견지하게 되면 모순의 씨앗을 잉태하는 셈이다. 그렇다고 해서 단순히 여러 대륙의 역사로만 구성하면 다문화주의자들을 만족시키지 못할 수도 있다. 아프리카인을 조상으로 둔 사람들은 더욱 세분화된 특정한 교육과정을 요구할 수도 있다. 예를 들어 나이지리아 역사를 가르쳐 달라는 식으로 말이다. 하지만 나이지리아의 어떤 역사관을 선택한단 말인가? 이보Ibos[2] 부족을 또다시 패배시켜야 한단 말인가?

러시아 조상을 가진 사람들은 당연히 러시아에 대해 알고 있다. 줄루족 Zulus이 남아프리카 공화국에 대해, 광둥廣東 사람이 중국에 대해, 마야인들이 멕시코와 과테말라에 대해 아는 것은 당연한 일이다. 이민자들로 이뤄진 미국 역사는 세계의 역사를 담고 있다. 문제는 '역사를 가르친다는 것이 무엇을 의미'하며, '어느 나라의 역사가 이 코스의 목표에 가장 공헌하게 될 것인가'이다.

벽돌로 담을 쌓듯 연쇄적으로 이어지는 사실史實들을 다뤄가면서 역사를 가르칠 수도 있을 것이다. 이런 형식으로 역사적 지식을 잘 습득한 학생은 로마제국의 멸망이 잉글랜드에서 일어난 헤이스팅스 전투보다 앞선 것이며, 또 그 전투가 1944년 나치가 장악하고 있던 유럽 지역을 향한 공격 개시일보다 앞선다는 사실을 잘 알게 될 것이다. 이렇게 역사적 사건의 순서를 아는 것도 확실한 도움이 되겠지만, 그렇게 되면 논리적 추론에 문제가 생기게 된다. 존 로크John Locke의 사상을 알지 못한다 해도 영국의 왕이 차에 세금을 부과해서 미국이 독립선언을 하게 만들었다고 생각할 수도 있다. 사상의 역사를 알지 못한 채 사실史實로만 구성된 역사를 배우면 전후 관계와 인과 관계를 혼동하는 오류를 범하기 쉽다. 왜냐하면 사람들은 연속되는 것과 인과 관계를 어느 정도 동의어로 생각하기 때문이다.

시민의식과 성찰적 사유라는 세계에 들어서는 과정에서 인문학이라는

---

2 아프리카의 여러 인종 중 가장 규모가 크며, 나이지리아 인구의 17퍼센트를 차지한다. 내전 때 수만 명이 학살당했던 역사를 가지고 있으며, 1967년에 나이지리아에서 분리 독립하여 동부 지역에 바이프라(Bifra) 공화국을 세웠지만 나이지리아 정부군을 비롯해 이집트, 수단 연합군과 전쟁이 일어나 건국한 지 3년 만에 패망하고 만다 ─ 옮긴이.

부富를 찾겠다고 스스로 동의한 학생들에게는 사건의 연속으로서의 역사를 이해하는 것이 별로 도움이 되지 않는다. 성찰적 사고를 위한 더 나은 촉매제는 바로 사상이다. 미국을 세계사와 분리시키는 것 또한 오류로서, 그렇게 하면 사상과 사건 모두를 잃게 된다. 다행히도 그러한 오류는 예술과 문학, 철학을 공부함으로써 최소화할 수 있다.

사건의 이면에 내포되어 있는 사상을 가르칠 경우 미국사가 학생들에게 끼칠 수 있는 잠재적 영향에는 두 가지가 있다. 첫째로, 역사는 현재에 대해서, 그리고 그 현재 중에서도 학습자가 처한 현실에 대해 성찰할 수 있도록 사람들을 이끌 것이며, 둘째로, 역사는 시민권과 참여 민주주의 등에 대한 개념을 바탕으로 학생들이 시민으로서 행동할 수 있는 실제 능력을 향상시켜줄 것이다. 참여를 유도하기 위한 도구로서 역사를 가르쳐서는 안 되겠지만, 학생들이 새로 습득한 성찰적 사고를 통해 공적 삶을 지향하게 만드는 데 영향을 줄 수 있다.

교육과정에 있어서 일단 역사의 가치에 대한 결정이 내려지고 나면 교재 선택에는 별 문제가 없다. 교재는 기본 문헌을 포함하는 책이어야 한다. 그 외에는 별로 필요가 없을 것이다. 교수와 나누는 대화에서 학생들은 문헌의 영향을 이해하고 평가할 수 있어야 한다. 열한 번의 수강 기간 동안 학생들은 다음과 같은 기본 문헌들을 읽어야 한다. 로크, 독립선언문, 『연방주의자*The Federalist*』 발췌문, 헌법, 권리장전, 토크빌, 소로의 『시민의 불복종*On Civil Disobedience*』, 소저너 트루스, 드레드 스콧Dred Scott 판결,[3]

---

3 1857년 3월 6일 미국 연방최고재판소가 흑인 노예 드레드 스콧(1795~1858)의 자유를 인정할 수 없다고 내린 판결을 말한다. 드레드 스콧은 1857년 2월에 자신의 주인이던 육군 군의관과 함께 자유주(自由州)인 일리노이 주와 미네소타 주에 살았음을 근거로 자신과 그 가족들이 자유 신분임을 인정해 달라고 연방재판소에 제소했다. 그러나 최고재판소

링컨, 수정헌법 제14조와 15조, 조셉 추장,[4] 프랭클린 델러노 루스벨트FDR 의 '4대 자유', 마틴 루터 킹 목사 등. 루벤 살라자르Ruben Salazar의 『치카노 는 무엇인가What is a Chicano?』[5]는 문헌 목록에 그리 자주 등장하지 않는 자료이긴 하지만 시민권 문제를 정리하는 데 도움이 될 것이다. 학생들이 사회적·경제적 맥락 속에서 미국 역사를 이해하도록 돕기 위해서는 모리 슨Morrison, 앨런 브링클리Brinkley 또는 하워드 진Zinn 등이 쓴 표준 역사교 재가 앞서 제시한 문헌과 함께 사용될 필요가 있다. 국가의 발전을 어떤 시각으로 보기를 원하느냐에 따라 모리슨과 브링클리 사이의 중도적 입장 에서 기술된 교재도 사용될 수 있겠다.

클레멘트 코스에서 역사를 가르치는 교수들은 위 문헌들 중 몇 가지를 빼거나 다른 자료들을 더하는 식으로 변화를 줄 수는 있겠지만, 미국 역사 의 기초가 이 문헌들 안에 담겨 있다는 사실을 간과해서는 안 될 것이다.

의 수석판사 R. B. 토니(1777~1864)는 북위 36도 30분 이북의 준주(準州)에서 노예제도를 인정할 수 없다는 미주리 협정은 위헌이라고 판결하고, 합중국 헌법은 흑인을 시민으로 인정하지 않으므로 노예는 시민권을 가질 수 없으며, 비록 자유주에 거주했더라도 흑인은 자유를 인정받을 수 없으므로 소송을 제기할 권리가 없다고 판결했다. 이 판결로 노예제도 를 포함한 인종문제 논쟁이 격화됐고, 남북 대립은 더욱 악화되어 남북전쟁이 일어나는 데 큰 영향을 주었다. 이 판결은 1867년 수정헌법 제14조로 사실상 무효가 됐다 — 옮긴이.

4 조셉 추장(Chief Joseph, 1840~1904)은 네츠 퍼스 인디언의 월로와 부족 추장이었다. 올리버 하워드 장군이 부족을 아이다호에 있는 인디언 보호구역으로 강제 이주시키려 하자 이것 에 저항하며 자신의 원칙을 제시했다. 이 사건으로 조셉 추장은 인간주의자, 또는 평화주의 자로 명성을 얻는다 — 옮긴이.

5 쇼리스, 『라티노스 — 인민의 자서전』, 재판본.

4

예술을 공부하는 목적은 바라보는 법을 배우는 것이다. 그렇게 해야만 인간은 이 물리적인 세상에서 우리가 만들어낸 아름다움에 대해 성찰할 수 있다. 바라보는 법을 배우는 것 대신에, 손가락 페인팅이나 정해진 도안에 따라 바구니를 만드는 것과 같이 실제로 제작하는 법을 배울 수도 있다. 그런데 예술가에게는 창작 행위가 성찰을 의미하지만, 아마추어에게는 그런 행위가 단지 무엇인가를 그린다는 것을 의미할 뿐이다. 어떤 사람에게는 꽃을 그리거나 진흙 모형을 만드는 것이 치료행위가 될 수 있을지 모르지만, 이런 활동들은 성찰할 시간을 대체해버린다. 또한 그런 활동을 하는 데 시간을 들이게 되면 성찰적 사고력을 기르는 데 쓰일 시간이 줄어들게 된다. 클레멘트 코스의 목적이 성찰적 사고를 장려하는 데 있으므로, '행하기'가 아닌 '보는 법 배우기'에 중점을 둬야 한다.

클레멘트 코스의 예술 영역에는 몇 가지 접근방식이 있다. 예술 수업은 균형, 원근법, 표상, 추상 등 미술의 다양한 원리들로 구성될 수 있다. 또한 자연, 인체, 기독교 이전의 종교, 기독교, 기독교가 아닌 종교, 일상생활, 풍자나 비판적 전망 세우기critical visioning, 형태와 색채, 예술품 그 자체 등의 다양한 대상물도 포함된다. 게다가 미술 수업은 지중해, 소아시아, 북유럽, 아시아, 아프리카, 남북 아메리카 등 대륙별로 구성될 수도 있다.

역사적인 관점에서 교육과정을 조직하는 것은 보는 법을 가르치는 데 최선책이 아닐 수도 있지만 이 시점에서는 두 가지의 이점을 제공한다. 첫 번째로, 교수진은 예술의 기본 원리가 어떻게 발견됐으며, 그런 원리들이 시간에 따라 어떻게 변화된 방식으로 적용됐는가를 배울 수 있도록 코스를 구성할 수 있다. 두 번째는 대부분의 다른 교과 영역의 구성과 보조를 맞춤으로써 교수들이 토론 시간에 여러 원리를 통합할 수 있도록 하는 것이다. 예를 들어 플라톤의 형상이라는 개념과 그리스 조각상이 갖고 있는 이상적인 형태를 연관시켜 수업을 진행할 수 있을 것이다.

예술 영역의 강의 요목에는 선별된 참고 문헌들을 포함해야 한다. 이렇게 하면 학생들이 보는 법을 배우면서 자신들이 본 것에 대해 성찰적 사고도 할 것이고, 이 과정을 통해 여러 영역의 학문적 원리를 통합하는 힘도 기를 수 있을 것이다. 학생들이 작품을 보는 동안 그에 대한 성찰적 사고를 하도록 만드는 또 다른 방법은 다양한 시대의 작품들을 비교하도록 해서 흥미를 유발시키는 것이다. 대체로 헤겔주의식 진행이 강의의 중심을 이루게 될 텐데, 명제를 부각시키기 위해 반명제를 사용하는 방식이 그것이다. 그러나 이런 방식으로 수업을 할 때 교수자가 주의해야 할 게 있다. '예술이 종말에 이르렀다'는 견해를 가졌던 비평가 아서 단토Arthur Danto처럼 학생들도 그런 결론에 이를지 모른다는 것이다. 문제는, 단토와는 달리 학생들은 '이제 예술이 과거와 다시 연결되고 있다'는 주장을 하는 헤겔주의자들의 수수께끼를 풀지 못할 수 있다는 사실이다.

예술 교과에서 그레이스 글루엑은 라스코의 동굴부터 시작해서 작품과 그것이 만들어진 시대의 사상을 통합시키면서 연대기 순으로 수업을 진행했다. 하지만 한편으로는 학생들에게 예술 형식의 변화에 대해서도 살펴볼 것을 요구했다. 수업이 어떻게 진행되었든 간에 교육기간 동안 예술작품을 성찰적 태도로 살펴보았던 경험은 학생들로 하여금 아름다움에 눈을 뜨도록 만들어준다. 그리고는 마침내 다른 과목의 수업에서 그들 외에는 아무도 알아들을 수 없는 방식으로 키츠Keats의 「그리스 항아리에 부치는 송시Ode on a Grecian Urn」를 소리 높여 암송할 때, '바라보는 방법'을 터득한 이 플라톤의 '독자들'은 시인이 의미하는 바를 정확히 꿰뚫어 보게 된다.

1980년 『하퍼스』⁶지에 실릴 기사를 작성하느라 공화당 전당대회를 취재하는 동안 나는 로널드 레이건Ronald Reagan의 측근 중 한 사람에게 주지사가 무엇을 읽는지 물어볼 기회가 있었다. 자동차 판매상인 그 사람은 『하퍼스』처럼 비중 있는 잡지의 독자들에게 레이건 주지사의 가장 훌륭한 면을 부각시킬 좋은 기회를 잡게 되었다고 생각했는지 의기양양하게 이렇게 말했다. "글쎄요, 한 가지는 확실하게 말할 수 있겠군요. 지사님은 책이나 잡지를 읽지 않습니다. 보고서를 읽지요." 우리가 이 시대에 문학을 가르치길 원한다면 우리 자신에게 이런 질문을 던져봐야 할 것이다. 왜 사람들은 보고서를 읽을 수 있을 때에도, 또는 아무것도 읽지 않아도 될 때에도 구태여 소설이나 희곡, 시 따위를 읽으려 하겠는가?

처음에 우리는 사전 편찬자가 아닌 — 글쎄, 아마도 사전 편찬자와 같은 — 독자를 가장한 시인의 눈을 가지고 언어에 접근해야 될 듯하다. 맨 먼저 우리가 학생들에게 해줄 말은 시인 발레리Valery에게서 빌려온 말이 될 것이다. "춤이 걸음의 일종인 것처럼, 시는 산문의 일종이다." 그 다음에는 학생들이 언어에 대해 자기만의 고유한 이해를 갖도록 도와줘야 한다. 여기서 우리는 언어예술의 위대한 춤꾼들에게 도움을 요청할 수 있을 것이다. 아마도 학생들은 에드거 앨런 포Poe와 왈츠를 추고 존 던Donne과 품위 있는 스텝을 밟고, 셸리Shelly와는 회전을 하고, 에밀리 디킨

---

6 문학, 정치, 문화, 예술 분야를 다루는 종합 월간지로 정치적으로는 진보적 노선을 견지하고 있다. 미국의 월간지 중 두 번째로 오래된 역사를 자랑하며, 20만여 명의 독자를 보유하고 있다. 가장 오래된 월간지는 『사이언티픽 아메리카Scientific American』다 — 옮긴이.

슨Emily Dickinson과는 빠른 박자로 스텝을 밟을 수도 있을 것이다. 한두 시간만 지나면 학생은 시가 산책하는 사람처럼 이리저리 방황하는 것이 아니라 소리와 감정으로 정렬돼 있고, 운율적 사고 속에 성찰적 사고가 깃들어 있으며, 단어 하나하나는 스텝이 되고 구절 하나하나는 회전이 되며, 모든 연이 문장으로 정리된 무대 위에서 어휘들은 아무런 치장도 하지 않은 채 있는 그대로의 아름다움을 질서정연하게 뽐내며 그 순간만을 위해 존재한다는 것을 이해하게 될 것이다.

수업은 시로 시작해야 하되, 그렇게 하는 것은 노동이 아니기 때문에 학생들은 시를 통해 기쁨을 맛볼 수 있을 것이며, 조만간 그들은 자신의 공화국에서 시인들을 몰아내고 싶어한 플라톤의 갈망에 대해 알게 될 것이다. 처음부터 플라톤의 두려움에 대해 학생들에게 말해주는 것은 중요하다. 그렇게 하면 시가 단지 달콤한 사치에 불과한 게 아니라, 압제자의 목에 들이대는 칼과 같이 위험스러운 존재라는 것을 알게 될 것이기 때문이다.

시 다음에는 소설이 이어져야 하며, 처음에 읽는 소설은 행위보다는 어휘에 더 초점이 맞춰져 있는 것이라야 한다. 헤밍웨이의 소설은 행위에 관한 것처럼 보이지만 실상은 말에 관한 것이다. 리처드 라이트Richard Wright의 소설도 행위에 관한 것처럼 보이지만 실상은 사상에 대한 것이다. 플래너리 오코너Flannery O'connor의 소설은 행위에 관한 것처럼 보이지만 실상은 감정에 대한 것이며, 존 치버John Cheever의 소설은 행위에 관한 것처럼 보이지만 실상은 공포에 관한 것이다. 행동에 관한 것도, 그 밖의 어느 것에 관한 것도 아닌 소설들은 자기 것으로 만들 수 없기 때문에 즐거움을 주지 못한다는 것을 학생들은 알아야 한다.

학생들이 읽어야 할 작품들은 『빌리 버드*Billy Budd*』,[7] 『암흑의 핵심*Heart*

of Darkness』,[8] 가브리엘 가르시아 마르케스의 소설 중에서 아마도 「세상에서 가장 잘 생긴 물에 빠져 죽은 남자」나 「거대한 날개를 단 노신사」가 될 것이다. 왜냐하면 학생들은 과거의 세계와 미지의 세계, 그리고 과거나 미래에도 결코 존재하지 않을 세상까지도 언어를 사용해서 구축될 수 있다는 사실을 알아야 할 것이기 때문이다. 셰익스피어의 작품들은 언제든 함께 춤을 추고 싶을 만큼 훌륭하다. 하지만 『햄릿』이나 『로미오와 줄리엣』은 읽히고 싶지 않다. 세월이 흘렀어도 어휘는 웃음을 그대로 간직하고 있다는 사실을 깨우쳐주기 위해 나는 셰익스피어의 희극 중 하나를 추천하고 싶다.

학생들은 '흐르는 세월에도 변함없는 것이 고전'이라고 정의한 흄Hume의 개념 규정을 이해하기 위해서라도 그리스 작품들과 친해져야 한다. 그들은 페리클레스의 발언을 통해 전달되는 투키디데스의 변치 않는 힘을 느껴봐야 하며, 언어의 세계에서는 아름다움과 잔인함이 항상 나란히 존재해왔다는 것을 깨우치기 위해 호메로스의 작품도 맛봐야 한다. 나는 또한 — 이런 주장을 해도 별로 먹혀들진 않았지만 — 문학 수업이 『안티고네』를 읽는 것으로 마무리돼야 한다고 주장하는 바이다. 모든 학생들은 문학이 인간의 내면에 얼마나 가까이 다가갈 수 있는지를 그녀의 역경을 통해 배워야 한다고 생각하기 때문이다. 그리고 페리클레스의 발언을 들은 뒤에 『안티고네』를 읽음으로써, 아무리 멋진 미사여구라 할지라도 예술작품 속에 내재되어 있는 거대한 산맥과 비교해볼 때 그것은 그저 초라한 언덕배기에 지나지 않는다는 사실을 배우지 않을 수 없을 것이다.

---

7 『모비딕』의 작가이기도 한 허먼 멜빌의 중편소설. 1890년경 작품 — 옮긴이.
8 조셉 콘라드의 1899년 작품 — 옮긴이.

문학 수업을 받는 학생들에게는 영화를 보여줘서는 안 된다. 학생들이 활동사진들이 보여주는 움직임이 하나의 단어가 춤추는 것과 같은 것이라고 착각하기가 쉽기 때문이다.

6

비니스 워커는 내게 플라톤의 『국가』에 있는 '동굴의 비유'로 코스를 시작하라는 조언을 해줬는데, 나는 아직 거기에 반박할 만한 주장을 찾아내지 못하고 있다. 동굴 비유로 코스를 시작할 때 발생하는 문제점은, 우리도 잘 알고 있듯이, 플라톤 자신에게도 쉽지 않았던 '형상'에 대한 정의를 학생들이 애써 이해해야 한다는 것이다. 동굴 밖으로 빠져 나오는 여정을, 마치 자신들이 시작한 여정을 미리 예시해주는 것인 양 학생들이 오해하게끔 만들 수 있다. 그것은 — 비유의 잘못된 해석조차도 — 극단적으로 단순화시키는 오류를 범하고 있지만, 클레멘트 코스의 학생들과 같은, 플라톤이 자신의 아카데미에 받아들이지도 않았을 그런 사람들을 고무시키는 데는 도움이 되고 있다.

올바로 가르친다면, 즉 학생들의 반응을 올바로 이끌어낼 수 있다면, 동굴 비유는 철학의 길동무를 만들어주는 역할을 할 것이다. 나머지 일은 소크라테스가 맡아줄 것이지만 코스의 초기에는 플라톤의 엄격한 세계에서조차 누구든 이상적 형식 안에서 진리를 찾아 나설 수 있다는 사실을 학생들에게 알려줄 필요가 있다.

플라톤 이후의 모든 철학이 플라톤에 대한 주석에 불과하다는 화이트헤드Robert Whitehead의 보편적 타당성을 지닌 견해에 대해 일러주고, 교육

방법, 사상, 소크라테스의 삶이 우리 교육과정의 기초를 이루고 있음도 알려준 다음 교육과정을 시작해야 한다. 죽음을 피할 수 있는 방법을 제안받았을 때 법과 죽음 그 자체에 대해 소크라테스가 했던 대답을 이해하기 위해선 『변명』과 『크리톤』을 충분히 읽어야 한다. 학생들은 물론 무슨 일이 일어났었는지 알고 싶어할 텐데, 『파이돈』을 읽어보면 그 해답을 얻을 것이다.

나는 『국가』 중에서 도덕성에 대한 부분을 가르치지 않았지만, 켐프너는 가르친다. 나는 늘 그렇듯이 그가 훌륭한 아이디어를 많이 갖고 있다고 생각한다. 학생들은 도덕성과 상대주의에 대해 어느 정도 알아야 하며, 플라톤의 저작들은 문화적 상대론과 도덕적 상대론의 구분에 대해 토의해 볼 수 있는 최상의 기회를 제공해준다. 앨런 블룸의 경우처럼 자민족중심주의라는 울타리 안에 갇혀서 친숙한 것과 선한 것의 차이점을 구분하지 못하는 지경에 이르는 함정에 학생들 스스로 빠져들지 않는 한, 어떤 경우엔 학생들이 교수들을 가르쳐야만 하는 경우도 발생할 것이다.

플라톤에서 아리스토텔레스로 옮겨가지 않고 도덕철학을 가르치게 된다면 철학이 플라톤의 학설 위에 세워지긴 했으나 그 어떤 논쟁도 플라톤만으로는 끝낼 수 없다는 사실을 학생들이 모르게 된다. 학생들은 아리스토텔레스의 『니코마코스 윤리학』의 일부를 읽음으로써 철학자들이 어떻게 비평과 논지의 전개를 통해 서로의 작업에 기반을 두고 자신의 작업을 펼쳐나갔는지를 이해하게 된다. 아리스토텔레스는 학생들에게 선에 대해 이야기하는 것과 선한 행동 습관 사이의 차이점에 대해 가르쳐 준다. 『니코마코스 윤리학』의 가장 훌륭한 점은 아마도 그것이 관조적 삶의 개념에 포함되어 있는 놀라운 결론과 함께 생동하는 구조를 갖고 있다는 사실일 것이다. 교수들은 이 책을 통해 움직이지 않는 추동자에 대한 개념에 대해, 그리고 인간의 관조적 행동이 가져다주는 경이로움과 가시적인 원인이 없는 결과 사이의 관계에 대해 토론할 수 있는 기회를 얻는다. 철학 수업의 어느 순간도 사형을 피하라는 크리톤의 제안을 받아들이지 않은 소크라테스의 결정이 내려지는 순간만큼 긴박하지는 않겠지만, 『니코마 코스 윤리학』의 마지막 부분에서 학생들은 성찰적 존재로서 자신의 가능성을 발견하고 외경심에 사로잡히게 될 것이다.

켐프너는 학생들에게 『리바이어던Leviathan』에서 발췌한 글을 읽게 한 뒤에 도덕성에 대한 홉스의 학설에 대해 토론할 기회를 주고, 칸트의 『도덕 형이상학의 기초 놓기Groundwork of the Metaphysics of Morals』의 일부에 대해 토의한 후 다시 플라톤에 대해 생각해보도록 한다. 이렇게 그는 도덕적 회의주의와 회의론에 대한 세 명의 철학자의 답변을 중심으로 수업을 해나 간다. 플라톤에 대한 아리스토텔레스의 반응처럼, 홉스와 칸트의 답변은 학생들에게 험악한 분위기보다는 사려 깊은 분위기 속에 다른 여러 사상들을 섭렵해볼 기회를 제공해준다. 그들은 칸트로부터 그 자신들의 존엄성을 배우고, 가난하든 부유하든, 예전에 어디에서 지냈으며, 무엇을 했든 상관없이, 자신들의 존재 자체가 바로 목적이라는 사실을 배운다. 역사는 물론이거니와 예술과 문학에서도 마찬가지였지만 철학을 배우면서도 마찬가지일 것이다. 인문학은 항상 시작에 대해 말하고 있으며, 엄청난 격변에 의한 시작이 아니라, 묘미가 넘치는 대화나 관조적 행동을 통한 새로운 시작을 제안하고 있다는 사실을 학생들은 알게 된다.

인문학에 대한 페트라르카의 관점을 1년 동안 5개 영역으로 나누어 단일한 코스로 실행하려는 생각을 교양교육에 대한 기획이나 또는 클레멘트 코스의 인문학 과정 이외의 다른 어떤 교수 디자인으로 해석해서는 안 된다. 이 코스는 우리의 마음 속에 있는 학생들의 출신 배경과 학생들의 요구를 고려해 개발되었으며, 지금도 계속 발전하고 있다. 이 코스는 시범적인 교육과정이긴 하지만 그렇다고 해서 전적으로 실험적 측면에만 매달려서는 안 된다. 학생들은 정독의 기쁨을 누릴 기회를 갖고, 여기서는 시 속에 깊이 빠져들고, 저기서는 플라톤이나 아리스토텔레스의 구절을 읽으며, 틴토레토[9]를 포용하고 세잔느Cezanne의 향기를 호흡하며, 크리톤을 소로의 시민 불복종 운동과 어떻게 화해하도록 만들 것인가를 고민해야 한다. 이 마지막 사항은 이 코스의 가장 중요한 측면 가운데 하나인 학문의 통합을 의미하고 있다. 이 부분은 교수진이 서로 도와야 할 과업으로, 서로의 강의 요목을 하나씩 살펴보고 필요한 부분을 조정해야 한다. 시간을 초월해 서로 연관된 인간 문화의 총체를 경이롭게 바라보는 한편 예술과 이성을 통해 아직 시작되지 않은 또 다른 시작의 무한한 가능성을 지향하도록 교육과정을 세우기 위해서 말이다.

본보기 강의 요목

교육과정에 필요한 참고 도서목록과 토론에 대한 표준이 아직 정해지지 않았으므로, 클레멘트 코스의 교수진이 강의 요목을 어떻게 개발해왔는가를 좀더 자세히 들여다보는 것이 독자들에게 유용할 것이다. 모든 강의 요목은 고유한 특성을 갖고 있다. 이것은 각 강의 요목들이 모두 획일화된 특질을 유지하고 있는 것이 아니라는 의미다.[10]

---

9 틴토레토(Jacopo Tintoretto, 1518~1594)는 이탈리아 르네상스 시대의 화가다. 베네치아 출신으로 「사라센인의 해난구조」, 「최후의 만찬」 등을 그렸다 — 옮긴이.

::::::::::

마틴 켐프너가 구상한 강의 요목은 몇 년에 걸쳐 꾸준히 다듬어졌다. 켐프너와 마틴이 이 작업에 쏟아 부은 열정을 고려할 때, 클레멘트 코스에서 도덕철학 영역이 단연 뛰어나다는 사실은 결코 우연이 아니다. 물론 다른 영역에서 만들어진 강의 요목의 질도 매우 흡족하고 놀랄 만한 수준이다.

여기서 제시한 대로 켐프너의 강의 요목에 이어서 나오는 자료는 학생들이 토론 수업을 위해 읽고 준비하는 것을 돕기 위해 나눠주던 별도의 유인물 가운데 하나다. 이것을 살펴보면 코스의 수준과 담당 교수의 교육 의도를 분명하게 가늠할 수 있을 것이다.

도덕철학 강의 요목

마틴 켐프너 박사

소크라테스와 도덕적 경험

도덕성은 인간 경험의 핵심 요소 중 하나다. 이 코스에서는 도덕성에 대해 세 가지 주요 논점을 살펴보게 될 것이다. (a) 도덕성의 궁극적인

---

10 다른 여러 곳에 설립된 클레멘트 코스의 코스 책임자들과 교수들은 여기에서 소개하고 있는 강의 요목에서 선택한 목록을 여러분들이 수업하는 데 좋을지 나쁠지 평가하는 방식으로 이해해서는 안 된다. 원고 마감 일자에 대한 압박감으로 나는 1999-2000학년도에 쓰인 몇몇 강의 요목만을 살펴볼 수 있었다. 일부 교육센터의 코스 책임자들과 교수들은 무슨 이유에서인지 자신들의 교수요목을 이 책에 게재할 수 없다고 알려왔다.

근원, 또는 기초는 무엇인가? 신인가, 인간인가, 아니면 그 밖에 다른 어떤 것인가? (b) 어떤 도덕적 원칙들이 우리의 행위를 이끌어야 하며, 특별히 그 원칙들이 우리에게 요구하는 것은 무엇인가? 또한, 더욱 중요한 것은, 이런 원칙들이 모든 문화권의 사람들에게 모두 동일한 것인가, 아니면 도덕성이란 특정한 시대와 장소와 문화에 따라 '상대적인' 것인가? (c) 우리는 왜 도덕성을 갖춰야 하는가? 도덕성을 갖춤으로써 얻어지는 특별한 이점은 무엇인가? 도덕적인 것에는 보상이 따르는가? 또는 비도덕적 행위가 가져다줄 수 있는 이점을 무시하는 것은 어리석은 일인가? 이러한 문제들을 파헤쳐봄으로써 여러분들은 인간 경험의 핵심적인 영역에 대해 깊이 헤아려볼 기회를 가지게 될 것이다.

교육과정의 첫 부분에서는 플라톤의 대화편에 실린 『에우티프론』, 『변명』, 『크리톤』을 읽어봄으로써 거기에 담긴 소크라테스의 면모에 대해 배우게 될 것이다. 소크라테스는 서구 문화에서 중요한 인물 가운데 한 사람이다. 소크라테스를 공부하면 여러분은 그의 삶, 가르침, 그리고 그가 했던 사회적 기여들(이것들은 모든 인문학 교육의 필수적인 요소가 된다)에 대해 알게 된다. 그 뿐만 아니라 도덕철학과 이 코스의 중심적 개념, 즉 도덕적 인간 또는 도덕적 행위자에 대한 개념을 정의하는 데도 도움을 받을 것이다. 소크라테스에 대한 공부는 앞에서 언급된 의문점들에 대해 한 줄기 서광을 비춰줄 것이다.

그 다음으로 우리는 서구 문화에서 두 번째로 유명한 책인 플라톤의 『국가』(가장 유명한 책은 성경이다)에서 발췌한 글들을 읽을 것이다. 추가로 제시된 읽을거리들은 플라톤과 홉스, 칸트, 그리고 철학사에 등장하는 중요한 인물들의 저서에서 뽑아낸 것이다. 보충자료로 나눠줄 유인물 또한 이 코스의 중요한 읽기 자료가 될 것이다.

이 교육과정을 통해 확실한 교육 효과를 얻으려면 수업에 빠지지 말고 참석해야 하며, 목록에 담긴 필독 도서를 모두 읽고, 짧은 분량의 쓰기 과제를 반드시 제출해야 한다(쓰기 과제물은 강의 요목에 포함되어 있지 않다 — 편집자).

1부 소크라테스의 생애, 재판, 그리고 죽음

　1교시: 교육과정 개요와 짧은 작문

　2교시: 아테네에 대한 소크라테스의 봉사

　필독 자료: 『변명』 21~42쪽과 유인물 ①*(이 강의 요목 다음에 제시됨)

　3교시: 재판을 받는 소크라테스

　필독 자료: 『변명』, 『크리톤』 43~54쪽과 유인물 ②

　4교시: 피신하지 않기로 결정한 소크라테스

　필독 자료: 『크리톤』, 『파이돈』 55~58쪽과 유인물 ③

　5교시: 인문학에 대한 소크라테스의 공헌

　필독 자료: 『에우티프론』 91~105쪽과 유인물 ④

2부 도덕적 회의론 — 도덕성에 대한 세 가지 도전

　6교시: 도덕성이란 거짓이다: 트라시마쿠스와의 토론

　필독 자료: 『국가』 2~18쪽(특히 7, 9, 13, 14, 18쪽), 25~26쪽과 유인물 ⑤

　7교시: 도덕적인 것에는 보상이 없다. 글라우콘Glaucon과 아데이만투스 Adeimantus의 토론

　필독 자료: 『국가』 42~53쪽(특히 43, 44, 45, 46쪽)과 유인물 ⑤

　8교시: 도덕성은 상대적/주관적인 것이다. 객관적이며 보편적으로 타당한 도덕적 기준은 존재하지 않는다. 두 문화, 또는 개인이 도덕적

기준에 대해 동의하지 않을 때 잘못한 쪽은 아무도 없다.

필독 자료: 상대론에 대한 유인물

3부 회의론자들에게 보내는 세 가지 답변

9교시: 플라톤의 답변: 도덕성에는 왜 보상이 따르는가? — 도덕성은 진정한 행복을 가능케 해준다.

필독 자료: 『국가』 129~143쪽(특히 139~143쪽을 집중해서 읽을 것), 227~235쪽(동굴의 비유), 유인물 ⑥

10교시: 홉스의 답변: 인간은 '만인에 대한 만인의 투쟁'을 피하기 위해 도덕성을 발명해냈다.

필독 자료: 『리바이어던』 발췌문, 31~42쪽, 특히 31~36쪽

11교시: 칸트의 답변: 도덕성은 이성에서 도출되며, 인간에 대한 존중에 기초하기 때문에 객관적이고 보편적인 것이다.

필독 자료: 『도덕 형이상학의 기초 놓기』 112~123쪽

유인물 ①: 아테네에 대한 소크라테스의 봉사

개요

도덕철학에 대한 이야기는 소크라테스로부터 시작된다. 그는 이제까지 살았던 사람들 가운데 가장 유명한 사람이며, 그가 사망한 이후 지금까지 그에 대해 쓴 책과 글은 수천 권이 넘는다. 소크라테스를 연구했던 모든 사람들이 이구동성으로 말하는 것은 그의 사상을 완전히 이해하기란 불가능하다는 것이다. 그를 완전히 파악하는 사람은 아무도 없다는 말이

다. 소크라테스는 수수께끼와 같은 사람이며, 그가 했던 모든 말과 행위를 전부 다 안다고 하더라도, 그것들을 모두 종합해서 '그는 이런 사람이다'라고 말할 수 있는 사람은 아무도 없다.

그러나 아무리 소크라테스가 많은 면에서 기이함을 주는 수수께끼와 같은 인물이라 할지라도, 우리는 그를 단지 독특한 사람으로만 취급해버릴 수는 없다. 그가 자기 삶의 맥락 속에서 보여준 신념과 행동에 대해 생각하면, 우리는 그가 종교와 도덕성, 합리성, 개인적 지혜와 같이 인간 삶의 상당히 중요한 영역에 있어서 인류에게 지대한 공헌을 했다는 사실을 알 수 있기 때문이다.

소크라테스에 대해 공부함으로써, 우리는 소크라테스의 삶과 가르침이 던져주고 있는 의미를 이해하려 애썼던 숱한 사람들의 대열에 합류할 기회를 갖게 된다. 소크라테스에 대한 공부는 그의 삶과 가르침, 그리고 (모든 인문 교육과정의 필수 요소가 된) 그의 사회적 기여를 알게 해주며, 도덕철학과 이 코스의 핵심적 개념, 즉 도덕적 인간 또는 도덕적 행위자에 대한 개념을 정의하는 데도 도움을 줄 것이다.

소크라테스에 대해 우리가 알고 있는 대부분의 지식은 제자인 플라톤이 기록한 대화를 통해 얻을 수 있다. 우리는 『변명』과 『크리톤』에서 그의 철학적 삶의 핵심적 측면을 추론해볼 것이다. 다음에 이어지는 네 차례의 수업에서는 그에 대한 재판과 변론, 유죄 판결, 선고, 그리고 재판 직후 사형을 피해 달아날 기회를 제공받았을 때 그의 답변이 어떠했는지를 다룰 것이다. 그리고 마지막으로 우리는 인문학에 대해 영원히 지속되는 그의 공헌에 대해 고찰해볼 것이다. 오늘 밤에 우리는 소크라테스의 삶의 진로를 바꿔버린 기이한 사건을 다루는 것에서 시작할 것이다.

『변명』을 읽다보면 소크라테스가 신성한 임무를 가진 사람이라는 사실이 그의 삶의 특징임을 깨닫게 된다. 젊은 시절 소크라테스는 아테네의 지적인 삶에 적극적으로 참여했으며, 특히 날카롭고 통찰력을 지닌 인물로 평판이 나 있었다. 사실 동료들에게도 매우 깊은 인상을 줬기 때문에, 그가 마흔 살이 되었을 때 친구인 카이레폰Chairephon은 소크라테스보다 더 현명한 사람이 있는지 알고 싶어서 (아폴로 신이 그리스인들에게 말을 하는 통로인) 델포이의 신탁을 요청했다.

> 당신도 카이레폰을 알 것입니다. 그는 어린 시절부터 나의 친구였으며, 당신들 중 많은 사람들의 친구이기도 했지요. ……그가 어떤 사람이었는지, 매사에 얼마나 충동적으로 행동했는지는 당신도 아마 잘 알고 있을 것입니다. 한 번은 그가 델포이 신전으로 가서 나보다 더 현명한 사람이 있는가 하고 과감히 신탁을 요청했습니다. ……그런데 그 피티아Phythian[11] 여제관女祭官의 대답은 아무도 나보다 현명한 사람은 없다는 것이었습니다. 카이레폰은 죽고 없지만, 여기에 있는 그의 남동생이 당신에게 그 일에 관해 증언했던 것입니다. (이후 생략) (25쪽, 21B)

신탁의 답변은 소크라테스의 생애에서 전환점이 됐다. 그는 신이 신탁을 통해 자신에게 전하려는 메시지가 무엇인지 이해할 수가 없었다. 신탁은 수수께끼의 형태로 전달되는 것으로 알려져 있었으며, 소크라테스는

---

11 신의 응답을 전하던 무녀(巫女). 헬라어로 Pythia, 또는 Pythia hiereia라고 한다 — 옮긴이.

델포이의 신탁이 뜻하는 바를 알아내는 것이 자신의 의무라고 느꼈다.

> 내가 이 신탁을 들었을 때 나는 내 자신에게 이렇게 물었습니다. "도대체 신의
> 의도는 무엇일까? 신이 제시한 수수께끼는 무엇일까? 나는 내가 전혀 현명하지
> 못하다는 것을 잘 알고 있다. 그렇다면 신은 왜 나를 가장 현명한 사람이라고
> 말하는 걸까? 신이 거짓말을 할 리도 없고. ……" (이후 생략) (25쪽, 21B-C)

이렇게 해서, 소크라테스는 신의 수수께끼 같은 말의 의미를 찾아 길을
떠났다. 방식은 아테네를 돌아다니면서 현명하다는 평판을 얻고 있는 많
은 아테네인들을 상대로 힐문하는 것이었다. 이런 방법을 통해 소크라테
스는 자신을 그들과 비교할 수 있었으며, 신탁의 뜻을 명확히 해줄 만한
중대한 차이점을 발견할 기회를 얻을 수 있었다. 소크라테스는 첫 번째
면담에서 사실로 드러난 것은 그 다음에 이어지는 면담들에서도 사실로
밝혀진다는 것을 발견했다.

> 나는 오랫동안 신탁의 의미가 무엇을 뜻하는지 몰라 당황하고 있었습니다. 그러
> 다가 저는 가까스로 그 뜻을 다음과 같은 방식으로 알아보리라고 방향을 잡았습
> 니다. 먼저 현자로 이름이 난 사람을 찾아가서…… ― 그 사람은 정치인 가운데
> 한 사람이었는데, 여기서 이름까지 들먹일 필요는 없다고 생각합니다 ― 그와
> 대화를 나눠본즉, 많은 사람들은 그를 현명한 인물로 알고 있지만, 특히 자신이
> 그렇게 여기고 있었지만, 사실은 그렇지 못한 것으로 제게는 생각되었습니다.
> 그래서 저는 그에게 그가 현명함을 자처하지만 실상은 그렇지 않다는 것을 보여
> 주려고 애썼습니다. 그 결과, 그는 물론 그와 같이 있던 사람들 가운데 많은 이들
> 이 저를 싫어하게 됐습니다. 저는 그 자리에서 물러나면서 제 마음 속으로 이렇

게 생각했습니다. "이 사람보다야 내가 더 현명하지. 왜냐하면 우린 둘 다 무엇이 가치 있는 것인지 모르고 있지만, 이 자는 자기가 모르는데도 안다고 생각하는 반면, 나는 사실상 내가 알지 못하기도 하고, 알고 있다는 생각도 하지 않기 때문이지. 어쨌든 내가 알지 못하는 것들에 대해 알고 있다고 생각하지 않는다는 이 사실 덕분에 내가 그보다 더 현명한 것 같아"라고 말입니다. 그 후 나는 그 사람보다 더 현명하다고 생각되는 또 다른 사람에게 접근해 보았지만, 제가 보기에 결과는 마찬가지였습니다. (25쪽, 21B-E)

소크라테스는 이러한 경험을 통해 자신이 얻은 통찰력 — 인간의 지혜는 우리 자신의 가식과 무지를 깨닫는 것에서 시작된다는 — 이 바로 신이 모든 인류가 소유하기를 바라는 것이며, 자신이 부여받은 임무는 바로 "그 사실을 모두에게 전하라"는 것으로 믿게 됐다.

여러분! 이 신탁의 응답에서……신은 인간의 지혜란 별로, 아니 전혀 가치가 없다는 걸 말하고 있는 것 같습니다. 신은 또한 이 사람 소크라테스의 이름을 거론하기는 하나 저를 본보기로 삼으려 저의 이름을 이용하는 것 같아 보입니다. 마치 신은 "인간들이여! 그대들 중에서는 이 사람이, 즉 누구든 소크라테스처럼, 지혜와 관련해서는 자신이 진실로 전혀 보잘것없다는 사실을 깨달은 자가 가장 지혜로운 자이니라" 하고 말하려 한 것처럼 말씀입니다. 그러므로 지금까지도 나는 신이 제게 명령한 대로 탐구활동을 계속했던 것이며, 이곳 시민이든 다른 나라 사람이든, 누군가 현명하다고 생각되는 사람이면 찾아가서 살펴보고 있습니다. 그리고는 제가 보기에 그가 현명한 사람이 아니라는 생각이 들 경우, 저는 신을 도와 그 사람에게 자신이 지혜로운 사람이 아니라고 지적해주고 있습니다. (26쪽, 23B)

그것은 마치 신이 소크라테스에게 다음과 같이 말하는 것 같았다. "그대는 깊이 성찰하는 삶을 살았으므로 진정한 지식을 얻기가 매우 어렵다는 사실을 잘 알고 있느니라. 그대는 그대가 모르는 경우에는 아는 척 하지 않았노라. 이 점은 모든 인류가 지녀야 할 중요한 통찰력이거늘, 내가 내준 수수께끼를 풀려고 노력하는 동안에도 그대가 목격했듯이, 그대의 동료인 아테네인들은 그렇지가 않았노라. 사실을 이르노라면, 그것과는 정반대인 것 같았느니라. 그들은 진정으로 중요한 것이 무엇인지 알고 있지 못하되 자신들이 무지하다는 것 또한 알지 못하느니, 그대가 이 점을 바로 잡으라. 그렇게 함으로써 그들이 지혜의 구도자가 되도록 돕도록 하라. 그대가 그대의 도시를 위해 이 일을 하는 것은 내겐 중요한 일이노라. 그대의 여생동안 이 임무를 수행하도록 나는 그대를 아테네에 머물도록 할지니, 이 일은 그대의 임무이며, 나는 그대가 이 일을 수행하도록 명령하는 바이다. 이 임무는 그대의 책임이노라."

소크라테스의 임무

이렇게 해서 소크라테스는 신탁의 수수께끼를 푼 다음 계속해서 아테네를 돌아다니며 신이 명령한대로 아테네 사람들을 힐문하고 다녔다. 그는 모든 아테네인 하나하나가 지혜에 대한 탐구를 시작하는 일을 도울 준비가 되어 있었으며, 그렇게 되기를 열망했다. 소크라테스의 신성한 임무는 이제부터 내가 설명할 네 개의 중요한 요소로 귀착된다.

(i) 말파리의 역할을 맡은 소크라테스
제일 먼저 그는 다른 사람들이 자신의 무지를 깨닫도록 말파리처럼 침을 놓았다. 그렇게 하는 것은 그들이 지혜를 찾아 나서도록 돕는 첫 번째 단계였다. 소크라테스는 이러한 자신의 신성한 임무가 지닌 측면을 이렇게 설명하고 있다.

우스꽝스럽게 들릴지도 모르지만, 신이 저를 이 도시에 붙들어 매셨습니다. 마치 덩치가 크고 혈통이 좋기는 하나 덩치 때문에 굼뜬 말에게는 말파리 같은 것이 자극을 줄 필요가 있는 것처럼 말씀입니다. 영락없이 그런 꼴인 이 나라에 신은 바로 그런 역할을 하라고 저를 파견하셨던 것으로 생각합니다. 나는 하루 종일, 그리고 여러분과 함께 하는 곳이면 어디에서나, 여러분 모두를 일깨우고 설득하고 질책하기를 멈추지 않고 있습니다. (33쪽, 30E)

(ii) 동료 탐구자 소크라테스

소크라테스의 일침을 통해 자신의 무지함을 깨닫고 지혜를 소유한 듯 행동하는 것을 그만 둘 때, 사람들은 지혜를 구할 준비를 마친 것이다. 누군가가 그런 경지에 다다르게 되면, 소크라테스는 힘을 합쳐 같은 여행길의 동행자들이 서로 돕듯 그 사람을 도울 만반의 태세를 갖추었다. 이 여정은 진지하게 지혜를 함께 구하는 사람들이 주고받는 대화 속에 이뤄졌다. 소크라테스는 바로 그런 모험을 통해 진실이 그 모습을 드러내게 된다고 믿었다. 따라서 소크라테스는 크리티아스Critias에게 이렇게 말한다.

크리티아스, 당신은 마치 내가 당신에게 하는 질문에 대한 답을 알고 있어서 원하기만 한다면 그 답을 당신에게 말해줄 수 있을 것처럼 행동하는군요. 하지만 그건 그렇지 않습니다. 내가 당신에게 질문하는 이유는……내 자신이 답을 알지 못하기 때문입니다. (『카르미데스』, 165D)

그리고 소크라테스는 프로타고라스에게 말한다.

······당신과 하는 논쟁에 내 자신의 의문을 해결하려는 것 외에 다른 의도가 있다고는 생각지 마십시오. (『프로타고라스』, 348C)

그리고 소크라테스는 크리톤에게 말한다.

······크리톤, 나는 당신과 함께 검증해 보기를 열망하고 있습니다. 우리가 [법을 어김으로써 국가에 해를 끼치는 것은 잘못된 일이라는] 이 주장을 버려야 할지······아니면 지켜야 할지를 말입니다. (『크리톤』, 47쪽, 46E)

따라서 소크라테스는 — 오늘날 우리가 말하는 것처럼 — 다른 사람과 만나는 직접적인 '실존적' 접촉을 통해 진리가 모습을 드러낸다고 믿었다. 그렇다면 그러한 협력적 노력이 이르게 되리라 추론되는 이상적인 진리는 무엇이란 말인가? 소크라테스는 어떻게 행동할 것인가에 관해 생각할 때 도움이 되는 주요 개념(정의, 경건함, 용기, 우정 등)들에 대해 정의를 내림으로써 인간 삶의 총체적인 목적이나 목표에 대한 통찰력을 얻을 수 있다고 믿었다. 달리 표현하면, 그는 중요한 도덕적 개념들을 시험해봄으로써, 후기 철학자들이 "최고의 선"이라고 불렀던 것의 본질, 즉 인생의 진정한, 또는 올바른 목적이나 목표에 대한 통찰력을 얻을 수 있다고 믿었다. 그러한 통찰력을 가질 때라야 우리는 우리의 삶을 올바르게 살아갈 방법에 대한 현명한 판단을 내릴 위치에 서게 되며, 그렇게 될 때 이 세상에서 보내는 이 짧은 생애 동안 만족감을 얻을 수 있게 될 것이다. 소크라테스가 추구했던 통찰력이나 지혜에 대한 설명을 위해 학자인 프랜시스 콘포드Francis Cornford는 다음과 같은 글을 남겼다.

'인생의 목적은 무엇인가?'라는 질문은 현재에도 마찬가지지만 과거에도 별로
제기된 적이 없었다. 어떤 사람이 의사가 되고 나면 그저 환자들을 치료하는 일
에 안착한다. 그 후로 그는 대부분 일상의 틀에 박힌 삶을 살아간다. 그가 잠깐
멈춰 서서 다음에 할 일을 생각해야 할 경우가 생기면, 그는 목적이 담고 있는
가치에 대해서가 아니라 수단에 대해서만 생각한다. 그는 이렇게 질문하지 않는
다. "이 환자는 치료를 받아야 하는가, 아니면 죽는 것이 더 나을 것인가? 다른
가치 있는 것들과 비교해볼 때 건강의 가치나 인생 자체가 지닌 가치는 무엇인
가?" 이 의료 분야의 숙련공은 잠시 멈춰 서서 이렇게 질문하지도 않는다. "……
부의 가치는 무엇인가?" 그러므로 우리는 어떠한 목적이 과연 살아갈 만한 가치
를 갖고 있는가를 묻지 않고, 정해진 목적에 걸맞은 방법 찾기에만 골몰하면서
나날을 보내고 있다. 바로 이 점이 소크라테스가 제기했던 질문이며, 다른 사람
들에게 곰곰이 생각해보도록 강제했던 질문인 탓에 많은 사람들을 언짢게 만들
었던 것이다. 그는 삶을 전체적인 것으로 보았기 때문에, 우리가 바람직하다고
생각하는 것에 대한 단순한 수단이 아니라 우리가 추구하는 목적 중에 진정한
본질적 가치를 지닌 것이 무엇인가를 질문했다. 한 가지만이라도 추구할 가치가
있는 인생의 목적이란 과연 존재하는 것일까?

이제 돈 자체가 목적이 아니라는 사실을 의료 숙련공에게 확신시키기란 어렵지
않을 것이다. 그는 자신이 즐거움이나 행복이라고 부를 만한 것을 누리기 위해
돈이 필요하다는 사실에 동의할 것이다. 그 의사는 건강이란 행복한 상태에서만
가치 있는 것이라는 사실을 받아들일 것이다. 그런 방식으로 공통의 목적 실현
을 위해 다른 목표들이 복무하게 될 때에 인간의 행복은 보장된다. 그러나 [인간

을 진정으로 만족스럽게 만드는 삶의 방식인] 행복이란 과연 무엇인가? 소크라테스의 시대 이후로 이 문제는 [도덕철학자와 신학자들] 사이에 최대의 논쟁거리였다. (『소크라테스 이전과 이후』, 33~35쪽)

소크라테스가 자신이 무지하다고 말을 할 때는 어떤 것이 그럴 만한 가치가 있는지를 모르겠다는 말을 하고 있는 것이다. 사실 소크라테스도, 그리고 그 어느 누구도 인생의 진정한, 또는 올바른 목표를 알지 못한다(정확하게 표현하면, 그들은 그런 것들을 정의내릴 능력이 없다). 그러나 우리 삶을 어떻게 영위해 나가야 할지 현명한 판단을 내리기 위해 필요한 것이 바로 이런 지식이다. 지혜를 탐구하는 목적은 바로 이것 때문이다. 그리고 소크라테스가 『국가』에서도 말했듯이(352절), 어떻게 사느냐 하는 것은 하찮은 문제가 아니기 때문에 이런 탐구는 참으로 중요한 것이다.

(iii) 사회 비평가 소크라테스

세 번째로, 지혜에 대한 소크라테스의 탐구는 그로 하여금 아테네 사회가 갖고 있는 기존의 지혜를 면밀히 조사해보도록 만들었다. 당시의 전통적 지혜는 사람들에게 제공할 만한 중요한 무엇인가를 가지고 있었는가, 아니면 단지 수백 년간의 오래된 편견을 간직하고 있는 것에 불과한 것인가? 소크라테스는 당시 널리 퍼져 있던 숱한 신념, 가치, 그리고 관행 등을 대상으로 철저히 검증해 보았다. 예를 들어 『국가』에서 살펴볼 수 있듯이 그는 당대의 도덕성에 있어 핵심 개념 가운데 하나인 '정의란 모든 이를 정당하게 대우해주는 것'이라는 개념에 도전장을 내밀었다. 이 개념은 '친구에게는 선행을 베풀고, 당신의 적에게는 해로운 일을 하라'는 뜻으로 해석되었다. 소크라테스는 상대를 무장 해제시키는 다음과 같은 단순한 질문으로 정의의 개념에 도전하고 있다. "누군가를 해치는 일이 진실로 정의로운 인간의 의무일 수 있겠는가?"(334절) 게다가 그는 '신들을 흡족하게 하는 것'이 '경건함'을 의미한다는 당대의 종교적 개념에 대해서도 의문을 제기한다. 당시에 경건함이란 대개 신들을 찬양하고, 신들에게 기도하는 것을 의미했다. 소크라테스는 두 당사자 (이 경우에는 인간과 신) 사이에 일어나는 그 어떤 자발적 '거래'든지 양자에게 모두 이로운 것이어야 한다는 점을 지적하면서 경건의 개념에 대한 치밀한 분석을 시작한다. 그리고 소크라테스는 계속해서 이런 질문을 던진다. 신들은 어떻게 인간의 찬양을 통해 이로움을 누릴 수 있을 것인가.

소크라테스는 또한 대부분의 사람들이 갖고 있는 개인적 도덕성이라는 기본 신조에 대해서도 도전장을 내밀었다. 다시 말해서 그는 그 시대의 물질주의에 대한 의문을 제기한 것이다. 그는 진정으로 충만한 삶을 살아가기 위해서는 될 수 있는 대로 많은 부와 명성, 권력, 그리고 재산을 확보해야만 하는지 의문을 제기했다. 이런 것들은 진정으로 삶을 가치 있게 만들어 주는가? 이런 것들을 확보하는 것이 인생의 진정한 목적이나 목표에 부합하는가? 아니면 물질적 가치와 그것이 가져다주는 삶의 방식이 진정으로 만족스러운 삶에 도달하는 것을 방해하고 있는가?

다음 부분에서 우리는 소크라테스가 당시의 물질주의에 어떻게 도전했는가를 자세히 살펴볼 것이다. 지금 시점에서 중요한 것은 소크라테스는 전통적인 가치와 믿음, 관행들을 생각 없이 받아들이지 말아야 하며, 그것들을 수용할 훌륭한 명분이 있는지 우리 스스로 알아낼 수 있도록 철저한 이성적 검증을 거쳐야 한다고 생각했다는 것이다. 소크라테스는 동료 아테네인들과 전통적인 믿음, 관행, 가치 등이 갖고 있는 각각의 강점과 약점을 찾아내는 데 초점을 둔 대화를 나눔으로써 지혜를 탐구하는 동족들을 돕고, 그들 또한 소크라테스 자신을 돕고 있는 것이라 생각했다. 그는 당대에 당연시되던 지혜를 철저히 파헤침으로써 "신이 내게 준 임무 중 일부를 수행하는 것이며, 내가 이 일을 통해 신에게 봉사하는 것보다 이 도시(국가)를 위한 더 큰 축복은 없다"고 믿었다. (33쪽, 30B)

(iv) 소크라테스적 복음

소크라테스의 임무에 있어서 네 번째로 중요한 측면이자 진리 탐구를 위해 동료 아테네인들을 돕는 방법이라고 소크라테스가 믿었던 또 다른 중요한 방법을 살펴보자. 소크라테스는 삶의 만족이나 충만함에 이르는 진정한 길이 물질이 아니라 영혼의 보살핌과 진보에 있다고 주장했다.

소크라테스의 관점에서 보면, 물질적 재산과 부, 명예와 명성 같은 것들은 외적인 것이며, 비록 그것들이 삶에서 꼭 필요한 것이라 하더라도, 정말로 중요한, 영혼의 보살핌과 진보, 완성과 비교해보면 그 빛을 잃게 된다. 그러나 사람들은 대부분 그것과는 정반대로 믿고 있으며, 자신의 삶을 물질적 가치 체계 위에 둔다. 그러나 소크라테스에 따르면, 그들은 이런 실수를 저지르면서 그 대가를 치르게 되는데, 사람들 대부분이 가장 중요하게 생각하는 물질적 가치는 그것이 약속하는 진리와 만족을 추구하는 데 있어 그 자체로 걸림돌이 되기 때문이다. 소크라테스는 사람들이 이러한 물질주의를 극복하도록 해주고, 그들의 가치관이 뒤바뀌어 있다는 사실을 알게 하며, 진정한 충만감은 물질적으로 풍족함을 누리는 데서가 아니라 정신적 탁월함에서 온다는 사실을 깨닫도록 돕는 것이 자신에게 부여된 임무의 일부라고 믿었다.

『변명』의 가장 유명한 글에서 소크라테스는 다음과 같이 말한다.

보십시오! 여러분. 여러분들은 지혜와 힘을 가진 나라로 최고의 명성을 누리고 있는 위대한 도시국가 아테네의 시민입니다. 여러분은 될 수 있는 한 많은 재물과 명성과 명예를 얻기 위해 발버둥치면서 지혜나 진리에 대해서는, 그리고 자신의 영혼을 가장 훌륭하도록 만드는 데는 염려하지도 않는 여러분 자신이 부끄럽지도 않으십니까? 만일 여러분 가운데서 누군가가 반박을 하면서 자신은 지혜에 마음을 쓰고 있노라 주장한다면 저는 그 사람을 떠나보내지도 않을 것이며, 헤어지지도 않을 것입니다. 그 대신 그 사람에게 질문을 던지고, 캐묻고, 심문을 할 것입니다. 만일 그 사람이 자신이 갖고 있다고 주장한 '덕'을 지니고 있지 않다고 생각된다면, 저는 가장 값진 것은 경시하면서 한결 하찮은 것들을 더 중시한다고 나무랄 것입니다. ……바로 이것이 신이 제게 부여한 임무라는 것을 명심하십시오. 그리고 신에 대한 저의 이러한 봉사보다 이 도시에 더 큰 축복이 되는 일은 없다고 생각합니다. 왜냐하면 제가 돌아다니며 하는 일이라고는, 여러분들 가운데 젊은이들이든 나이 든 분들이든 간에, 영혼이 도달할 수 있는 최상의 상태에 마음을 쓰는 것 이상으로 여러분들의 육체와 재물에 대해 마음 쓰는 일이 없도록 [사리에 맞는 논쟁을 펼침으로써] 설득하는 일뿐이기 때문입니다. 저는 이렇게 말씀드렸지요. '재물 때문에 사람으로서의 훌륭한 덕이 생기는 것이 아니라, 사람으로서의 훌륭한 덕 때문에 재물도, 그 밖의 다른 모든 것도, 사적으로나 공적으로나, 사람들을 위해 좋은 것들이 되는 것입니다.' (32~33쪽, 29D-30B)

이제 인생에서 가장 중요한 것이 영혼의 성장이라면, 그것을 최상의 경지에까지 끌어올리기 위해 해야 할 일은 무엇인가? 소크라테스에 따르면 두 가지 길이 있는데, 하나는 명예롭게 행동하는 것이고, 두 번째는 지혜를 구하는 것이다. 이 가운데 두 번째 영역이 바로 소크라테스가 동족인 아테네인들을 도와주려고 애썼던 일이다. 사실 소크라테스에 따르면, 궁극적으로 지혜를 얻든 얻지 못하든 간에 지혜를 구하는 일이 포함되어 있지 않은 삶은 살아갈 가치조차 없는 것이었다. 결과가 어떻게 나오든, 지혜를 구하는 것 자체가 가장 중요한 정신적 추구였던 것이다.

> ……면밀히 성찰하지 않는 삶은 살아갈 가치가 없는 것이기 때문에 다른 사람들과 대화하면서 저 자신과 사람들의 생각을 점검해보고, 매일 함께 '덕'에 대한 토론을 벌이는 것이 인간이 가질 수 있는 최대의 미덕이라고 말한다면, 당신은 나를 더욱 믿지 못하게 될 것입니다. (39쪽, 38)

삶에서 진정으로 중요한 것은 정신적인 면이며, 자신의 영혼을 돌보는 것이 권력과 명성, 그리고 물질적 재산보다 더 중요하다고 보는 시각을 사람들은 '소크라테스적 복음'이라 불렀다. 학자들은 소크라테스의 가르침이 "사람이 세상 전체를 얻었지만 자신의 영혼을 잃는다면 좋을 것이 뭐가 있겠는가?"라고 설파한 기독교의 복음과 다르지 않다는 사실에 주목해왔다.

따라서 소크라테스와 관련해서 (훗날 예수 그리스도에게도 마찬가지 일이 일어났듯이) '영혼의 돌봄과 성장'이라는 제목 아래 새로운 가치 체계들이 출현하게 되었다. 테일러A. E. Taylor가 기술하고 있듯이 바로 이 점이야말로 서구 문화의 역사에 소크라테스가 남긴 진정으로 중요한 발자취인 것이다.

> 유럽 사상사에서 소크라테스의 삶이 갖는 진정한 중요성은 무엇인가? ……그 근본적인 대답은 매우 간단한 것처럼 보인다. ……우리가 보아온 대로 소크라

테스 이후 [서구의] 사상을 지배해온 영혼에 대한 개념은 바로 그가 창조해낸 것이다. 2000년도 넘는 기간 동안 그것은 움직이지 않는 전제로서 존재해왔다. ……인간에게는 영혼이 있는데, 그것은 정상적으로 깨어있는 지성과 도덕적 특성의 어딘가에 자리를 잡고 있다. 이 영혼은……인간에게 가장 중요한 것이 기 때문에 인간이 자기 인생에서 이뤄야 할 최대의 과업은 그것을 가장 중시하 여 최고로 발휘될 수 있게 갈고 닦는 일이다. (『소크라테스와 그의 사상』, 131~133쪽)

결론

소크라테스는 평생 동안 아테네 동족들이 자신의 무지를 깨달을 수 있도록 일침을 놓는 일뿐만 아니라, 지혜를 추구하는 같은 동료로서 함께 힘을 합쳐 사유했으며, 아테네에 널리 퍼져 있던 도덕적 믿음과 가치, 그리고 관행들에 대해 이성적인 검증을 했다. 소크라테스의 임무에는 또한 사람들이 물질적 가치를 초월하고 '자신의 영혼을 돌볼 것'을 촉구하는 일도 포함되어 있었다. 그는 이 모든 것들을 지혜를 추구하는 아테네인 모두를 돕는 데 필요한 사전 작업으로 생각했다. 이것은 신이 부여한 임무 였으며, 그는 그 일을 소홀히 하지 않았다.

그러나 명확히 말해 이러한 활동들 때문에 소크라테스는 죽음을 맞게 된다. 그의 실천이 아테네의 정치권과 잘 융화되지 못했기 때문이다. 소크 라테스는 인간의 삶에 길잡이가 되어야 할 가치에 대해 아테네 동족들과 의견을 나누려 했을 뿐, 그의 행동에 정치적인 동기는 전혀 없었다. 그러나 당국은 토론의 주제를 문제 삼아 이것을 범죄 행위로 간주했다. 그들은 소크라테스를 '불경함'과 '젊은이들을 타락'시킨 '범죄'로 정식으로 고발하 고 재판에 회부했다. 이런 죄로 고발을 당한 데 대해 답변을 준비하는 동안 소크라테스는 자신에 대한 기소를 자신의 전체적 삶의 방식, 다시 말해 '성찰적 삶'이 갖고 있는 의미와 가치에 대해 다시 사정査定해 보라는 신의 부름으로 간주했다. 사실, 자신도 인정하듯 그 점에 있어서는 훨씬 '기대에 못 미치는' 삶을 살았던 것이다.

> 이런 임무 때문에 저는 나랏일이나 집안일을 돌볼 겨를이 전혀 없으며, 오히려 신에 대한 봉사를 수행하느라 지독한 가난 속에서 살아왔습니다. (27쪽, 23B)

이제 마무리를 하자면, 그는 자신이 살았던 삶의 방식 때문에 죽음을 맞게 된 것처럼 보인다. 그는 지혜 탐구에만 치우친 그런 삶을 산 것에 대해 부끄러워해야 하지 않을까? 재판에서 그는 재판관 가운데 한 사람이 다음과 같이 질문하는 것을 상상해본다.

> 소크라테스, 당신은 스스로를 죽음으로 몰아넣은 그런 종류의 일을 했던 것이 부끄럽지도 않습니까? (31쪽, 28B)

다음 시간에 우리는 소크라테스의 재판에 대해, 그리고 그가 자신의 삶의 가치와 의미에 대해 묻고 있는 이 강렬하고도 예리한 질문에 대해 스스로 제시한 답변을 심도 있게 들여다 볼 것이다.

다음으로 클레멘트 코스의 미술사 과목에 대한 대표적인 강의 요목을 소개한다. 여기에는 학급에서 토론 수업을 하는 도중에 담당 교수가 제공하는 배경지식이나 다른 과목과 연관된 내용들은 포함돼 있지 않다.

미술사

탐 울프 교수

1. 개요: 미술사의 주제에 대한 정의 — 그림, 조각, 건축

선사시대, 이집트, 그리스 미술 양식

2. 로마와 중세 미술: 조각과 건축 — 콜로세움을 로마네스크 양식과 고딕 양식의 대성당 건축물과 비교하기

3. 후기 고딕양식부터 르네상스까지: 지오토Giotto, 반 아이크Van Eyck, 도나텔로Donatello, 보티첼리

4. 르네상스 전성기: 레오나르도, 라파엘, 미켈란젤로

5. 매너리즘Mannerism에서 바로크 양식까지

교재에 실린 작품 둘을 비교하는 짧은 보고서 제출

6. 17세기 회화, 조각, 건축: 루벤스, 베르니니, 렘브란트

7. 18세기와 19세기의 예술: 바로크에서 로코코로, 로코코에서 신고전주의로, 프랑스에서의 낭만주의와 사실주의자들의 반발

8. 메트로폴리탄 박물관 견학

9. 인상파와 후기 인상파

최종 보고서의 개요 제출: 박물관에서 관람한 작품 둘에 대한 비교

10. 상징주의에서 야수파와 입체파까지

11. 다다이즘, 초현실주의, 추상 표현주의, 팝 아트

최종 보고서 제출

일부 미국사 강의 요목을 보면 원전 문서 자료보다는 교재를 사용하고 있긴 하지만, 대다수는 문서 자료를 사용하고 있으며, 이를 보강하기 위해 교재를 활용하거나 문서 자료에 대한 맥락을 설명하기 위해 교수진들이 직접 강의를 통해 보강을 해주기도 한다.

미국사

케빈 매트슨Kevin Mattson

교육과정에 대한 설명: 이 과목에서는 두 가지의 서로 다른 관점을 가지고 미국에 대해 공부하게 될 것이다. 즉, 미국이 표상하는 이상(민주주의, 평등, 자유 등)은 무엇인지와 현실에서 전개되고 있는 미국의 사회와 정치에 대한 것이다. 우리는 식민지 시대부터 1960년대에 이르기까지 주요 시기를 살펴볼 것이다. 이 과목에서는 역사적 문서자료에 대한 비판적 토론과 함께 (중요한 사건에 대한 배경 지식을 학생들에게 제공하기 위해) 강의를 병행할 것이다. 다음은 각 수업에 대한 필독 과제와 학급 토론 수업에 대해 설명한 것이고, 보고서 과제는 첫 번째 수업 시간에 알려줄 것이다.

수업 I 시작: 식민지 시대의 미국

존 윈스럽John Winthrop, 『기독교적 박애의 모형』

토마스 제퍼슨, 『버지니아 주에 대한 문서(질의 XIX: 제조업)』

수업 II 혁명! 그 뒤 나라를 다시 통합하다

『독립선언문』(수업 중 낭독)

미리 읽어야 할 자료:

『헌법』(수정조항 10번까지 읽을 것)

『연방주의자』(#10)

수업 III 잭슨 시대의 미국: 미국은 어떤 나라가 되어야 하는가?

토크빌, 『미국의 민주주의』(발췌)

수업 IV 노예제도: 미국은 실제로 어떤 나라인가?

프레더릭 더글러스, 『자서전』(발췌)

수업 V 연방 탈퇴와 남북 전쟁

링컨, 연설문 가운데 발췌

수업 VI 재건: 나라를 다시 합치다

부커 T. 워싱턴, 『애틀랜타 박람회 연설문』

수업 VII 산업화와 폭동: 부유함의 시대

앤드류 카네기, 『부의 복음』

『인민당 강령 선언 *The Populist Party Platform*』

수업 VIII 지적 사고와 개혁에 있어 모더니티의 탄생: 진보의 시대

윌리엄 제임스, 『실용주의 철학』

수업 IX 1차 대전에서 대공황까지

F. D. R. 『연설문』

수업 X 2차 대전: 국경을 넘는 미국의 팽창과 냉전의 시작

조지 캐넌*George Kennan*, 『소비에트 운영의 근원』

수업 XI 다시 일어난 폭동: 시민권 운동과 1960년대

마틴 루터 킹, 『선집』

다음에 제시된 자료는 시애틀과 워싱턴에서 진행된 클레멘트 코스에서 교과과정 운영을 위해 각각 사용한 강의 요목이다. 여기에 담아 놓은 자료를 통해 독자들은 미국 동부 지역 이외의 지역에서 진행된 클레멘트 코스에서는 교육과정을 어떻게 구성했는지에 대해 전반적인 개요를 파악할 수 있을 것이다(앞서 제시된 자료들은 뉴욕, 뉴저지, 플로리다에서 활용했던 것이다).

시애틀의 클레멘트 코스는 바드대학에 있는 교육센터와 서로 교류함으로써, 미국의 동부와 서부에서 서로에게 많은 도움을 주는 관계를 형성해나가면서 더욱 성숙된 프로그램을 진행하고 있다.

1999-2000학년도 바드대학 인문학 클레멘트 코스

비판적 사고와 글쓰기

라이올 부시

수업 1 (1999년 11월 28일)

비소설 글쓰기의 종류

창세기에서 사례를 들기, 프로이트의 『꿈의 해석』, 프레더릭 더글러스의 『나의 굴레와 나의 자유』, 기번의 『로마제국 쇠망사』

논증에 입문하기

I. 말하기 대 글쓰기

I. 글쓰기

화법

예) 투키디데스, 『펠로폰네소스 전쟁』에서 발췌한 「아테네의 역병」

발췌글, 『워렌 위원회 보고서』

서술문

예) 프레더릭 더글러스, 『나의 굴레와 나의 자유』에서 발췌한 글

설명문

예) 지그문트 프로이트, 『꿈의 해석』 논증 부분에서 발췌한 글

여러 가지 형태의 다양한 글들을 제시한다. 예를 들어 잡지에 실린 산문, 철학, 신문 사설, 정치 연설문 등이 그것이다. 그러나 대개 학문적인 논증을 불러일으킨 사상이 담긴 글이 포함된다. 살펴보면,

- 논문
- 귀납적 추론과 연역적 추론의 결합

- 증명
- 인용
- 여러 기관에서 발표한 공보公報
- 각주

수업 2 (12월 21일)
토론 스타일

필독 과제:

1. 투키디데스, 『펠로폰네소스 전쟁』(334~343쪽) 중 페리클레스가 발표한 장례식 연설

2. 아리스토텔레스, 『니코마코스 윤리학』(442~454쪽/ 529~537쪽)

쓰기 과제:

아리스토텔레스의 지문은 '자기 통제'와 '방종'에 대해, 그리고 두 번째 발췌문에서는 행복에 대해 다루고 있다. 아리스토텔레스가 정의한 대로 자기 통제의 길과 방종의 길 가운데 예전에 자신이 내렸던 선택에 대해 다음의 질문들을 고려하여 한 페이지 정도 쓴다.

어떤 길을 택했습니까? 그 길을 선택했던 이유를 쓰십시오. 당신의 선택이 가져다준 단기적 결과와 장기적 결과는 무엇이었습니까? 지금이라면 어떤 길을 택하겠습니까? 왜지요?

수업 3 (2000년 1월 21일)
논증과 논지 진술

필독 과제:

1. 세네카 (106~113쪽)

2. 홉스, 『리바이어던』 (329~349쪽)

수업 4 (2월 8일)

비교와 대조

대구법과 기품 있게 변화를 주는 방법

수업 5 (2월 25일)

— 논조

— 추론법 사용하기

— 키케로풍의 (웅변적인) 문장

수업 6 (3월 4일)

인용문/자신의 견해를 뒷받침하기

수업 7 (3월 22일)

설득을 위한 기술

수업 8 (4월 8일)

연구 보고서 I

연구란 무엇인가?

출처, 인용문, 문체, 논조

수업 9 (4월 26일)

연구 보고서 II

수업 10 (5월 13일)

최종 초안 (또는 '나는 글쓰기를 끝냈다는 것을 어떻게 아는가?')

수업 11 (6월 7일)

문체에 대한 검토

최종 글쓰기 과제

미합중국의 역사

로렌 맥코너기Lorraine McConaghy

환영합니다! 우리는 핵심적인 문서 자료와 이미지를 놓고 — 가끔은 음악과 영화를 이용해서 — 토론을 하면서 미국사에 대한 여러 사안과 관점에 대해 탐구하게 될 것입니다. 여러분들은 지금 나눠드린 수업 자료집에 담긴 교재를 읽고 생각해봄으로써 수업 준비를 해오시기 바랍니다. 여러분 각자의 생각은 우리 모두에게 매우 중요합니다.

선택된 읽기 자료에 대한 전반적인 배경 지식을 얻으려면 교재를 활용하시기 바랍니다. 교재는 여러분들의 흥미를 위해 읽어도 좋고, 참고 도서로 사용해도 됩니다.

따로 나눠 드린 유인물을 살펴보시면 두 가지 과제에 대해 충분한 설명이 되어 있을 것입니다.

간단히 말씀드리면, 첫 번째 과제는 처음 다섯 번의 수업 과정에서 제기한 주제에 대한 생각을 글로 적는 것이고, 두 번째 과제는 수업 중에 찾아낸 증거를 사용하여 당면 문제에 대한 생각을 글로 적는 것입니다.

첫 번째 과제는 일곱 번째 수업 때까지 제출해야 하며, 두 번째 과제는 마지막 수업이 끝난 다음 1주일 후까지 제출해야 합니다.

과거에 대해 배우는 것은 우리가 현재를 이해하고 미래에 대한 더 나은 선택을 하도록 도움을 줍니다. 나는 개인적으로 역사 공부를 좋아하는데, 여러분도 그렇게 되기를 희망합니다. 질문이나 그밖에 하고 싶은 말이 있을 때는 주저하지 마시고 제게 이메일이나 전화를 주세요.

수업 1 수업 시작 (1999년 11월 1일)

역사란 무엇인가? 역사에 대한 증거를 우리는 어떻게 찾는 것인가? 그것을 어떻게 이해하는가? 발표, 사진, 정치 만화, 문서 등

읽기와 토론:

1.1 여는 글, 호메로스, 『일리아드』, 기원전 약 850년

1.2 발췌문, 창세기 노아의 방주, 기원전 약 550년

1.3 여는 글, 투키디데스, 『펠로폰네소스 전쟁』 기원전 약 420년

1.4 『레이니어 산을 올라간 젊은이』 — 1920년대에 기록된 니스컬리Nisqually[12] 인디언들의 이야기

수업 2 접촉과 정복: 오래된 두 세계의 충돌 (11월 15일)

읽기와 토론:

2.1 이사벨라 여왕에게 보내는 크리스토퍼 콜럼버스의 편지, 1493

2.2 발췌문, 바르톨로메 데 라스 카사스,[13] 『서인도 제도의 파괴』

---

12 미국 서부 워싱턴 주에 거주하는 아메리카 원주민 부족을 말한다 — 옮긴이.

13 바르톨로메 데 라스 카사스(Bartolome de Las Casas, 1484~1566)는 스페인 세비야 출신

1542

수업 3 식민지 시대의 미국: 미국인들의 성공 원인 (12월 6일)

읽기와 토론:

3.1 「매사추세츠 식민지의 자유」 1641

3.2 발췌문, 「마이클 위글스워드의 일기」 1653

3.3 발췌문, 마이클 위글스워드, 「최후의 심판일」[14] 1662

3.4 벤저민 프랭클린, 「부로 가는 길」 1757

3.5 발췌문, 토마스 제퍼슨, 「버지니아 주에 대한 문서」 1782

수업 4 혁명: 식민지의 사슬을 끊다, 새로운 국가 만들기 (2000년 1월 6일)

읽기와 토론:

4.1 발췌문, 톰 페인Tom Paine, 『상식』 1776

4.2 『독립 선언문』 1776

4.3 『미합중국의 헌법』 1787

수업 5 노예제도와 인종 차별주의: 미국 내의 아프리카인들 (1월 27일)

읽기와 토론:

5.1 발췌문, 프레더릭 더글러스, 『자서전』 1845

성직자다. 신대륙 발견 뒤에 진행된 스페인의 잔혹한 식민지 경영에 반대해 서인도 각국에서 합리적 공존을 지향한 양심적 성직자였다. 스페인 통치하의 원주민들이 얼마나 비참하고 끔직한 삶을 살고 있는지 폭로했으며, 『변명의 역사』, 『서인도의 역사』, 『유일한 길』 등을 써서 식민지에서 벌어지는 원주민 탄압과 노예제의 부당성을 알렸다 — 옮긴이.

14 식민지 시대에 인기를 끈 장편시로 최후의 심판을 무시무시하게 표현하고 있다 — 옮긴이.

5.2 발췌문, 해리엇 비처 스토우, 『톰 아저씨의 오두막』 1852

5.3 조지 피츠휴George Fitzhugh, 『노예제도의 보편적 법칙』 1850년대

5.4 제임스 헨리 드루먼드James Henry Drummond, 「노예제도 옹호론」 1858

5.5 조던 앤더슨Jourdon Anderson, 「나의 옛 주인에게」 1865

5.6 블랙 코드, 『성 랜드리의 교구』 1865

보고서 주제 제출

수업 6 서쪽으로, 이라!: 서부 개척 (2월 17일)

읽기와 토론:

6.1 발췌문, 루이스와 클라크, 『일기』 1805

6.2 발췌문, 오웬 위스터, 『버지니아 사람들』 1903

수업에 사용되는 자료, 고전적인 미국 서부 영화

제안과 논평이 적힌 보고서 주제 되돌려 받기

수업 7 이민, 도시 및 산업 (3월 9일)

읽기와 토론:

7.1 발췌문, 제이콥 리스Jacob Riis, 『나머지 절반은 어떻게 사는가』 1901

7.2 발췌문, 업턴 싱클레어Upton Sinclair, 『정글』 1906

리스가 찍은 사진들, 정치적 만화 등을 선택

수업 8 대공황과 뉴딜 정책: 너무 오래 밑바닥에서 지냈기 때문에 내게는 그것이 높아 보인다 (3월 20일)

읽기와 토론:

8.1 발췌문, 존 스타인벡, 『분노의 포도』 1939

8.2 발췌문, 스터즈 터클Studs Terkel, 『어려운 시절』 (구술사, 1970년 첫 출간)

8.3 발췌문, 제임스 애지James Agee, 『이제 우리 유명한 사람들을 칭송합시다』 1939

수업 자료, 『분노의 포도』에서 발췌

보고서 제출하기

수업 9 2차 대전: 억류, 민주주의의 보고, 가치 있는 전쟁 (4월 6일)

읽기와 토론:

수업시간에 보기, 『대피 덕Daffy duck[15] 참전하다』의 일부, 전시 뉴스 영화

발췌, 『눈에 보이는 목표물Visible Target』

발췌, 『우리 생애 최고의 해Best Years of Our Lives』[16]

사례 연구: 시애틀의 전쟁

수업 10 베트남, 반문화, 시민권 (4월 24일)

읽기와 토론:

---

15 1930년대에 유행한 만화 영화 캐릭터. 검은 오리의 모습이며 1940년대의 미키 마우스와 함께 워너브라더스를 대표하는 애니메이션 캐릭터로, 평범한 미국 시민을 상징한다 — 옮긴이.

16 1946년 윌리엄 와일러 감독이 만든 전쟁영화. 1947년도 아카데미 영화제에서 작품상, 감독상, 남우주연상 등을 7개 부문을 수상한 역작이다 — 옮긴이.

10.1 발췌문, 데이비드 홀버스톰David Halberstam,[17] 『진흙탕 만들기』 1965

10.2 발췌문, 톰 울프, 『전기 쿨에이드 산도 실험The Electric Kool-Aid Acid Test』[18] 1968

10.3 마틴 루터 킹, 『나에게는 꿈이 있습니다』 1963

10.4 발췌문, 맬컴 엑스, 『자서전』 1964

수업 11 현시대의 문제들: 미국에서 사는 것 (5월 15일)

9번째 강의를 하는 날 우리는 마지막 날 저녁 수업에서 우리가 함께 조사하고 탐구해볼 역사적 측면을 담고 있는 세 가지 사건을 선택할 것입니다. 학생들은 이 수업에서 공동 연구를 진행해도 상관없습니다. 수업 후에 여러분들은 두 쪽 분량의 보고서를 작성하게 될 텐데, 각자가 선택하고 조사한 현 시대의 논쟁거리에 대해 언론의 독자투고 형식이든 신문에 실리는 논평 형식이든 자유롭게 구성할 수 있습니다. 이 최종 과제는 5월 18일에 있을 오퍼만Opperman 교수의 예술 수업 때까지 제출해야 합니다.

---

17 1933년에 뉴욕에서 태어난 언론인이다. 『뉴욕타임스』에 베트남 전쟁과 관련된 비판적 기사를 게재해 1963년, 겨우 서른 살에 퓰리처상을 받기도 했다. 『진흙탕 만들기』라는 저서에는 '케네디 대통령 집권 시기의 미국과 베트남'이라는 부제가 딸려 있다 — 옮긴이.
18 톰 울프(1931~)는 언론인이자 작가다. 사실(fact)과 픽션(fiction)을 교묘하게 조합한 문학 장르인 '팩션(faction)'을 발전시켰는데, 데이비드 홀버스톰과 아울러 이른바 '뉴저널리즘'의 선구자로 잘 알려져 있다. 대표작 『전기 쿨에이드 산도 실험』에서 1960년대의 시대적 특징을 전형적으로 포착해내고 있다 — 옮긴이.

도덕철학

리츠 리엘Liz Lyell

학생들은 이메일이나 전화로 제게 연락할 수 있습니다.

교육과정에 대한 간략한 설명: 안녕하세요, 여러분. 철학은 호기심을 불러일으키면서도 매력적인 과목이며, 익숙해지기까지는 약간의 시간이 걸립니다. 그러나 열린 마음으로 기꺼이 받아들일 자세가 돼 있다면, 철학은 여러분의 삶을 성찰해볼 수 있는 최상의 도구를 제공할 것이며, 지금까지 당연한 것으로 여겨온, 여러분들을 둘러싼 모든 것들에 대해 새로운 의미를 발견할 수 있도록 해줍니다.

삶에 대해 의문을 제기하는 것을 중요한 일로 여기는 사람들은 어느 시대이든 있었습니다. 그들은 그런 의문에 대한 해답을 찾으려고 노력해 왔으며, 왜 자신들이 그런 의문들에 대해 해답을 찾지 못했거나 찾을 수 없었는지를 설명해보려고 애써왔습니다. 이 과목에서 우리는 여러 다른 철학적 문헌들을 통해 윤리적인 문제들, 즉 행동하고 살아가는 방법과 다른 사람들을 대하는 방법에 있어서 옳고 그른 것이 무엇인가에 대해 살펴보게 될 것입니다. 이런 것들은 우리가 살다보면 직면하게 되는 가장 밀접한 문제들이지만, 종종 무시되고 심지어는 공공연하게 거부되고 있는 실정입니다. 이 과목에서 우리는 이 문제들 한가운데로 뛰어 들어가 그것들을 똑바로 바라보게 될 것입니다!

부디 열심히 노력할 만반의 준비를 하십시오. 때로는 이해하기 힘든 글이나 개념을 가지고 씨름하고 토론도 하겠지만, 그렇다고 유머감각까지 잃지는 마십시오. 이런 문제들에 대해 함께 대화하고, 인생의 추측할 길 없는 묘한 본질에 대해 생각해보기에 지금보다 더 나은 시간이 없을 것입니다. 중요한 것은 한 개인의 추상적인 지성이 아니라, 사람들의 호기심이 갖는 활력과 정신적 몰두, 자신이 누구이며 무엇인지에 대해 좀더 알고 싶어하는 욕망, 그리고 열정적이고도 균형 잡힌 방식으로 기꺼이 삶의 실존적 의미를 꾸준히 질문하면서 살아가려는 마음가짐입니다. 여러분이 이러한 당면과제를 염두에 두고 전념한다면 큰 수확을 얻게 될 것입니다.

진실과 의미와 그 밖의 다른 중요한 것들을 추구하며 보내게 될 보람된 한 해를 다 함께 축원합시다!

이 과목의 교재:

게리 E. 케슬러가 편집한 『지혜의 목소리』

수업 1 (1999년 10월 25일)

수업 범위: 철학의 시초

- 교육과정에 대한 전반적인 개요
- 철학이란 무엇인가?
- 기본적인 질문과 추론하기
- 철학적으로 사색하는 것은 왜 중요한가?
- 가치에 대해 철학적으로 사색한다는 것은 무엇을 뜻하는가?

읽기: 수업 중 유인물 함께 읽기

수업 2 (11월 11일)

수업 범위: 지혜의 추구

- 소크라테스 대 소피스트들
- 상대주의의 문제점

- 보편적 가치의 탐구
- '너 자신을 아는 것'은 왜 중요한가?

읽기: 소크라테스, 『변명』(교재에 있는 글)

아바 미카엘Abba Mika'el, 『철학자들의 책』(유인물)

수업 3 (11월 29일)

수업 범위: 어떻게 살 것인가 [제 1부]

- 인도의 사상
- 중국의 사상

읽기: 『바가바드기타Bhagavad-Gita』(제2장, 교재 내용)

붓다, 『사성체四聖諦』(제2장, 교재 내용)

공자, 『논어』(제2장, 교재 내용)

수업 4 (12월 20일)

수업 범위: 어떻게 살 것인가 [제 2부]

- 그리스인의 사상
- 아메리카 원주민들의 사상

읽기: 아리스토텔레스, 『니코마코스 윤리학』(제2장, 교재 내용)

이글 맨Eagle Man, 『우리들은 모두 동족이다』(제2장, 교재 내용)

수업 5 (2000년 1월 20일)

수업 범위: 전체의 대강을 엿보기

- 우리는 그림자처럼 실체 없는 현실 속에서 살고 있는가?
- 그렇다면, 무엇이 진리인지 찾아낼 의무가 우리에게 있는가?

- 무엇인 진리인지 다른 사람들도 찾을 수 있도록 도와야 할 의무가 있는가?
- '덕'이란 무엇인가?

읽기: 플라톤, 『국가』 VII장 (제7장, 교재 내용)

수업 6 (2월 3일) 첫 번째 보고서 제출하는 날!

수업 범위: 무엇이 옳은 것인지 어떻게 아는가

- 우리는 어떻게 옳은 행위와 그릇된 행위를 구별하는가?
- 우리가 말을 함으로써 무엇이 옳은 것인지를 아는 방법은 있는가?
- 어떤 행위는 그 자체만으로도, 또는 저절로 옳고 그를 수 있는가?
- 또는 그렇게 된 것이 나의 동기에서 비롯되는가?
- 또는 그렇게 된 것이 결과인가?

읽기: 칸트, 『도덕 형이상학의 기초 놓기』

밀, 『공리주의란 무엇인가』

수업 7 (2월 28일)

수업 범위: 우리의 운명은 이미 결정돼 있는가?

- 유전과 환경은 우리가 하는 행동의 모든 것을 지배하는가?
- 우리가 이미 운명지워진 존재라면, 우리에게는 책임이 없다는 뜻인가?

읽기: 로버트 블래츠퍼드Robert Blatchford, 『무죄』 (제6장, 교재 내용)

수업 8 (3월 13일)

수업 범위: 우리는 자유로운가?

- 인간은 과거가 어떻든 자유로운 선택을 할 수 있는 자유로운 행위자인가?
- 우리가 자유로운 존재라면, 우리에게 전적으로 책임이 있다는 뜻인가?

읽기: 사르트르, 『실존주의』(제6장, 교재 내용)

라다크리슈난,[19] 『카르마와 자유』(제6장, 교재 내용)

수업 9 (3월 27일)

수업 범위: 사회를 정의롭게 만드는 것은 무엇인가? [제 1부]

- 법은 왜 필요한가?
- 통치 방법에 도덕적인 것과 비도덕적인 것이 존재하는가?
- 정의란 무엇인가?
- 어느 사회가 더 정의로운지 어떻게 알 수 있는가?

읽기: 공자, 『대학大學』『도덕적 군자로서의 통치자』(유인물)

플라톤, 『철학자 왕The Philosopher King』(유인물)

아렌트, 『지배자와 피지배자의 관계로서의 정치에 대한 반대』

하벨, 『지도자에 대한 믿음』(유인물)

골딩, 『파리 대왕』(발췌, 유인물)

수업 10 (4월 13일) 두 번째 보고서 제출하는 날!

---

19 라다크리슈난(Radhakrishnan, 1888~1975)은 인도 출신 학자다. 아시아인으로는 처음으로 옥스퍼드대학교 교수가 됐고, 1962년에는 인도의 대통령으로 선출되었다 ─ 옮긴이.

수업 내용: 사회를 정의롭게 만드는 것은 무엇인가? [제2부]

- 자유는 권리인가?

- 법에는 정당한 법과 부당한 법이 존재하는가?

- 다수는 항상 옳은가?

읽기: 밀, 『자유론』

마틴 루터 킹, 『버밍햄 교도소에서 온 편지』

폴 월리스, 『평화의 하얀 뿌리*The White Roots of Peace*』

수업 11 (5월 1일)

수업 내용: 앞으로 정해질 것임.

미술사

할 오퍼만Hal Opperman

여러분은 이메일을 통해 저와 연락할 수 있습니다.

시각적 표현, 또는 의사소통의 수단으로서, 우리 주위에 있는 재료를 가지고 의도적으로 무언가를 만드는 일은 인류의 기원만큼이나 오래된 것입니다. 일찍이 문자가 발명되기 수천 년 전에도 화가와 조각가, 디자이너와 기획자는 존재했었습니다. 오늘날까지도 시각적 예술 작품들은 글로 쓰인 문자의 영향만큼이나 강력하게 우리의 가치와 신념, 판단, 욕망 그리고 살아가는 삶의 방식에 영향을 주고 있으며, 동시에 그것들을 담아서 표현하고 있습니다.

열한 번의 수업을 통해 우리는 고대 그리스부터 시작해서 1998년 시애틀에 이르기까지 서양의 전통적 미술 작품 가운데 가장 중요한 몇 가지를 다른 예술 작품들과 문학, 그리고 사색적 사상과 연관해 함께 살펴볼 것입니다. 우리는 그것과 관련된 자료를 읽을 것이며, 슬라이드 강의를 통해 감상도 할 것입니다. 또한 작품을 감상한 뒤의 우리의 반응에 대해 분석하고 토론할 것입니다. 예술작품은 우리에게 무엇을 전해주고 있는가? 예술 작품이 우리의 정신과 감정에 어떻게 작용을 하는가? 예술작품들은 왜 그러한 방식으로 우리에게 보이는가? 이런 질문들을 하면서 말입니다.

여러분의 교재는 휴 아너Hugh Honor와 존 플레밍John Fleming이 저술한 『시각예술의 역사The Visual Arts: The History』입니다(다섯 번째 개정판). 이 책은 인류 발전의 필수적인 부분인 예술의 역사를 면밀히 소개하고 있습니다. 몇몇 부분들은 꼭 읽고 오셔야 수업이 가능하고(아래 참조), 특별히 읽어 오라고 하지 않았다 하더라도 교재의 다른 부분을 두루 읽어보는 것이 가치 있고 흥미로운 작업이라는 사실을 깨닫게 될 것입니다. 추가로 몇 가지 보충 읽기 자료를 묶은 미술사 보충교재 꾸러미는 첫 번째 수업시간에 여러분들에게 나눠드릴 예정입니다. 아너와 플레밍의 글이든 보충교재이든 그 단원에 대한 필독 자료를 모두 읽은 후에 수업에 참여하십시오.

수업 제1, 제2, 제3일 — 고대의 세계

1. 1999년 10월 28일 목요일. 교재와 강의 요목 나눠주기
   미술사 교육과정의 구성 요소에 대한 소개

2. 11월 4일 목요일. 아너와 플레밍의 저서 126~172쪽에 나와 있는 '그리스인과 그 주변 국가들'을 읽은 뒤에 수업에 참여하십시오. 특히 148~153쪽에 나와 있는, 「도리포로스Doryphoros」[20]를 포함해 자연주의와

이상주의와 관련된 부분을 주의 깊게 읽어오세요.

또 여러분의 미술사 보충교재에 포함되어 있는 플라톤의 『파이돈』에서 뽑아낸 긴 지문을 읽고 토론할 준비를 해 오십시오. 중점 토론 작품: 폴리클레이토스의 「도리포로스」

그리스 조각들과 이집트 예술작품 한두 점 정도도 추가로 살펴볼 예정입니다.

3. 12월 2일 목요일. 첫 번째 보고서 주제 지정

아너와 플레밍의 교재 173~221쪽에 나온 「헬레니즘과 로마 미술」을 읽고 수업에 참여하십시오. 특히 로마 건축물과 조각에 대한 부분(193~215쪽)을 주의 깊게 읽어보십시오. 아울러 여러분의 미술사 보충교재에 실려 있는 마르쿠스 아우렐리우스 황제의 『명상록』에서 뽑아낸 글을 읽고 토론 준비를 해오시기 바랍니다. 중점 토론 작품은 「트라야누스의 기둥 *Column of Trajan*」. 그리스와 로마의 조각과 건축물, 그리고 이집트와 근동 지역의 자료도 몇 점 살펴볼 것입니다.

수업 제4, 제5, 제6일 — 중세의 세계

4. 12월 16일 목요일. 첫 번째 보고서 제출 마감일

아너와 플레밍의 책 296~340쪽에 있는 「초기 기독교와 비잔틴 미술」을 읽고 수업에 참여하십시오. 특히 북유럽과 서유럽의 기독교 미술에 대한 부분(pp. 328~340)을 주의 깊게 읽으십시오. 중점 토론 작품은 「린드

---

20 고대 그리스의 조각가 폴리클레이토스의 작품. 창을 들고 서 있는 청년의 나체 청동 조각상이다 — 옮긴이.

스판 복음서*Lindisfarne Gospels*』.[21] '삽화가 들어 있는 책'의 초기 역사에 대해서도 살펴볼 것입니다.

5. 2000년 1월 10일 월요일. 보고서 반환과 의견 나누기.

이 시간에는 아너와 플레밍 읽기 과제가 없습니다. 교재 꾸러미에 들어 있는 베다Bede의 책『성 쿠트베르트[22]의 생애』에서 뽑은 발췌문에 대해 토론할 준비를 하십시오.

6. 1월 31일 월요일. 두 번째 보고서 주제 지정

아너와 플레밍의 책 364~421쪽에 있는「중세 기독교의 세계」를 읽고 오십시오. 프랑스의 고딕 건축양식과 조각, 그리고 회화에 대한 부분 (383~395쪽)은 주의를 기울여 읽어오십시오. 발췌된 중세의 라틴 시에 대해서도 토론할 준비를 하십시오. 중점토론 작품: 사르트르 대성당. 중세 전반에 걸친 기독교 건축물과 조각에 대한 핵심 영역도 살펴볼 것입니다.

수업 제7, 제8, 제9일 ― 근대 초기

7. 2월 24일 목요일. 두 번째 보고서 제출 마감일

---

21 700년경 영국 노섬브리아 앞바다에 있는 린디스판 섬의 수도원에서 원장 이드프리스가 만든 장식 사본(裝飾 寫本). 양피지 158장(34×25cm)의 라틴어 복음서인데, 아일랜드의 미니아튀르(miniature) 그림의 영향을 받아 선명한 색채로 동물이나 선을 복잡하게 결합시킨 그림이 들어 있다 ― 옮긴이.

22 성 쿠트베르트(St. Cuthbert, 634~687)는 영국 린드스판의 주교였다. 주교로서 교구 내에 유행하던 페스트 환자를 돌보는 일에 전념했다. 성덕이 매우 뛰어나서 놀라운 치유 능력을 보였고, 수많은 기적이 일어났다고 한다. 예언 능력이 특히 돋보였다고 전한다 ― 옮긴이.

아너와 플레밍의 책 464~513쪽에 있는 「16세기의 유럽」을 읽고 수업에 참여하십시오. 중점 토론 작품은 카라바조의 「성모 마리아의 죽음」. 15세기에서 17세기에 걸친 유럽의 회화와 조각 가운데 대표적인 작품 몇 가지를 살펴볼 것입니다.

8. 3월 30일 목요일. **보고서 되돌려주고 의견 나누기**

아너와 플레밍의 책 574~613쪽에 있는 「17세기의 유럽」을 읽고 수업에 오십시오. 로마의 새로운 출발에 대한 부분과 바로크 미술과 건축 (575~598쪽)에 대한 부분을 자세히 읽으십시오.

9. 4월 17일 월요일. **세 번째 보고서 주제 지정**

아너와 플레밍의 책 614~639쪽에 있는 「계몽과 자유Enlightenment and Liberty」를 읽은 뒤에 수업에 참여하십시오. 중점 토론 작품은 호가스의 「창녀의 편력」.[23] 유럽의 다른 회화와 인쇄물도 살펴볼 것입니다.

수업 제10, 제11일 최근의 발전

10. 5월 4일 목요일. **세 번째 보고서 제출 마감일**

아너와 플레밍의 저서 706~739쪽에 있는 「인상주의에서 후기 인상주의로」와 772~800쪽에 있는 「1900년에서 1919년까지의 미술」을 읽고 수

---

23 영국의 화가 윌리엄 호가스(William Hogarth, 1697~1764)는 최초의 만화가로 여겨지기도 한다. 특히 서술적 만화이야기는 현대 연작 만화의 효시다. 판화를 이용해 나란히 놓아 차례로 보게 고안된 연작 예술을 선보였는데, 「창녀의 편력The Harlot's Progress」과 후속작 「난봉꾼의 편력The Rake's Progress」이 유명하다. 이것들은 모두 큰 인기를 끌어 이 새로운 형식의 예술작품을 보호하려고 새로운 저작권법이 만들어질 정도였다 — 옮긴이.

업에 오십시오. 707~718쪽에 있는 인상주의에 대한 부분을 자세히 읽으십시오. 추가로 여러분의 미술사 보충교재에 있는 월트 휘트먼의 시에 대해 토론할 준비를 하십시오. 중점 토론 작품은 르누아르의 「선상파티에서의 오찬」. 인상주의에 대한 개요도 소개될 것입니다.

11. 5월 18일 목요일. 보고서 되돌려주고 의견 나누기

아너와 플레밍의 책 801~833쪽에 있는 「두 차례의 세계대전 사이에」와 834~861쪽에 있는 「전후에서 포스트모더니즘 시기까지」를 읽고 수업에 오십시오. 중점 토론 작품은 존 영John Young의 「지느러미 프로젝트Fin Project」 — 교실 밖에서 견학을 진행할 예정이며, 지난 100년간의 예술 경향을 선택적으로 살펴볼 것입니다.

문학

라이올 부시

여러분은 이메일이나 전화로 저와 연락할 수 있습니다.

이 수업에서 여러분들은 기원전 6세기 무렵 그리스의 서정시부터 우리 시대의 시와 소설, 그리고 유럽과 미국의 위대한 문학작품들 가운데 일부를 공부할 것입니다. 우리는 여러분이 읽은 시와 희곡과 소설에 대해 토론하고 해석할 것이며, 문학작품을 해석하는 기술에 역점을 둘 것입니다. 학기 말이 되면 여러분은 시의 조형적 표현과 시인의 '목소리', 그리고 시인들이 적용하고 있는 리듬과 운율에 대해 편안하게 이야기를 나눌 수 있게 될 것입니다. 여러분은 단편소설에 등장하는 인물의 성격과 대화에 대해, 열정을 집약하여 이상理想으로 변화시키는 희곡에 대해 설명할 수 있게 될 겁니다. 우리가 토론하게 될 시간, 자연, 운명, 사랑, 상상, 죽음, 그리고 꿈같은 생애를 담고 있는 몇 가지 주제들은 2,500년이 넘는 세월 동안 지속돼온 것들입니다.

교재: 킨코스에서 출력한 자료(Kinko's[24] Packet: 아래에서는 KP로 약칭함), 셰익스피어의 『오델로』, 소포클레스의 『오이디푸스 사이클*The Oedipus Cycle*』

1999년 10월 25일. 역사와 언어

독서로의 초대: 시

　　T. S. 엘리엇, 「서주*Preludes*」

　　테니슨, 「샤롯의 여인」

　　예이츠, 「레다와 백조」

　　랭스턴 휴즈, 「지친 블루스」 「흑인이 강에 대해서 이야기하다」

11월 18일. 첫 번째 보고서 과제

독서로의 초대 II: 산문

　　안톤 체홉, 「개를 데리고 다니는 부인」

　　제임스 조이스, 「자매들」

　　레이먼드 카버, 「이웃사람」(KP)

12월 9일. KP에 포함된 모든 글

---

24 복사, 출력, 제본 등의 서비스를 24시간 제공하는 미국의 사무 편의점 — 옮긴이.

첫 번째 보고서 제출

그리스 시: 사포, 『유고遺稿』

테오그니스Theognis,[25] 「무엇보다 좋은……」

이비코스Ibycus,[26] 「봄날에……」

프락실라Praxilla,[27] 「가장 좋은 것은……」

헤시오도스, 「판도라」 「여름」 「겨울」

2000년 1월 3일

소포클레스, 『안티고네』 (오이디푸스 사이클)

1월 13일 KP

로마의 시: 오비디우스, 「에우로파」

「카드모스」

「악타이온」

「아폴로와 히아킨토스」

「피라모스와 티스베」

「테레우스, 프로크네와 필로멜라」

베르길리우스, 「오르페우스와 에우리디케」

2월 10일

---

25 기원전 6세기경에 활약한 고대 그리스의 엘레게이아 시인 ― 옮긴이.

26 기원전 550년경의 고대 그리스의 시인 ― 옮긴이.

27 기원전 5세기경의 고대 그리스 시인 ― 옮긴이.

셰익스피어, 『오델로』 (지그넷 고전 명작)

3월 2일 KP

엘리자베스 1세 시대의 시: 셰익스피어, 소네트: II, XV, XVIII, LXXIII, CXVI, CXXX

마이클 드레이튼, 「이별」

그리스토퍼 말로우, 「뮤즈에게 바치는 목동의 열정」

월터 롤리 경, 「그녀의 대답」

로버트 헤릭, 「처녀들에게, 많은 시간 만들기」, 「장미에 대한 장례의식」

에드몬드 월터, 「가라, 사랑스런 장미여」

토마스 그레이, 『시골 교회 마당에서 쓴 애가哀歌』

마벨, 「그의 수줍은 여주인에게」

3월 16일 두 번째 보고서 과제 지정

낭만 시: 워즈워드, 「송시: 불멸의 암시」

존 키츠, 「채프먼의 호메로스를 처음 만났을 때」, 「내가 두려울 때」

에밀리 디킨슨, 「거기에 한 줄기의 빛이 있다」

「파리의 날개짓을 듣다」

「새 한 마리 길을 걸어 내려오다」

퍼시 비셰 셸리, 「오시만디아스Ozymandias」

윌리엄 블레이크, 「오, 장미여」, 「작은 흑인 소년」

4월 3일

19세기 말: 로버트 브라우닝, 「포르피리아의 연인」

매슈 아놀드, 『도버 해변』

로버트 프로스트, 「돌담 손질」

샤를 보들레르, 「앨버트로스Albatross」, 「거대함」

『악의 꽃Fleurs du Mal』 중에서 「레테」

4월 20일 두 번째 보고서 제출

모더니즘: 로버트 프로스트, 「사과를 따고 나서」, 「숲가에 멈춰 서서」,
「사막」

월리스 스티븐스, 「검은새를 바라보는 열세 가지 방법」

W. C. 윌리엄즈, 「빨강 외륜 수레」, 「이건 그냥 하는 말이야」

에즈라 파운드, 「계약」, 「지하철 정류장에서」

5월 11일

20세기: 소설

제임스 조이스, 「애러비Araby」

브루노 슐츠, 「모래시계 요양원」

프란츠 카프카, 「굶주린 예술가」

사무엘 베케트, 「떠들썩한 고요함」

20세기: 시

T. S. 엘리엇, 「J. 알프레드 프루프록의 연가」

옥타비오 파스, 「이 구절의 중간에서」

리타 도브, 『어머니의 사랑』에서 선택한 시편들

사실, 내가 제안한 강의 요목에 대해 대부분의 교수들이 내놓은 조정안들은 훌륭했다. 왜냐하면 자기들이 맡은 과목에 있어서 자신들의 흥미와 학생들의 흥미, 그리고 인문학이 갖는 이성적 사고와 아름다움이 서로 교차되는 지점에 한층 더 가까이 다가설 수 있도록 강의 요목을 구성했기 때문이다. 앞에서 소개한 교육과정 보기들 중에서 그 어느 것도 완벽하다고 말할 수 있는 것이 없다고 하더라도 지금까지는 다음과 같이 간명한 제안을 잘 지켜오고 있다고 본다. 그 제안이란, 우리 학생들이 인문학의 혜택을 누려서 민주주의 사회에서 시민이 영위하고 있는 공적 삶에 입문하도록 만든다는 것이다.

16장

응용과 자기비판

인문학을 가르치는 클레멘트 코스는 바드대학에서 시행해온 유형만이 유일한 것은 아니다. 각지에서 여러 형태로 인문학 코스가 출현하기 시작했는데, 어떤 경우에는 클레멘트 코스와 비슷하기도 했고, 어떤 경우에는 정반대 유형도 있었다. 노트르담대학에서는 노숙자들에게 8주 과정으로 단기 코스를 진행했었고, 유카탄 반도 지역(17장에서 자세히 다룸)에서는 2년이라는 장기 과정으로 코스가 개설되기도 했다.

클레멘트 코스를 응용한 다음 세 가지 경우를 살펴보면 그것이 어떻게 확장되거나, 변형되거나, 반대의 경우로 변모됐는지 알 수 있을 것이다. 이 중에서 확장이나 변형의 사례는 어느 정도 결과물이 있지만 반대의 경우에 대한 사례는 이 글을 쓰고 있는 현재 코스를 시작한 지 두 달이 채 지나지 않았기 때문에 뭐라 말하기 어려운 상황이다. 확장의 사례를 보면 원조 클레멘트 코스의 개설 목적과 그 설립 목적이 동일하다. 변형된 사례는 오는 2000년에 내가 직접 방문해서 더 자세히 살펴보고 싶은데, 그 유형은 지역 공동체 활동을 통해 촉발된 것이다. 말하자면 학계에서 설립한 코스라기보다는 지역사회가 개설한 코스라는 것이다. 셋째 사례는 1960년대 말에 대중적 인기를 누린 진보적 교육 이념에 따라 개설된 것이다. 그밖에 다른 몇 가지 응용 사례는 이제 막 시작하려는 단계에 있다.

클레멘트 코스에 기반을 두어 가난한 이들을 교육시키려고 시작한 프로그램이 지금까지처럼 다양하게 분화되어 나왔는데, 그 과정에서 실행상의 오류에 빠지거나 수강생들에게 도리어 해를 끼친 경우는 없었을까? 수강생들이 일상생활을 하면서도 성찰적인 사고를 하게 하려면 교육과정이 어느 정도로 엄정하게 유지되어야 하는 것일까? 전통적인 인문학적 관점과 부분적으로 대치되는 요소를 지닌 코스도 있는데, 그런데도 인문학 코스로서 동일한 효과를 거둘 수 있는 것일까?

클레멘트 코스의 유형을 응용할 때는 두 가지 위험이 존재한다. 첫째 의미 없는 학술적 유행을 좇게 될 수 있다. 둘째는 학생들을 선동하려는 욕구다. 그럼에도 밥 마틴, 미키 켐프너를 포함해 자문위원회에 참여하는 모든 위원들은 가난한 이들에게 인문학이 도움이 될 수 있는 좀더 나은 방법을 개발하는 것이 우리의 임무라는 사실을 이해하고 있었다. 클레멘트 코스가 다른 모든 유형의 응용 코스들에게 정보를 주는 것처럼, 클레멘트 코스를 응용한 다양한 코스들 역시 '원조' 코스에 정보를 알려줄 필요가 있는 것이다. 그리고 응용 코스들 중에서 원조 코스보다 더 훌륭하게 운영되는 곳이 있을지도 모를 일이다. 우리는 참으로 그렇게 되길 바랄 뿐이다.

응용

1. 연계 코스

1999년에 바드대학의 학장이었던 스튜어트 레바인은 마틴 켐프너에게 클레멘트 코스를 수료한 뒤에 대학에 진학하지 않은 학생들이 "코스 수강으로 얻은 혜택을 지속하기 위한" 어떤 방법을 찾지 못한다면 그들이 교육을 통해 얻었던 효과들이 점점 사라질 것 같아 걱정이 된다고 말했다.

　교육 효과의 지속성 문제는 이미 제이미 인클란이 '인문학이라는 예방 접종이 과연 얼마나 효과가 있을까' 하는 질문을 통해 제기한 적이 있다. 심리학자이기도 한 인클란은 종단적 연구[1]에 관심이 있었다. 그는 우리에게 공식적인 연구를 할 만한 기금이 부족해도 좋으니 몇 가지 일화가 되는 사례만이라도 파일로 만들어 기록해두길 원했다. 심리학 박사인 레바인의 의견도 똑같았다. 나도 그랬지만, 레바인 역시 학생들이 코스를 마치고 난 이후에 각자의 삶을 어떻게 선택하면서 살아갈 것인지가 가장 큰 관심사였다. 그들은 공적 세계의 일원이 될 것인가? 시민이 될 것인가? 과연 자신들의 정당한 힘을 행사하겠는가? 단순 반응보다는 성찰적 사유를 하면서 삶을 영위할 수 있겠는가?

　20년간 바드대학 학장으로 재직해온 레바인의 입장에서 보자면 학생들의 교육을 지속시켜야 한다는 것은 선험적으로 내려진 결론이었다. 지속적인 교육은 비록 그것만이 유일한 해답은 아닐지라도, 궁극적으로 모든 경우에 있어 가장 '올바른' 해답일 것이다. 훌륭한 시민은 대개 좋은 직장을 구하고, 노동조합을 결성하며, 자녀를 양육한다. 클레멘트 코스를 수료한 학생들이 모두 정규 대학에 진학할 수 있었다면야 레바인과 인클란이 교육

---

1 몇 가지의 사회적 요인들 사이의 인과관계를 알아내기 위하여 조사대상에 대해 일정한 시간을 두고 두 시점에서 조사하는 방법. 예를 들면, 초등학교 시절의 독서 습관이 대학 학업성적에 미치는 영향을 연구할 때에 특정한 학생들을 대상으로 10여 년 간의 변화를 추적 조사하는 것이 종단적 연구의 대표적인 사례다 ― 옮긴이.

의 지속성 문제를 제기할 이유도 없었을 것이다. 하지만, 일부 학생들은 경제적으로 어려운 상황, 가족 문제, 전과 기록, 시민권 문제 등 여러 장애요소 때문에 원하기만 하면 누구나 입학이 가능한 지역사회 대학에조차 등록하지 못한다는 사실을 그 당시 우리 모두는 잘 알고 있었다. 게다가 우리는 아직 정규 대학 진학을 위한 상담코스도 상설화하지 못한 단계에 있었다.

레바인은 그가 지적한 문제에 대해 해결책을 찾아냈다. 그는 클레멘트 코스와 이후의 고등교육 사이에 다리 역할을 하는 이른바 '연계코스'가 있어야 한다고 제안한 것이다. 레바인은 뉴욕 시의 로베르토 클레멘트 가족보호센터에서 일주일에 한 번씩 정기적으로 연계코스를 개설할 것이며, 자신이 직접 교육과정도 설계하고 가르치기도 하겠다고 약속했다. 더구나 자신은 강사료를 받지 않을 작정이라고 했다. 우리는 그저 교육 장소를 제공하고, 클레멘트 코스를 마쳤지만 공부를 계속할 수 없었던 학생들을 모집해주기만 하면 된다는 것이다.

레바인의 제안은 민감한 사안으로 떠올랐다. 새로 개설될 연계코스에 강좌를 개설할 만한 규모로 학생들이 많아진다는 것은 학업을 계속하라고 독려했던 우리의 노력이 수포로 돌아간다는 사실을 의미한다. 물론 레바인 학장은 점잖은 신사였기에 결코 그런 의미로 우리에게 제안했던 것은 아니었지만 말이다. 그는 우리의 실패를 꼬집으려 하기보다는 우리가 부닥친 문제를 해결하기 위해 그런 제안을 내놓았던 것이다.

레바인은 사회과학자인데, 자신과 관련된 과목이 개설되지 않은 인문학 과정에서 무엇을 가르친단 말인가? 그에겐 이런 점은 문제가 되지 않았다. 레바인은 학생들이 읽을거리를 정독하고, 깊이 사고하도록 가르치는 일에 관심이 있었다. 그는 이런 교육을 바드대학에 입학한 모든 학생들이 두 번째 학기에 꼭 해야 할 일에 빗대어 설명했다. 바드대학에서는 두 번째 학기가 되면 모든 학생들은 읽기 자료를 면밀하게 정독하는 세미나에 참석해야 한다. 레바인의 표현대로, 연계코스에 참여하는 학생들은 바드대학에 개설된 이 세미나 과목처럼 '무엇인가를 완벽하게 습득하는 경험'을 하게 되는 것이다.

레바인은 이렇게 말한다. "내가 바드대학에 처음 채용됐을 때, 학생들을 엄격하게 대하라는 조언을 들었어요. 학생들과 교수진들의 존경을 받으려면 매주 1천 쪽씩 읽을거리를 숙제로 내줘야 한다는 겁니다. 1천 쪽 가운데 8백 쪽만 읽어온다 해도 개의치 말라고 하면서요. 하지만 저는 학생들이 읽기 어려운 부분은 대충 건너뛴다는 사실을 발견했어요. 그래서 일찍부터 학생들에게 다른 숙제를 냈죠. '주어진 자료를 다섯 페이지만 읽어 와라. 하지만 그 글을 마치 여러분들 자신이 쓴 것처럼 깊이 생각하면서 읽어라. 다음 수업 시간에 들어와서는 각자가 읽은 부분에 대해 마치 저자가 말하는 것처럼 다른 수강생들에게 설명을 해줘야 한다. 만약 다른 학생들이 왜 이런 저런 인용문구 대신 그 부분을 인용했는지를 물으면 여러분들은 답변할 수 있을 만큼 준비가 돼 있어야 한다.'"

바드대학에서 35년 이상 넘게 정독하는 세미나 과목을 지도해온 레바인은 외모도 아주 '학장답게' 생겼다. 훤칠한 키, 학자처럼 생긴 용모에, 매너마저도 상당히 교육적인 인상을 풍긴다. 그는 수려한 외모에 20년 동안 학장을 지낸 것을 흐뭇해하면서도 스승으로서는 믿을 수 없을 만큼 자기 욕심이 없는 인물이었다. 그랬기 때문에 그는 자신이 가르치는 학생들의 실력이 향상되기를 간절히 원했으며, 그들에게 비판적인 입장을 고수할 수 있었던 것이다.

레바인은 이렇게 말했다. "내 바람은 한 학기 동안 수업을 들은 학생 가운데 한 명이라도 난생 처음으로 이러저러한 것에 대해서 잘 이해하고 알게 되어 통찰력이 생겨나도록 만드는 것, 무엇인가를 습득하여 완전히 자신의 것으로 만드는 일이 무엇인지를 알도록 하는 것입니다. 그런데 이런 일이 우리 학생들 가운데 일부에게라도 분명히 일어날 겁니다."

학생들에게 다가가는 그의 방식은 스승이라면 누구든지 바라는 모습이기도 하다. "나는 나 자신에게 이렇게 질문합니다. '이보시게, 학장 나리. 이젠 젊은 나이도 아닌데 왜 아직도 이런 식으로 가르치려는가?'"

"'내가 이 일을 계속하려는 이유는 여전히 이런 경험을 통해 배우는 것이 있기 때문이라네. 누군가를 가르치는 일을 하고 싶은가? 그렇다면 스스로 질문해보게나. 가르치는 일을 통해 어떤 새로운 생각을 갖게 되었는지.' 나는 지난 학기 동안에 여덟 가지에서 열 가지의 새로운 아이디어를 갖게 됐지요." 이렇게 말하면서 레바인 학장은 미소를 지었다. 그가 바라던 대로 매주 목요일 저녁 여섯 시 삼십 분에서 여덟 시 삼십 분까지 뉴욕의 로어 이스트 사이드로 학생들이 수업을 듣기 위해 모여들었다. 레바인이 학생들을 가르치면 가르칠수록 학생들도 레바인에게 힘을 북돋워줬다.

클레멘트 코스의 취지를 제대로 이해하고 코스를 시작한 사람들이라면 이런 대화가 교수와 학생 모두에게 유익하다는 사실에 흐뭇해 할 것이다. 2천5백 살이나 된 대화법의 창시자가 그랬던 것처럼 레바인은 수업시간에 너절한 사고를 펼치는 것을 허용하지 않는다. 학생들은 강의실 밖의 거리에서나 통용되던 논쟁법을 절대로 쓰지 않는다. 심층 독서법과 철저한 습득 경험의 중요성에 대한 그의 믿음을 지켜보면 한 가지 의문이 든다. 20년이나 학장을 지낸 사람이 그 코스를 들으러 오는 스물세 명의 학생들과 과연 얼마만큼 잘 지낼 수 있을까? 이런 점은 레바인에게 전혀 문제가 되지 않는다. "나는 사회계층적 차이를 전혀 느끼지 않아요. 학생들의 복장이나 귀걸이 모양 같은 것을 문제삼지 않고, 오로지 그들이 얼마만큼 배우

려고 애를 쓰는지만 바라보았죠." 그는 젊은이들과 함께 하는 것을 좋아한
다. 사람들은 대부분 친구들과 함께 나이를 먹어가지만 레바인은 언제나
열아홉 살짜리 젊은이들과 함께 지내고 있는 것이다. 그는 이런 일에서
보람을 느끼고 있다.

이 시점에서 더욱 중요한 문제는 과연 학생들이 레바인을 어떻게 생각
하고 있느냐 하는 것일지도 모른다. "학생들이 어떻게 생각하던가요?" 하
고 레바인도 궁금해 할 것이다. 학장도 완전히 이해하려면 여러 시간이
걸리는 7쪽~10쪽 분량의 어려운 사회과학 자료를 깊이 있게 읽고, 그 내용
에 대해서는 두 시간 이상 토론하는 수업 방식은 순탄한 삶을 누리고 있는
학생들에게도 당황스러운 과업일 것이다. 앞의 질문에 대한 답변은 더도
어에서 교육부장으로 일하고 있는 리넷 로레틱이 전해주었다. 연계코스가
개설된 이후 첫 학기가 거의 끝나갈 무렵, 더도어 소속 회원인 동시에
레바인의 수업을 들어왔던 학생들이 그녀에게 '수업 내용이 실망스럽다.'
고 전했다는 것이다. 연계코스는 거의 다 끝나가고 있었다. 그들은 도대체
무엇을 기대했던 것이며, 또 무엇을 할 수 있었던 것일까? 저잣거리에서
통용되는 너절한 사고의 전개를 금지하고, 저자의 입장이 돼 숙고를 거듭
하면서 정독할 것을 권유하던 학장이 이러한 연계코스를 지속하는 것이
가능한 일일까?

연계코스를 지속할 수는 있었지만 레바인 학장은 또 다른 생각을 품고
있었다. 레바인은 연계코스를 좀더 집중적이고, 심층적으로 가르치고 싶
어 했다. 학생들을 여름에 한 달 동안 집중적으로 가르쳐서 바드대학으로
진학시킬 계획을 짜고 있었던 것이다.

2. 밴쿠버

우수한 교양교육을 실시해온 정규 대학의 학장으로 20년 동안 근무한 사람만이 클레멘트 코스를 훌륭하게 응용할 수 있는 것은 아니다. 캐나다의 밴쿠버에서 시작된 클레멘트 코스는 당시 스물다섯 살이었던 암 조할 Am Johal이 주도했다.

이 대담한 젊은이는 대체 어떤 사람인가? "저는 저 자신을 학자라기보다는 지역사회의 조직활동가로 봅니다. 학부에서는 인간 동력학human kinetics과 마케팅 분야를 전공했으니 철학을 논의하기보다는 운동화를 팔기에 더 적합했겠지요. 저는 비영리 분야에서 지역사회의 당면한 문제를 해결해 나가는 활동가가 되려고 자원을 했는데, 일을 하다 보니 가난한 삶에서 비롯한 심각한 고통을 덜어주기 위한 방법으로서 지역사회가 주도하는 접근방식에 대한 강한 믿음이 생겼어요."

"가끔씩 대학원생들이 가난한 동네인 다운타운 이스트사이드²로 지역 조사를 나온 다음 석사학위 논문을 써냅니다. 그리고 나서는 그 연구 결과가 해당 지역사회에 아무런 도움도 주지 못한 채 연구자들은 떠나버립니다. 그래서 우리는 학자들과 자원봉사를 하는 학생들과 수업을 듣는 학생들 모두에게 이익이 돌아가는 접근 방식에 흥미를 보였던 겁니다."

조할은 브리티시컬럼비아대학교 당국과 그 대학교 총학생회에서 혁신적인 프로젝트를 대상으로 공동으로 지원금을 지급하는 사업에 응모했고,

---

2 다운타운 이스트사이드(Downtown Eastside)는 밴쿠버에서 가장 오래된 동네인 동시에 캐나다에서 가장 가난한 지역으로 알려져 있다. 마약 사범이 많고 범죄 발생률이 높지만, 세계 각국에서 모여든 다양한 문화가 결합되어 있어 다채로운 역사와 지역 문화를 자랑하고 있기도 하다 — 옮긴이.

그 결과 1만5천7백 달러를 지원받았다. 조할과 당시 스물세 살이었던 앨리슨 던넷Allison Dunnet은 브리티시컬럼비아대학에서 자원봉사자와 강사진을 물색하러 다녔다. 밴쿠버 시 다운타운 이스트사이드 지역의 지역사회 조직활동가인 동시에 브리티시컬럼비아대학교에서 인류학을 가르치던 강사 짐 그린Jim Green이 도움을 주었다. 이들은 코스를 진행할 강의실 문제나 학생들에게 적합한 교육과정 등에 대해 일련의 토론을 거치면서 준비를 함께 해나갔다.

조할과 던넷은 결국 '인문학 101'이라 이름 붙인 석 달짜리 시범 코스를 마련했다. 첫 달은 시내에 있는 미술관에서, 나머지 두 달은 브리티시컬럼비아대학교 캠퍼스에서 수업을 했다. 조할은 이렇게 덧붙인다. "그렇게 한 이유는 시내의 강의실에서 학생들 사이에 공동체 의식이 생겨나게 한 다음, 어느 정도 일체감이 형성되었을 때 대학 캠퍼스로 수업 장소를 옮김으로써 어색함을 느끼지 않게 하려는 것이었지요."

조할에 따르면 교수들이 이 코스에 대해 논의할 때 주요 쟁점은 전통적으로 중요하다고 여겨지는 정전正典 과목들과 교수진 자신들이 생각하기에 학생들과 좀더 관련 있을 것으로 여겨지는 작품 가운데 어느 것을 가르칠 것인가에 관해서였다. 여러 대학의 교수들이 모여 조화롭게 코스 교수진을 구성할 수 있었듯이, 그들은 이내 타협점에 도달했다. "철학 분야에서 박사논문을 쓰고 있는 미국 시애틀 출신 경찰관이 플라톤과 아리스토텔레스를 가르친다"는 방식으로 말이다. 미국의 역사 교과는 마틴 루터 킹, 맬컴 엑스, 그리고 안젤라 데이비스[3]에 대한 비교 고찰의 내용도 포함했다.

---

3 안젤라 데이비스(Angela Davis, 1944~)는 미국의 흑인 인권 운동가로서, 현재는 캘리포니아 대학교 교수로 재직하고 있다 — 옮긴이.

문학 교재는 애드거 앨런 포에서 웨이슨 초이Wayson Choy의 「제이드 피어니 Jade Peony」4까지 다양하다. 학생들은 밴쿠버의 다운타운 이스트사이드에서 그린이 진행하는 강의에 참여할 수 있었다. 조할과 던넷은 학생들이 인류학 박물관, 밴쿠버 심포니 오케스트라, 오페라 토스카 공연, 그리고 무하마드 알리에 관한 다큐멘터리인 「우리가 왕이었을 때When We Were Kings」5를 관람할 수 있도록 현장 학습을 주관했다.

밴쿠버 코스에 참여한 학생들의 평균 연령은 일반적인 클레멘트 코스의 학생들보다 높은 편이었다. 노트르담대학교에서 성공적으로 진행했던, 노숙자를 위한 단기 코스의 재학생들과 나이가 비슷했다. 밴쿠버에서 개설된 코스에는 25명이 모집됐으며, 개강 첫날에는 23명의 학생이 출석했다. 1998년 말 "브리티시컬럼비아대학교 안에 있는 소박한 구舊 도서관 강당의 복도를 가로질러 걸어가서 이 대학의 예술대학 학장한테서 수료증을 받은 학생은 모두 18명이었다"고 조할은 전한다.

1999-2000학년도부터는 코스를 8개월로 연장했다. 브리티시컬럼비아대학교는 이 코스에 대한 소식을 대학 홈페이지 초기화면에 배치했고, 조할은 클레멘트 코스를 모델로 한 또 다른 인문학 코스를 개설하기 위해 빅토리아 지역으로 옮겨갔다. 조할은 지방정부의 공공기금 1만5천 달러를 확보했고, 지역사회의 조직 활동가들과 함께 코스 개설을 위한 협력 작업

---

4 직역하면 '옥련(玉蓮)'. 1940년대 캐나다 밴쿠버의 차이나타운을 무대로 한 소설이다. 작가는 캐나다 이민 2세대인 어린이의 눈으로 바라본 중국인 이민자들의 비참한 생활상과 느낌을 그리고 있다. 또한 이들이 신구 세대를 거치면서 두드러지는 자아 정체성의 변화를 포착하고 있는 작품이다 ― 옮긴이.

5 1974년 헤비급 권투 세계 챔피언이던 조지 포먼과 무명의 신인 도전자 무하마드 알리의 경기에 관한, 1996년에 제작된 다큐멘터리 ― 옮긴이.

을 계속하고 있다. 이 지역에서도 먼저 시내에서 코스를 시작한 다음 빅토리아대학교 캠퍼스 안으로 강의 장소를 옮길 예정이라고 한다.

3. 안티오크

로스앤젤레스에서 시작한 코스는 샤리 푸스Shari Foos가 『가족 치료 네트워커The Family Therapy Networker』라는 간행물에 실린 클레멘트센터의 교육적 시도에 관한 기사를 읽으면서 비롯됐다. 애초에 샤리 푸스의 관심사는 자신의 모교인 안티오크대학Antioch College과 연계해 클레멘트 코스를 개설하는 것이었다. 하지만 안티오크대학에서는 칼리지에서 자체 고안한 지역사회 인문학 교육CHE: Community Humanities Education이라는 교육과정이 이미 운영되고 있었다. 이 과정에는 18세에서 70세 사이의 학생들이 등록돼 있으며, 교수진은 안티오크대학에서 충원됐고, 이 대학의 학부 프로그램을 총괄적으로 책임지고 있는 데이비드 엘 트립David L. Tripp이 학장을 맡고 있었다.

비록 트립 학장은 잡지에 실린 기사나 나의 책 『뉴 아메리칸 블루스』를 읽을 시간은 없었지만 다음과 같이 적고 있었다.

샤리 푸스가 처음에……바드대학 관련 자료와 아이디어를 우리에게 제출했을 때 저는 그런 프로그램을 안티오크에서도 개설할 기회를 달라는 요청을 거절했습니다. 당시 제 심정을 간략히 요약하자면, 빈곤층을 개선한다는 목적 아래 서양의 인문학적 전통을 가르친다는 생각이 상당히 못마땅했어요. 제국주의적인 위험한 발상이라는 생각이 들어 머릿속에 경종이 울리는 듯했죠……

인문학이 담고 있는 전통적인 내용은 서양 문화의 핵심을 형성하고 있는, 매우 영향력이 큰 담론이죠. 인문학의 자리가 굳건할 수 있었던 것은 서양 문화에 있어 중요한 의문점들을 제기하고 이것과 씨름을 할 때 상당히 유용했기 때문이며, 동시에 서양 문화의 소중하고도 의미 있는 성과를 대표적으로 드러낼 수 있었기 때문이죠. 하지만 인문학은 여전히 특권적 지위를 차지하고 있기도 합니다. 인문학은 무엇인가를 강제할 수 있는 권한을 규정하고 유지하는 수단으로서, 그리고 타자를 주변부로 소외시키면서도 인류와 세상에 대해 특정한 관점을 우선시하는 수단으로서 성공적으로 기능해왔기 때문입니다.

더 나아가서 트립은 인문학을 가르치는 행위가 "잘못된 통합 탓에 권력을 가진 사람들이 형성해 놓은, 종잡을 수 없는 공동사회에 빈민들을 편입토록 하여 권력의 위계질서를 새롭게 정립하려는 것으로 오인될" 수 있다고 주장했다.

안티오크에서 시행되고 있는 지역사회 인문학 과정에 대해서 트립은 이렇게 적고 있다. "첫째, 우리는 인문학을 그것이 발생하게 된 특정한 사회적, 경제적, 정치적 맥락 안에 놓으려고 노력해야 합니다. 또한 그러한 담론의 긍정적, 부정적 기능에 대해서도 동등하게 주의를 기울이고, 인문학이 항상 누구의 이익을 위해 이용됐는지 새롭게 의문을 제기해야 합니다. 물론 이런 일은 비평가들의 임무 중 일부겠지요. 하지만 저는 여기서 헨리 지루[6]의 주장을 환기시켜드리고 싶네요. 지루는 근본적인 교육을

---

6 헨리 지루(Henry A. Giroux, 1943~)는 정치, 사회, 교육 등의 다양한 분야에서 활동 중인 미국의 문화비평가다. 대표작은 『교육 이론과 저항』이다. 현재 펜실베이니아 주립대학교 교육대학의 석좌교수이기도 하다. 한국에는 『교육이론과 저항』, 『교사는 지성인이다』, 『디즈니 순수함과 거짓말』 등이 소개되었다 — 옮긴이.

기획하려면 비평의 언어와 가능성의 언어를 모두 포괄해야 한다고 말했습니다. 그렇기 때문에 맥락화contextualization[7]라는 작업은 비평가들만 하는 일이 아닙니다. 가능성이라는, 인문학의 새로운 지평에 대한 담론은 본질적으로 잘 구조화되어 있기 때문에, 설사 정확하지는 않을 수 있을지언정 맥락화 작업은 누구라도 할 수 있는 것입니다."

"제가 이상적으로 생각하는 지역사회 인문학 교육이 담아야 할 두 번째 과제는 학생들이 저항의식을 가질 수 있게 하는 것입니다."

안티오크 코스는 세 가지 영역으로 구분돼 있고, 각 영역은 다시 철학, 문학, 미술사, 역사 그리고 글쓰기라는 다섯 개의 하위 부문으로 나뉜다. 각 부문에서는 다음과 같이 수업이 진행된다. 각 과목을 2주 동안 배우고, 그 뒤를 이어 글쓰기 강좌를 1주일간 실시한다. 세 영역을 '프로젝트'라고 부르는데, '고대 그리스', '현대성', 그리고 (주로 현대 사회의) '소외된 목소리'로 이뤄져 있다. "인문학의 전통을 상기시키고, 이것을 통해 문제 제기를 하기 위해" 이렇게 구성한 것이다. 글쓰기 시간에는 학부생과 대학원 학생들이 조교로 들어와서 학생들에게 개별적으로 도움을 준다.

안티오크의 지역사회 인문학 교육은 클레멘트 코스와는 상반된 지점에 놓여 있는 것으로서, 한 세대 전에 유행했던 푸코의 사상과 마르크스주의자들의 교육적 관점에 바탕을 두고 있다. 그런데 이러한 안티오크의 인문학 교육조차 『뉴욕타임스』의 문화평론가 에드워드 로스타인Edward Rothstein의 비판을 받았다는 사실은 참으로 재미있다. 앨런 블룸과 레오 스트라우스 학파와 견해를 같이하고 있는 로스타인은 클레멘트 코스가

---

7 '전후 상황에 대한 고려'를 의미한다. 한국의 일부 학자나 번역가들은 '상황화'라는 용어를 사용하기도 한다 ― 옮긴이.

어쩐지 그의 마음에 모독감을 가져다준다고 비판한다. 그가 느끼는 모독감은 클레멘트 코스가 인문학을 통해 학생들이 정치적 인간이 되도록 안내할 것이고, 민주주의 사회에서 공적 삶을 누리는 시민을 양성하려 하며, 학생들이 그리스인들이 매우 소중히 여겼던 행동하는 삶을 살게 될 것이라는 '두려움'에서 비롯한 것이다.

앞에서 설명한 차이점이 있었지만 나는 조심스럽게나마 트립 씨와 안티오크의 인문학 코스를 포용했다. 왜냐하면 우리는 빈곤, 교육, 그리고 민주주의에 대해 동일한 윤리적 관점을 가지고 있었기 때문이다. 해야만 하는 일을 하는 이상 우리는 동맹 세력인 것이다.

자기비판

클레멘트 코스가 지금까지 지향해온 기본 이념이 아무리 훌륭하다 해도 여러 가지 부족한 점이 아직 많다. 첫째, 조금 심하게 표현해서, 가장 심각한 문제는 학생들의 중도 탈락률이 매우 높다는 사실이다. 학생들은 여러 가지 이유로 수강을 포기하는데, 대부분의 경우는 교육 내용이 어렵다거나 교육의 질이 낮아서 그런 것이 아니었다. 몇몇 학생은 수업을 한두 번만 듣고는 거의 모든 과목의 수강을 포기한다. 그런 경우에는 대개 학생들을 모집하는 절차부터 오류가 있었을 수가 있는데, 이 코스가 얼마나 강도 높게 진행되는지 애초부터 학생들이 제대로 이해하지 못했을 가능성이 높다.

이런 문제는 코스가 처음 개설됐을 당시부터 발생했었다. 학생들을 모집할 때 글을 몇 줄만 써보라고 하거나 일간 신문을 읽을 줄만 알면

등록시켰던 것이다. 마틴 켐프너가 제안하여 플라톤의 저서 가운데 일부를 읽어보도록 하는 것으로 입학 조건을 변화시키자 학생들이나 코스의 책임자 모두 서로에 대해서 더욱 잘 알게 되었다.

학생들의 수료율 문제는 더 나이가 많은 학생들, 다시 말해 생활 습관이 나름대로 안정적인 50대, 60대, 70대 학생들을 모집하면 개선될 수 있다. 나이든 사람들에게 인문학을 가르친다는 것은 훌륭한 발상이다. 비록 이들이 십대 후반의 학생들과 같은 강의실에 배정되지 않는다 하더라도 말이다.

어떤 해에는 제이미 인클란 박사가 한 반 학생들 사이의 밀접한 결속력을 형성하기 위해 로베르토 클레멘트 가족보호센터의 상담치료사들에게 데려가 모임을 한 적이 있었다. 이런 모임에 참여한 학생들은 한 명도 수강을 포기하지 않았다. 하지만 일터에서 일해야 하거나 가사의 책임이 무거운 학생들은 안타깝게도 이런 모임 수업에 거의 참여할 수 없었다.

학생들의 학업 중도 포기율을 낮추는 또 다른 방법은 두세 명의 학생들이 소규모로 모임을 만들어 글쓰기 지도 강사와 함께 학습하는 것이다. 이런 방법을 통해 학생들 스스로 서로 도우면서 학업성취도를 높일 수 있다. 글쓰기 강사는 후견인 역할을 맡기도 하는데, 학생들에게 문제가 생겼을 때 적절한 도움을 받도록 안내함으로써 그들이 위기를 극복하도록 돕는다.

이런 모든 것들이 폭력적 환경 아래 살아가면서 학생들이 겪는 파란만장한 고통들을 조금이라도 덜어줄 수 있는 방법들이다. 학생들은 배우자나 동거인한테서 학대를 당하기도 하고, 아파트나 셋방에서 퇴거당하기도 하며, 자녀들이 빚은 문제들과 부딪히기도 하고, 임금은 적었지만 그나마 집세를 내고 양식을 사먹을 수 있도록 했던 직장에서 해고되기도 하며, 임신이나 과거의 범법 사실 때문에, 범죄 행위의 피해자로, 식권이나 다른 정부 보조금 수혜 혜택 등을 상실하는 청천벽력과도 같은 일을 당해서, 다른 무엇보다도 귀중한 건강을 잃어 고통받기도 한다. 건강 문제만큼 코스 출석률에 악영향을 주는 요인은 없다. 건강 문제는 빈곤 그 자체로 말미암아 발생한다.

우리가 아직 잘 이해하지 못하고 있는 문제가 한 가지 더 있다. 코스를 시작한 지 석 달쯤 지나면 많은 학생들이 세계관에 혼란을 겪는다. 이런 현상은 무분별한 대응에서 벗어나 성찰하는 삶으로 그들 자신이 변화했기 때문이기도 하고, 아니면 단지 새로운 견해를 가졌기 때문일 수도 있지만, 내 생각으로는 전자가 더 확실한 이유인 것 같다. 비단 우리 학생들뿐만 아니라 모든 계층들에게 해당되는 경우라고 생각하는데, 십대 후반이나 이십대까지도 인문학을 접해 보지 않은 사람들에게는 일종의 지적인 광장 공포증 상태에 빠지는 경우가 많다. 새로운 현안을 끊임없이 제기하는 인문학에 어쩐지 부담을 느끼는 것이다. 예를 들어 스튜어트 레바인은 학생들이 가끔은 이 코스에 참석하기 전에 익숙했던 대화 전략을 구사하면서 저항한다고 설명했다.

원래의 습관으로 되돌아가는 것은 위안을 가져다준다. 대개는 새로 발견한 자유가 두려울 수 있다. '정전正典' 또는 '이미 죽고 없는 유럽 백인 남성들'의 저작이라는 문제에도 불구하고, 인문학은 대부분 사고뭉치들과 예술적·지적 이단아들인 동시에 비평도 하고 창작도 하는 사람들이 창출한 작품들로 이뤄진다. 인문학 공부를 통해 '지배체제establishment'[8]로 인식

---

8 사회 시스템, 경제 시스템 등 여러 시스템 내부에 존재하는 권력구조·권위체계·지배체제를 말한다. 1960년대에 미국 등지에서 성행한, 반체제를 표방하는 행동주의 과격파가 운동의 공격 표적을 가리킬 때 이 말을 즐겨 썼다. 군대나 관료기구·거대조직 등의 상비편성(常備編成), 상치인원조직(常置人員組織)을 가리키기도 한다. 최근에는 사회운동과 연관해

해온 세계를 포함한 현 세계 질서가 인간의 정신이 만들어낸 변화무쌍한 선물이라는 사실을 이해하게 될 때, 학생들은 새롭고도 예기치 않은 두려움 때문에 마음고생을 겪게 된다. 내 생각엔, 이것은 새롭게 해방된 자들이 필연적으로 겪게 되는 두려움인 것 같다.

현재는 학업 중도 포기율을 낮추는 세 가지 흥미로운 방법을 활용하고 있다. 그 가운데 하나는 다음 장에서 설명할 유카탄 반도에서 성공을 거둔 방법이다. 그곳의 교수진들은 학생들의 건강 문제를 포함해 삶 전반에 깊이 관여함으로써 학생들에게 문제가 생겼을 때 해결할 수 있는 가능성을 높인다. 유카탄 지역의 경우 18개월의 과정 동안 일주일에 두 번 참석해야 하는 코스에서 학생들의 출석율이 90퍼센트 이상 유지되었다. 그 정도로 친밀감이 깊기 때문에 어느 한 학생의 건강 문제가 불거지면 이 문제를 상의하기 위해 뉴욕과 유카탄 지역 사이에 정기적으로 전자우편이 오간다.

돈이나 그밖의 다른 자원이 없이 젊은이들을 보살펴온, 경험이 많은 더도어에서 리닛 로레틱과 직원들은 학업 포기율을 현격하게 줄이는 새로운 방식을 고안했다. 예를 들어 더도어에서는 스탠 애덤슨Stan Adamson처럼 경험 많은 상담치료사가 신입생 오리엔테이션 때부터 학생들과 교류를 시작해서 졸업할 때까지 동행한다. 강의 초기에 학생들에게 애덤슨을 소개할 때 그가 단지 어려움에 빠진 사람들만 돕는 상담치료사에 그치는 것이 아니라 그곳의 학장, 교수진, 진학 지도사처럼 학생들을 돕는 지원팀

'기성 특권계층'이라는 의미로도 많이 쓰인다. 미국에서는 정치, 재계(財界), 관료, 언론계를 주도하는 동부(東部) 계층, 거대산업 및 군산복합체(軍産複合體), 록펠러 등의 거대 기업그룹 등이 '지배체제'의 핵심 집단으로 인식되고 있다 — 옮긴이.

의 일원이라고 말해준다. 로레틱은 이렇게 말한다. "그렇게 하면 학생들은 애덤슨을 덜 껄끄럽게 여기지요. 따라서 자신이 겪고 있는 어려움에 대해 그와 이야기를 나누는 것이 자연스러운 일이 되는 겁니다."

상담치료사와 지원팀에 소속된 직원들은 코스 책임자와 함께 일주일에 한 번씩 회의를 열어 학생들에 대해 의견을 나눈다. 상담치료사는 수업에도 참관해서 수시로 학생들과 짧게 이야기를 나눈다. 학생들의 일상에 문제가 생기면 그들은 자연스럽게 상담치료사를 찾아가 이야기를 한다. 더도어에서 진행된 1999-2000학년도 첫 달 동안 애덤슨은 한 학생이 겪고 있는 심각한 어려움을 해결했으며, 그렇게 함으로써 도움을 받은 학생이 학업을 지속할 수 있었다.

클레멘트 코스의 도입 초기부터 함께 일을 해온 로레틱에 따르면, 상담치료사가 코스에 참여해서 첫 학년도 강의실 분위기를 가족적으로 바꿔놓았다고 한다.

플로리다 주의 탬파에서는 사우스플로리다대학교가 클레멘트 코스를 추진하는 핵심 기관이다. 이 코스의 책임자인 로빈 존스Robin Jones는 코스의 어느 과목도 직접 가르치지 않는다. 그녀의 전공은 도시사회학으로 인문학 코스의 과목이 아니기 때문이다. 하지만 존스는 자신의 따뜻한 성품과 함께 또 다른 질적인 요소를 코스에 접목시켰다. 탬파에서 클레멘트 코스를 개설할 당시 존스는 위기관리센터Crisis Center를 포함하여 광범위한 사회복지 서비스 지원 단체들과 함께 회의를 진행했다. 특히 위기관리센터 측에서는 코스를 수강하는 학생들에게 자신들의 복지 서비스를 지원하겠노라 동의했다.

존스는 자신의 표현대로 "인문학뿐만 아니라 인간성humanity"에도 관심이 있기에 학생들이 서로 힘을 주고받아 자신들의 공동체에 소속감을 가지도록 지원한다고 말한다. 학생 가운데 한 사람이 남편의 가정폭력 문제를 해결하기 위해 탬파를 떠나야 했을 때, 존스는 그 학생이 펜실베이니아 지역에 정착할 수 있도록 도움을 주었다. 그 학생은 코스를 중단했지만, 그 코스는 위기에 처한 학생을 저버리지 않았다. 탬파에서 클레멘트 코스를 시작하도록 주선한 마크 에이멘Mark Amen과 함께 존스는 사회과학자로서의 재능을 인문학에 접목시켰다. 탬파에서 진행된 코스는 바드대학 인문학 코스 등 다른 유형의 인문학 코스들과 비교할 때 그 구조가 색다르다. 그러면 이것은 바람직한 것일까? 탬파에서는 효과를 나타냈다.

경제적 계층의 차이를 막론하고 상당수의 사람들이 그렇듯이 클레멘트 코스에 참여하는 학생들도 강의 초기에 작문 실력이 그리 좋지 않았다. 수잔 와이서가 학장으로 있는, 뉴욕 시 더벨리The Valley 지역(할렘 지역) 같은 몇몇 인문학 코스에서는 글쓰기가 중요한 위치를 차지하고 있다. 탬파의 캐롤린 엘리스Carolyn Ellis 교수는 학생들에게 글쓰기 수업의 목적을 다음과 같이 설명한다. "(1) 여러분의 인생에서 어떤 일이 일어나고 있는가를 이해하도록 하고, 여러분이 가려는 길 앞에 놓인 삶이 던진 어려움들과 씨름을 하면서 어떻게 하면 의미 있는 존재로 살아갈 수 있을지를 가늠케 하며, 여러분이 원하는 미래를 성취할 수 있는가를 결정할 때 글쓰기의 가치가 살아납니다. (2) 클레멘트 코스에 개설된 다른 교과목에서 보고서 작성을 요구할 텐데, 글쓰기 수업을 통해 당신이 이런 능력을 갖추도록 해줍니다." 엘리스 교수의 수업을 듣는 학생들은 공부에 필요한 보고서 작성뿐만 아니라, 인터뷰나 자서전 쓰기 훈련 등도 받는다.

글쓰기 수업을 개설하려면 대개 논리학 수업처럼 코스의 다른 영역을 포기해야 한다는 것을 의미한다. 다른 과목의 수업과는 달리 글쓰기 수업은 개인 교수방식으로 진행되므로, 이 과정을 통해 학생들의 교육적 경험이 더욱 풍부해지고, 무력으로 둘러싸인 환경 바깥에서 살고 있는 누군가와 친숙한 관계를 맺을 수 있도록 도움을 준다. 소규모 모임으로 수업을 받으면, 일대일 교수법은 로빈 존스가 언급했던 "인문학뿐만 아니라 인간성"에 관심을 기울이는 데에도 기여한다.

노턴 출판사의 젊은 편집장인 패트리시아 추이는 가장 처음 시작했던 '원조' 클레멘트 코스에서 개인 교수로서 글쓰기를 가르칠 때 사용했던 방법에 대해 이렇게 설명한다. "제 학생이었던 사만사 스무트가 클레멘트 코스에서 수업을 받으면서 처음으로 제출했던 글을 읽어보았을 때, 그녀는 글쓰기가 한 단계 한 단계씩 진행되는 과정이며 무엇인가를 표현하기 위한 수단이라는 개념을 모르고 있는 게 분명해 보였습니다. 우리는 처음부터 시작해야 했죠. 그것은 상당히 표준적인 과정을 따르는 것입니다. 학생으로 하여금 브레인스토밍을 하게 한 다음, 논지를 발견토록 하고, 실제로 글을 쓰기 전에 개요 짜기를 하도록 가르치는 겁니다. 게다가 사만사의 문법에 대한 이해력은 제가 가르친 다른 학생들과 비교해볼 때 상당히 취약했기 때문에 사만사는 저와 함께 문법 연습하는 데에 많은 시간을 쏟아 부어야 했습니다.

"사만사가 새로운 과제를 가지고 올 때마다 우선 그녀가 받아온 숙제가 무엇을 요구하고 있는 것인지 이야기를 시작했습니다. 주어진 과제의 핵심적 주제가 무엇인지 사만사가 생각해보도록 하거나 그녀가 가장 흥미롭게 느끼는 장면이나 인물은 어떤 것인지, 주어진 주제에 대해 사만사가 어떻게 연계를 맺어 가는지 등에 관해서 말이죠. 그런 다음에는 과제가 요구하는 문제로 눈을 돌려 그녀와 대화를 나누거나 사만사가 적절하다고 생각하는 것을 메모하도록 하면서 그녀가 흥미를 보이는, 설득력 있는 주제를 형성해 나갔죠. 저와 같은 개인 교수자가 할 일은 질문을 하는 것이지 해답을 제시하는 게 아니기 때문에 저는 한 번도 주제나 생각의 줄기를 제시한 적이 없었습니다. 사만사가 모든 것을 다 해야 했습니다.

"사만사가 브레인스토밍한 사항들을 함께 살펴 보고나서 주제를 뒷받침할 만한 주요 논점들이 무엇인지를 파악하게 하고, 개요를 짜게 했습니다. 다음 수업에서는 사만사가 작성해 온 초고를 소리 내어 읽게 한 다음 자신이 쓴 글에 대해서 어떻게 생각하는지 토론을 했습니다. 만약 글의 구성에 문제가 있거나, 논리에 허점이 있거나, 자신의 글 어딘가에 내키지 않은 구석이 있어 하면 우리는 작성된 글을 한 단락 한 단락, 때로는 한 문장 한 문장씩 짚어 가면서 그녀의 글에 핵심 주장이 잘 담겨 있는지, 또한 그 주장이 뒷받침 문장을 통해 적절한 문맥적 증거를 확보하고 있는지를 검토했습니다.

"몇 번 실패를 거치면서 사만사의 작문 실력과 분석 능력이 놀라울 정도로 발전했죠. 저는 딱 한 번 그녀에게 숙제를 내준 적이 있는데, 어떻게 했는지 한 번 보자고 할 필요가 없을 정도로 그렇게 실력이 는 겁니다. 사만사가 글쓰기를 달리 바라볼 수 있도록 일기 쓰기를 권유했습니다. 언젠가 사만사가 저에게 시를 몇 편 써본 적이 있다고 하더군요. 그래서 제 생각으로는 그녀가 자기표현 이외의 다른 목적이 없는, 형식에 구애받지 않고 자유롭게 글을 쓰는 것을 활용할 수도 있겠구나 싶었지요. 사만사가 전해준 말로 미뤄 볼 때 그녀는 글 쓰는 행위 자체를 상당히 즐겼던 것 같습니다. 그녀에게 글쓰기는 새로운 형태의 감성적 분출구가 되었던 것이죠. 사만사가 글쓰기를 통해 상당히 창조적인 능력을 길러냈다고 저는 믿습니다."

다른 지역에서 클레멘트 코스에 참여하는 학생들에게도 이러한 기회를 제공하기 위해서는 코스가 어디에서 개설되든지 우리는 교수뿐만 아니라 작가, 언론인, 편집자, 그리고 가능하다면 변호사들도 참여시킬 수 있는 방법을 찾아내야만 할 것이다.

::::::::::

정규 대학으로 진학하고 싶어하지만 학자금이 전혀 없는 학생들에게 장학금을 마련하는 것도 또 다른 문제다. 이것은 스튜어트 레바인이 마련한 연계코스로는 부분적인 해결책이 될 수밖에 없는 문제이기도 하다. 무력의 포위망에 갇혀 받은 상처 때문에 고통스러워하는 학생들에게, 그리고 이제는 새로운 삶을 살기 위해 놀랄 만한 복원력을 가지고 행동하며 교육받기를 자처해 클레멘트 코스나 다른 인문학 코스를 마친 졸업생들에게 미국식 대학교육과 경제체제의 결합은 장학금 수여 혜택을 허락하지 않는다. 가난했지만 어린 시절부터 열심히 공부한 학생들과 달리 클레멘트 코스를 졸업한 우리 학생들은 장학금을 주고자 하는 사람들에게 제시할 만한 빛나는 학업 성취가 없다. 또한 우리 학생들은 일련의 연속적인 사회적 지원 혜택을 누린 뒤에(또는 그것 때문에 고통 받은 뒤에) 맹점 많은 시스템이 만들어낸 불운한 결과로 대학문 앞에 당도한 그런 학생들과도 다르다. 그런 허점 많은 시스템 아래서 장학금 혜택을 받는다는 것은 (수업의 대부분을) 출석했다는 사실에 대한 보상 이상의 의미를 가질 수 없다.

클레멘트 코스를 수강하는 학생들 가운데 '유산'이라는 관문을 지나 대학에 입학할 수 있는 사람은 당연히 한 명도 없다. 클레멘트 학생들이 지역사회대학에서 1~2년 동안 공부하면서 좋은 학업성취도를 취득할 수 있도록 지원하는 장학금도 대개는 마련하기 힘들다. 우리 학생들은 지원 체제의 바깥에 존재한다. 이런 지원체제는 우리 학생들을 수용할 수 있도록 융통성을 가져야 할 것이다. 대학의 입학 당국과 장학금 수여 여부를 결정짓는 책임자들은 자기의 가능성을 재조직하려는 우리 학생들을 제대로 이해할 필요가 있다.

학생들이 정규 대학에 진학하지 않겠노라 결정했다 해서 클레멘트 코스가 좌초되는 것이 아니다. 계속해서 교육을 받고 싶어하는 학생들의 욕구가 좌절될 때 클레멘트 코스는 실패한 것이다. 우리는 중등교육 이후의 계속교육과 고등교육 기관들을 대상으로 클레멘트 코스와 그 졸업생들에 대해 더욱 개선된 방식으로 홍보를 해야만 한다. 정규 대학(교)들이 교육적 경험을 풍부하게 만들기 위해 다양한 학생군##을 물색하고 있다는 이야기가 사실이라면 클레멘트 코스 졸업생들이야말로 가장 이상적인 입학 후보자가 아니겠는가! 우리 학생들은 무력의 포위망을 경험했고, 그것을 극복하기 위해 엄청난 노력을 쏟아부었다. 그들은 가르칠 것도 풍부하며, 이야기해줄 말도 흘러넘친다.

17장

다른 나라, 다른 문화

1

나는 클레멘트 코스를 영어가 아닌 다른 언어로 가르치는 일을 고려해본 적이 아직 없다. 그래서 클레멘트 코스의 기본 교육과정 '이미 죽고 없는 유럽 백인 남성들'의 작품에서 벗어나 이 코스의 기본 교육과정을 편성하려고 생각해본 적도 없다. '이미 죽고 없는 유럽 백인 남성들'에서 제목을 뽑아냈던 버나드 녹스는 인문학 코스에 있어 그리스인들의 작품이 최우선시되는 가장 적절한 이유를 자신의 책에서 다음과 같이 설명했다. "……오로지 물질의 내재적인 가치의 반영과 그것의 순수한 독창성과 탁월함 때문이다."

코스를 2년째 진행하던 해에 심각한 논쟁이 있었다. 교수진 가운데 한 사람이 그리스 연극을 포함하지 않은 교육과정을 제안했기 때문이다. 다행히도 『소크라테스의 삶과 사상』을 우리 코스의 토대로 삼는 것에 대해서는 한 번도 이견을 제시받은 적이 없었다. 오히려 마틴 켐프너는 교육과정을 운영할 때 소크라테스를 더욱 집중적으로 다루었다. 하지만 유카탄 반도에서 라울 무르기아 로제테Raúl Murguía Rosete와 현지에서의 클레멘트 코스 설립에 관해 이야기를 나눌 때 새로운 의문점이 떠올랐다.

뉴욕 남동부 지역에서 가르치던 것과 똑같은 내용의 코스를 마야Maya

마을에서도 가르칠 수는 없는 일이었다. 필요하다면 코스의 일부를 개편해서라도 가르쳐야 했다. 하지만, 도대체 무엇을 개편해야 한단 말인가? 당시 그리스 사람들이라면, 과연 이 문제를 어떻게 처리하려고 했을까?

헤로도투스는 그리스인의 관심을 끌기 위해 자신의 여행 도중 겪은 일을 전할 때 진실을 왜곡한 것으로 유명하다. 하지만 나는 그런 세간의 비판을 잠시 접어두고, 헤로도투스에게 관심을 돌렸다. 필사적으로 아테네인이 되길 원했던 그는 불행히도 일생 동안 거부만 당했다. 그는 아테네를 사랑했고, 페르시아의 오타네스Otanès[1]에게서 평등의 개념을 배웠으며, 이집트가 지니고 있던 수준 높은 문화의 웅장함을 발견한 진정한 아시아인이었다. 탐험가, 인류학자, 그리고 역사가로서 수행했던 그의 모험에 대해 플루타르크를 비롯한 다른 작가들은 꾸며낸 이야기라고 폄하했지만, 일반적으로 헤로도투스가 제안한 개념들은 진실로 인정되고 있다. 또한 헤로도투스가 범했던 과장이라는 것도 사실 존슨 대통령이나 닉슨 대통령 시절 동남아시아에 대한 미국 행정부의 보고서보다 그리 심한 것도 아니다. 정확성이 다소 부족했던 역사학자인 헤로도투스는 무엇보다도 다른 문화의 가치에 대한 개념을 그리스 사회에 소개했다. 비록 그가 아테네를 선호했던 것은 사실이지만 그렇다고 해서 이집트나 아시아를 무시한 것도 아니었다. 그가 문화적 상대주의자였던 만큼 도덕적 상대주의자이기도 했을까? 그는 문화적 상대주의를 도덕적 상대주의와 동일하게 생각한 바보는 아니었다. 어쨌든 그는 열렬히 아테네의 시민이 되길 바랐던 사람이었다.

---

1 오타네스는 페르시아의 귀족으로, 기원전 6세기에 국왕 캄비세스가 서거한 이후 의회에서 민주정치를 주장한 정치가다. 독재 정치를 폐기하고, 만민 평등의 이상을 실현하기 위한 대중의 정치를 설파한 것으로 전해진다 — 옮긴이.

그러면 호메로스의 경우는 어땠을까? 자신의 작품을 그럴 듯하게 보이려고 독자에게 그리스와 트로이 양쪽 모두의 이야기를 제시했을 수도 있다. 하지만 그것 이상의 무엇인가가 존재하는 것처럼 여겨진다. 객관성일까? 분명히 양측 진영 모두의 영웅이 등장하는 이야기는 호메로스 이전까지 단 한 차례도 없었다. 게다가 트로이인들이 보여주는 인물의 성격을 보라. 자기 종족 중심으로 서술했던 당시의 작가들이라면 으레 상대 종족에 대해 부정적으로 묘사를 했을 테지만, 호메로스는 우리에게 다른 측면을 보여준다. 헥토르Hector를 식인 거인이나 용으로 묘사하지 않았으며, 트로이인들을 너무나 미개하고 제한된 말밖에 하지 못하여 이해할 수 없는 언어로 더듬거리는 야만인으로 묘사하지도 않았다. 호메로스는 트로이인들을 그리스인처럼 인간으로서 충분히 존경 받을 수 있는 적들로 묘사하는 방식을 선택한 것이다. 그리스의 명장 아킬레스Achilles가 부분적인 신성을 지닌 영웅이었다면, 트로이의 명장 헥토르는 위대한 인간이었다.

호메로스는 트로이인들을 구별시켜 그리스인과 다르게 그렸지만 인간다움을 잃게 하지는 않았다. 죽은 아들 헥토르의 시신을 돌려달라고 간청하는 트로이의 왕 프리아모스의 탄원은 호메로스의 작품에서 찾을 수 있는 가장 인간적인 순간이다. 트로이를 묘사할 때 적용했던 형용사를 살펴보면 트로이의 넓은 거리들처럼 호메로스가 트로이에 동등한 비중을 두었다는 걸 알 수 있다. 비록 호메로스 시대의 도덕성을 현대의 유대교-기독교 사상이나 기원전 5세기경의 그리스 철학자들의 그것과 비교해서는 안 되겠지만, 호메로스가 그리스인들에게는 물론, 다른 민족들에게도 유사한 도덕적 규범을 부여했다는 사실은 분명하다. 유대교-기독교의 관점에서 본다면 트로이인들이 도덕적으로 더 우월하게 여겨질 수도 있다.

그렇다면 클레멘트 코스는 어떤 적절한 변화를 기획해야 할까? 물론 언어가 바뀌어야 한다. 스페인어와 마야어를 말하는 사람들에게 다른 언어로 가르치는 일은 불가능하다. 하지만 그것만으론 문화의 문제를 해결하지 못한다. 클레멘트 코스의 목적은 마야 사람들을 유럽인으로 만드는 것일까, 아니면 인문학을 통해 가난한 사람들을 공적 세계로 불러오는 것일까? 만약 후자가 목적이라면 어떻게 그들의 마음을 파고들어 성찰적 사고를 하도록 가르칠 수 있단 말인가?

문화적 정복자의 역할을 자임하려 한다면 학생들의 성찰적 사고를 억누르고 정치적 삶을 파괴하면 된다. 하지만 이 경우 '필요에 따라 변화를 준다는 것_mutates mutandis_'은 영어를 마야어로, 유럽의 인문학을 마야의 역사, 예술, 철학, 그리고 문학으로 대체하는 것을 의미했다. 더 나아가 유카탄 반도 전역에서 채용한 교수진들을 통해 마야의 인문학이 밀파milpa[작은 농장]에 바탕을 두고 있는 문화에서 비롯된 것임을 알게 되었다.

더 어려운 점은 마야의 역사와 문화에는 민주주의적 전통이 없었다는 것이다. 군주제는 수백 년 전에 몰락했고, 그나마 남아 있던 사회 조직은 스페인 사람들이 모두 파괴해버렸다. 마야인들은 고원 지대에서 멕시카족Mexica보다 더욱 오래 저항했지만 유목민이었던 치치메카족Chichimeca, 야키족Yaquis 그리고 지금의 멕시코 북부 지방에 동떨어져 있는 라라무리족Raramurí은 마야인들보다 더 긴 세월 동안 저항했다. 유카탄-캄페체Campeche 접경 지역에 거주하는 마야인들을 위해 클레멘트 코스를 마련할 때 우리는 두 가지 조치를 취해야 했다. 첫째, 그들은 다시 마야인이 되어야 한다는 것이었다. 둘째는 인문학의 효능을 즐기고 누려야 한다는 것이었다. 유카탄 지역 유엔개발계획Programa De las Naciones Unidas para el Desarolle in the Yucatán: PNUD의 지도자인 무르기아Murguía와 나는 다양한 집단들과 만나 클레멘트 코스 개설 사업에 관해 이야기를 나눴다.

어느 비 내리는 밤, 마야인들이 '세계의 중심'이라고 부르는 발라돌리드 Valladolid 지역에서 우리는 마야의 문화를 되살리고자 하는 한 단체와 만나 이야기를 나눴다. 페드로 파블로 코콤 페치Pedro Pablo Cocom Pech가 이끄는 이 단체와의 만남은 엉망으로 끝났다. 페드로 파블로는 약속보다 몇 시간 이나 늦게 나타났으며, 이루 말할 수 없을 만큼 거만했다. 당시에 자신이 추진하고 있는 프로젝트였던 이솝 우화를 유카티간 마야어Yucatecan Maya로 번역하는 사업을 다른 무엇보다 우선시해야 한다고 주장했던 것이다.

무르기아는 실망했지만 전혀 기죽지 않았다. 만약 유엔에 가장 걸맞은 사람이 있다면, 그가 바로 라울 무르기아라고 생각한다. 당당한 신체를 가지고 있으면서도 겸손하고, 멕시코에 넘쳐나는 바보들과 사기꾼을 참을 수 없어 하지만 그가 봉사하는 가난한 마야 사람들에겐 결코 그렇지 않았 다. 페드로 파블로와의 협력에 실패한 우리는 작은 마을로 가서 무르기아 의 지휘 아래 함께 일하기 시작한 호세 침 쿠José Chim Kú를 비롯한 한 무리 의 젊은이들과 만났다.

다행히도 페드로 파블로의 거만함은 우리에게 일어날 수 있는 최악의 경우였던 것이다. 1천4백 명의 주민이 살고 있는 샌 안토니오 시오 마을에 서는 120여 명 정도가 헤네퀸henequen[멕시코, 중미산 용설난의 일종] 밭이나 작은 가공 공장에서 안정적으로 일하고 있었다. 그 밖의 사람들은 밭에서 곡물 을 재배하거나, 숲으로 먹을 것을 찾으러 다니거나, 먼 도시나 행락지로 나가 허드렛일을 하거나 가사 노동에 종사했다. 젊은이들은 마야어를 별 로 사용하지 않았으며, 마야어로 읽거나 쓸 수 있는 사람은 거의 없었다. 이 위대한 문화는 기묘한 방식으로 존재했다. 마야 문화는 겉으로는 잘 드러나지 않은 채 사람들의 무의식 속에서 비밀스런 조정자 역할을 하고 있었지만 이 사람들에게 성찰적 사고를 불어넣어주진 못했다.

무르기아와 나는 클럽 회관처럼 쓰였던 작은 건물에서 클레멘트 코스에 입학을 희망하는 학생들을 몇 명 만났다. 건물에는 제대로 된 창문도 하나 없었고, 문이라곤 출입구를 막아 놓은 커다란 철판 조각이 전부였다. 건물 내부는 오후의 유카탄 실내가 그렇듯 숨쉬기도 벅찰 만큼 습도가 높고 무더웠다. 호세 침 쿠와 나는 정중하게 악수를 했다. 그는 마을에 있는 다른 남자들처럼 땅딸막한 체구에 야구 모자를 쓰고 있었다. 하지만 행동하는 방식은 어딘가 독특한 면이 있었다. 그는 한 번도 좌절해 본 적이 없었던 것이다.

무르기아는 침 쿠보다 스물다섯 살 이상 연장자이고, 키는 30센티미터 이상 컸다. 그는 단출하지만 튼튼한 소형 운반차를 타고 왔는데 야구 모자를 쓰고 있진 않았다. 무르기아는 침을 두고 친구라고 말했다. 두 사람 모두 그렇게 하길 원했다고 한다. 침은 자주 웃었고, 툭하면 웃음을 터트리곤 했다. 하지만 침은 윗사람에 대한 충성심을 보여주려고 일부러 즐거운 척 하는 건 아니었다. 그들은 지칠 줄 모르는 사람들이었고, 할 일이 뭔지를 알고 있는 사람들이었다.

침과 앤디 메이 시툭Andy May Cituk을 비롯한 젊은 남녀 몇 사람은 '쿡스 박사 하Coox Baxa Ha'라는 이름의 단체를 조직했다. 앤디의 조상 가운데 한 사람은 유카탄 지역에 철도 공사를 할 무렵에 유입되었던 한국인 또는 중국인이라 한다. 바로 이 단체의 회원들이 내가 클레멘트 코스에 관해 소개하는 걸 들으러 왔던 것이다. 단체 이름에서 쿡스는 동사로 쓰였는데, '가다' 혹은 '가자'는 의미를 지니는데, 이 단체가 지닌 느낌을 전달해준다. 하지만 문제는 이 마을에선 그 어디에도 그들이 갈 곳은 없다는 것이었다.

미국에서 진행된 코스에 대한 설명을 듣자 그들은 한번 시도해 보기로 합의했다. 과연 그들이 내가 설명한 그리스의 사상을 제대로 이해했는지나로서는 결코 알 수가 없었다. 하지만 그들은 라울 무르기아를 믿었다. 희망의 기둥이라 할 무르기아는 마술사가 아니라 고대의 마야인들이 자신의 진정한 지도자들을 일컫는 말처럼 '할라크 유이닉*halach uinic*', 즉 진정한 인간이었다.

첫 번째 대화 이후, 입학 후보자들에게 다음 모임부터는 스무 명 정도가 충분히 앉을 수 있도록 긴 책상 한두 개와 의자를 가져오라고 부탁했다. 당시 나는 일방적인 강의를 하려는 게 아니었다. 뉴욕에서 고급 유럽 문화를 가르쳤듯이, 이곳에서는 고급 마야 문화를 가르치려 했다. 우리가 적용할 수업 방식은 소크라테스식 대화법이 될 텐데, 마치 산모의 출산을 돕는 산파처럼 나는 그들의 생각을 끄집어낼 것이다. 내가 그들의 파르테라 *partera* 혹은 산파가 될 것이라 말했을 때 젊은 마야인 학생들은 내가 한 번도 본 적이 없는 호탕한 웃음을 보여줬다. 라울이 끼어들어 산파술을 통한 대화라고 소개했지만 그런 설명은 필요없었다. 학생들은 내 말이 무슨 의미인지 알고 있었다. 그 순간 중요했던 것은 나도 함께 웃었다는 사실이다.

다음날 라울과 나는 메리다Mérida에 들렀다가 이제는 교실이 된 작은 건물로 돌아왔다. 나는 학생들에게 이 교육과정을 미국에선 클레멘트 코스라 부른다고 말했었다. 그런데 학생들은 이미 자신들 나름대로 다음과 같이 코스의 이름을 붙여놓았다. 고급 마야문화 코스 — 하나의 신*Curso de Alta Cultura Maya — Hunab Ku*. 무르기아와 나는 마을로 오는 길에 메리다 지역에 있는 제일 큰 책방에 들러 가장 중요한 마야의 작품이며, 마야의 성경이라고도 불리는 『뽀뽈 부*Popol Vub*』를 스무 권 샀다.

학교에 도착했을 때 학생들은 우리를 기다리고 있었다. 그들은 나의 부탁을 제대로 들어주었다. 책상과 의자가 충분하게 배치되어 있었다. 책상은 긴 것으로 하나나 두 개가 아니라 여러 개의 작은 나무 책상들을 한 줄로 길게 늘어놓은 것이었으며, 목조, 철, 플라스틱 재질로 만들어진 의자는 죄다 헤지고, 찢어지고, 군데군데 기운 자욱이 역력했다. 어디에서 책상과 의자를 구해 왔는지 짐작할 수 있었지만 라울은 내가 더욱 분명히 그 사실을 이해하도록 도움말을 주었다. 학생들은 자기 집에서 의자와 책상을 가져온 것이다. 집에서 밥 먹을 장소를 확보할 것이냐, 아니면 학교에서 산파술을 배우기 위한 장소를 확보할 것이냐 하는 선택을 두고, 그들은 학교를 선택한 것이다.

첫 번째 모임에서, 우리는 『뽀뽈 부』에서 내가 발췌한 부분인 나무 인간에 대한 이야기를 크게 소리 내어 읽었다. 최고의 창조물 가운데 하나인 그들은 나무로 만들어진 사람들인데 생각을 못하는 점만 제외하곤 우리 인간을 닮았다. 그들은 많은 것들을 제작해냈지만 성찰하는 능력이 없었고, 신을 숭배하지도 않았다. 그들은 자신들이 만들어낸 요리 도구와 집안 물건들의 공격을 받아 산산이 찢겨져 파괴되었다. 『뽀뽈 부』에는 심지어 자기가 만든 물건이 공격해 나무 인간이 파괴되는 소리까지 상세히 묘사되어 있다.

우리는 짧게 발췌한 부분을 소리 내어 읽은 후에 그 의미에 대해 토론했다. 산드라 델 카르멘 축 큐Sandra del Carmen Chuc Kú라는 젊은 여성이 우리가 읽은 이야기를 현대적 상황에 적용시켰다. 그녀는 내가 만난 가장 영리한 사람 가운데 하나였는데, 나무 인간 이야기는 우리를 파괴시키는 과학기술에 관한 담론이라고 했다. 과학기술은 공기를 오염시키고, 비가 내리면 공기 중의 산성 성분이 곡식에 피해를 입힌다는 것이다. 토론이 진행되자 쿡스 박사 하 소속 젊은이들은 곧바로 인문학도가 되었다.

밤늦은 시간에 라울은 내가 묵고 있는 호텔로 데려다주었다. 나는 그날 마을에서 겪었던 일을 알려주려고 뉴욕에 있는 아내에게 전화를 걸었다. 내가 책상에 대해 말하자 아내는 "책상이 교실에 있으면 집에 있는 가족들은 어떻게 식사를 하느냐"고 물었다. 내가 "모른다"고 하자 아내는 한 가지 제안을 했다.

이틀 후 무르기아와 나는 다리를 접을 수 있는 긴 나무 책상과 스물네 개의 하얀 색 플라스틱 정원 의자, 칠판 등을 사서 그의 소형 트럭에 싣고 마을로 돌아갔다. 학생들은 우리가 가지고 온 물품들을 보자 그것을 나중에 자신들이 해야 할 일에 대한 암시로 받아들였다. 일 년 후 학생들은 덧문이 달린 창문과 어엿한 출입문이 달린 새 건물을 지었다.

그러는 동안 라울은 메리다에서 교수진을 모으고 있었다. 우리는 클레멘트 코스와 소크라테스 방법론에 대해 설명하기 위해서 그의 사무실에서 모임을 가졌다. 유카탄자치대학교Autonomous University of Yucatán의 알레한드라 가르시아 퀸타닐라Alejandra García Quintanilla 박사가 교수진의 대표도 맡으면서 역사학을 가르치기로 했다. 그녀는 19세기 말 유카탄의 가난과 질병에 대해서, 그리고 마야 사본寫本[codices][2]에 대해 연구하고 있었다. 특히 그 가운데 그녀가 수행한 드레스덴Dresden 사본에 대한 연구는 상형문자와는 다른, 몇몇 그림들을 새롭게 이해할 수 있게 해주었다.

마야어로 작성된 위대한 마야 문서들을 읽고 해석 하는 것을 가르치기 위해 라울은 미구엘 앙헬 마이 마이Miguel Angel May May를 초대했다. 그가 발표한 소설과 비평은 토착인 작가들의 작품집과 정기 간행물에 게재되어 왔다. 그는 토착 언어로 글을 쓰는 작가들의 모임인 토착언어작가회Casa

---

2 마야인들은 야생 무화과나무 껍질 안쪽을 재료로 만든 종이에 상형문자를 써서 책으로 엮었는데, 오늘날까지 남아 있는 이 책의 일부를 일컫는다 — 옮긴이.

de Los Escritores en Lenguas Indigenas의 일원인 동시에 마야어학술원Academy of Maya Languages에서도 가르치고 있었다. 그는 젊고, 마야어를 구사할 수 있고, 교양이 있었으며, 자신감도 넘쳤다. 그가 얼마나 참신하고 상상력이 풍부한 스승인지는 얼마 지나지 않아 여실히 드러났다.

인류학 학위를 가진 실비아 테란Silvia Terán은 역사 과목과 밀파의 문화 강의를 맡았다. 실비아는 「세계 중심에서 들려오는 이야기U Tsikbalo' obi Chuumuk Lu'um」라는 세 권의 자료 외에도 소센Xocén 출판사에서 발간된 마야/스페인판 이야기, 그밖에 숱한 다른 작품들을 수집하고, 번역하기도 했다. 생태학 교수인 로저 아레라나Roger Arellana는 문학과 인간의 삶에 연계되어 있는 마야의 과학을 가르치기로 했다. 예술은 내가 원했던 것보다 더 빨리 현실로 다가왔다. 마을 근처에서 피라미드가 발견되었고, 몇몇 학생들이 복구 작업 현장에서 일하게 된 것이다.

교육과정을 편성할 때 나는 교수진들과 심각한 논쟁을 벌이게 되었다. 밀파에 대한 나의 관심은 기껏해야 보통 수준에 지나지 않았다. 마야 지역 전역을 보면 마야 인구 전체가 먹고 살 수 있을 만큼의 생산 능력이 있었을 것이란 추측이 오래 전부터 있어왔다. 하지만 나는 고대 마야 문명이 왜 갑작스럽게 소멸했는지에 관해서 확신도 없었고, 흥미를 갖고 있지도 않았다. 나는 클레멘트 코스에서 영어로 강의를 진행했듯이, 그곳에서는 마야어로 강의가 진행되어야 한다는 점과 위대한 문학의 관점에서 세계를 조망해야 한다는 점을 주장했다.

가장 격렬한 논쟁은 미구엘 마이나 인류학자인 실비아, 또는 생태학자인 로저가 제기한 것이 아니라 친절한 용모를 가진 역사학자 알레한드라 가르시아 퀸타닐라가 제기했다. 그녀는 유카탄 지역의 가장 더운 날 오후에도 뉴욕 메디슨 거리의 귀부인만큼이나 우아했다. 그녀의 화장은 완벽했으며, 머리 한 올도 흐트러지지 않았다. 하지만 동시에 이 지구상에서 고통받는 인류의 문제를 들먹이면 금방이라도 울음을 터트릴 것처럼 보였다. 그러나 우리가 벌였던 격렬한 논쟁에서만큼은 한 방울의 눈물도 보이지 않았다. 그녀는 우리가 가르쳐야 할 교육과정의 편성에 대한 내 생각이 옳지 않을 뿐만 아니라 내가 마야 문화의 정수를 올바로 이해하지 못하고 있다고 지적했다. 왜냐하면 내가 고대 나후아스(나우아틀어를 사용했던 아스텍인들과 그 밖의 종족들)에 너무 깊은 연관을 갖고 있기 때문인데, 그렇게 된 연유는 나의 친구이자 내 책의 공동 저자였던 작가 미구엘 레옹-포르틸라Miguel León-Portilla의 영향을 지나치게 받았기 때문이라는 것이다. 미구엘은 너무나 뛰어난 자신의 식견을 믿었기에 마야 문화에 대한 커다란 오류를 많이 저질렀다는 것이다. 알레한드라는 이런 견해에서 결코 물러서지 않았다.

몇 달 뒤 나는 알레한드라와 함께 학생들을 데리고 메리다Mérida에 있는 '인류학-역사학 박물관'에 현장실습을 나가보고서야 내가 얼마만큼 큰 오류를 범했는지 깨닫게 되었다. 박물관 안내자의 설명을 10분 정도 들었을 때 해당 주제에 대해서 우리가 훨씬 더 잘 알고 있다는 사실을 깨닫자 알레한드라와 나는 직접 설명을 맡기로 했다. 우리가 옥수수신神의 그림 앞에 서자 알레한드라는 학생들에게 옥수수 주기corn cycle를 관장하는 신과 시발바Xibalba[마야의 저승]의 개념 사이에 놓인 연관성에 대해 설명해주었다. 그 다음에 내가 나서서 뽀뽈 부의 영웅인 쌍둥이 신화에 대해 이야기했다. 말을 하다 보니, 나는 시발바로 쌍둥이가 떨어졌다는 강림 신화의 기원에 대해 이야기하고 있었다. 그것은 바로 옥수수 경작 주기였다! 정말 그랬다. 밀파는 문화 연구를 시작하기에 적절한 장소였다. 신들이 밀파를 창조한 것이 아니라 밀파가 신들을 창조한 것이다.

이야기를 조금 앞질러 나갔으니 시간을 잠시 되돌려보자. 우리가 교수진을 소개하기 위해 마을을 방문했을 때 문제에 부딪혔다. 대개는 염소나 돼지 울음소리 때문에 행사 진행이 어려워지게 마련인데, 그 날은 학교 앞길을 따라 굴착기로 도랑을 파내는 공사를 하고 있어서 대화조차 어려웠다. 금속 이빨 같은 것이 유카탄 지역의 얇은 지층 아래에 깔린 석회암을 할퀴어내는 듯한 소음을 냈는데, 정말 너무나 시끄러웠다. 굴착기는 뚝딱 뚝딱, 절그럭거리는 소리를 내며 고약한 냄새의 기름 연기까지 뿜어댔다. 호세 침이 형제애를 듬뿍 담은 환한 미소로 나를 쳐다보면서 말했다.

"이것이 바로 나무 인간들이죠."

교수들은 한 사람씩 나와서 학생들에게 간략히 자신을 소개했다. 알레한드라는 긴장된 듯이 보였고, 실비아는 단호했다. 이윽고 미구엘 차례가 되었다. 그는 멋진 흰색 구아야베라_guayabera_[3]를 입고 학교에 왔다. 30대의 젊은 나이였지만, 머리는 반백이었다. 그 자리에 모인 어느 학생보다 한 뼘도 넘게 키가 컸지만 옆모습은 틀림없는 마야인이었다. 미구엘은 처음부터 끝까지 학생들에게 마야어로 말을 했고, 학생들은 곧바로 경외에 찬 표정을 지어보였다. 왜냐하면 마야어는 음조와 강세 모두가 어려운 언어이기 때문이다. 나중에 학생들에게 들은 이야기인데, 자기들은 마야어를 그렇게 아름답게 말하는 것을 들어본 적이 없었다고 한다. 그는 학생들에게 웃음을 선사했고, 학생들은 마야인으로서 미구엘이 이룬 성공에 대해 기뻐했으며, 미구엘의 이야기를 경청했다. 미구엘이 자신이 맡은 교과목에 대한 소개를 마쳤을 때 나는 학생들에게 이렇게 말했다. 내가 미구

---

3 덧입는 웃옷 형태에서 발전한 스포츠형 셔츠. 오픈 칼라가 달린 박스형인데, 셔츠 앞면에 장식 수를 놓은 것이 특징이라 한다 — 옮긴이.

엘의 스승이었기 때문에 그가 지금처럼 마야어를 잘 하는 것이라고 말이다. 그러자 학생들은 교실 안의 분위기가 화기애애하다는 것을 확인하기 위해 미구엘이 웃는지 어쩌는지를 보려고 눈치를 살폈다. 결국 우리들은 모두 편안하게 웃음을 나눴다.

나는 걱정거리를 한 아름 안고 귀국했다. 과연 그 코스가 지속될 수 있을지 불투명했고, 그 코스가 학생들에게 어떤 영향을 줄 것인지도 확신할 수 없었다. 교수진들이 살고 있는 지역은 메리다에서 멀리 떨어져 있고, 통근하기도 어려운 상황이었다. 학교 운영비도 얼마 없었다. 라울은 기적적인 속도와 효율성으로 클레멘트 코스를 시작했다. 하지만 그는 캄페치, 퀸타나 루, 그리고 유카탄 주 전역에 걸쳐 50개 이상의 프로젝트를 운영하고 있는 상황이라 유카탄 전체를 쉴 새 없이 돌아다니고 있었다. 학생들에겐 또 다른 문제가 있었는데, 항상 먹을 것이 부족했던 것이다.

또 다른 난점도 있었다. 유카탄에서는 이 마을의 이름을 지키는 일조차 힘들다는 것이다. 과연 유카탄의 모든 읽을 수 있는 자료에 이 마을의 이름을 유지할 수 있을 것인지 의문이 들 정도였다. 제도혁명당Partido Revolucionario Institucional: PRI[4]의 지역 조직원이 한때 마을을 공격했다. 만약 그들이 이 코스를 모종의 혁명 활동이나 자신들의 헤게모니를 위협하는 활동으로 오인한다면 무슨 짓을 벌일지 아무도 예견할 수 없을 것이다.

나는 몇 달 뒤 미구엘 앙헬 마이 마이와 함께 이 작은 마을로 돌아왔다. 미구엘은 그날 밤 수업을 맡았는데, 마야어의 어려운 음성에 집중하면서 수업을 시작했다. 억양의 높낮이, 발음의 정지와 시작에 대해 설명하기

---

4 1929년에 창당해 2000년 7월 보수계 야당인 국민행동당이 집권하기까지 무려 71년 동안 정권을 장악한 멕시코의 집권 여당을 말한다 — 옮긴이.

위해 그는 돌 위에 동전을 떨어뜨리거나 벽돌을 맞부딪치거나 나무토막을 이용했다. 학생들은 미구엘이 제시한 사례를 따라 발음을 했다. 그동안 농장주들이 엉망으로 쓰던 발음은 사라졌다. 학생들은 이제부터 매끄러운 마야어로 말하게 된 것이다.

다른 어느 날은 학생들과 함께 에네켄 농장을 돌아보고 온 후에 직업에 대해 이야기를 나눴다. 젊은 여자들 가운데 한 학생이 자신은 메리다 지역에 있는 어느 메스티소 가족의 집에서 가정부로 일을 했다고 말했다. 그들은 자기에게 터무니없이 낮은 임금을 주었고, 주인집 식구들이 먹다 남은 음식을 먹어야 했으며, 때때로 자행되는 구타와 시도 때도 없는 잔소리에 시달려야 했다고 한다. 그것은 두렵고 모욕적인 시간이었다.

"이 코스를 마친 다음 다시 그 집에서 가정부로 일을 할 겁니까?"

내가 물었다. 그때는 마야어로 진행된 클레멘트 코스를 운영한 지 6개월이 지난 시점이었는데, 그 여학생은 '당신 제정신이냐?'는 듯이 나를 바라보면서 이렇게 말했다.

"나는 마야인입니다."

라울과 알레한드라는 유럽인 방문단이 한 번 마을을 찾아 왔었노라 말해주었다. 이 코스의 후원자가 될지도 모를 그들에게 알레한드라가 학교를 소개했다. 그들은 세계은행과 국제통화기금 같은 국제기구들에서 나온 사람들이었다. 방문객들이 교실에 도착했을 때, 호세 침은 마야어로 그들을 환영했다. 우리가 알고 있는 한, 그것은 지난 5백 년 동안 유카탄의 마야 마을에 도착한 한 무리의 유럽인들에게 마야인들이 자신의 언어로 자랑스럽게 손님을 환영한 최초의 사건이었다.

첫 학년도의 끝 무렵까지 학생이 감소하는 비율은 '제로 퍼센트'였다. 학생들은 마야어를 읽고 썼으며, 퀴체 마야Quiché Maya로 쓰여 유카티칸 마야어 사용자들에게 난해했던 뽀뽈 부를 유카티칸 마야어로 번역하고 있었다. 이 마을에서는 클레멘트 코스를 '구조救助'라는 의미를 담고 있는 '엘 레스카테El Rescate'라고 불렀다. 한편 다른 마을에선 왜 자기 마을에도 이런 코스를 개설해주지 않느냐고 물어 온다고 한다.

호세 침 쿠는 1999년 늦은 여름에 개최한 교수-학생 모임에서 이 코스에 대한 자신의 견해를 이렇게 밝혔다.

"이 코스는 우리의 기원에 대해 생각하도록 했습니다. 고대의 것들에서 우리의 기원을 복원시킴으로써 우리의 가족, 우리의 공동체와 더불어 더 나은 삶을 살 수 있도록 만들어 준 것이죠. 자신의 뿌리를 잃은 공동체는 영혼 없이 살아가는 육체와 같아요."

"이 코스는 내게 지식을 안겨줬어요. 예전에는 나이든 노인과 아이들을 소중히 여기지 않았는데, 제가 그들에게 가까이 다가서도록 저를 변화시켰어요. 나에게 마야인으로서 지녀야 할 용기와 새로운 삶을 선사했지요. 이런 교육은 세대를 이어 반드시 계속되어야 해요. 교수님들이 저에게 이런 자리를 마련해줬어요. 다른 여러 마을에서도 이런 교육을 원하는데 다행히도 우리는 이런 혜택을 먼저 누렸네요."

앤디 메이 시툭이 덧붙였다.

"저는 이 코스 때문에 저 자신이 명예롭다고 느꼈어요."

루비 데스메랄다 차이 축Ruby Esmeralda Chay Chuk이 말했다.

"처음엔 이 코스가 마음에 들지 않았어요. 하지만 얼마 지나지 않아 우리가 정말 훌륭하다는 것과 우리가 역사를 가지고 있다는 게 분명해졌어요. 마야어를 말하면 내 자신이 강하게 느껴져요. 이제 우리는 우리가 마야인이라는 걸 알아요. 하지만 우리가 태어났을 땐 그 사실을 몰랐죠."

호세 침은 코스의 2차 학년도에 병이 나서 앓아누웠다. 마을의 치료사도 고칠 수 없어서 병원의 의사를 찾아갔다. 진단 결과 침은 — 우리는 침을 페페침PepeChim이라고 마치 한 단어처럼 부른다 — 암에 걸린 것으로 판명됐다. 여러 가지 검사를 꼭 해야 했고, 수술을 해야 할지도 모르는 상황이었다. 사람들은 돈을 모아 페페침에게 치료비로 건네주었다. 하지만 그는 그 돈을 진료비로 쓰는 대신 마을에서 꼭 필요한 곳을 위해 썼다. 다행히 의사의 진단은 페페침의 실제 병세보다 지나치게 과장됐던 것으로 드러났다. 당시 페페침의 건강 상태는 꽤나 심각한 것이었지만 지금은 완전히 회복되었다.

2

클레멘트 코스가 2차 학년도를 시작할 무렵 나는 앵커리지Anchorage에서 개교하는 클레멘트 코스의 출발을 돕기 위해, 그리고 앵커리지 주에서 개최되는 민주당 전당대회에서 가난과 교육에 대한 주제로 발표를 하기 위해 알래스카로 갔다. 당시 민주당 전당대회가 처음으로 유콘-쿠스코큄Yukon-Kuskokwim 삼각주의 중앙에 위치한 베델Bethel 지역의 숲에서 개최되었다. 그곳은 앵커리지에서 서쪽으로 6백40킬로미터 정도 떨어져 있는 인구 5천 명 정도의 작은 마을인데, 비행기로만 접근이 가능한 지역이었다. 알래스카 인문학 포럼의 사무총장인 스티브 린드백Steve Lindbeck이 앵커리지에서 클레멘트 코스를 개설하기 위해 이번 방문을 주선한 것이다. 우리는 알래스카대학교, 로터리 클럽을 비롯하여 다른 여러 곳에서 회의를 가졌다. 방문 끝 무렵에 나는 마이크 던햄Mike Dunham을 찾아갔다. 마이크는 『앵커리지 데일리 뉴스』의 예술부 부장인 동시에 알래스카 원주민어와 문화에 대한 가장 열렬한 지지자 가운데 한 사람이었다. 마이크는 베델 지역과 아키아착 상류 지역에 거주하고 있는 유픽[5] 에스키모들과 내가 나눈 대화 내용과 함께 클레멘트 코스에 대해서도 장문의 기사를 작성하여 보도했다. 나는 마이크가 미국 내에서 소수 인종의 토착어로 진행되는 클레멘트 코스를 시작하려는 우리의 사업을 도울 의사가 있음을 확인했다.

베델은 주변에 흩어져 있는 56개 유픽 에스키모 마을의 중심지로서 주립 병원, 지역사회대학, 상점, 눈자동차Snowmobile와 사륜차 판매상 등을 갖추고 있었다. 도착 첫날 저녁에 나는 린드벡이 주선한 만찬 자리에서 엘시에 마더Elsie Mather와 루시 스파크Lucy (Uut) Sparck, 두 명의 유픽 학자, 그리고 지역사회대학의 교수들을 만났다. 다음날 전당대회에서는 마이크 윌리엄스 쿠르칵Mike Williams(Qurcaq)을 만났다. 아마 그는 매년 개최되는 이디터로드Iditerod, 즉 1천6백 킬로미터를 달려야 하는 개썰매 경주 참여자로 유명한 사람일 것이다. 마이크는 유픽 에스키모의 젊은 지도자 가운데 한 사람이며, 알래스카 학교 위원회와 인문학 포럼 등의 기구에서 회원으로 활동해왔다.

다음날 우리 모두는 6백 명 정도의 주민이 살고 있는 아키아착 마을로 향했다. 호버크라프트[6]를 타고 갔는데, 이 선박은 주로 늦은 봄에 우편물을 운반하기 위해 얼음이 가득 찬 강 위에서 운행된다고 한다. 그 배 위에서 나는 엘시에 마더와 언어에 대해 이야기를 나눴다. 시끄러운 엔진 소리 때문에 말을 했다기보다는 소리치는 것에 더 가까웠지만 말이다. 우리는

---

5 일반적인 철자는 구두점이 없는 'Yupik'이지만 'Yup'ik'이 더 정확하다.

6 선체 아래에서 고압 공기를 수면에 분출해 그 압력으로 선체를 뜨게 해서 고속으로 달리는 수륙 양용 선박 — 옮긴이.

'지평선'이라는 단어에 대해 얘기했다. 내가 말했다.

"마야어로는 '시얀 칸siyan kan'이라고 하는데 '하늘이 태어나는 장소'라는 뜻을 갖고 있어요. 유픽어로는 뭐라고 하지요?"

"킬림 멘글리qiliim menglii라고 합니다." 엘시에는 한 편의 이야기 같은 내용을 이어가더니 이렇게 번역했다. "그것은 인간이 세상의 끄트머리로 떨어져 별의 구멍을 통과하는 장소라는 뜻을 갖고 있지요."

"유픽어로 진행하는 클레멘트 코스를 반드시 개설해야겠네요." 내가 소리쳤다.

아키아착에서 호버크라프트에 탔던 우리 일행은 선상에서 윌리 카사율리Willie Kasayuli, 조 (아리스) 슬래츠Joe (Ariss) Slats, 쿠르칵의 삼촌인 조 (우야쿡) 로맥Joe (Uyaquq) Lomack[7]을 만났다. 특히 조 로맥은 56개 유픽 마을을 대표하는 의장을 지내기도 했고, 유픽 민족의 원로 중 한 사람이었다. 베델로 돌아오는 뱃길에는 평소 목소리의 두세 배만 내도 대화가 가능할 정도로 엔진 소음이 들리지 않는 곳을 찾았다. 그곳에서 쿠르칵과 스티브 린드벡, 그리고 나는 유픽 언어로 클레멘트 코스를 개설할 수 있는 가능성에 대해 의논했다. 알래스카 원주민이자 전직 『보스톤 글로브』 기자였던 린드벡이 코스 개설을 돕겠다고 말하자 마이크 윌리엄이 선언했다.

"그럼 이제 클레멘트 코스가 시작되겠네요."

다음 날, 퍼시피카호텔의 작은 회의실에서 나는 장차 교수진이 될 사람

---

7 나는 여기서 에스키모 이름과 영어식 이름을 모두 사용했는데, 이것은 뽐내려는 의도에서 그런 것이 아니다. 나는 유픽 사람들과 종종 이메일을 통해 대화를 나누는데, 유픽과 큐픽 (알래스카 서쪽 끝 베링 해 근처의 두 마을에서 사용되는 지역어) 이름들을 사용해왔다. 여기서 사용된 이름들은 일반적으로 사용되는 단축된 이름이다. 우트안(Utuan)은 우트 (Uut)로, 탄가위콱(Tan'gaucuaq)은 타쿡(Tacuk)으로 사용하는 식이다.

들과 만나서 여러 시간 동안 논의를 했다. 그곳에는 예비 교수진의 세 번째 일원이 된 세실리아 (타쿡 울로안) 마르츠Ceilia (Tacuk Ulroan) Martz가 참석했었는데, 당시에 나는 몰랐지만 훗날 세실리아는 클레멘트 코스를 개설하는 데 견인차 역할을 맡게 된다. 사실 그때만 해도 나는 엘시에 마더가 코스 설립의 중심축이 될 것이라 예상했었다. 비록 엘시에가 모라비아교회[8]를 비롯해 그 교단이 설립한 학교들과 밀접한 유대관계가 있어 그 점이 문제가 될지 모른다고 생각하긴 했었지만 말이다.

하지만 사실상 코스 개설을 진척시킨 사람은 마이크 윌리엄스 쿠르칵과 스티브 린드벡이었다. 윌리엄스가 그와 동지 관계가 되는 마야인 교수 미구엘을 만나보고 싶다고 하자 린드벡은 인문학 포럼에 부탁을 해 미구엘의 여행 경비를 마련해보겠다고 약속했다. 베델에 있는 퍼시피카호텔의 주인 다이안 카펜터Diane Carpenter는 겨울철에 지내려고 마련한 별장이 멕시코에 있다면서, 호텔의 숙박 업무를 맡길 멕시코인 한 명을 채용할 예정인데, 그 사람이 미구엘을 위해 통역을 맡을 수 있을 거라고 했다.

알래스카로 향하는 길에 미구엘은 나를 만나기 위해 샌프란시스코에 잠시 들렀다. "나는 당신과 함께 알래스카에 가지 않을 겁니다." 내가 말했다. "이번 모임에는 저와 같은 백인이 영향력을 행사하는 것을 우리 모두 원하지 않기 때문이죠." 미구엘은 내 의견에 동의했다. 마이크 윌리엄스와 스티브 린드벡 역시 내가 참석하지 않은 상황에서 마야인과 에스키모인이 직접 만나는 것이 가장 좋겠다는 점에 동의했듯이 말이다.

---

8 18세기에 창설된 기독교의 일파. 15세기 모라비아와 보헤미아에서 후스(Huss)파 운동을 일으킨 보헤미아 형제단이 기원으로, 유일한 계율인 성서의 본래 원칙을 고수한다 — 옮긴이.

이런 과정을 거쳐 유카탄 지역과 유콘/쿠스코큄 사이의 연계망이 확립되었다. 미구엘과 세실리아(타쿡)는 교육과정 구성과 학습 지도 방법 등에 대해 논의했다. 타쿡과 조 스래츠, 아키아착에 본부를 둔 학군의 부교육감인 아리스가 제안서를 작성하기 시작했다. 바드대학의 밥 마틴은 당시에 구성하고 있던 알래스카 지역의 교육과정이 바드대학의 클레멘트 프로젝트와 너무 차이가 많아서 알래스카의 클레멘트 코스 졸업생들에게 학점을 인정해줄 수 없다고 했다. 우리는 다른 방도를 찾아야만 했다.

알래스카에서 부딪힌 문제를 이해하고 풀어내려면 스티브 린드벡의 도움을 받아야겠다고 생각했다. 스티브는 앵커리지에 있는 알래스카대학의 예술과학부 학장 테드 카시어Ted Kassier를 소개했다. 스페인 학자인 그는 알래스카에서 지낸 지난 몇 년 동안 이곳에 대해 깊은 관심을 갖게 되었다고 한다. 늘 그렇듯이 스티브의 판단은 적중했다. 카시어는 클레멘트 코스를 대학과 연계시키는 일을 맡았다. 타쿡은 교육과정의 초안을 준비했고, 테드는 저녁과 주말까지 시간을 투입해 대학 위원회가 이 프로젝트를 별도의 수정 없이 받아들일 수 있도록 그 형식에 수정을 거듭했다.

다음에 제시한 자료가 바로 알래스카대학교가 인정한 클레멘트 코스의 교육과정이다.

학교: CAS   날짜: 1999년 8월 14일
교육과정 번호와 교과목 이름: HUM 194, 알래스카 원주민을 위한 인문학 연구 개론

I. 코스 해설

큐픽 전통에 초점을 맞춰 알래스카 원주민 문화에 학제적으로 접근하는 1년간의 교육과정이다. 이 교육과정에는 큐픽 언어, 역사, 예술사, 음악(노래와 춤) 그리고 문학에 대한 학습이 포함되며, 엄선한 알래스카 원주민 연장자들도 함께 참여한다. 출판된 도서나 미간행 자료들을 교재로 사용한다.

II. 코스 기획

A. 큐픽 언어를 사용하여 읽기, 강의, 학습, 쓰기와 작문을 한다. 한편 예술, 노래, 춤, 역사, 문학을 비롯하여 유럽 지역 전통과의 비교 연구도 포함된다. 큐픽 문화를 통합적으로 표현하기 위해 다양한 학제적인 경향을 조화시킨다.

B. 코스 이수 학점: 6학점

C. 총 수업 시간

　　1) 수업 출석 시간/주: 3(총 90시간)

　　2) 실습 시간/주: 0

　　3) 수업 준비, 글쓰기: 6

D. 전문학사와 학사 학위 수여에 필요한 선택과목으로서 갖춰야 할 요건들을 충족함

E. 실습비: 없음

F. 두 학기, 표준 시간표로 개설

G. 재료비: 없음

H. 학과 간 조정 작업: 불필요

III. 코스 활동

독해, 번역(영어/큐픽/영어, 입말로서의 영어와 글말로서의 큐픽), 큐픽어를 활용한 글쓰기 연습, 알래스카 원주민들이 이뤄놓은 구비口碑 역사, 문화적 전통, 작품 등에 대한 개론, 알래스카 원주민의 춤, 음악, 미술에 대한 탐색, 해설과 잘 고안된 발표, 원주민 연장자들이 발표를 하거나 학생들이 그들과 교류, 구두 평가와 서면 평가, 협의, 상시 시험, 최종 시험.

IV. 코스 필수 조건

큐픽어로 초보적인 수준의 의사소통이 가능해야 함.

V. 평가

A. 코스 등급: 통과pass/실패fail

B. 등급 산출의 근거는 다음과 같음

출석과 수업참여도 (30%)

과제와 상시 시험 (30%)

구두 읽기 (25%)

최종 시험 (15%)

100%

VI. 개요

(주의: 여러 전문 영역에 걸친 주제들은 서로 밀접한 관계가 있고, 코스를 통해 순차적으로 나타나는 것이 아니라 동시에 나타난다)

1.0 큐픽어

VII. 교재(주의: 일부 자료는 미간행물임)

「꿈을 지키는 사람들」

「오카크의 최후」

「큰 까마귀에게 기도를 바치다」

「연장자들의 지혜」

스티븐 야콥슨Steven Jacobson, 유픽 에스키모 사전(Fairbanks: University of Alaska Press, 1984)

리드 미야오카와 엘시에 마더Reed Miyaoka & Elsie Mather, 유픽 에스키모 철자법

플라톤, 『국가』

미야오카 리드, 스티븐 야콥슨, 크라우스 아프칸Krauss Afcan, 『유픽 에스키모 문법』(Fairbanks: University of Alaska Press, 1977)

앤소니 우드버리, 『케바미우트 콰넴시트 쿼리라이트-리』(Cev'armiut Qanemciit Qulirait-Ily) (Fairbanks: University of Alaska Press, 1992)

이 코스의 가장 놀라운 측면은 역사적 흐름을 갖고 있는 문화가 반전反轉되었다는 것이다. 마이크 던햄Mike Dunham은 바로 이런 사실이 『앵커리지 데일리 뉴스』를 통해 보도될 가치가 있다고 생각했다. 타쿡은 교육과정 편성안을 알래스카대학교로 보냈고, 테드 카이저는 그것을 받아들였다.

1999년 이른 가을까지 타쿡, 우트, 아리쓰, 우야퀙 그리고 나는 이 마을 저 마을을 돌아다녔다. 때로는 스티브 린드벡과 마이크 던햄까지 가세하기도 했다. 우리는 작은 지역 방송국과 마을 모임에 가서 코스에 대해 설명했고, 유픿인Yupitt들 사이에서 이런 모험을 시작할 수 있도록

동의를 구했다. 이따금 마을 사람들이 공적인 일에 대해서 나누는 대화에서 발견되는 지적 수준은 놀라웠다. 아키아착 마을에서 우리는 엘람 유아 *Ellam Yua*의 의미에 대해 이야기했다. 엘람 유아는 일반적으로 '세계인'을 뜻하지만 상당히 복잡한 뉘앙스를 가지고 있다. 엘라Ella는 '의식'이나 '집', 또는 '감각'을 뜻하기도 한다. 우리는 이 유픽 단어에 담긴 생각을 나후아틀 단어 가운데 신을 지칭하는 유사어와 비교해보았다. 예를 들어 '가까이 존재하는 자'를 뜻하는 트로퀴 나후아퀴*Tloque Nahuaque*, '생명을 부여하는 자'를 뜻하는 이팔네모아니*Ipalnemoani*와 같은 단어가 그것이다. 엘람 유아에 대해 말을 할 때면 유픽인들 또한 '눈에 보이는 것과 눈에 보이지 않는 것'에 대해 이야기를 하게 될 것이다.

유픽과 큐픽어로 이뤄지는 클레멘트 코스는 유픽/큐픽의 풍습과 야아베스카르야라크Yaaveskaryaraq를 공부한다는 뜻이 담긴 야아베스카르니야라크Yaaveskarniyaraq라는 이름을 갖게 되었다. '영어의 한계'에 대해 미리 양해를 구하면서 다음과 같은 엉성한 번역문을 제시해본다.

우리, 큐픽/유픽인들은 우리 조상들의 독창적인 영도 아래 태동한 민족이다. 우리는 서로를 사랑하고, 강한 믿음을 가지고 있으며, 계속해서 우리의 삶을 향상시킬 것이다.

우리는 우리 삶의 방식이 태고 적부터 전해 내려온 전통적 가치와 풍습에 근거를 두고 있다는 것을 안다.

성현의 가르침을 따르는 사람들이라면 세상의 만물이 감사에 대한 보답과 함께 영혼을 지니고 있음을 이해한다.

우리 조상들의 가르침을 따르는 사람들이라면 그들은 지적이며, 자신감 있고, 번영할 것이다.

유핏 사람들은 모든 대화에서 연장자의 말을 경청한다. 어르신들의 유픽어 연설이 너무나 유창해서 그 말을 듣는 사람들은 어르신들이 창의적이고 미묘한 차이를 드러내는 언어 사용 방식에 너무나 감탄한 나머지 그저 '네 네*ii-i* 하고 중얼거릴 뿐이었다(유픽어는 접미사나 접두사를 덧붙임으로 언어의 섬세한 차이를 나타내는데, 대개 하나 이상의 접미사나 접두사가 붙고, 때로는 여섯 개 정도가 붙기도 한다).

우리가 체박 마을로 비행기를 타고 갔을 때 나는 대부분의 시간을 그곳의 어르신들과 함께 보냈다. 체박은 베링Bering해에서 수 킬로미터 떨어진 내륙에 자리하고 있는데, 큐픽어를 사용하는 8백여 명의 주민이 살고 있으며, 어린이들이 상당히 많은 지역이었다. 나는 며칠 전 저녁을 먹으면서 겪은 일 때문에 그곳에서는 유픽어를 한 마디도 사용하지 않았다. 그당시 나는 대화를 나누는 도중에 무당을 뜻하는 단어인 안갈쿠크*angalkuq*라는 말을 사용했는데, 내가 어설프게 그 단어를 쓸 때마다 테이블에 둘러앉은 모든 유핏인들이 폭소를 터트리는 것이었다. 나중에 알고 보니 내가 그 단어를 잘못 발음했던 것이다. 안갈쿠크를 잘못 말하면 '오래된 똥 덩어리'란 뜻이 된다고 한다.

체박에서 나는 영어로 말을 했고, 큐픽/유픽인 교수진들이 통역을 맡아주었다. 하지만 그곳에서 '얼 쇼리스'라는 존재는 거의 쓸모가 없었다. 당시에 그들이 하는 일은 큐픽인들의 사업이었다. 92퍼센트의 주민들은 연방정부의 보조금에 의지해 살아가고 있었으며, 주민들은 모두 카사크인 *Kass'aq*[러시아 카자흐스탄에서 온 백인]들에게 친절했다. 내가 떠나고 이틀 후, 체박에서 클레멘트 코스가 시작되었다. 타쿡과 세 명의 어르신들이 일주일에 이틀 동안 하루에 다섯 시간씩 가르쳤다. 둘째 날 마지막 시간에 학생들은 집으로 돌아가려 하지 않았다.

타쿡이 작성한 교육과정 구성안은 이미 오클라호마과학예술대학교의 하워드 메레디스Howard Meredith에게 송부되었다. 그는 키오와Kiowa[9] 대학원의 학생들과 함께 키오와식 클레멘트 코스를 개발하기 위해 작업을 하고 있었다. 메레디스 박사는 『함께 추는 춤Dancing on Common Ground』과 『엘로하이의 체로키 비전The Cherokee Vision of Elohi』을 포함해 많은 책을 저술했다. 지난 1998년, 빈곤과 클레멘트 코스에 대해 이야기해달라는 시민연맹Citizens League의 초대를 받고 오클라호마 시티에 갔을 때 나는 그를 처음으로 만났다. 1999년 여름, 에밀리 세이트포우호들Emily Satepauhoodle, 제이 굼비Jay Goombi, 그리고 제키 옐로우헤어Jackie Yellowhair는 키오와 문화와 인문학에 관한 논문을 공동으로 집필했고, 하워드 메레디스가 멋진 서문을 붙여주었다.

오클라호마 인문학 위원회 사무총장 아니타 마이는 코스 설계를 위한 기획 회의 개최 경비를 지원해줬다. 이번에는 알레한드라 가르시아 퀸타닐라 박사가 11월 8일에 북미인들에게 연설을 하기 위해 멕시코의 메리다

---

9 미국 오클라호마 주에 있는 원주민 부족. 인구는 약 4천 명이다. 언어는 아스텍, 타노 어족의 카이오아어를 사용한다. 본래는 로키산맥의 산악수렵민(山岳狩獵民)이었는데 다른 부족에게 밀려 대평원으로 쫓겨났으며, 이때부터 말을 타고 들소를 사냥하는 전형적인 '평원 인디언'이 됐다. 전쟁 때나 말을 약탈할 때를 제외하고는 몇 가족을 단위로 한 정치·경제상의 공동 집단으로 나뉘어 생활했는데, 부족 전체로는 연령·성별 또는 개인의 공적에 따라 여러 가지 결사(結社)로 나뉘어 있었다. 그러나 서부로 몰려든 백인과 격전을 치른 뒤 현재의 거주지로 강제이주당했다. 이전에는 태양에게 바치는 화려한 춤을 추면서 풍년과 행복을 기원했으나 백인들에게 패한 뒤부터는 페요테라고 하는, 환각을 일으키는 선인장을 먹는 내성적(內省的) 의례, 즉 '페요테 컬트'를 행하게 되었다. 현재 인디언의 권리를 주장하는 시대적 조류에 힘입어 부족의 명예를 회복하려는 움직임을 보이고 있다. 19세기부터 20세기까지 계속된 그림문자로 쓴 연대기(年代記)가 유명하다 — 옮긴이.

에서 건너왔다. 학생, 부족 지도자, 학자, 그리고 어르신 등을 포함해 수많은 키오와 사람들이 그녀의 강의에 참석했다. 탈레쿠아Tahlequah 지방의 세쿼야Sequyoah 학교에서 온 두 명의 체로키인 교수는 알레한드라의 강연을 듣고, 하워드 메레디스와 그의 아내 메리 엘렌Mary Ellen과 체로키 인디언 언어로 진행되는 클레멘트 코스를 개설할 수 있을지에 대해 이야기를 나눴다. 메리는 최근에 탈레쿠아 역사 박물관의 책임자로 임명됐다. 그들은 체로키 종족의 대표 추장인 채드 스미스Chad Smith, 그리고 부족 위원회의 위원들에게 이야기를 해보겠다고 했다(체로키 클레멘트 코스의 교육과정 구성안은 부록을 참조할 것).

알레한드라는 메레디스의 저서와 그의 인간됨에 감탄했다고 말했다. 멕시코에서 온 치치메카Chichimeca 부족 출신의 교수와 오클라호마 인디언들의 만남은 단지 지성적인 내용만 충족시킨 것이 아니라, 모든 이들에게 깊은 감동을 남겨주었다. 유카탄, 체박, 그리고 아키아착에서 그랬듯이 이번 만남에서도 인문학을 통한 인간 삶의 지속이라는 공통의 느낌이 충만했던 것이다.

키오와 코스의 준비가 빠르게 진전됨에 따라 메리 엘렌 메레디스가 교육과정의 세부 사항을 마련하고 있던 탈레쿠아 지역에 우리의 관심이 집중되었다. 메레디스 여사는 탈레쿠아에 개설될 클레멘트 코스의 미래에 대해 한 치의 의심도 없었다. "코스는 생길 거예요." 그녀는 1년 전 자신의 남편인 하워드가 키오와 코스가 생길 거라고 확신했을 때처럼 말했다. 메레디스 부부라면 탁월한 지적 능력과 효율적 일처리로 어떤 문제라도 극복해낼 것처럼 보였지만 운영자금 확보는 여전히 큰 문젯거리였다. 그런 어려운 상황이었지만 '인문학을 위한 국가 기금'의 윌리엄 페리스William Ferris 의장을 비롯한 여러 명의 고위 직원들이 키오와 코스와 체로키 코스 모두에 관심을 보여주자 메레디스 부부는 기쁨에 겨워했다. 동시에 유카탄의 라울 무르구이아 로세테는 1년 반이나 2년 후에 아메리카 원주민어로 이루어지고 있는 모든 코스의 학생들과 교수들이 만남을 갖자고 제안했다. 알레한드라 그라시아가 미소를 지으며 라울이 제안한 만남이 어느 정도의 범위를 포괄하는 것인지 좀더 명확하게 말해줬다. "중앙아메리카부터 얼어붙은 땅이 있는 최북단의 아메리카까지입니다."

아메리카 원주민어로 이루어진 코스의 개설 초기부터 걱정거리였던 상대주의에 관한 의문은 마침내 알래스카에서 '엘람 유아'라는 용어에 대해 대화를 나누던 가운데 해답을 얻게 되었다. 그러나 엘람 유아는 유대교-기독교에서 말하는 하느님과는 다르다. 유픽어에는 신을 지칭하는 아가윤*Agayun*이라는 또 다른 단어가 있다.

사람을 가리키는 단어인 육*Yuk*이 소유를 뜻할 때는 유아*Yua*로 변한다. 유픽 세계관에선 생명이 있든 없든, 사람이건 동물이건 상관없이 세상 만물은 유아를 가진다. 만약 고기와 기름 때문에 바다표범을 사냥해야 한다면 바다표범의 유아가 다른 세계로 이동하는 걸 준비하게 하기 위해 반드시 신선한 물을 떠먹여줘야 한다. 그렇게 하면 그 표범의 유아가 다른 표범에게 돌아가 신선한 물을 준 데 대한 감사함의 표시로 유핏인들에게 계속해서 식량을 베풀어줄 것이다. 만약 툰드라의 눈 속에서 나무 조각 하나를 발견한다면 반드시 돌려놓아 나무 조각 반대쪽이 공기와 빛을 받도록 해야 한다. 그러면 나무에 깃들어 있던 유아가 그 사람에게 좋을 일로 되갚아줄 것이다.

유핏인들은 이런 형이상학적 관념을 통해 자신들의 윤리 체계를 확립했다. 만약 그들이 유픽이나 큐픽 에스키모인이 아니라 계몽주의 철학자였다면 유아에 대한 개념을 다음과 같이 표현했을지 모른다.

"네 의지의 준칙이 항상 보편적 입법 원리로 타당하도록 행동하라."

만약 칸트의 정언명령定言命令이 유럽인들의 윤리관 확립에 기초를 닦는 역할을 했다면 유픽인들에게 인문학을 가르칠 경우 도덕적 상대주의에 빠질 위험성이 있다고 논쟁할 수 있을까? 물론 문화적 상대주의에 대한 비난은 터무니없는 일이다. 개구리와 달팽이, 그리고 살찐 거위에게서 나온 간을 으깨어 먹는 특정한 문화의 경우를 제외하고는 말이다.

도덕적 상대주의에 관한 문제는 아메리카 원주민의 관점에서 볼 때 더욱 쉽지 않은 문제다. 정복과 대량학살을 공공연한 수단으로 사용하고 있는 문화의 윤리를 아메리카 원주민들이 받아들이라고 기대하고 있으니 말이다. 그런 문화에 깃들어 있는 유아는 도대체 무엇일까?

1998년에는 노르웨이인이 지원하는 단체의 후원으로 멕시코에서 학술회의가 열렸다. 이 단체는 라틴 아메리카의 문제를 연구하는 '빈곤에 관한 비교 연구회Comparative Research on Poverty: CROP'였다. 이 학술대회에는 경제학자 존 뢰머John Roemer를 비롯해 법학자, 철학자, 그리고 사회 과학자를 포함한 여러 명의 북아메리카 사람들이 참석하여 논문을 발표하고 토론했다. 이베로아메리카나대학교에서 열린 공개회의에는 멕시코인 철학자 루이스 빌로로Luis Villoro, 저명한 멕시코 경제학자이자 법률 입안자인 이피제니아 마르티네스Ifigenia Martinez, 그리고 내가 여러 발표자들 가운데 포함되어 있었다. 이베로대학교 대학원 원장인 헤수스 루이스 가르시아Jesús Luis García가 발표자들을 소개했다. 회의가 끝날 무렵 그는 빈곤과 클레멘트 코스에 대한 나의 생각을 좀더 자세하게 밝혀줄 수 있는지 물었다.

당시까지 이베로대학교의 대학원장으로 임용된 인물 가운데 가장 젊었던 가르시아는 신속하게 움직였다. 마음 한 구석에 멕시코에서 클레멘트 코스를 개설하리란 목표를 품고 있었던 가르시아는 1999년 여름, 자기 대학교의 선임 교수들을 초청하여 세미나를 개최했다. 가르시아와 같은 학과의 동료 교수인 역사학자 마리아 에스텔라 에규아르테María Estela Eguiarte와 예술 분야의 학자 호세 루이스 바리오스José Luis Barrios가 함께 이 세미나를 준비했다.

나는 범미보건기구Pan-American Health Organization에 근무하는 나의 친구 호세 로메로 키스José Romero Keith를 세미나에 초대했는데, 그는 멕시코국립자치대학교의 헤르린다 수아레스Dr. Herlinda Suárez 박사도 함께 초빙하면 어떻겠냐고 물었다. 그것은 정말 훌륭한 생각이었다. 수학과 사회과학 분야에서 두 개의 박사 학위를 가지고 있는 수아레스 박사는 세미나의 분위기를 한층 더 활기차게 만들었다. 미국 같은 부자 나라와 멕시코 같은 나라의 차이가 무엇인지에 대한 심각한 의문을 제기하는 등 세미나는 자유롭고 흥미진진하게 진행되었다. 우리는 두 단계로 나뉘어 있는 멕시코의 가난과 미국 국내에 만연한 가난과 교육에 관한 문제를 서로 비교했다. 특히 멕시코의 가난에서 두 번째 단계는 극빈pobreza extrema으로 알려져 있다.

이베로대학교가 클레멘트 코스 설립을 추진하기로 결정했다. 에규아르테와 바리오스가 이 업무를 선도하고, 가르시아 대학원장이 뒤에서 받쳐주기로 했다. 우리는 한때 멕시코시티의 쓰레기 처리장으로 사용되었던 산타페Santa Fe 근처 지역을 찾아가서 학교 설립이 가능한 장소를 물색했다. 국내 이민자들 사이에 존재하는 문화적 측면과 근원 상실이라는 단절감에 대한 문제를 이해하고, 고려해야 했다. 그리스 시대의 작품이나 셰익스피어의 작품들과 함께 세르반테스와 아스텍의 시를 포함하는 새로운 교육과정이 논의되었다.

이베로 클레멘트 코스는 다른 지역의 코스들도 똑같이 안고 있던 자금 조달 문제에 직면했다. 하지만 특히 멕시코에서 자금 부족이 문제되는 이유는 그 사회에는 개인적 기부의 전통이 없기 때문이었다. 비록 이런 종류의 선행이 이제 막 움트고 있긴 하지만 말이다. 기부는 언제나 가톨릭 교회를 중심으로 일어났으며, 종교 교육이 없는 교육 사업은 기부 대상에 넣지 않았다. 그럼에도 이베로에서 이뤄지는 클레멘트 코스에서는 종교 학습을 포함하지 않기로 사전에 동의한 상태였다. 이 코스 조직의 주요 업무를 맡은 마리아 에스텔라 에규아르테는 교수진에게 지불할 강사료를 마련하기 위해 부지런히 뛰어다녀야 했다.

그 사이 헤르린다 수아레스는 멕시코국립자치대학교의 홈베르토 무노스Humberto Muñoz 부총장을 만나기로 했다. 그는 이 대학에 임명된 두 명의 부총장 가운데 한 사람으로 전문 과학 분야와 기술 훈련 분야를 제외한 대학의 모든 업무를 관장하고 있었다. 무노스는 장기간 지속된 학생 파업에 대한 협상을 잠시 중단하고 간단히 점심도 함께 할 겸 우리의 계획에 대해 논의하기 위해 나왔다. 무노스는 말했다. "우리는 그 코스를 모렐로스에서 개설하겠습니다. 거기에는 이미 진행하고 있는 프로젝트가 있는데, 지금 제안하신 게 그것과 완벽하게 들어맞을 것 같습니다." 더 나아가 무노스와 이베로대학교의 가르시아는 사립대학과 공립대학(이베로대학교는 예수회 재단 소속 교육기관임)이 함께 이 일을 실행할 수 있다면 좋겠다는 데에도 동의했다.

모렐로스 주의 쿠에르나바카Cuernavaca에서는 수아레스의 남편인 구스타보 발렌시아Gustavo Valencia 박사가 모렐로스에서도 클레멘트 코스를 시작하고 싶다는 의사를 밝혀왔다. 구스타보 박사는 모렐로스 캠퍼스에 소재한 몬테레이과학기술대학교ITESM의 수학과 교수이며, '발전과 개발' 부서의 책임자이기도 했다. 그는 두 종류의 코스를 만들고자 했다. 하나는 학비를 낼 수 있는 사람들에게 수업료를 받아서 운영하는 코스이고, 다른 하나는 저소득층으로 전락하기 직전의 차상위 계층들을 위한 코스로서 가난하지만 글을 읽을 능력이 있는 사람들을 위한 것이었다. 1999년 늦가을 무렵까지 그는 이 프로젝트를 진행하고 있었다.

그는 2년 과정인 이 코스의 세부적인 사항을 대부분 직접 만들었다. 구스타보 박사가 구성한 운영안을 보면, 클레멘트 코스를 원안 그대로 따랐으며, 현대 멕시코에 관한 부분을 추가로 집어넣었다. 코스의 한 영역은 라구닐라Lagunilla로 알려진 쿠에르나바카Cuernavaca 지역에서 개설되었다. 그곳은 극빈에 가까운 생활을 하는, 멕시코의 가장 가난한 도시 거주자들이 살고 있는데, 무단 입주자들이나 국내 이주자들이 자리 잡고 있는 지역이었다. 몬테레이과학기술대학교는 소속 교수들에게 이 코스에서 가르칠 수 있는 시간을 허락해주었다. 학생들은 중산층 거주 지역과 라구닐라 양쪽 모두에서 모집됐다. 서양과 멕시코라는 두 세계에서 비롯한 다섯 가지의 기초적인 문화에 뿌리를 두면서도, 멕시코 전통을 따르는 인문학을 가르치는 새로운 형태의 클레멘트 코스가 이제 막 시작된 것이다. 모렐로스의 한 가정에서 솟아난 에너지와 선의善意는 진실로 놀랄 만한 것이었고, 그들이 보여준 마음의 결은 참으로 비범한 것이었다.

무타티스 무탄디스Mutatis mutandis. 궁극적으로 아테네인들의 양식이었던 인문학, 성찰적 사고, 자율auto nomos, 그리고 민주주의 체제 내에서 보장된 시민들의 공적 삶은 문화의 특수성을 극복하고 살아남은 것으로 평가할 수 있을 것 같다. 사실 우리는 눈송이들만큼이나 차이가 나면서도 눈 그 자체만큼이나 흡사하다.

18장

결론 — 위험한 추론

미국의 성공은 언제나 빈민들을 '위험하지 않은 상태'로 묶어둠으로써 가능했다. 만약 이런 단언이 이 긴 책의 말미에서 독자들에게 충격을 주거나 관심을 다시 환기시키려는 과장된 언사로 들렸다면, 그것은 전혀 내가 의도한 바가 아니다. 나는 단지 빈곤이라는 것과 "빈곤에서 절대 벗어날 수 없을" 때 드는 기분인 서러움은 늘 함께 다닌다는 사실을 보여주고 싶었을 따름이다.

미국이라는 나라는 이른바 혁명을 통해서 세워졌는데도 빈민들은 세대를 거듭해 빈곤을 대물림해왔는데, 이것이 미국이 다른 나라와 뚜렷하게 구별되는 지점이다. 혁명을 치렀던 다른 나라들의 경우에는 국민들, 그 중에서 빈민들이 부자들한테서 권력을 빼앗아왔다. 그런 여러 혁명이 전해주는 교훈은 단순하면서도 강렬하다 — 빈민들은 위험하다. 빈민들을 경계하라.

아메리카 대륙의 여러 영국 식민지들에서 저항을 일으켰던 계층은 빈민이 아니라 귀족들이었다. 항상 그래왔지만 빈민들은 전장에서 전투를 하고 죽어갔으되 정작 혁명을 일으킨 장본인은 아니었다. 그들은 위험하지 않았다. 미국 헌법을 제정할 당시에는 빈민 문제를 언급할 필요가 없었다. 로크의 사상에 바탕을 둔 미국 헌법은 재산권에 큰 관심을 가졌지만 빈민 문제를 포함하여 어떠한 방법으로든 국가의 부를 재분배하는 일에는 전혀 관심을 기울이지 않았다.

신생 국가 미국에서, 그리고 다른 여러 나라에서 널리 받아들여지고 있는 빈민에 대한 관점은 '적자생존'이라는 말을 만들어낸 허버트 스펜서 Herbert Spencer의 입장을 따른다. 스펜서를 추종하는 사회적 다윈주의자들은 빈민들에게 자선을 베푸는 유일한 이유를 기증자의 품성을 향상시키기 위한 것이라고 믿었다. 즉, 빈곤에 대한 관심은 도덕적 차원의 문제였던 것이다. 과격한 폭동을 걱정할 이유가 없으므로 권력을 가진 그들이 국가의 부를 빈민들과 나누는 문제를 고려한다는 것은 이치에 닿지 않는 일이었다. 물론 사회주의자들과 자선가인 체하는 사람들처럼 부자들의 입장을 지지하지 않는 세력이 있었지만 그들은 권력이 없었고, 위험하지도 않았다.

미국 남부의 노예 소유주들이 걱정한 것은 노예의 반란이 아니라 노예의 도주였다. 다른 마을이나 병력 주둔지에서 멀리 떨어져 있으면서 흑인들이 수적으로 백인들을 크게 압도하던 고립된 지역에서조차 그랬다. 서부개척 지대에서 미국 원주민들은 저항을 했지만 그들의 운명은 불 보듯 뻔했다. 이 문제에 대한 윌리엄 그래험 섬너[1]의 '잘 알려진' 견해는 이렇다. "인디언들은 '문명화'되든지 아니면 멸종되든지 할 것이다."

그 뒤 남북전쟁이 일어났지만 그것은 부자와 빈자 사이의 전쟁이 아니었다. 전쟁 발생의 직접적인 원인이 경제 문제였는데도 말이다. 미국에서

---

1 윌리엄 그래험 섬너(William Graham Sumner, 1840~1910)는 예일대학교의 교수로서 사회적 다윈주의자였다. 진화의 법칙에 따라 극단적 자유방임주의를 옹호했으며, 사회적 규범에 관해 분석한 유명한 저술이 1907년에 출간되기도 했다 — 옮긴이.

는 제도화된 질서를 무너뜨릴 것이란 위협을 통해 빈민들이 무엇인가를 획득한 적이 단 한 번도 없다.

빈민들은 무력의 포위 안에 갇혀 소심하게 길들여져 있었으며, 서로를 갉아먹고 있었다. 도덕적, 정치적 문제들로 떠들썩했던 1960년대에도 마찬가지였다. 하버드대학교의 맥조지 번디[2] 교수와 국가안전보장회의National Security Council 당국자들은 베트남 전장에서 죽어가는 미국인들을 직접 보고 돌아와서도 더 많은 미국인들을 죽음으로 내몰았다. 빈민들은 소총을 어깨에 메고 전장에 뛰어들었다. 그리곤 전사했다. 그들이 전사를 원했던 것은 아니다. 빈민들을 죽음의 전장으로 내몰았던 부자들의 불공평한 처사가 빈민들을 격노케 만들었고, 그 결과 와츠, 디트로이트, 그리고 시카고 등지에서 자신들의 집에 불을 지르고, 자신들의 형제들을 죽였다.

미국인들은 그것이 자신들에게 직접 영향을 주지 않는다 하더라도 이러한 사회적 폭동을 좋아하지 않는다. 하지만 폭동에 대한 대응 자체가 부자와 빈민 사이의 소득 격차를 줄여주는 것은 아니다. 사실 오늘날의 소득 격차는 폭동이 일어났던 1960년대보다 훨씬 더 벌어졌다. 빈민들 사이에서 발생한 사회적 폭동에 대응을 해봐야 빈곤을 종식시킬 수도 없거니와 완화시키지도 못했다. 그것은 플로리다 주 리비에라 비치Riviera Beach 경찰서의 데이비드 해리스David Harris 부서장副署長이 언급했던 감정적 표현과 크게 다르지 않다. "만약 우리가 향후 20년, 혹은 30년 안에 빈곤 문제에

---

2 맥조지 번디(McGeorge Bundy, 1919~1996)는 보스턴에서 태어나 1940년 예일대학교를 졸업했다. 2차 대전 때는 노르망디 상륙작전에 종군하고, 1949년부터 하버드대학교에서 정치학 강의를 시작했다. 1961년 J. F. 케네디 행정부의 대통령 특별보좌관으로 국가 안보문제를 담당했고, 1962년 쿠바 위기와 베트남전 확대 등 중대사가 터질 때 대통령의 측근으로 활약하기도 했다 — 옮긴이.

대해 아무런 조치도 취하지 않는다면, 나의 임무는 거리에서 사람들을 총으로 쏘아 넘어뜨리는 일이 될 것이다." 해리스 부서장은 살인이라는 행위가 자신의 인격에 끼칠 영향을 두려워한 것이었지 결코 빈민들이 정부를 전복하게 될까봐 걱정했던 것은 아니었다. 비록 거울 속의 이미지이긴 하지만 우리는 다시 허버트 스펜서로 되돌아왔다.

미국에서 빈곤이 문제가 되는 이유는 일부 국민들의 빈곤 상태가 외부로 노출되면 나머지 미국인들마저 초라하게 보일 수 있기 때문이다. 바로 이런 이유 때문에 대개 빈민들의 존재를 뒤로 숨기려 하며, 부자들 사이를 어슬렁거리는 부랑자와 거지들을 두려움과 혐오의 대상으로 바라보는 것이다.

거지들을 비롯해 눈에 띄는 빈민들을 두려워하는 것은 빈민들이 미국 사회에 던져준 실질적인 위험성과 관련이 있는데, 그것은 바로 미국인들 자신이 도덕적 가치에 대해 의식을 하고 있음을 의미한다. 모든 국민을 위해 자본주의를 위기에서 건져내길 원했다는 프랭클린 델러노 루스벨트 대통령은 도덕적 선을 실행하도록 만드는 국가적 의식 그 자체를 회복하려고 노력하기도 했다. 한 세대가 지난 뒤 린든 존슨 대통령이 시행한 '빈곤과의 전쟁'이라는 정책은 말 그대로 오도된 시행과 부족한 재정 투입이라는 문제를 안은 채로 똑같은 길을 걸었다.

로널드 레이건 대통령 시기에 이르러서는 도덕적 담론을 만연시키는 바람에 빈민들은 더는 도덕적 가치에 대한 미국인들의 의식에 위기로 작용하지 않게 됐다. 레이건은 매력이라는 속임수를 통해 자신의 삶은 물론, 미국이 안고 있던 모든 도덕적 고민들을 간단히 처리해버렸다. 20세기 말에 이른 오늘날 빌 클린턴 대통령은 민주당원이라는 미명 아래 국회의 결정에 동의했고, 빈민에 대한 국가의 정책 기조를 루스벨트 시대 이전으로 되돌려 놓았다. 그는 빈민들을 도덕적으로나 정치적으로 대수롭지 않은 존재로 만들어버린 것이다. 정치적 올바름Political Correctness[3]이란 실제로든 또는 상상으로든 자연권과 공민권을 박탈당한 모든 사람들을 보호하려는 의도를 포함하는 말이다. 하지만 오로지 빈민만이 정치적 올바름이라는 보호막의 혜택을 누리지 못하고 있다.

아무도 그들을 돕지 않을 것이고, 그래서 빈민들은 정치를 배우는 것 말고는 다른 대안이 없다. 자유와 질서의 양극단 사이에서 협상을 통해 안전한 해결책을 마련할 수 있는 능력과 성찰에 근거하여 자율적인 삶을 영위하는 것이 바로 빈곤을 벗어나 성공으로 가는 길이다. 하지만 정치를 배우는 것 역시 궁극적으로 빈민들이 위험스러워지는 길일 수 있다.

성찰할 수 있는 능력과 정치적 기술을 터득함으로써 빈민들은 선택을 할 수 있게 된다. 그들은 게임의 법칙이 근간을 이루는 사회에서 적응하고 살아남기 위해, 또는 무력의 포위망에서 탈출하여 좀더 안락한 삶을 누리기 위해 정치를 이용할 수 있다. 또는 게임 자체에 맞서는 길을 선택할지도 모른다. 빈민들이 합법적 권력의 범주 안으로 들어간다면, 그러고 나서 게임의 잔혹성과 맞선다면, 그들은 기존에 확립된 사회 질서에 진정한 위협이 될 것이다.

---

3 '정치적 정합성', '정치적 올바름' 등으로 다양하게 번역되고 있는데, 어느 사회에서든 존재해온 성, 인종, 특정한 문화적 지향성을 가진 집단 등에 대한 소외와 차별, 모욕감 주기를 막아야 한다는 취지를 갖고 있다. 예를 들어, 의장(議長)을 뜻하는 'chairman'은 올바르지 못한 표현이다. 의장은 당연히 여자도 될 수 있기 때문이다. 이렇듯 무심코 쓰는 말 속에는 남자만 요직을 차지해야 한다는 편견이 담겨 있다. 정치적 올바름의 관점에 따르자면 'chairman'은 'chairperson'이라고 쓰는 게 올바르다. 마찬가지로 소방관은 'fireman' 대신에 'firefighter'라고 써야 한다는 것이다 — 옮긴이.

어느 누구도 정치의 결과에 대해 예측할 수 없다. 비록 우리 모두는 각자의 지혜가 이끄는 대로 가는 것이라 생각하고 싶긴 하지만 말이다. 자율성에 대해 새롭게 눈을 뜬 사람들은 우파나 좌파가 될 수도 있고, 새치름하고 무관심한 척 하면서 중도파로 살아갈 수도 있다. 바로 이 점이 빈민들이 그렇게 자주 결집하면서도 거의 정치세력화가 되지 않는 이유다. 빈민들이 자신을 도우려는 후견인들의 관점을 받아들이기보다는 도덕적 견해를 받아들일 가능성을 절대로 무시할 수 없다. 또한 어느 누구도 정치 세력화의 위험성을 무릅쓰려고 하지 않는다.

공적 세계로 진입한 수만 혹은 수백만의 빈민들은 기존에 확립된 사회 질서를 전혀 위태롭게 하지 않을 수 있다. 그러나 위태롭게 할 수도 있다는 가능성을 통해 18세기 이래로 미국 사회에 뿌리 박혀 있는, 빈민들을 바라보는 관점을 반드시 바꿔 놓아야만 한다. 그렇게 하면 다른 시민들도 주의를 기울이게 될 것이고, 이때 비로소 빈민들도 자신들의 삶을 비참하게 만든 무력을 관대하게 대할 수 있게 될 것이다. 그렇게 한다면 이제 더욱 많은 빈민들이 개인적인 삶에서 벗어나 모든 사람들이 자기 자신의 영향력을 인정받는 공적 세계로 더욱 쉽게 이행할 수 있다.

만약 정치를 배운 빈민들이 위험해지지 않는다면, 만약 그들이 평화와 안락을 누리면서 겸손하게 생존하길 선택한다면 확언컨대 그것만으로도 충분하다. 우리의 목표는 빈곤을 종식시키고, 가난의 서러움을 역사와 낭만의 영역으로 넘겨주고, 빈민들을 시민으로 만드는 것이다. 만약 이런 목표가 달성된다면, 위험에 대한 질문은 바뀔 것이다. 왜냐하면 '민주주의 사회에서는 모든 시민들이 위험하다'는 의미와 똑같은 차원에서 빈민들도 위험해질 것이기 때문이다. 그들은 참으로 '힘 있는' 시민이 될 것이다.

어떠한 방식으로든 정치는 빈민들을 위험한 사람들로 만들 것이다. 정치라는 행위가 시도된 이래 이런 확실성 때문에 온 세계의 엘리트들은 골치 아파했다. 하지만 과거에 플라톤은 정치에 대해 오류를 범했다. 오늘날 그를 따르는 근본주의자들도 오류에 빠져 있다. 타자의 행복을 보장하는 일은 추구할 만한 가치가 있는 목표다. 그리고 그 목표를 성취하기 위한 방법으로써의 민주주의는 모든 것을 무릅쓸 만한 가치가 있는 위험이다.

체로키/클레멘트 코스

2000년 여름학기

1. 목표

학습과정은 체로키적인 사고방식과 실행을 확대하는 일을 진지하게 고찰하는 과정이 될 것이다. 그 과정에서, 전통적인 체로키의 정체성과 유럽의 고전적 양식과 현대적 양식의 특성들을 비교하게 될 것이다.

2. 개요

1차시 (5월 9일) ― 수업 시작
a. 등록
b. 체로키/클레멘트 코스의 개념에 대한 소개
c. 수업에 대한 간략한 안내

2차시 (5월 16일) ― 정체성과 자기인식: 다문화 사회와 민주적 헌법에 입각한 국가
a. 다문화 교육과정
b. 체로키의 정책과 역사에 관한 논점들
c. 문명사회, 도시국가, 제국

−읽을거리

『체로키 사진 타임라인』

『체로키 타임라인의 시작 — 체로키, 미국, 그리고 세계사』

사포, 『서정시』

소포클레스, 『오이디푸스』

에우리피데스, 『메데이아』

3차시 (5월 23일) — 정치 지도자와 사상가들

a. 명예로운 체로키인들: 아타큘라큘라Attacullaculla, 낸시 워드Nancy Ward, 울라티카Oolateeca, 쎄쿼이야Sequoyah, 데이비드 반David Vann, 엘리아스 바우디노트Elias Boudinot, 메이저 리지Major Ridge, 존 리지John Ridge, 존 로스John Ross, 스탠드 와티Stand Watie

b. 고대 아테네인들: 드라코Draco, 솔론, 클레이스테네스, 테미스토클레스Themistocles, 소크라테스, 플라톤, 아리스토텔레스, 페리클레스, 투키디데스

c. 현대의 지도자들: 채드 스미스Chad Smith, 헤이스팅스 쉐이드Hastings Shade, 헤럴드 디모스Herold DeMoss, 바버라 스타 스코트Barbara Starr Scott, 윌리엄 스미스William Smith, 잭 킬패트릭Jack Kilpatrick, 안나 그리츠 킬패트릭Anna Gritts Kilpatrick

−읽을거리

『초기 협정들Early Treaties』

『과도정부』

플라톤, 『변명』

4차시 (5월 30일) ─ 군사적인 문제들

a. 부족의 형성

b. 그리스식 군사 훈련, 전술

-읽을거리

『자발적 이주 ─ 부족의 형성』

『체로키 부족연합의 합법적 특성』

플라톤, 『국가』

아리스토텔레스, 『윤리학』

5차시 (6월 6일) ─ 공간적인 문제들

a. 세계의 기원과 이주에 관한 이야기들

b. 지리학: 식민지와 동맹국들

-읽을거리

국가의 권리와 체로키 부족연합

강제 이주

아리스토텔레스, 『정치학』과 『시학』

6차시 (6월 13일) ─ 무역

a. 경제적 상호 의존성

b. 농업과 제조업

c. 서비스업

-읽을거리

연방 정부에 의한 범죄 재판권의 퇴락

체로키 '황금시대'

리비Livy, 『로마의 건국과 역사』

플루타르크, 『마르쿠스 카토의 생애』

베르길리우스의 대서사시 『에네이드』, 『오비디우스』, 『변형』

7차시 (6월 20일) — 도시의 삶

a. 코타Chota, 뉴에코타New Echota, 탈레쿠아Tahlequa

b. 도시, 건축, 내관과 외관

-읽을거리

남북전쟁Civil War

남북전쟁의 응보Civil War Retributions

아우구스티누스, 『신의 도시』와 『참회록』

8차시 (6월 27일) — 문학

a. 체로키 음절문자표와 체로키 작가들

b. 그리스 알파벳, 작품, 교육, 그리스 작가들

c. 로마 알파벳, 문법, 논리학, 로마 작가들

-읽을거리

지역적 위상Territorial Status

체로키 지역방송Cherokee Outlet

마이모니데스Maimonides, 『방황하는 자들을 위한 안내서』

아비센나Avicenna, 『심리학』

9차시 (7월 4일) — 복습

-읽을거리

운명Allotment, 결말Termination

10차시 (7월 11일) — 미술과 건축

a. 체로키의 에칭 판화, 바구니 세공품, 도자기, 시각예술

b. 고대 그리스, 로마의 디자인과 스타일

c. 르네상스 시대의 미술

-읽을거리

저항, 오클라호마 국가Oklahoma Statehood

단테, 『희극』

11차시 (7월 18일) — 의료

a. 제사, 식물, 그리고 질병 — 스위머Swimmer

b. 종교, 철학, 그리고 의사 — 히포크라테스

-읽을거리

금지법: 연방 정책Federal Policy

마키아벨리, 『군주론』

몽테뉴, 『수상록』

12차시 (7월 25일) ― 정치학
a. 부족의 법규와 헌법에 따르는 통치
b. 민주주의

-읽을거리
부족재건법Tribal Revitalization Law
존 로크, 『시민정부론』, 『인간의 이해에 관한 에세이』

13차시 (8월 1일) ― 동맹
a. 연방 관계Federal Relationships
b. 민족성

-읽을거리
현대 연방법Modern Federal Law
장 자크 루소, 『사회계약론』

14차시 (8월 8일) ― 참여
a. 자결Self Determination
b. 폴리스와 국가

-읽을거리
체로키 지방Cherokee Country

아담 스미스, 『국부론』

15차시 (8월 15일) ― 결론
a. 자치
b. 공화주의

-읽을거리
체로키족의 현재 위상Present Status of the Cherokee Nation
알렉시스 드 토크빌, 『미국의 민주주의』

3. 교재

채드위크 스미스Chadwick Smith (편집, 2000). 『체로키족의 역사적 과정』
탈레큐아: 체로키 네이션.

사라 라월Sarah Lawall 외 (편집, 1999). 『노턴 세계 명작선 1집』 뉴욕: W.
W. Norton & Company.

4. 평가
a. 수업에 적극적으로 참여하는가
b. 구술로 치르는 중간시험
c. 기말시험 (구술과 지필고사)

클레멘트 코스는 아래 기관들의 관심과 지원 덕분에 지속하고 성장할 수 있었다.

The National Endowment for the Humanities and the state humanities commissions
    of Alaska, Florida Illinois, Massachusetts, New Jersey, Oklahoma, Oregon,
    Washington, and Wisconsin
The Fund for the Improvement of Post-Secondary Education of the U.S. Department
    of Education
The Open Society Institute
AKC Foundation
Alaska Department of Health and Social Services, Division of Juvenile Justice
Alaska Rural Community Action Program (RuralCAP)
Alaska Rural Systemic Initiative/Alaska Federation of Natives
Kenneth and Marleen Alhadeff Charitable Foundation
Brooklyn Union Gas (KeySpan)
CBS/Westinghouse
Centro de la Raza (Seattle)
Cherokee Nation
Cherokee National Historical Society
Chevak Traditional Council
Children's Board of Hillsborough County, Florida
The Door
Fales Foundation Trust
Grace Jones Richardson Trust
Hearst Foundation
Hispanic Federation of New York
Instituto Technologico y de Estudios Superiores de Monterrey-Campus Morelos
Darv Johnson
John S. and James L. Knight Foundation
Kongsgaard-Goldman Foundation
Starling Lawrence

Stephen and May Cavin Leeman Foundation

Library of America and Lawrence Hughes

Henry Luce Foundation

J. Roderick MacArthur Foundation

Middlesex County Economic Opportunities Corp.

Marilyn and Philip Napoli

Anne Navasky

New Jersey Community Services Block Grant

New York City Board of Education

New York State/OASAS

New York Times Foundation

Northside Mental Health Center (Tampa)

Martin and Anne Peretz

Roberto Clemente Family Guidance Center

Daniel J. and Mary Ann Rothman

Tucker Anthony Incorporated

United Nations Development Program (Yucatán, Mexico)

U.S. Department of Health and Human Services/Head Start Quality Improvement Grant

Universidad Iberoamericana

University Community Resource Center (Tampa)

University of Alaska at Anchorage

University of British Columbia

University of South Florida

W. W. Norton & Company

Walter Chapin Simpson Center for the Humanities at the University of Washington

Tom and Margo Wycoff

Yupiit School District, Alaska

| 옮긴이의 말

이 책의 번역을 마치면서 옮긴이들의 마음 속에 강하게 새겨진 생각은, 얼 쇼리스는 국경을 초월하여 누구든지 진심으로 우러를 만한 우리 시대의 훌륭한 스승이라는 것입니다. 아마도 본인이 이 말을 들으면 가당치 않다고 펄쩍 뛰시겠지만 옮긴이들이 번역을 하며 마음 속에 오래도록 가시지 않는 진한 울림을 얻었다는 사실 하나만으로도 충분히 그런 평가를 받을 만한 인물이라고 생각합니다. 우리 옮긴이들 마음과 영혼을 강하게 흔들어놓은 이 신선한 울림의 정체가 무엇인지는 독자 여러분들도 이 책을 덮을 때쯤이면 분명하게 느끼셨으리라 믿습니다.

지난 2006년 1월에 얼 쇼리스를 한국으로 초청해 국제세미나와 워크숍을 진행했을 때, 한번 정해진 목표를 향해 매진하는 빈틈없는 열정과 인문학을 통해 세상의 모든 가난한 이들을 가슴에 품어 안으려는 엄숙한 진정성을 우리는 직접 확인할 수 있었고, 그래서 그의 작업을 곁에서 지켜보던 우리는 참으로 얼 쇼리스라는 사람은 세상의 모든 가난한 이들의 스승이 되기에 조금도 부족함이 없겠구나 하는 생각을 하게 된 것입니다.

얼 쇼리스는 림프선암 3기에 이른 환자로서 힘겨운 투병 생활을 하고 있었기에 장거리 여행이 어려운 상황이었습니다. 그런데도 한국에서 가난한 이들을 위한 클레멘트 코스가 설립되었다는 소식을 듣고, 그것이 성공적으로 발전해나가기를 진심으로 바라는 마음 하나로 우리의 요청이 있자 한달음에 태평양을 건너왔습니다. 아침저녁으로 한주먹씩이나 되는 치료제를 투약하면서 일주일 내내 한국의 노숙인들과 직접 만났고, 그들과 함께 소크라테스식 대화법을 통한 워크숍을 시연해 보였으며, 장차 클레멘트 코스의 교수가 될 후보자들이나 이 프로그램을 지원할 가능성이 있는 정부 관계자들을 만나 적극적인 지원과 참여를 요청하러 다녔습니다.

계단을 세 개 이상 오르내리면 이내 숨이 벅차오르는 상태지만 하루에 2~3건이나 되는 빡빡한 일정을 기어이 소화해 냈습니다. 하지만 어느 곳을 가든 작가로서 지닌 촌철살인의 유머 감각을 멋지게 발휘함으로써 전체적인 프로그램 진행에 생기를 불러일으키기도 했습니다. 그는 분명 북미 대륙 각지는 물론이요, 알래스카 지역과 멕시코, 호주의 여러 도시에서도 이런 작풍作風으로 지난 10년간 꾸준히 클레멘트 코스를 세계적으로 확대, 개설해왔으리라는 것을 쉽게 짐작할 수 있었습니다.

그러나 이러한 것들보다도 우리를 더 감동시킨 것은 인문학은 사회적 약자들을 위한 진정한 부富가 될 것이라는 확고한 신념이었습니다. 얼 쇼리스는 10여 년 전 미국의 한 중범죄자 교도소에서 만난 여성 재소자와 나눈 짧은 대화를 통해 그동안 자신이 받은 '인문학 교육'에 대해서 심각한 도전을 받습니다. 뉴욕에서 차로 한 시간 반 정도 걸리는 교도소에서 집으로 돌아오는 동안, 얼 쇼리스의 머릿속에서는 인문학의 존재 이유에 대한 본질적인 질문들이 솟구쳤습니다. 인문학은 고대 아테네 사람들이 성찰적으로 사고하는 것을 가능하게 해주었는데, 과연 아테네의 경험이 가난한 이들에게도 적용될 수 있는 것일까? 인문학은 과연 그들이 단순한 반응을 보이며 살아가는 대신 성찰적으로 사고하도록 만들 수 있는 것일까? 인문학은 그들을 '정치적'으로 변화시킬 수 있을까? 민주주의는 오늘날에도 인문학과 어떤 관계가 있는 것일까? 아니면, 미국이나 세계 여러 나라에서 그저 정부를 운영하기 위한 관료적인 방식으로 남아있는 것일 뿐일까? 민주주의는 어떤 식으로 개인에게 영향을 주는 것일까? 실패한 민주주의를 경험한 사람들에게 민주적 사고방식을 촉진할 수 있는 길은 무엇일까……?

그리고 지난 2006년 1월 행사에서 이러한 질문들에 대해서 자신이 얻은 결론을 다음과 같이 표현했습니다.

저는 민주주의의 저력을 믿습니다. 하지만 플라톤과 아리스토텔레스가 두려워했던, 매우 단순화한 수리통계학적 민주주의를 말하는 것이 아닙니다. 그런 민주주의는 수명이 짧고, 쉽게 붕괴되어 중우정치衆愚政治를 초래합니다. 그리고 결국에는 대중을 구슬리는 법을 아는 독재자를 출현시킵니다. 제가 믿는 민주주의는 시민들의 욕구와 필요에 훨씬 더 민감하게 반응합니다. 그것은 입헌민주주의로서, 정부를 가장 필요로 하는 그 사회의 가장 약자 집단을 정부가 어떤 식으로 다루는지에 따라 평가받는 체제입니다.

저는 민주주의에 대한 이런 생각들을 오랫동안 해왔습니다. 그런데 교도소의 한 여성 재소자 덕분에 촉발된 생각이 현실에서 모습을 갖춰가는 과정을 지켜보면서, 저는 이제 윤리적 민주주의ethical democracy가 제 화두의 해답일 수 있다는 결론에 이르게 되었습니다.

윤리적 민주주의는 '제3의 길'이 아니며, 공산주의나 파시즘, 혹은 아나키즘과는 아무런 관계도 없습니다. 윤리적 민주주의는 그 구성원들을 돌보는 방식에서, 그리고 지구와 그 위에서 함께 살아가는 이웃들과 관계 맺는 방식에 있어서 입헌 민주주의를 한 차원 넘어선 것입니다. 윤리적 민주주의는 모든 사람들이 합법적이고 정당한 힘을 가짐으로써 '위험한' 존재가 되는 민주주의입니다. 윤리적 민주주의는 실현이 가능합니다.

그런데 한국 상황에서도 정말로 가난한 이들을 위한 인문학 수업이 윤리적 민주주의를 실현할 수 있는 하나의 '길'일 수 있는 것일까? 얼 쇼리스는 빈민에 대한 무조건적인 사랑이나 보살핌이 빈곤 문제에 대한 근본적인 해결책이라고 결코 생각하지 않았습니다. 물론 그도 빈곤이 구조적으로 발생하는 원인이 무엇인지 잘 이해하고 있습니다. 하지만 이 책이 남다른 이유는 무엇보다도 가난한 사람들을 지속적인 빈곤 상태로 영원히 묶어 두는 메커니즘이 무엇인지를 드러내 보였다는 데에 있다고 생각합니다. 얼 쇼리스가 이 책에서 표현한 '무력의 포위surround of forces'가 바로 그러한 메커니즘의 중핵을 이룹니다. 따라서 빈곤 문제를 풀어가기 위한 핵심 열쇠는 바로 이런 포위망을 무엇으로 어떻게 해체시키는가에 달려 있는 것이며, 얼 쇼리스가 인문학 학습의 필요성에 눈을 돌리게 된 것은 바로 이러한 사고의 흐름에 따라 자연스럽게 도달한 결론이었던 것입니다. 이 책에서 얼 쇼리스는 독자들에게 한국 상황에서도 사회적 약자를 위한, 가난한 이들을 위한 인문학 수업은 윤리적 민주주의를 실현할 수 있는 하나의 '분명한' 길임을 설득하고 있습니다.

얼 쇼리스는 자신의 추론을 증명하기 위해 문헌 조사나 통계 자료에 의존하지 않았습니다. 그는 도저히 불가능할 것 같은 이 일을 바로 그 자신의 몸으로 정직하게 수행해 냈으며, 우리가 얼 쇼리스를 '가난한 이들을 위한 훌륭한 스승'이라고 평가하는 것도 바로 이런 이유에서입니다. 그는 고위 정책결정자들에게 이렇게 일갈합니다. "빈곤 문제를 해결하고 싶으면 가난한 사람들이 많이 있는 곳을 방문하여 그들의 이야기를 듣고, 그들의 생각이 반영된 정책을 만들어서 집행하라." 참으로 평범하기 그지없게 들릴지 몰라도 그의 말에 범접하지 못할 위엄의 기운이 서려있기까지 한 것은 실제로 얼 쇼리스 자신이 그렇게 일을 진척시켜왔고, 또 실제로 놀라운 성공을 거두었기 때문입니다. 그는 현장의 경험을 통해 가난이 무엇인지를, 가난한 이들이 누구인지를, 그리고 어떻게 하면 가난과 가장 효과적으로 싸울 수 있는지를 깨달았던 것입니다. 그리하여 가난한 이들이 더는 '무력의 포위망' 한가운데서 절망하지 않고, 당당하게 시민사회의 귀한 구성원으로 자립함으로써 온전한 인간으로 거듭나는 모습을 보고 싶었던 것입니다. 얼 쇼리스의 정신적 스승인 소크라테스가 한 평생을 가난하게 지냈지만 아무도 그를 빈자貧者라고 부를 수 없는 것도, 이 철학자가 '무력의 포위망' 밖에 존재했었기 때문이 아닐까 싶습니다.

적어도 교육실천에 관한 한, 우리 옮긴이들은 '기적은 결코 기적처럼 오지 않는다'는 신념을 가지고 있습니다. 그런데 바로 이 신념이 근본적으로 도전받는 한 '사건'을 최근에 경험한 적이 있습니다. 한때 삶에 대한 좌절의 무게에 짓눌려 길거리를 헤맸을 한 무리의 노숙인들이 미국에서 온 이방인과 '플라톤'에 대해 토론하기 위해 교실로 걸어 들어오는 광경을 목격한 것이 바로 그것입니다. 소위 교육전문가들의 판단으로는 이미 어떠한 교육도 '불가능'하다고 판정되어 그 '가능성'을 상상해보는 것 자체마저도 진부한 일이 되어버린 교육실천이 바로 눈앞에서 '실현'되고 있는 것을 목격한 순간, 지금껏 무슨 보물이라도 되는 양 머리 속에 가지런히 쌓아 올려놓았던 교육이론들과 담론들이 무너지면서 그 잔재들이 가슴을 무겁게 짓눌러 아팠던 기억이 지금도 생생합니다.

그러나 그 수업은 동시에 '희망의 메시지'이기도 했습니다. 사실 우리 사회의 진보적 지식인들조차도 노숙인을 포함하여 경제적·사회적 약자들에게는 '교육'은 필요 없고 '훈련'이 필요하다고 생각하는 경향이 있으며, 실제로 사회복지정책이라는 것들 대부분이 그들을 '훈련'시키는 데에 초점을 맞추고 있는 것이 현실입니다. 지금까지는 그 분야 전문가들이 하는 이야기니만큼 분명히 근거가 있을 것이라는 신뢰가 있었습니다. 하지만 지금은 의문이 듭니다. 과연 우리는 그들이 어떤 사람이라는 것을 제대로 알고 있는 것일까, 아니 만나서 대화 한 번이라도 제대로 해보기나 한 것일까……?

돌이켜보면, 클레멘트 코스와 얼 쇼리스의 교육사상에 관한 정보를 접하게 된 시점이 마침 우리 옮긴이들이 한국의 평생학습 분야에서 시급히 요청되는 새로운 교육적 접근방식과 실천 사례에 목말라 있던 때였던 것 같습니다. 그래서 이 책을 번역하고, 얼 쇼리스를 초청하여 국제세미나와 워크숍을 개최하고, 또 이러한 과정을 통해 우리 사회의 여러 분야에서 빈곤 문제를 고민하고 실천해온 귀한 분들과 만나게 되면서, 평소에 우리가 가졌던 평생학습에 대한 생각이 결코 잘못되지 않았다는 사실을 확인할 수 있었던 것이 우리에겐 '인문학의 발견'에 더해지는 또 다른 기쁨이었습니다. 평생학습은 모든 인간이 행복한 삶을 만들어가기 위해 스스로 학습하고, 세계를 발견해나가는 총체적인 과정으로서, 여기에는 교육뿐만 아니라 복지, 노동, 문화, 의료 등 다양한 분야의 요소가 골고루 녹아들어가야 한다는 우리들의 신념이 결코 틀리지 않았다는 확신은 우리의 다음 실천을 위한 큰 힘이 되었던 것입니다. 한 사람의 노숙인과 진실한 인문학적 대화를 나누고자 심각하게 고민하고 있는 사람이라면 지금 우리가 하는 이야기가 무슨 의미인지 이미 알아차렸을 것이라고 생각합니다.

얼 쇼리스의 표현을 빌리자면, 우리는 사회적 약자들이 '위험한 사람들'이 될 수 있도록 도와야 합니다. 정의롭지 못한 사회구조에 대해서 뿐만 아니라, 타성과 관성과 편견에 젖은, 이전의 자신에 대해서도 '위험'해질 수 있어야 무력의 포위망에서도, 빈곤의 대물림에서도 벗어날 수 있는 희망이 생깁니다. 그런데 기존의 삶의 방식과 사고방식에 대해서 '새롭게 시작하기'를 할 수 있을 때 '위험'해질 수 있습니다. 그리고 다른 사람들과, 또 자기 자신과 당당하게 자유로운 관계를 맺을 수 있는 삶을 살 수 있을 때 '위험'해지고, 사회적 약자의 처지에 이르게 했던 '조건들'에 대해서 과거와는 다르게 '대응'할 수 있을 때 '위험'해지며, '변화할 수 있는 능력'을 갖출 때 '위험'해집니다. 인문학은 사회적 약자들을, 가난한 사람들을 '위험'하게 만들 수 있는 '힘'이 있으며, 따라서 '클레멘트의 기적'은 여러분의 실천 현장 어느 곳에서도 일어날 수 있습니다.

이 책을 번역하면서 참 힘들었습니다. 무엇보다도 번역자들 능력의 한계가 일차적인 이유이겠지만, 여기에 더하여 열세 살에 시카고대학교에 장학생으로 입학했던 '신동神童'이 쏟아내는 반전反轉과 은유와 역설적 표현과 풍요로운 상식, 그리고 특히 빈곤 가정 800가구를 실제로 일일이 만나면서 쌓았던 경험과 감각의 깊이는 번역하는 내내 작업을 과연 제대로 해낼 수 있을지를 회의하게 만들곤 했던 것입니다.

이런 어려움을 거쳐 초판을 냈을 때, 일반 독자들의 반응은 한마디로 '어렵다'는 것이었습니다. 특히 2장부터 10장까지의 내용이 머리에 명확하게 들어오지 않는다는 지적이 많았습니다. 그래서 이번 개정판에서는 많은 부분에서 표현을 바꾸기도 했고, 또 해설이 필요한 부분은 각주를 달아 설명을 덧붙이기도 하였습니다. 또한 좀더 명확하게 이해해야 될 필요가 있는 부분에 대해서는 얼 쇼리스 선생님에게 다시 설명을 부탁드렸고, 그때마다 얼 선생님은 성심껏 우리들의 이해를 도와주셨습니다. 이 자리를 빌려 다시 한 번 더 깊이 감사드립니다.

개정 작업을 하는 과정에서 나름대로는 최선을 다해서 다시 읽고, 확인하고, 고치고 하였지만, 사실 여전히 마음 한 구석에는 번역 차원 이상의,

뭔가 석연치 않은 불만족스러움이 남아 있었습니다. 딱히 문제가 있는 것은 아닌데 뭔가 하나가 빠져 있다는 그런 불편한 마음 말입니다. 그런데 2장 첫머리에 붙인 각주에서 말씀드렸듯이, 서말숙이라는 한 여성과의 만남을 통해서 불편했던 마음의 실체를 비로소 알게 되었습니다. 해석이란 글쓴이의 마음과 하나가 될 때 가능한 것이겠지요. 얼 쇼리스는 가난한 이들과 진정으로 한 마음, 한 몸이 되어 글을 썼는데, 우리 번역자들은 그들 '밖'에서, 그들의 것과는 다른 문화의 언어로, 그것도 '학문하는' 자세로 그들의 삶을 표현하려 했던 데에 문제의 본질이 있었습니다. 그래서 그들의 입장에서, 그들 중의 한 사람이 되어 '우리' 이야기를 '우리' 스스로가 한다는 자세로 다시 손질하려고 노력했습니다. 하지만 독자 스스로가 가난한 이들 중한 사람의 입장이 되어보는 것보다 이 책이 담고 있는 '보물'같은 내용을 제대로 이해하는 데 더 좋은 방법은 없다고 생각합니다.

이 책이 어려운 조건에서 지금껏 가난한 이들, 이 땅의 사회적 약자들과 함께 해온 여러분들의 실천에 한줌의 '인문학적 상상력'을 더 보탤 수 있으면 하는 것이 우리 옮긴이들의 가장 큰 바람입니다. 부디 이 책이 가난한 이들과 함께 세상의 아픔을 나누어 짊어지고 밝은 미래를 향해 새롭게 전진해나가려는 많은 분들에게 신선한 청량제가 되길 희망합니다. 또한 이 책에 담긴 교육적 이상이 가난한 이들뿐만 아니라 한국 사회의 모든 시민들에게 인문학과 평생학습의 가치를 새롭게 발견토록 하는 귀중한 계기가 될 수 있기를 진심으로 기대합니다.

끝으로 이번 개정판 작업 과정에서도 제호를 다시 써 주신 신영복 선생님을 비롯하여 많은 분들이 도움을 주셨습니다. 이 자리를 빌려 도움을 주신 모든 분들에게 고개 숙여 깊이 감사드립니다.

2006년 12월

한 해를 정리하며 성공회대학교 교정에서,

옮긴이 일동

| 찾아보기